Beat Imhof

Warum wir mehr als einmal auf Erden leben

Beat Imhof

Warum wir mehr als einmal auf Erden leben

Das Reifen der Seele durch Reinkarnation

Aquamarin Verlag

Deutsche Originalausgabe:
1. Auflage 2020

Voglherd 1
85567 Grafing
www.aquamarin-verlag.de

Umschlaggestaltung: Annette Wagner

Druck: CPI • Birkach

ISBN 978-3-89427-878-6

Inhalt

Leitgedanken

Sollte ich nicht so oft wiederkommen, als ich neue Erkenntnisse, neue Fertigkeiten zu erlangen geschickt bin? Bringe ich auf einmal so viel weg, dass es der Mühe wiederzukommen etwa nicht lohnt?
G. E. Lessing

Die Reinkarnationslehre ist die einzige Ansicht von der Seele, der die Philosophie ihr Ohr leihen kann.
David Hume

Ich bin sicher, dass ich, so wie ihr mich hier seht, schon viele Male da gewesen bin, und hoffe, noch viele Male wiederzukommen.
J. W. von Goethe

Ich kann den Gedanken nicht loswerden, dass ich gestorben war, ehe ich geboren wurde, und dass ich durch den Tod wieder in jenen Zustand zurückkehrte.
Max Lichtenberg

Die Lehre der Wiedergeburt ist ein Wendepunkt in der Geschichte der Menschheit.
Friedrich Nietzsche

Eh ich aus meiner Mutter geboren wurde, haben Generationen mich getragen.
Walt Whitmann

Ich könnte mir gut vorstellen, dass ich in früheren Jahrhunderten gelebt habe und dort an Fragen gestoßen bin, die ich noch nicht beantworten konnte; dass ich wiedergeboren werden musste, weil ich die mir gestellte Aufgabe nicht erfüllt hatte.
Carl Gustav Jung

Die weltweit wirksamste Vorstellung vom Jenseits des Todes ist die Lehre von der Wiederverkörperung der Seele in immer neuen Leben.

Carl Friedrich von Weizsäcker

Da die Seele oft geboren wird, gibt es nichts, was sie nicht schon erfahren hat; kein Wunder, dass sie sich erinnern kann, was sie früher schon wusste.

Ralph Waldo Emerson

Von allen Gedanken in der Religionsgeschichte übt keiner eine größere Anziehungskraft aus als derjenige der Wiedergeburt.

Geddes MacGregor

Die Seelenwanderung ist die plausibelste aller religiösen ›Hypothesen‹, die unserer Vernunft am wenigsten zuwiderläuft.

Maurice Maeterlinck

Vorwort

Was geboren wird, muss sterben;
Was da stirbt, wird neu geboren.
Mensch, du weißt nicht, was du warst,
Was du jetzt bist, lerne kennen
Und erwarte, was du sein wirst.

GOTTFRIED HERDER

Es scheint bei uns im Abendland seit Langem die übliche Denkweise zu sein, dass wir nur einmal leben. Heißt es doch in der letzten Szene von *Mozarts* »Zauberflöte«: »Man lebt nur einmal, dies sei dir genug.« Und in der neunten Duineser-Elegie von *Rainer Maria Rilke* lesen wir über die Einmaligkeit des Menschenlebens: »Aber dieses *eine* Mal gewesen zu sein, wenn auch nur *ein* Mal: *irdisch* gewesen zu sein, scheint nicht widerrufbar.« (1)

Auch bekannte Liedertexte wiederholen die gleiche Behauptung. So singt der Sänger *Freddy Quinn* in einem Schlager: »Wir leben nur einmal auf dieser schönen Welt.« Der bekannte Song »Bianca« von *Freddy Breck* gibt vor zu wissen: »Ich kann wie du mein Leben nur einmal leben.« Ein moderner Hit von *Andreastin-Krause* trägt die Überschrift: »Wir leben nur einmal.« Ein Buch von *Daniela Michaelis* aus dem Jahr 2000 hat als Titel: »Ich habe nur dies eine Leben.« Auch ein Film von *Cordula Kablitz* aus dem Jahre 2019 trägt den Titel »Weil du nur einmal lebst«, so benannt nach einem Schlagertext von *Michael Breitkopf*: »Weil du nur einmal lebst und es dich nicht ewig gibt.« Wiederholt wird diese Ansicht noch heute in »Internet-Sprüchen des

Tages«, wie zum Beispiel: »Ich lebe nur einmal, und so wie ich lebe, ist einmal genug.« »Man lebt nur einmal, doch wenn man es richtig anstellt, reicht es voll und ganz.« Oder: »Lebe dein Leben, denn du lebst nur einmal.«

Die Annahme, wir Menschen hätten nur ein einziges, einmaliges Leben, war im abendländisch-christlichen Kulturkreis seit Jahrhunderten eine reine Glaubensfrage. Ob dies wirklich zutrifft, ist von den Kirchen und von den Wissenschaften nie bewiesen worden. Dagegen mehren sich heute die Hinweise und Beweise der modernen Nachtod- und Jenseitsforschung, dass es mehr als nur ein Weiterleben nach diesem Leben gibt. So manches spricht dafür und nichts dagegen, dass wir wiederholt als Menschen wiederkehren. Daher ist es eigentlich unerklärlich, warum viele Menschen heute immer noch der Meinung sind, es sei ihnen nur ein einziges Erdenleben beschieden, als sei eine Reise nur ein einziges Mal zu unternehmen.

Wem der Gedanke an die *wiederholten* Erdenleben nicht fremd ist, der weiß, dass ihm noch zahllose Erdenjahre zur Verfügung stehen, um an jenes Ziel zu gelangen, für das wir Menschen vorgesehen und ausersehen sind. Wie tröstlich ist doch der Gedanke, dass auf jeden Abend ein neuer Morgen folgt, und zwar mit neuen Aufgaben, mit neuen Erfahrungen, die uns weiterbringen und uns dabei immer wissender und weiser werden lassen. Bedenken wir doch, wie wenig die meisten Menschen in einem einzigen Leben an geistigen Fortschritten erreichen können, wie bescheiden ihre Bilanz an spirituellen Werten ausfällt, die sie am Ende eines einzigen Lebens vorzuweisen haben.

Hierzu können wir folgende Vergleiche anstellen: Es ist nicht denkbar, dass ein Schüler, und sei er noch so begabt und fleißig, das Lernprogramm einer mehrstufigen Schule innerhalb eines einzigen Jahres bewältigen kann. Er mag wohl die eine oder andere Klasse überspringen, doch wird er nicht imstande sein, den gesamten Lernstoff mit all seinen Lektionen und Prüfungen in so kurzer Zeit zu bearbeiten. Vergleichen wir auch die Geistseele des Menschen, die vor vielen Jahrmillionen von Gott ins Dasein gerufen wurde, mit einem kostbaren Juwel, das durch einen Unfall zu Schaden gekommen ist. Nun bedarf es einer erneuten Bearbeitung, um ihm mit einem neuen Schliff wieder zum alten Glanz zu verhelfen.

Was wäre ein Baum, wenn er nur ein einziges Mal blühen und Früchte tragen würde, um dann endgültig zum dürren Holz geworfen zu werden? Die ganze Natur ist auf ein wiederholtes Entstehen, Vergehen und Wiederauferstehen ausgerichtet. Jedem Sterben folgt ein Neuwerden, bis jedes Lebewesen das Ziel seiner Bestimmung erreicht hat. So auch der Mensch. Da dieser seinem Wesen nach von spiritueller Herkunft ist, dehnt sich seine Vorexistenz weit zurück in die entfernte geistige Vergangenheit aus. Um dies richtig zu verstehen, müssen wir lernen, in großen Zeiträumen zu denken. Wer in klaren Nächten seinen Blick zur Sternenwelt erhebt, der sieht dort ferne Sonnen leuchten, deren Licht schon seit vielen Milliarden von Jahren zu uns unterwegs ist. Dabei sollte uns einleuchten, dass wir Menschen, die wir ehemals aus den Himmeln gefallene Engel sind, eine noch viel größere Vergangenheit hinter uns haben, deren Spuren wir noch heute in uns tragen, und die es noch aufzuarbeiten gilt. (2)

Gleichermaßen haben wir noch eine ferne Zukunft vor uns, die auf uns in weiteren Leben wartet. Deshalb wusste der deutsche Philosoph *Gotthold Ephraim Lessing* (1729-1781) von sich zu sagen: »Ich habe zahllose künftige Leben vor mir, in denen ich alles erreichen werde, was mir in diesem Leben versagt oder unerreichbar blieb.« (3)

Der englische Schriftsteller *Edward Carpenter* (1844-1919) ergänzte hierzu: »Gibt es tief in unserer Natur Kräfte und Elemente, die bisher noch nicht zum Ausdruck gekommen sind? Fühlen wir nicht alle, dass unser Bestes nur ein Bruchteil ist von dem, was wir glauben zu sein?«

So haben wir einzusehen, dass ein einziges Erdenleben nicht genügt, um jenes ferne Ziel zu erreichen, zu dem wir schon lange unterwegs sind. Nun bleibt die Frage, welches Ziel sollen wir anstreben? Hierzu gibt uns der Psychologe *C. G. Jung* (1875-1961) die Antwort, wenn er schreibt, das Ziel sei der »vollbewusste Mensch«. (4)

Diese Bewusstwerdung geschieht erst aufgrund eines sehr langen Entwicklungsweges im Verlauf von vielen Erdenleben und besteht im Wiedererkennen und Wiederwerden dessen, was wir ehemals waren – himmlische Licht-Wesen.

Wer den Gedanken von den wiederholten Erdenleben nicht zurückweist, für den wird so manches deutlich, was sonst unverständlich bliebe. Im Lichte des Wiedergeburtsgedankens lassen sich die bisher ungeklärten Fragen um das Woher und Wohin des Menschen einleuchtend beantworten. Es wird klar, warum und wozu wir hier auf Erden leben und was der tiefere Sinn unseres Menschseins bedeutet. So mancher leidgeprüfte und sorgengeplagte Mensch würde mit diesem Wissen sein schweres Schicksal williger ertragen, denn »Wer ein Warum hat zum Leben, erträgt fast jedes Wie« (Nietzsche). Wer sich dieser Ungewissheit stellt, der wird sich früher oder später fragen und sagen müssen: Habe ich schon einmal gelebt? Ist es nur ein Leben oder sind es viele, die mir zustehen? Sind wir Wanderer zwischen mehreren Leben und schon lange unterwegs? Sind Geburt und Tod nur Tore, durch die wir immer wieder in ein neues Dasein eintreten? Seit Urzeiten sind dies die Grundfragen der Menschheit, immer wieder neu gestellt und bis heute für viele nicht erhellt. Wir müssen nun einsehen und lernen, »dass *ein* Menschenleben allein nicht genügt, um in die himmlische Seligkeit eingehen zu können.« (5)

Es dürfte wohl jedem denkenden Menschen einleuchten, dass wir dieses Ziel nach einem einmaligen Leben kaum erreichen werden. Selbst wenn ein Menschenleben an die hundert Jahre dauern könnte, wäre es noch nicht lang genug, um die vielen Existenzmöglichkeiten zu verwirklichen, die in uns angelegt sind. Der hellsichtige Theosoph *Charles W. Leadbeater* (1854-1934) bringt als weiteres Argument folgende Überlegung: »Es gibt auf unserer gegenwärtigen Entwicklungsstufe sehr viele Erfahrungen, die wir nur durch die langsamen Schwingungen der groben und schweren Materie gewinnen können, was ein Erdendasein unentbehrlich macht.« (6)

Der Gedanke, dass wir Menschen nur vorübergehend und zum wiederholten Male hier auf diesem Planeten Erde sind, erscheint ebenso denkbar wie der Wechsel der Jahreszeiten. Es ist ein fortwährendes und wiederholtes Entstehen und Vergehen, das wir das Leben nennen. Dabei stellt sich die Frage: Was ist dabei einmalig und einzigartig und was ist nur ein Wiederkommen des Gleichen oder Ähnlichen? Und weiter muss sich jeder Mensch fragen: Warum bin ich hier? Warum gerade jetzt? Warum in diesem Land und nicht in einem anderen? Und weiter: Warum habe ich diesen Körper, diese Hautfarbe, dieses Geschlecht? Warum bin ich in diese Familie, in diese Gemeinschaft und Gesellschaft hineingeboren? Und ganz allgemein: Warum sind die Gaben und Glücksgüter des Lebens so ungleich verteilt? Ist dies alles dem bloßen Zufall, dem blinden Schicksal oder einer unbekannten höheren Macht zuzuschreiben? Fragen über Fragen, die kaum zu beantworten sind – außer wir nehmen an, dass wir aus einem bestimmten Grund, zu einem vorgegebenen Auftrag, zu einem vorgeplanten Zeitpunkt und zu einem vorgesehenen Ziel hier sind – und dies nicht zum ersten und einzigen Mal.

Wir alle haben mit dem Arzt und Anthroposophen *Walther Bühler* (*1913) zu fragen: »Reicht die Zeit eines einzigen Menschenlebens, auch wenn es hundert Jahre währt, überhaupt aus, um das in jedem Menschen schlummernde Urbild zu verwirklichen und seine verborgenen geistigen Anlagen auszuschöpfen?« (7)

Das Wissen um unsere eigene Vergangenheit, die Jahrhunderte und Jahrtausende zurückliegt, ist für die eigene Selbsterkenntnis von großer Bedeutung. Wer dies nicht berücksichtigt oder gar verleugnet, der beraubt seinen eigenen Lebensbaum seiner tiefen Wurzeln, die ihm Halt und Sicherheit geben können. Der Arzt und Theologe *Albert Schweitzer* (1875-1965) beklagt sich in seinen Lebenserinnerungen: »Was leide ich darunter, dass wir Menschen so viel Zeit des Zusammenseins unnütz miteinander zubringen, statt uns in ernster Weise über wichtige Dinge zu besprechen und uns einander als strebende, leidende, hoffende und glaubende Menschen erkennen zu geben.« (8)

Auch was wir in unseren Schulen lernen, bringt uns in unserem spirituellen Weiterkommen nicht viel weiter. Müssen wir nicht dem jenseitigen Dichter *Ephides* zustimmen?

Wir lernen nichts als zählen und benennen,
wir wollen wissen nur und nicht erkennen!
Uns fehlt die Kraft der Deutung, weil wir blind
und lieblos gegen uns und andre sind.
Und Gottes Bilderbuch liegt aufgeschlagen
vor aller Augen – doch wir fragen, fragen! (9)

Einleitung

Ich bin nicht ein menschliches Wesen,
das eine spirituelle Erfahrung macht.
Ich bin vielmehr ein spirituelles Wesen,
das eine menschliche Erfahrung macht.
RONALD ZÜRRER

Die Erfahrung, dass der Mensch nicht nur einmal lebt, sondern mehrmals ins Erdenleben zurückkehrt, gehört zu den Urerfahrungen des denkenden Menschen. Daher schrieb der Psychologe *C. G. Jung*: »Wiedergeburt ist eine Aussage, die zu den Uraussagen der Menschheit überhaupt gehört. Diese beruhen auf dem, was ich als »Archetypus« bezeichne.« (1)

Unsere geistige Existenz gleicht einem zusammenhängenden Kontinuum in der Form einer fortlaufenden Sinuskurve, deren absteigender Bogen sich im begrenzten Bewusstseinsfeld des Diesseits befindet und deren aufsteigender Bogen sich ins weite Feld des Jenseitsbewusstseins ausdehnt. Die Mittellinie zwischen diesen beiden Segmenten wird durch die Zeitachse gebildet. So befinden wir uns als Bürger zweier Welten abwechslungsweise bald auf der einen Seite des zeitlichen Menschseins, bald auf der anderen Seite des geistigen Bewusstseins im Jenseits, bis wir unser endgültiges Zuhause in der spirituellen Welt gefunden haben. In Wahrheit ist es immer nur *eine* Welt, die aber gegenwärtig in sich gespalten ist. Der Unterschied zwischen den bciden Teilbereichen liegt lediglich im Grad ihrer Verdichtung und ihres Bewusstseins. So steigen wir immer wieder zur Erde nieder und reihen unsere vielen Leben aneinander wie die Perlen an einer Gebetsschnur, die dem Frommen abwechselnd durch die Finger gleiten. Danach folgt ein befristeter Aufenthalt im Jenseits, während dessen wir unser vergangenes Erdenleben aufarbeiten und unsere Lehren daraus ziehen können, die wir in einem nachfolgenden Menschenleben erneut der Bewährung aussetzen müssen.

Es wäre auch ungerecht all jenen Menschen gegenüber, die vor Jahrtausenden gelebt haben, wenn es nur ein einziges Erdenleben gäbe. Diese hatten gewiss viel geringere Erfahrungs- und Erkenntnismöglichkeiten als der heutige Mensch, und sie befanden sich in ihrer geistigen Entwicklung noch auf einer viel tieferen Stufe. Deshalb ist der lange Heimweg in unser geistiges Herkunftsland nicht in einem einzigen Erdendasein zu bewältigen, sondern nur über zahlreiche Entwicklungsstufen hinweg auf immer höheren Daseinsebenen und in mehreren aufeinanderfolgenden Erdenleben. Hierzu genügt ein einziges Menschenleben gewiss nicht. Würden wir Menschen uns bewusst werden, zu was wir eigentlich auserwählt und berufen sind, so wäre uns bald klar, dass ein einziges Erdenleben nicht genügt, um wieder das zu sein, was wir einst waren, und um das zu werden, was wir eigentlich sein müssten. So mancher Erdenmensch wird am Ende seines jetzigen Lebens mit dem Dichter *Friedrich Hebbel* (1813-1863) bekennen: »Der ich bin grüßt trauernd den, der ich könnte sein.«

Die Erwartung, dass wir Menschen in nur einem Leben in der Lage sind, all die freudvollen und leidvollen Erfahrungen zu machen, die uns schließlich zur wünschenswerten Persönlichkeitsreife führen, ist nicht nur unvorstellbar, sondern auch unzumutbar. Bedenken wir, wie viele Menschen dieses Ziel in einem einmaligen Leben niemals erreichen können, weil ihnen die hierzu notwendigen Gelegenheiten, Möglichkeiten und Fähigkeiten fehlen. Denken wir an all jene, die von Anbeginn an ›schlechte‹ Karten haben, nämlich an die Fehlgeburten, an die von Anfang an durch schwere Erbkrankheiten und Geburtsschäden behinderten Menschen; an die Millionen von Kindern, die infolge von Hunger, Seuchen und Kriegen ihre ersten Lebensjahre nicht überleben; aber auch an all die ungezählten Menschen, die kaum eine

Chance haben, selber geistig zu wachsen. Nicht zu vergessen die vielen Millionen von Unwissenden, Gleichgültigen und Ungläubigen, die bloß materiellen Interessen nachjagen, sich mit ihren banalen Tagesproblemen herumplagen und dabei keinen Zugang finden zu geistigen Werten und Wahrheiten, die das Leben erst lebenswert und sinnvoll machen. Sie alle würden nach nur *einem* Erdenleben irgendwo auf der Strecke bleiben und ihr Daseinsziel verfehlen.

Und womit sind schließlich jene zu trösten, die anscheinend ungefragt und unschuldig in eine Welt hineingeworfen werden, in der unsägliches Leiden, unverdiente Nachteile und himmelschreiende Ungerechtigkeiten ihr Dasein erschweren? Wie will man erklären, dass dies seit jeher im »ewigen Ratschluss Gottes« vorgesehen sei? Warum verhindert dieser Gott, der doch als allmächtig und allgütig gilt, das Böse nicht, sondern lässt es stillschweigend zu, als ob das alles ihn gar nichts anginge? Weiter müssten wir uns fragen: Warum scheinen einige bevorzugt und beglückt zu sein mit Gesundheit und Wohlergehen, mit Gaben und Begabungen, mit Vermögen und Reichtum, während die Mehrzahl der Menschen lebenslang unter Armut, Schwächen, Krankheiten und zahlreichen Widerwärtigkeiten und Erschwernissen zu leiden haben? Auch gibt es krasse Unterschiede zwischen den Generationen, Geschlechtern, Völkern, Nationen und Konfessionen, in die wir scheinbar wie zufällig hineingeboren werden. Wer ist dafür verantwortlich? Die einsichtige Antwort kann nur heißen: Wir selber sind es aufgrund unserer Vorleben! Freilich braucht es ein solides Grundwissen, um diese Zusammenhänge erkennen zu können.

Im medialen Kreis um *Bernhard Forsboom* hat der jenseitige Lehrer »Emanuel«, der von sich sagen konnte, dass ihm das Erdenkleid nie zur Notwendigkeit wurde, hierzu in den Jahren 1897-1905 folgende Erklärung gegeben: »Wenn der Geist den Menschenkörper abgelegt hat und, im Geistigen stehend, das vergangene Erdenleben durchblickt, erfasst ihn die Reue über versäumte Gelegenheiten, missachtete Lehren, über das Gute, das ungetan geblieben, über das Schlechte, das mit Lust getan wurde. Und dankbar ist er, in einem neuen Erdenleben etwas erweiterte Erkenntnisse bestätigen zu dürfen.« (2)

Unser eigentliches geistiges Herkunftsland ist nicht die Erde, sondern der Himmel. *Jesus Christus* hat durch seine Erlösungstat allen gefallenen Geistwesen den Weg eröffnet und bereitet, damit sie den Rückweg in ihre ursprüngliche spirituelle Heimat antreten können. Diesen mühsamen Heimweg müssen sie allerdings selber gehen durch eigene Anstrengungen. Es ist mir unerklärlich, woher viele Menschen die Gewissheit nehmen, dass hierzu nur ein einziges Erdenleben genügen sollte. Die Gnade der Wiederaufnahme ins himmlische Vaterhaus muss zunächst von jedem verdient werden durch die eigenen Anstrengungen der Umkehr und Heimkehr. Für die meisten Erdenbürger vollzieht sich diese weite geistige Heimreise nur in sehr kleinen Schritten und bescheidenen Etappen.

Die biblische Erzählung vom »verlorenen Sohn« ist ein vortreffliches Symbol für das menschliche Erdendasein (Lk 15,11-24). Sie ist ein Bild für den selbstverschuldeten Verlust unserer geistigen Heimat vor undenklichen Zeiten. In dieser Parabel wird erzählt: Ein Vater hatte zwei Söhne. Der eine forderte seinen väterlichen Erbteil heraus und zog in die Fremde, wo er durch sein zügelloses Leben sein ganzes Vermögen verschleuderte. Als er nun mittellos und verwahrlost dastand, bereute er seinen Wegzug von zu Hause und wollte nun zu seinem Vater heimkehren. Doch dieser holte ihn nicht mit Ross und Wagen ab, sondern verwies ihn lediglich auf den Heimweg, der ebenso lang war wie die Strecke seines Wegzugs. So musste der abtrünnige Sohn die beschwerliche Heimreise in mehreren Tagen und Nächten mühsam zurücklegen, um seinem Vater zu beweisen, dass es ihm mit seiner Umkehr wirklich ernst war. Und als er zu Hause endlich ankam, erwartete ihn dort keine Strafpredigt, sondern ein Freudenfest. So sind auch wir Menschen, selbst wenn dies manchmal schwer einzusehen ist, einst aus dem himmlischen Reich ausgezogen, waren lange in der finsteren Gottferne gefangen und befinden uns heute als Befreite und Erlöste auf dem Heimweg zu unserer ehemaligen geistigen Heimat. (3)

Ähnlich wird es jedem Menschen ergehen, wenn er seine einstige Abkehr von der göttlichen Welt bereut und nach *wiederholten* Erdenleben alles wieder beseitigt hat, was ihn von der göttlichen Welt getrennt hat. Dann muss er nicht Vernichtung und Verdammnis befürchten, sondern er wird Vergebung und Aufnahme finden, denn der himmlische Vater will nicht, »dass jemand verloren gehe« (2 Pt 3,9). Freilich dürfte es noch sehr lange dauern, bis der Letzte der Gefallenen heimgekehrt ist. (4)

Es ist gewiss ein großzügiger Gunst- und Liebeserweis, dass Gott uns Menschen die Möglichkeit gibt, in immer neuen Erdenleben das wiedergutzumachen, was wir gefehlt oder verfehlt haben. Wie dies geschehen soll, darüber sind im Verlauf der Menschheitsgeschichte zwei unterschiedliche Lehrmeinungen und Glaubensüberzeugungen entstanden, nämlich die Lehre von der *Seelenwanderung* im Osten und die Lehre von der *Wiedergeburt* im Westen.

Dabei kommt es sehr darauf an, was unter dem Begriff »Seele« verstanden wird. Darüber herrschen noch heute zahlreiche Unklarheiten und Uneinigkeiten. Deshalb reden Naturwissenschaftler und Geisteswissenschaftler, Psychologen und Theologen ständig aneinander vorbei. Um das Jahr 1950 hat der reiche Amerikaner *John Kidd* in seinem Testament verfügt: »Wer die Existenz der menschlichen Seele beweist und ihr Wesen zu erklären vermag, der soll mein ganzes Vermögen erben.« Da es sich damals immerhin um eine Viertelmillion Dollar handelte, meldeten sich zahlreiche Seelenforscher, Psychologen und Theologen, um dem Testamentsvollstrecker die erforderlichen Beweise vorzulegen. So kam es 1967 in der Stadt Phönix in Arizona zu einem der seltsamsten Erbschaftsprozesse. Nach dreizehnwöchigen Verhandlungen lehnte schließlich der Richter alle vorgebrachten Ansprüche ab, weil sie ihn nicht zu überzeugen vermochten. So vermachte er die ganze Hinterlassenschaft in der Höhe von 230.000,- Dollar dem neurologischen Barrow-Forschungsinstitut, dessen Vertreter freilich gestehen musste, der Begriff »Seele« bedeute für ihn als Wissenschaftler überhaupt nichts. (5)

So wird die menschliche Seele noch heute in verschiedener Weise definiert. Deshalb schlage ich im vorliegenden Buch vor, klar zwischen *Vitalseele* und *Geistseele* zu unterscheiden, denn beide sind ihrem Wesen und ihrer Herkunft nach verschieden zu erklären. Dadurch soll das veraltete Menschenbild des Dualismus von »Körper und Seele« durch das dreigliedrige Menschenbild des Trichotomismus von »Körper, Seele und Geist« abgelöst werden. Dieses gestattet auch eine klare Unterscheidung zwischen der Seelenwanderungslehre des Ostens und der Wiedergeburtslehre des Westens, die sich aus dieser neuen Sicht nicht widersprechen, sondern ergänzen können. Wenn also der Theosoph *Charles W. Leadbeater* erklärt: »Der Mensch besitzt nicht eine Seele, sondern er *ist* Seele« (6), so gilt dies wohl für die Geistseele, aber nicht für die Vitalseele des Menschen.

Der Namen viele trug ich durch die Zeit,
Von ihrer Last hat mich die Zeit befreit.
Denn Namen sind wie Rahmen um ein Bild …
Ein Teil des Wesens nur, ein blasser Schein
Kein Rahmen fasst des Geistes ganzes Sein.

MANFRED KYBER

1.

Die östliche Seelenwanderungslehre

Gott schläft im Stein,
er atmet in der Pflanze,
er träumt im Tier
und erwacht im Menschen.
Indische Weisheit

Aus der täglichen Naturbeobachtung haben die Menschen schon seit Urzeiten die Erfahrung gemacht, dass es eine Kraft geben muss, die allem Leben und allen Lebensformen eigen ist. Diese allgemeine Lebenskraft nenne wir Vitalkraft oder *Vitalseele.* Diese ist unpersönlicher Natur, weil sie als reine Energieform von Lebewesen zu Lebewesen wandert und sich ständig wandelt und erneuert. Aus dieser Gegebenheit schloss man schon in der Frühzeit der menschlichen Geschichte auf eine Wanderung der Seele von der Pflanze zum Tier und vom Tier zum Menschen. Es ist stets die gleiche Lebensenergie, die belebend und lebenserhaltend wirkt. Deshalb erübrigt sich eine begriffliche Unterscheidung von Pflanzenseele, Tierseele und Menschenseele. Es ist dieselbe Kraft, die Pflanzen, Tiere und Menschen durch das ganze Leben trägt. Es ist dieselbe Lebensenergie, deren wesentliches Merkmal der Lebenstrieb in seiner Doppelfunktion als Selbsterhaltungs- und Arterhaltungstrieb ist. Diese Lehre ist demnach gut verträglich mit der modernen Evolutionstheorie.

Vom Wesen der Vitalseele

Unter der Vitalseele ist das allgemeine Lebensprinzip zu verstehen, das als belebende Kraft allen Lebewesen in gleicher Weise innewohnt. Überall wo sich Lebendiges regt, ist die Vitalseele am Werk. Daher gibt es keine seelenlosen Lebewesen. Diese vitale Energie entfaltet sich seit Jahrmillionen breitflächig auf unserer Erde. Ihre Erforschung gehört zu den Aufgaben der Naturwissenschaften.

Nach Ansicht des griechischen Philosophen *Aristoteles* ist die Seele eine vitale Kraft, welche dem lebenden Körper seine Form und Gestalt verleiht. Für ihn ist die Seele vergänglich und wird jedem Lebewesen als Naturgegebenheit immer wieder neu einverleibt. Seiner Meinung nach verhalten sich Körper und Vitalseele zueinander wie das Material einer Vase zu deren Form. Beide gehören untrennbar zusammen und bilden gemeinsam den Leib des Lebewesens. (1)

Organisches Leben kann weder zufällig aus Anorganischem entstehen noch kann es synthetisch hergestellt werden. Jede Lebensform kann nur von Lebendem abstammen. Lebendiges kann allein durch seine Fähigkeiten und Tätigkeiten vom Leblosen unterschieden werden. Deshalb sind Viren keine Lebewesen, weil sie nicht atmen können, keinen Stoffwechsel haben und keine Kalorien verbrennen. Sie können sich nur über einen lebenden Wirt, sei es ein Tier oder ein Mensch, erhalten. Dort können sie in eine lebende Körperzelle eindringen, sich vervielfältigen und ausbreiten.

Die Vitalseele ist jene feinstoffliche Lebenskraft, die Hauchseele, Lebenshauch, Odem des Lebens oder Atemseele genannt wird. Sie ist gleichsam ein Funke jenes Feuers, das wir Lebenskraft nennen. Im vitalen Erbstrom wird dieser ständig weitergereicht und trägt mit sich die Erfahrungen vergangener Generationen. Sie ist reine Lebensenergie, wie sie schon in der biblischen Schöpfungsgeschichte erwähnt wird, wenn es im 1. Buch Mose, bildlich gesprochen, heißt, Gott habe den ersten Menschen aus Erde geformt und ihm den Odem des Lebens eingehaucht. (1 Mo 2, 7) Die Naturwissenschaften können bis heute nicht erklären, wie das Leben auf unsere Erde gekommen ist. Selbst wenn die ersten Lebenskeime aus dem Weltraum stammen sollten, sind diese dort nicht zufällig aus kosmischem Staub entstanden.

Die modernen Geisteswissenschaften nehmen aufgrund von medial empfangenen Jenseitsbelehrungen an, dass am Anfang der materiellen Weltentstehung himmlische Schöpferkräfte die ersten Lebenskeime zur Erde brachten, die sich im Verlauf der Evolution weiterentwickelt haben, so dass sich vielfältige und reichgestaltete Lebensformen in der ganzen Natur entfalten konnten, welche die heutige Biodiversität ermöglicht haben. (2)

Die altägyptische Mythologie kannte zwei Arten von Seele: die Ba-Seele und die Ka-Seele. Die *Ba-Seele*, auch Freiseele genannt, wurde oft dargestellt als beflügelter »Seelenvogel« mit Menschenkopf, der nach dem Tod in die Jenseitswelt fliegt. Diese könnte als unsterbliche Geistseele bezeichnet werden. (3) Die *Ka-Seele* dagegen galt den Ägyptern als Quelle der Lebenskraft, was der Vitalseele entspricht. Diese soll nach dem Tod mit dem Leichnam verbunden bleiben, sofern dieser durch Mumifizierung erhalten bleibt. (4)

In Indien hat die Philosophie des Hinduismus und Buddhismus mit dem Begriff »Seelenwanderung« ihr eigenes Denkmodell entwickelt. Diese Lehre ist aus dem Brahmanismus hervorgegangen. Erste Belege hierzu finden sich in den »Upanishaden« aus dem 8. Jahrhundert vor unserer Zeitrechnung. Diese nehmen an, dass uranfänglich aus *Brahman,* dem gestaltlosen Schöpfungsprinzip, oder aus der ewigen Weltseele viele Einzelseelen (»Atman«) hervorgegangen sind, die nach langer Wanderung durch alle Naturreiche in vielgestaltigen Arten und Formen in Erscheinung traten, um eines Tages wieder an ihren Ursprung, *Nirvana* genannt, zurückzukehren. Die Wanderung der Seele wird im Sanskrit *Samsara* genannt und bedeutet das unstete Herumwandern von Leben zu Leben. Die lebendigen Einzelwesen sind vergleichbar mit den Wellen des Ozeans, die sich aus den Wogen erheben und nach kurzer Zeit wieder in sich zusammenfallen, um wieder Meer zu werden. (5) Auch der griechische Ependichter *Hesiod* nahm um das Jahr 700 v. Chr. in seiner »Theogonie« an, dass die Seele im Verlauf von dreitausend Jahren durch alle Geschöpfe der Erde wandert, bald in der Gestalt von Tieren, bald als Mensch. Auch die *Orphiker* glaubten an die Wanderung der Seele durch alle Reiche der Natur.

Die Vitalseele wird durch *Infusion,* nämlich durch Eingießen oder Einfließen von Lebensenergie bei der Fortpflanzung, übertragen. Bei der menschlichen Zeugung geschieht dies dadurch, dass die Lebensenergie der weiblichen Eizelle mit der Lebensenergie der männlichen Samenzelle verschmilzt und sich als eigenständige Keimzelle (Gamete) in der neuen Elternzelle verselbstständigt, um durch fortgesetzte Teilung vom Embryo bis zum Fötus heranzuwachsen. Was gemäß der östlichen Philosophie in einem linearen Prozess von Leben zu Leben weiterwandert, ist demnach die Vitalseele und nicht die Geistseele. Die Seelenwanderungslehre verneint daher die Existenz einer unsterblichen Geistseele. (6)

In diesem Sinne ist die Vitalseele stets auf Reisen, und zwar von der Menschenstufe hinab auf die Ebenen der Pflanzen und Tiere sowie umgekehrt von der Pflanzen- und Tierwelt hinauf zur Menschenwelt, je nachdem ob es sich um einen Fortschritt oder um einen Rückschritt in der Entwicklung handelt. Der Unterschied zwischen einer Pflanze, einem Tier und einem Menschen besteht danach lediglich in der körperlichen Ausstattung, welche die Seele vorübergehend angenommen hat.

Unter Seele (Atman) wird in der Seelenwanderungslehre der belebende Atem, der Lebenshauch und die Lebenskraft verstanden, nämlich die Lebensenergie, die alle atmenden Lebewesen im Pflanzen-, Tier- und Menschenreich durchströmt. Durch sie wird jeder Organismus belebt und beseelt. Was sich in immer wieder neuen Lebensformen fortsetzt, ist nach dieser Auffassung die alles belebende *Vitalseele.* Diese trägt viele Namen: In Indien nennt man sie »Prana«, in China heißt sie »Chi« und in Japan »Ki«. *Aristoteles* gab ihr den Namen »Entelechie«, *Meister Eckhart* beschrieb sie als »Seelenfünklein«, *Henri Bergson* bezeichnete sie als »élan vital«, während die Psychoanalytiker *Sigmund Freud* von »Libido«, *Wilhelm Reich* von »Orgon« und *C. G. Jung* von *»Psyche«* sprachen.

Die Vitalseele ist demnach jenes Prinzip, das als Lebenskraft nicht nur den grobstofflichen Körper während seines Erdendaseins belebt, sondern auch die feinstofflichen Körper, nämlich den Ätherkörper, den Astralkörper und den Mentalkörper, über den Tod hinaus in den Jenseitswelten am Leben erhält. Nach dem Erhaltungsgesetz wird diese Lebensenergie nicht vernichtet und auch nicht neu geschaffen, sondern lediglich umgewandelt und über den Erbstrom weitergereicht. Es ist immer die gleiche Energie, ob sie in den Pflanzen vegetativ, in den Tieren sensitiv oder im Menschen rational tätig ist. Dies kann geschehen, indem die Seele so lange durch viele Pflanzen-, Tier- und Menschenleben wandert, bis all das aus früheren Leben angesammelte Karma abgetragen und kein neues Karma hinzugekommen ist. (7)

Sobald die Summe aller Taten im Augenblick des Todes mehrheitlich positiv ausfällt, darf die Seele auf eine höhere Wiedergeburt im nächsten Leben hoffen; ist diese aber eher negativ, sinkt sie danach wieder auf eine tiefere Daseinsstufe, entweder in eine niedere Kaste oder in einen Tierleib. Manche heutige Formen des Buddhismus jedoch lehnen die Wiedergeburt in Tierkörper ab. (8)

Nur unter diesem Gesichtspunkt kann der Seelenwanderungsidee, die gut mit der modernen Evolutionstheorie übereinstimmt, zugestimmt werden. (9)

Die östliche Lehre von der Seelenwanderung, welche in den indischen Schriften der »Upanishaden«, die in der Zeit um 800 bis 600 v. Chr. entstanden sind, erstmals erwähnt wird, nimmt an, dass sich die Seele auf unserer Erde als Person verkörpern kann, um hier Erfahrungen zu sammeln und sich dadurch weiterzuentwickeln. Dabei wird angenommen, dass sich viele von ihnen in irdische Begierden und Leidenschaften verstrickt haben. Deshalb sind sie zu Gefangenen in der materiellen Körperwelt geworden, wo sie viel Not und Elend erleiden müssen und große Mühe haben, sich wieder daraus zu befreien.

Die Ursache für das wiederholte Eintauchen der Vitalseele in den Strom des Lebens ist der ungestillte Lebensdurst, der ungesättigte Erlebnishunger und die unerschöpfliche Daseinslust der Lebewesen, insbesondere des Menschen. In der indischen Bhagavad Gita wird der Grundgedanke der Seelenwanderung wie folgt ausgeführt: »So wie ein Mensch seine alten Kleider ablegt und sich neue anzieht, so verlässt auch die Seele den alten und verbrauchten Körper und bekleidet sich mit einem neuen Gewand. Die Seele gleicht einer goldenen Kette, an der, wie die Perlen an einer Schnur, die verschiedenen Leben nacheinander aufgereiht sind; nach vielen Inkarnationen kehrt sie schließlich wissend geworden zu ihrem Ursprung zurück, und weiß dann, dass Leiden und Schmerzen selbstgemacht sind.« (10)

Nach der Lehre des *Buddha* ist die Lebensgier die wahre Ursache für alle Leiden, für alles Elend und alle Not in dieser Welt, die den Menschen immer wieder in ein neues Erdendasein zwingt. Befreiung davon kann der Mensch nur erfahren durch den vollständigen Verzicht auf Lebenslust und Vergnügungssucht. Wohl deshalb wird der Buddhismus oft für eine pessimistische und lebensverneinende Lehre gehalten.

Die Lehre von der Seelenwanderung war nach einem Bericht des griechischen Geschichtsschreibers *Herodot* (um 500-424 v. Chr.) schon bei den alten Ägyptern bekannt. Er schreibt im VI. Buch seiner »Historien«: »Die Ägypter sind auch die ersten, die da sagen, dass die Seele des Menschen, wenn der Leib zerfällt, wieder in ein anderes Lebewesen übergeht. Wenn aber die Seele das Reich der Landtiere, der Wassertiere und der Lufttiere durchwandert hat, dann kehrt sie in den Leib eines Menschen zurück; die ganze Wanderung aber geschieht in 3000 Jahren.« Auch der griechische Philosoph *Pythagoras* (um 570-510 v. Chr.) lehrte, die menschliche Seele könne auch im Körper von Tieren wiedergeboren werden. Der Grieche *Empedokles* (um 495-435 v. Chr.) will sich erinnert haben: »Ich war schon einmal Jüngling und Jungfrau, Busch und Vogel und meerentsprungener stummer Fisch.« Ebenso kommt *Platon* (428-348 v. Chr.) in seiner Schrift »Timaios« auf die Seelenwanderung zu sprechen, indem er annimmt, dass Menschen durch ihre Unvernunft und schlechte Lebensführung in einem ihrer nächsten Leben in ungünstige Verhältnisse hineingeboren werden und sogar einen Tierkörper annehmen müssen. (11)

Desgleichen kannten die germanischen Völker den Glauben an die Seelenwanderung. Nordische Sagen erzählen von Menschen, die in Körpern von Pflanzen und Tieren wiedergeboren wurden. Im Altertum war die Seelenwanderungslehre in vielen Teilen Europas bekannt. (12) Diese gehört überhaupt zu den ältesten Glaubensvorstellungen der Menschheit.

Im Mittelalter schrieb der persische Mystiker *Dschalâl ad-Din ar-Rûmi* (1207-1273):

Ich starb als Stein und wuchs als Pflanze auf,
Ich starb als Pflanze und ward Tier darauf,
Ich starb als Tier und ward als Mensch geboren.
Was fürchte ich? Hab durch den Tod ich je verloren?

Der Gedanke an eine Wanderung der Seele in Gestalt von Pflanzen, Tieren und Menschen finden wir auch in germanischen Heldensagen sowie in englischen und schottischen Balladen und in den Überlieferungen der keltischen Druiden. (13)

Diese fortschreitende Verwandlung der Vitalseele entspricht der heutigen Evolutionslehre. Nach dieser hat sich das Leben im Verlauf von Millionen von Jahren über alle irdischen Naturreiche ausgebreitet. Diesen Gedanken konnte der deutsche Dichter des Naturalismus, *Arno Holz* (1863-1929), nachempfinden, als er schrieb: »Sieben Billionen Jahre vor meiner Geburt war ich eine Schwertlilie. Meine Wurzeln saugten sich suchend um einen Stein.« (14) Beim neuzeitlichen Dichter *Christian Morgenstern* (1871-1914) können wir ein ähnliches Bekenntnis finden:

Ich danke dir, du stummer Stein,
Und neige mich zu dir hernieder:
Ich schulde dir mein Pflanzensein.

Ich danke euch, Stein, Kraut und Tier,
Ich beuge mich zu euch hernieder:
Ihr halft mir alle drei zu mir.

Wir danken dir, du Menschenkind,
Und lassen fromm uns vor dir nieder:
Weil dadurch, dass du bist, wir sind.

Zu beachten ist, dass bei den vielen Rückführungen in frühere Leben, wie sie heute in großer Zahl bekannt werden, die Erinnerungen an frühere Existenzen als Pflanzen oder Tiere gänzlich fehlen. Dies beweist doch klar, dass es nicht die Vitalseele, sondern die Geistseele des Menschen ist, die wiedergeboren wird. So wie nach der buddhistischen Lehre die Seele uranfänglich aus dem »Atman« hervorgegangen ist, so geht sie am Ende ihres erlösten Daseins im »Nirvana« wieder auf und hört als Einzelwesen vollständig auf zu sein. Damit endet der Kreislauf der Wiedergeburten. Ein persönliches Weiterleben über den Tod hinaus gibt es nach dieser Auffassung nicht. (15)

Die Evolution der Vitalseele

Was die *Herkunft* der Vitalseele angeht, können wir annehmen, dass diese Energieform in allen Lebewesen wirksam ist. Daher wird sie auch Körperseele genannt. Diese entsteht nicht gleichzeitig mit dem Biokörper, sondern sie wird von anderen Lebensträgern, nämlich von den lebenden Biozellen, von Generation zu Generation weitergetragen. Das Erhaltungsgesetz, wonach Energie weder neu geschaffen noch zerstört wird, sondern nur umgewandelt werden kann, gilt auch für sie.

Woher die Vitalseele kommt, vermag bis heute kein Naturwissenschaftler zu sagen. Aufgabe der *Biologie* ist es, uns zu erklären, was Leben eigentlich ist und wie es entstanden ist. Trotz aller wissenschaftlichen Erkenntnisse und Forschungsergebnisse ist es bis heute nicht gelungen, nur eine einzige lebendige Zelle synthetisch herzustellen. Diese ist die eigentliche Lebensträgerin, und ihre Lebensenergie kann nicht neu erschaffen, sondern nur weitergegeben werden. Daher gilt der Grundsatz: Leben kann nur von Lebendem abstammen. Die Frage, wie das Leben ursprünglich entstand, ist letzten Endes eine weltanschauliche Frage. Wir wissen nicht, wo und wie die ersten Lebensformen auf unserer Erde aufgetreten sind. Man spricht von Zufallserscheinung, von Urzeugung, von Selbstorganisation der Materie oder von Infiltration aus dem Weltall. (16) Weil Leben nur von Lebendigem abstammen kann, wie der französische Biologe *Louis Pasteur* (1822-1895) experimentell nachgewiesen hat, bleibt letzten Endes nur die Annahme, dass die allgemeine Lebensenergie anfänglich von der göttlichen Schöpferkraft ausgegangen ist, so wie es in einem Schweizer Landsgemeindelied heißt: »Alles Leben strömt aus dir...« nach einer Melodie von *J. H. Tobler* aus dem Jahr 1825.

Es ist davon auszugehen, dass es im ursprünglichen himmlischen Paradies bereits Lebensarten in verschiedenen Ur-Formen gab, nämlich auch in pflanzlicher und tierischer Gestalt, deren Keime später auch zu unserer Erde gebracht wurden. So denken heutige Naturwissenschaftler, dass erste außerirdische Lebenskeime durchaus durch Kometen auf die Erde gelangt sein könnten, wie die Astrophysikerin *Kathrin Altwegg* von der Universität Bern annimmt. (17)

Die Tierseele unterscheidet sich nicht wesentlich von der Pflanzenseele. Es kommen ihr nur weitere entwicklungsbedingte Fähigkeiten und Tätigkeiten zu, nämlich eine größere und vielfältige Bewegungsfreiheit, eine erweiterte Sinneswahrnehmung, ein einfaches sinnesabhängiges Erkenntnisvermögen, das ihr erlaubt, situationsabhängige Zusammenhänge zu verstehen, was ihr ein rudimentäres Werkzeugdenken sowie ein sinnliches Erinnerungsvermögen ermöglicht. Auch können Tiere emotionale Empfindungen wie Angst, Furcht, Zuneigung und Abneigung wahrnehmen. Hinzu kommt das niedere Strebevermögen mit seinen sinnlichen Bedürfnissen, Begehren und Verlangen, die sie manchmal lautstark zum Ausdruck bringen können. (18)

Die Lehre von der Wanderung der Vitalseele durch alle Naturreiche ist gut verträglich mit der Evolutionslehre. Die vom englischen Naturforscher *Charles Darwin* begründete biologische Evolutionslehre vertritt die Ansicht, dass alle Lebensformen sich von den kleinsten und einfachsten Anfängen bis zur heutigen reichen Biodiversität mittels der natürlichen Auslese und einer fortlaufenden Anpassung an die veränderten Umweltverhältnisse entwickelt haben. Was dagegen nicht akzeptiert werden kann, ist die Behauptung der extremen Evolutionisten, dass die Entstehung der Arten allein einem blinden und unkontrollierten Zufallsgeschehen zuzuschreiben sei. Gemäßigte Vertreter der Evolutionsidee räumen jedoch ein, dass spontan auftretende Mutationen auch durch Veränderungen der Erbstruktur entstehen können. Neuere naturwissenschaftliche Erkenntnisse sprechen dafür, dass nicht bloß äußere Umwelteinflüsse und auch nicht nur Genveränderungen die tiefere Ursache für die Entstehung der Artenvielfalt sind, sondern dass dies auch einer intelligenten Planung (*intelligent design*) und gesetzmäßiger Zielstrebigkeit zuzuschreiben sei. (19)

Auch das Leben auf unserer Erde kann nicht aus dem Nichts oder durch ein Zufallsereignis aus der anorganischen Materie entstanden sein. Leben kann nur von Lebendem abstammen. Damit bleibt aber immer noch die Frage offen, wie diese Lebenskeime auf den erdfernen Himmelskörpern entstanden sind. Auch das Leben selbst kann nur durch einen schöpferischen Impuls von einem lebendigen geistigen Wesen stammen.

Überlegen wir, wie erstaunlich intelligent es in der Natur eingerichtet ist, dass im Verlauf der Evolution auf unserer Erde zuerst die Pflanzen, Millionen von Jahren danach die Tiere und wieder Millionen von Jahren später die Menschen auftraten, so dass die eine Lebensform die notwendigen Daseinsbedingungen für die nächstfolgenden Lebewesen schaffen konnte. Ein klares Beispiel hierfür ist der Sauerstoff, der durch die Pflanzen ausgeatmet wird, ehe Tiere und Menschen diesen durch die Atemluft einatmen können. Wäre die Reihenfolge umgekehrt gewesen, hätte auf unserer Erde nie höheres Leben entstehen können. Daraus dürfen wir folgern, dass wir unsere geistige Existenz keineswegs bloß einem evolutionären Zufall zu verdanken haben, sondern vielmehr der kreativen Absicht einer kosmischen Intelligenz, die wir Gott nennen.

Vitale Lebenstätigkeiten

Die unpersönliche Vitalseele ermöglicht eine vielfältige biologische Tätigkeit, die sich im Verlauf von Jahrmillionen aus den einfachen Anfängen der Einzeller bis zu den üppigen Formen in der heutigen Pflanzen- und Tierwelt entwickelt hat und ihr eine reichhaltige Tätigkeit auf verschiedenen Daseinsebenen ermöglicht. Das Leben gleicht der Flamme des Olympischen Feuers, die durch Staffelläufer über weite Strecken von Fackel zu Fackel weitergereicht wird. Zwei Arten von Antriebskräften sind hierfür zuständig: Der Selbsterhaltungstrieb und der Arterhaltungstrieb. Diese beiden Triebkräfte halten das Rad des Lebens in allen Bereichen des Lebendigen in beständigem Schwung.

Auf der *niederen* Stufe des Lebens ermöglicht die Vitalseele die Atemtätigkeit der Lebewesen, deren Reizempfänglichkeit und Reaktionsfähigkeit, die Nahrungsaufnahme und den Stoffwechsel und die Fähigkeit, neue Lebenskräfte aus den Elementen der Natur aufzunehmen, diese zu verwerten und in Wachstum umzusetzen, um schließlich ihre vitalen Seelenkräfte durch Fortpflanzung weiterzugeben und neues Leben zu ermöglichen.

Viele Pflanzenarten reagieren auf Berührungen, sie vermögen sich vor Hitze und Kälte und UV-Strahlung zu schützen. Sie orientieren sich am Sonnenstand. Auch richten sie sich nach Tag und Nacht sowie nach den Jahres- und Tageszeiten. Pflanzen sind in der Lage, miteinander zu kommunizieren, gegenseitig Informationen auszutauschen und mit Sympathie oder Antipathie auf ihre Umwelt zu reagieren. Sie haben ein feines Empfinden für die Qualität ihres Standortes. Einzelne Pflanzen haben gelernt, für ihre Nahrungsbeschaffung raffinierte Fangeinrichtungen zu entwickeln, wie dies beim Sonnentau, bei der Venusfliegenfalle oder bei den Kannenpflanzen der Fall ist.

Zweifellos können Pflanzen sich intelligent verhalten. Die Spitzen ihrer Wurzeln sind mit Nervenzellen ausgestattet. Pflanzliche Organismen sind befähigt, durch Photosynthese die Energie des Sonnenlichtes in chemische Energie und damit in Nährstoffe umzuwandeln. Auch können sie bei Gefahr um Hilfe rufen, indem ihre Zellen bestimmte Signale aussenden, welche Insekten anlocken, die sie von schädlichen Pilzen befreien. Viele Pflanzen sind befähigt, nach Verletzungen selbst die nötigen Reparaturarbeiten auszuführen. Sie sind erfinderisch, wenn es darum geht, ihre Samen zu verbreiten. (20) Es ist sogar möglich, dass Kulturpflanzen auf unser freundliches Zuflüstern hin ihr Verhalten ändern, als ob sie aus Dankbarkeit besser gedeihen und uns mit Blüten und Früchten belohnen wollten. (21)

Auf einer *mittleren* Stufe der vitalen Entwicklung zeigen alle Lebensformen eine ausgeprägte Sinneswahrnehmung, reichhaltige Verhaltensmuster und Abwehrformen, die einerseits auf angeborenen Instinkten, andererseits auf erworbenen Umwelterfahrungen beruhen. Sie können intelligent reagieren, Informationen austauschen, sich verteidigen und mit Hilfe von Botenstoffen sich gegenseitig warnen, wenn Gefahr droht. Weil Pflanzen bei Gefahr nicht die Flucht ergreifen können, haben viele von ihnen kluge Verteidigungsstrategien entwickelt, um sich gegen räuberische Feinde, aggressive Pilze und Bakterien zu wehren. Dabei setzen sie auf Chemie, indem sie schädigende Gifte in ihren Blüten, Blättern und Stängeln einlagern. Als Beispiele seien die gefährlichen Killerpflanzen wie der Eisenhut, der Rotgefleckte Fingerhut, der Gefleckte Schierling oder der Oleander genannt. (22)

Auf einer *höheren* Entwicklungsstufe kommt es zu sensitiven Sinneswahrnehmungen, zu emotionalen Empfindungen und zu Fähigkeiten der Anpassung und Gewöhnung, was zu den ersten Lernfortschritten und damit zu neuen Erfahrungen und situationsabhängigen Erkenntnissen führen kann. Hinzu kommen die *sensitiven* Fähigkeiten der Vitalseele, die auf den höheren Stufen des Lebens zu deren auffallendsten Wesensmerkmalen gehören. Beim Menschen sind es die fünf Hauptsinne und die fünf Nebensinne, welche eine reiche Sinnestätigkeit ermöglichen. Zu den fünf *Hauptsinnen*, die bereits *Aristoteles* im Altertum beschrieben hat, gehören:

1. Der Sehsinn
2. Der Gehörsinn
3. Der Geruchssinn

4. Der Tastsinn
5. Der Geschmackssinn

Die zwei erstgenannten Sinne heißen *Fernsinne*, weil sie ihr Objekt auch aus der Ferne wahrnehmen können. Die drei anderen werden *Nahsinne* genannt, da sie nur in der unmittelbaren Nähe ihres Objektes anwendbar sind.

Die fünf *Nebensinne,* die wir bei Pflanzen, Tieren und Menschen beobachten können, sind:

1. Der Gleichgewichtssinn
2. Der Orientierungssinn
3. Der Bewegungssinn
4. Der Temperatursinn
5. Der Schmerzempfindungssinn

Zu den sinnlichen Fähigkeiten der Vitalseele gehören auch die eher seltenen *außersinnlichen* Wahrnehmungen, welche beim Menschen auch Psi-Fähigkeiten heißen, so benannt nach dem 23. Buchstaben des griechischen Alphabets. Zu diesen zählen wir:

1. Die medialen Wahrnehmungen (ASW)
2. Die Gedankenübertragung (Metakognition)
3. Die Fernwahrnehmung (Telepathie)
4. Die Fernbewegung (Telekinese)
5. Das Vorauswissen (Präkognition)

Der Gedanke von der Allbeseelung, wonach alle Lebewesen eine Seele besitzen, nämlich die Vitalseele, findet sich nicht nur in der östlichen Seelenwanderungslehre, sondern auch immer wieder in der deutschen Literatur, wie das nachfolgende Gedicht von *Rainer Maria Rilke* zeigt:

Kann mir einer sagen, wohin
ich mit meinem Leben reiche?
Ob ich nicht noch im Sturme streiche
und als Welle wohne im Teiche,

und ob ich nicht selbst noch die blasse, bleiche
frühlingsfrierende Birke bin? (23)

Das Rad der Wiedergeburt

Du bist ein Rad, in dem ich stehe:
Von deinen vielen, dunklen Achsen
wird immer wieder eine schwer
und dreht sich näher zu mir her.
Und meine willigen Werke wachsen
von Wiederkehr zu Wiederkehr.

Rainer Maria Rilke

Das Rad wird häufig als Symbol für den sich wiederholenden Wechsel von Geburt, Tod und Wiedergeburt im Menschenleben gesehen. Im buddhistischen Denken wird dieses Rad »Samsara« genannt Dieses Sanskritwort bedeutet »beständiges Wandern« und gilt für die Wanderung der Seele von Leben zu Leben. Tatsächlich gleicht der Kreislauf der Lebensenergie einem rollenden Rad, das sich ständig bewegt und dreht. In der indischen Philosophie steht es für den immerwährenden Kreislauf des Werdens, Vergehens und Neuwerdens durch alle Stufen des Seins. Durch das Rad der Wiedergeburt wird der Lebensseele die fortdauernde Wiederkehr von Geburt und Tod ermöglicht. (24)

Der östlichen Lehre von der Seelenwanderung liegt der Gedanke zugrunde, dass wir Menschen durch unser beständiges Handeln immer wieder neue Ursachen schaffen, denen entsprechende Wirkungen folgen, die zu neuen Ursachen führen und damit zu neuen Leben und Leiden. Von *Siddhartha Gautama* (um 563/480 – 483/400), dem späteren *Buddha,* Sohn eines indischen Königs, wird berichtet, dass er wohlbehütet und abgeschirmt vor dem Anblick menschlicher Leiden im Palast seines Vaters aufgewachsen ist. Wie er schon verheiratet war und zwei kleine Kinder hatte, besuchte er erstmals in Begleitung eines Dieners die nahe gelegene Stadt. Hierüber wird erzählt: »Da erblickte er einen Kranken. ›Was ist das?‹, fragte er seinen Begleiter. ›Ein Kranker‹, war die Antwort. ›Kann ich auch so werden?‹ ›Ja.‹ Kurz danach sah er einen alten Mann. ›Wer ist das?‹, ›Ein Greis.‹ ›Muss ich auch so werden.‹ ›Ja.‹ Nun begegnete er einem Leichenzug. ›Was ist das?‹, wollte der Prinz wissen. ›Ein Toter.‹ ›Muss ich auch so werden?‹ ›Ja.‹ Schließlich kam er an einem Wandermönch vorüber, dessen Gesicht die Ruhe eines Weisen ausstrahlte. ›Was ist das?‹, wollte der Königssohn wissen. ›Ein Mönch.‹ ›Kann ich auch so werden?‹ ›Ja‹, war die Antwort. (25)

Der Prinz kehrte mit der Einsicht, dass alles Leben nur Leiden ist, in den Königspalast zurück. In derselben Nacht soll er alle seine Güter und Schätze, sein Vaterhaus sowie seine junge Frau mit den Kindern verlassen haben. Danach begab er sich, als Bettelmönch gekleidet, in die freigewählte Hauslosigkeit. In der Einsamkeit begann er darüber nachzudenken, wodurch das Leiden in der Welt verursacht wird und wie das endlos rollende Rad von Geburt und Tod aufzuhalten wäre. Den Weg zur Leidbefreiung fand er nach sieben Jahren der Askese nicht in der Selbstkasteiung, auch nicht im Fasten und Verzichten, nicht nur in der Abkehr von der äußeren Welt und ihren Gütern, sondern in der meditativen Wendung nach innen. In seiner berühmten »Predigt von Benares« erkannte er der Überlieferung nach um das Jahr 528 v. Chr. seine *Drei edlen Wahrheiten*, die er mit folgenden Worten umschrieb:

Die erste Wahrheit lautet: »Dies ist, ihr Mönche, die edle Wahrheit vom Leiden: Geburt ist Leiden, Alter ist Leiden, Krankheit ist Leiden, Tod ist Leiden, mit Unlieben vereint zu sein, ist Leiden, von Lieben getrennt zu sein, ist Leiden, nicht bekommen, was man ersehnt, ist Leiden. Alles, was aus dem Begehren und Anhaften entsteht, ist Leiden.«

Die zweite Wahrheit lautet: »Dies, ihr Mönche, ist die edle Wahrheit von der Entstehung des Leidens: Es ist der Lebensdurst, der das Wiedergeborenwerden auf Erden verursacht, begleitet von sinnlicher Gier, die hier und dort ihre Befriedigung findet. Es ist der Durst nach Lust, der Durst nach Werden, der Durst nach Nicht-Sein.«

Die dritte Wahrheit lautet: »Dies ist, ihr Mönche, die edle Wahrheit von der Befreiung vom Leiden: Es ist die Aufhebung des Lebensdurstes, so dass kein Begehren und kein Verlangen mehr übrig bleibt. Es ist das Aufgeben, Loslassen, Sich-Befreien und Sich-Entäußern vom ungestillten Durst der Begierde.« (26)

Dieser Heilsweg zur Leidbefreiung und Selbsterlösung führt nach *Buddha* über den *Achtfachen Pfad*, der aus folgenden Stufen besteht: »Rechtes Glauben, rechtes Denken, rechtes Wollen, rechtes Reden, rechtes Handeln, rechtes Streben, rechtes Sich-Versenken und rechtes Leben.« Daraus zog der Erhabene den Schluss: »Die Ursache aller menschlicher Leiden sind Unwissenheit, Hass, Gier und Verblendung. Der Weg zur Leidbefreiung geschieht durch die Beseitigung von Unwissenheit und durch den Verzicht auf jedes Begehren, im Loslassen von materiellen Gütern und im Aufgeben von Daseinshunger. Solange man etwas noch erstrebt und begehrt, dreht sich das Rad der Wiedergeburt unaufhörlich weiter. Wenn aber alles Sehnen und Verlangen, alles Wünschen und Erwarten, alles falsche Denken, Reden und Handeln erloschen ist, tritt Seelenfrieden ein gleich der Meeresstille nach einem Sturm. Denn wer nichts mehr begehrt, hat alles, was er braucht. Dies ist der Weg der Selbsterlösung, den keine göttliche oder außerirdische Macht dem Menschen ersparen kann.« (27)

Dies bedeutet freilich nicht eine vollständige Absage und Abkehr von der diesseitigen Welt, als hätte das irdische Leben an sich keinen Sinn und als ob die weltlichen Freuden nur Trugbilder und Blendwerk unserer Sinne wären. Vielmehr soll sich der Mensch in dieser Welt bewähren durch sein selbstloses Tun im Dienst am Nächsten. *Hermann Hesse* (1877-1962) beschreibt diesen Weg, den der junge Siddhartha ging, in seiner gleichnamigen Dichtung als ein Leerwerden vom Daseinsdurst, als ein Leerwerden von Träumen, von Wünschen und von Erwartungen und als ein Leerwerden von Freude und Leid. »Von sich selbst wegsterben, nicht mehr Ich sein, um entleerten Herzens Ruhe zu finden, im entselbsten Denken dem Wunder offen zu stehen. Das war sein Ziel. Wenn alles Ich überwunden und gestorben war, wenn jede Sucht und jeder Trieb im Herzen schwieg, dann musste das Letzte erwachen, das Innerste im Wesen, das nicht mehr Ich ist, das große Geheimnis.« (28)

Vollständige Befreiung vom Zwang der Wiedergeburt kann nach buddhistischer Lehre nur erreicht werden durch den Verzicht auf alle irdischen Bindungen, Bedürfnisse und Absichten, durch das Loslassen aller erdgebundenen Begierden und Abhängigkeiten. Sobald der Lebensdurst der Vitalseele versiegt ist, aus welchen Gründen auch immer, hört das individuelle Leben auf, und die Einzelseele kehrt in die Allseele des Kosmos zurück. Auf diese Weise wird auch keine Leidensursache mehr neu geschaffen, und es kommt zur endgültigen Ruhe des Nichtmehrseins, so wie man eine Kerzenflamme auslöscht. Erst jetzt ist die Menschenseele von der Notwendigkeit einer erneuten Wiedergeburt befreit.

In der Bhagavad Gita heißt eine entsprechende Textstelle: »Nur wer durch die unaufhörliche Flut von Wünschen nicht beeinträchtigt ist – wie das Meer, das trotz des Zufließens unzähliger Ströme immer ausgeglichen bleibt –, kann Frieden erlangen, und nicht derjenige, der danach trachtet, solche Wünsche zu befriedigen. Wer alle materiellen Wünsche und allen Anspruch auf Besitz aufgegeben hat und frei von falschem Ego ist – der allein kann wirklich Frieden erlangen.« An anderer Stelle heißt es: »Diejenigen, die frei geworden sind von Geltungssucht, Lebensdrang, falscher Gemeinschaft, die das Ewige verstehen, die nichts mit materieller Lust zu tun haben wollen und die befreit sind vom Widerstreit von Glück und Leid, sie gelangen in das ewige Königreich und kehren nie wieder in die materielle Welt zurück.« (29)

Das Endziel der menschlichen Einzelexistenz ist demnach die Einkehr ins Nirvana. Dies ist nicht ein Nirgendwo, sondern ein Überall, nicht ein vollständiges Verwehen im Nichts, sondern ein Eingehen ins kosmische Allbewusstsein. Es ist ein Zustand, wo Ruhe und Frieden herrschen, frei von allen Trugbildern und Illusionen des irdischen Lebens, die immer wieder enttäuschen. Hier sind alle Widersprüche aufgehoben und alle Gegensätze sind dort wieder miteinander vereint, so wie es am Anfang der Schöpfung war. Die Einzelseele löst sich in der Allseele für immer auf. Nirvana, in diesem Sinne, ist nicht die Leere, sondern die Fülle im Alleinen, ist die Heilung von allen irdischen Leiden, das vollständige Versiegen der Begierden und Leidenschaften, das Freiwerden von allen irdischen Abhängigkeiten und Bindungen. Wenn dieses Ziel erreicht ist, erlischt die Notwendigkeit, als Seele auf Erden weiterzuwandern. Die Einzelseele kehrt in die allgemeine Weltseele zurück und verliert ihre Eigenständigkeit, ähnlich wie ein einzelner Wassertropfen in die Wellen des Meeres übergeht. Dann ist die Seele von der erneuten Wiedergeburt befreit.

Diese Ansicht der östlichen Seelenwanderungslehre muss zum Teil als eingeschränkt richtig beurteilt werden, denn sie macht keinen klaren Unterschied zwischen dem Leben der Vitalseele und dem der Geistseele des Menschen. Einer, der diesen Wesensunterschied klar herausgearbeitet hat, ist der französische Arzt und Pädagoge *Allan Kardec* (1804-1869), Schüler von Heinrich Pestalozzi, der mit dem zivilen Namen *Hippolit Léon D. Rivail* hieß. Nach einem paranormalen Erlebnis mit einem Medium wandte er sich dem Spiritismus zu und schrieb mehrere Bücher über den Kontakt mit der Jenseitswelt. In seinem »Buch der Geister« gibt er die Antwort auf die entscheidende Frage, was den Menschen vom Tier unterscheidet: »Der Mensch ist wirklich ein besonderes Wesen, denn er besitzt Fähigkeiten, die ihn von allen anderen unterscheiden, auch hat er eine andere Bestimmung. Im Menschen ist nichts mehr vom Tier geblieben als sein Leib und die Leidenschaften, die aus seinem Einfluss und Erhaltungsinstinkt entstehen. Man kann also nicht sagen, dass der oder der Mensch die Inkarnation von dem und dem Tier ist. Folglich ist die Lehre von der Seelenwanderung, wie man sie versteht, ungenau… Der Gedanke der Seelenwanderung wäre wahr, wenn man darunter den Fortschritt der Seele von einem tieferen zu einem höheren Zustand verstände. Aber er ist falsch im Sinne einer direkten Wanderung des Tieres in den Menschen und umgekehrt, was den Gedanken eines Rückschreitens oder einer Verschmelzung in sich schlösse….Die hervorragenden Männer, die sich zur Reinkarnationslehre bekannten, beweisen, dass das Prinzip der Reinkarnation seine Wurzeln in der Natur selbst hat. Es sind also eher Gründe zu ihren Gunsten als zu ihren Ungunsten vorhanden. Die Frage nach dem Ursprung des Geistes ist eine jener Fragen, die an den Anfang der Dinge rühren und deren Geheimnis uns Gott vorenthält. Dem Menschen ist es nicht gegeben, sie vollständig zu lösen.« (30)

Der berühmte indische Dichter *Kavi Kalidasa* schrieb anfangs des 5. Jahrhunderts unserer Zeitrechnung: »Der Tod ist eigentlich eine Pause der Erholung zwischen zwei Leben, so wie die Nachtruhe vor dem nächsten Lebensmorgen, an dem du mit frischer Kraft und neuem Mut diese unvollendete Aufgabe wieder aufnimmst, um nach und nach die Vollendung zu erlangen.«

2.

Der westliche Wiedergeburtsgedanke

Was geboren ward, muss sterben;
Was da stirbt, wird neu geboren.
Mensch, du weißt nicht, was du warst.
Was du jetzt bist, lerne kennen.
Und was du sein wirst, das erwarte.

GOTTFRIED HERDER

Im Unterschied zur östlichen Seelenwanderungslehre, die vom dualen Menschenbild »Körper und Vitalseele« ausgeht, nimmt die westliche Reinkarnationslehre an, der Mensch bestehe aus einer Dreiheit von Körper, Vitalseele und Geistseele. Dieses dreigliedrige Menschenbild erlaubt die Annahme der Präexistenz und der Inkarnation der Geistseele.

Gemäß östlichen Anschauung bildet der Mensch eine Zweiheit aus Körper und Seele. Ein geistiges Prinzip in Form einer Geistseele wird dabei nicht angenommen. Der Gedanke an eine unsterbliche Seele und an ein bleibendes Ich-Bewusstsein ist dem indischen Denken allerdings fremd. Während die östliche Seelenwanderungslehre von einem dualen Menschenbild ausgeht, das den Menschen als eine Einheit von Körper und Vitalseele versteht, übernimmt die westliche Reinkarnationslehre das dreifache Menschenbild des *Trichotomismus* (gr. *tricho*: dreifach; *tomé*: Schnitt). Nach diesem besteht der Mensch aus der Dreiheit von Körper, Vitalseele und Geistseele.

Der westliche Glaube an die Wiedergeburt ist keineswegs nur als ein Ableger der östlichen Seelenwanderungslehre zu verstehen, wie oft behauptet wird. Er entspricht vielmehr einem anderen Denkmodell, dessen Anfänge auf die griechische Philosophie zurückgehen. Im Gegensatz zur Weltanschauung des Hinduismus und des Buddhismus anerkennt diese die Existenz einer Geistseele als eine unveränderliches und unsterbliches Element, welches unabhängig von der Materie als selbstständiges Prinzip und gleichzeitig als erste Ursache für alle geistigen Tätigkeiten des Menschen exisitiert.

Während im hinduistischen und buddhistischen Verständnis die Wiedergeburt dem Menschen dazu verhelfen soll, sich von der Umklammerung durch das materielle Diesseits zu lösen, um ins Nirvana eingehen zu können und dort das Ich im unpersönlichen Atman aufgehen zu lassen, stellt die westliche Form der Reinkarnationslehre die Konzentration auf das eigene Geist-Bewusstsein in den Vordergrund, das über den Tod hinaus zu retten und zu vervollkommnen ist.

Ein weiterer fundamentaler Unterschied liegt darin, dass nach der östlichen Glaubensvorstellung das irdische Leben zumeist als eine große Last und leidvolle Bürde empfunden wird, von der sich der Mensch möglichst befreien sollte. Im Westen wird das menschliche Leben eher als Aufgabe gesehen und als wiederholbarer Ernstfall, der durch eigenes Bemühen zu bewältigen ist.

Während die Seelenwanderung annimmt, die Vitalseele wandere unentwegt als belebende Kraft durch alle Naturreiche und in unterschiedlichen Lebensformen, geht die westliche Wiedergeburtslehre von der Annahme aus, die individuelle Geistseele verkörpere sich zu wiederholten Malen auf Erden, und zwar so lange, bis sie ihr höchstes Entwicklungsziel, nämlich die vollkommene Vergeistigung, wieder erreicht hat.

Die Seelenwanderungslehre nimmt an, dass die Lebensseele so lange erhalten bleibt und weiterfließt, wie es sie nach dem Leben auf Erden dürstet. Dagegen geht die Wiedergeburtslehre vom Gedanken aus, dass die wiederholten Erdenleben ähnlich wie die aufsteigenden Klassen in einer Lernschule zu verstehen sind, die Stufe um Stufe erfolgreich bestanden werde müssen. So gesehen, ist die körperliche Wiedergeburt auf Erden eine Einladung und ein Aufruf an die Geistseele des Menschen, sich weiter zu läutern und zu vervollkommnen, bis sie wieder in die hohe Lichtwelt zurückkehren kann, die ihre wahre Heimat ist.

Die Anzahl jener Menschen in westlichen Ländern, die es für denkbar halten, dass wir mehr als nur einmal leben, ist heute deutlich im Zunehmen begriffen. Aufgrund mehrerer Meinungsumfragen darf angenommen werden, dass heute jeder vierte Mitteleuropäer glaubt, dass wir nach dem Tode weiterleben und mehrmals wiedergeboren werden. Auch in den religiösen Glaubensvorstellungen von christlich orientierten Gemeinschaften und in zahlreichen Freikirchen ist dieser Gedanke längst kein Tabu mehr. (1)

So ist heute der Glaube an die wiederholten Erdenleben zu einer eigenständigen spirituellen Strömung innerhalb des traditionellen Christentums geworden. Dabei ist festzuhalten, dass die christlichen Kirchen bis zum heutigen Tag diese Lehre offiziell weder als Irrlehre verboten noch als Variante zu ihrer bisherigen Doktrin angenommen, sondern eher stillschweigend geduldet haben.

Dabei wird der menschliche Körper von grobstofflicher, die Vitalseele von feinstofflicher und die Geistseele von unstofflicher Natur gesehen. Vergleichsweise lässt sich sagen: Der Körper ist das Fahrzeug, die Vitalseele ist dessen Betriebsenergie und der Geist ist der Fahrer, der mit diesem Vehikel auf Erden vorübergehend unterwegs ist. Das menschliche Wesen lässt sich auch mit einem Wohnhaus vergleichen: Der Körper ist das Gebäude, das aus verschiedenen materiellen Stoffen aufgebaut ist. Die Vitalseele ist die Betriebsenergie, die das Haus bewohnbar macht. Die Geistseele gleicht dem Hausbewohner, der diese Wohngelegenheit für kurze oder längere Zeit gemietet hat.

So kann der Mensch von sich sagen: »Ich *habe* einen Körper, ich *habe* eine Seele, aber *ich bin* ein geistiges Wesen.« Letzteres ist für die Dauer seines Aufenthaltes auf der Erde eingekleidet in ein grobstoffliches Gewand und in drei feinstoffliche Umhüllungen, die wir Ätherkörper, Astralkörper und Mentalkörper nennen. In diesem Sinne lässt sich das gültige Menschenbild auf die einfache Formel bringen: Der *Körper*, den ich habe; die *Vitalseele*, die ich habe; die *Geistseele*, die ich bin.

Der Begriff Geist als Teil des Menschen stammt aus der griechischen Philosophie. So machte *Platon* eine klare Unterscheidung zwischen Körper (soma), Seele (psyche) und Geist (nous). Während der materielle Körper und seine Vitalseele als belebende Energieform aus der Erdentwicklung (Evolution) hervorgegangen sind, hat die Geistseele als eigenständige Wesenheit eine Vorexistenz in der jenseitigen Welt und körpert sich zur Menschwerdung in der diesseitigen Welt ein.

Anders als sein Lehrer *Platon* sah sein Schüler *Aristoteles* den Menschen nicht als eine Dreiheit von Körper-Seele-Geist, sondern als eine Einheit von Leib und Seele. Für ihn ist die Seele das formgebende und wesensbestimmende Prinzip, das den ganzen Menschen ausmacht. Die Seele als Lebensenergie macht den materiellen Körper zum menschlichen Leib. Aus dieser Sicht gehören Leib und Seele untrennbar zusammen und bilden eine substanzielle Einheit.

In der christliche Epoche ereignete sich ein schwerwiegender Denkfehler, als im Mittelalter *Thomas von Aquin* (1225-1274) die Vitalseele und die Geistseele gleichsetzte und damit die theologische Doktrin von der untrennbaren Leib-Seele-Einheit begründete. Dass diese nicht zutrifft, beweisen die heute bekannt gewordenen zahlreichen Nahtod-Erfahrungen mit ihren außerkörperlichen Zuständen.

Der Naturphilosoph *Günter Ewald* (geb. 1929) unterscheidet »den Geist in mir« und den »Geist über allem«. Den Geist in mir setzt er dem Intellekt, dem Verstand und der Vernunft gleich und nennt ihn den subjektiven Geist als ein Produkt der *Vitalseele*, weil dieser nicht nur beim Menschen, sondern in unbewusster und bescheidener Form auch bei Pflanzen und Tieren in Erscheinung tritt. Mit dem Geist über allem kann das Wesen spiritueller Geister (engl. *spirits*) gemeint sein, also die *Geistseele* des Menschen, die eine Vorexistenz in der geistigen Welt hatte und von daher in die materielle Welt abstiegen ist. (2)

Was im Sinne der Seelenwanderung von Leben zu Leben weiterwandert, ist also die Vitalseele. Was aber in der Vorstellung der Reinkarnationslehre wiedergeboren wird aus einer geistigen Welt, ist die Geistseele. Dies ist die im westlichen Kulturraum als Wiedergeburtslehre bekannteste Glaubensvorstellung.

Die Dreiheit des Menschen

Aller Wesen Ursprung liegt im Unsichtbaren,
Ins Unsichtbare kehren wir zurück.
Unsere Zeit im sinnlich Wahrnehmbaren
Ist nur ein kurzer Augenblick.

Novalis

Bereits die alten Ägypter glaubten, dass der Mensch aus drei Teilen bestehe, nämlich aus dem Körper *ka,* der Seele *ba* und den übernatürlichen Kräften, *akh* genannt. Um diese menschliche Dreieinheit durch den Tod nicht aufzuheben und damit ein Weiterleben im Jenseits zu ermöglichen, hielt man es während Jahrtausenden für wichtig, den Körper der Verstorbenen zu erhalten. Aus diesem Grunde wurde er einem aufwendigen Konservierungsprozess durch Mumifizierung unterzogen und in der Grabstätte mit Nahrung, mit Blumen, mit wertvollem Schmuck und mit den notwendigen Gebrauchsgegenständen versorgt. (3)

Auch *Platon* sah den Menschen als dreigliedriges Wesen. Nach ihm ist der grobstoffliche Körper aus der Evolution hervorgegangen, die feinstoffliche Seele aus der Emanation der Weltseele und der Geist durch Inkarnation aus dem Weltgeist ins menschliche Dasein eingetreten. So können wir heute den Menschen als vorübergehende Verbindung von materiellem Körper, belebender Vitalseele und einverleibter Geistseele bezeichnen.

Sein Schüler *Aristoteles* jedoch bezeichnete nur Gott als geistige Wesenheit, während er den Menschen als ein Wesen betrachtete, in dem die Seele die formende Kraft darstellt und der Körper die geformte

Masse. Insofern bilden Körper und Seele eine untrennbare Einheit und können nicht als zwei getrennte Teile gedacht werden. Zu vergleichen ist dies mit einer materiellen Vase und deren Form. Diese Anschauung wurde später von der christlichen Glaubenslehre übernommen, obwohl auch der Apostel *Paulus* in seinen Briefen von Körper, Seele und Geist sprach. (Heb 4,12; 1Th 5,23) Im Jahr 869 wurde auf dem 8. Ökumenischen Konzil von Konstantinopel die Lehre von der Dreigliederung des Menschen irrtümlicherweise als nicht begründbar verurteilt. (4) Trotzdem bezeichnete die österreichische Seherin *Adelma von Vay* (1849-1925) den Menschen richtigerweise als ein Wesen, bestehend aus Geist, Kraft und Stoff. (5)

Die *Geistseele* ist nicht bloß eine naturgegebene Kraft, wie es die Vitalseele ist. Sie erweist sich als eine übernatürliche und bewusstseinsfähige Seinsart, die sich *vertikal* über verschiedene Daseinsebenen vom dumpfen Unbewussten bis hinauf zum klaren spirituellen Geistbewusstsein entwickeln kann. Sie ist unstofflicher Natur. Daher hat sie weder Form noch Gewicht, kann aber durch Verdichtung und Formung ihrer Energie jede wünschbare Gestalt annehmen. Da sie mit materiellen Begriffen nicht fassbar ist, kann sie mit materiellen Hilfsmitteln nicht nachgewiesen werden. Daher behauptete der berühmte Chirurg an der Charité von Berlin, *Rudolf Virchow* (1821-1902): »Ich habe Hunderte von Menschen operiert und dabei nie eine Seele gefunden.« Auch durch psychologische Methoden ist die Geistseele nicht fassbar geworden. Daher meinte *C. G. Jung*: »Ich muss gestehen, dass ich eigentlich nicht weiß, was Geist schlechthin ist.« (6)

Weil die Vitalseele eine größere Anzahl von Lebewesen zugleich am Leben erhalten kann, ist es zulässig, von einer Gruppenseele und Kollektivseele zu sprechen. Dagegen handelt es sich bei der Geistseele stets um ein individuelles und unteilbares Einzelwesen. Indem gesagt wird, die menschliche Seele sei wie ein Wassertropfen, der aus dem Meer komme und wieder ins Meer zurückfalle, um dort sein Eigenleben aufzugeben, gilt dies nur für die Vitalseele. Dagegen behält die Geistseele über alle Inkarnationen hinweg stets ihre persönliche Eigenständigkeit. Sie kann sich aber mit anderen Geistseelen verbinden, um gleichgesinnte Familien und Gemeinschaften zu bilden. (7)

Während die Vitalseele jede lebende Zelle seit Beginn ihrer Existenz mit Lebensenergie versorgt und dadurch am Leben hält, was auch auf die befruchtete menschliche Eizelle zutrifft, wohnt die Geistseele nicht vom Anfang an im kindlichen Embryo, sondern nimmt den kindlichen Körper erst im Verlauf der Schwangerschaft oder kurz vor der Geburt als Wohnung in Besitz. (8) Bei einem Schwangerschaftsabbruch, aus welchen Gründen auch immer dieser geschieht, wird die Geistseele veranlasst, ihre körperliche Behausung vorzeitig zu verlassen und bei einer anderen Menschenmutter eine erneute Gelegenheit zur Wiedereinkörperung zu suchen, was nach den erlebten Rückführungserfahrungen oft sehr bald geschieht.

Als reiner *Geist* wird zunächst das schöpferische Prinzip bezeichnet, das allem Spirituellen als Ursache zugrunde liegt. Dieses wird in erster Linie der ewigen Gottheit zugesprochen, die in allen Religionen als Erschaffer aller geistigen Geschöpfe gesehen wird. Deshalb konnte der indische Weisheitslehrer *Shankara* zu seinem Gott beten: »Ich bin aus dir. Nicht du, oh Herr, bist aus mir. Denn aus dem Meer ist fürwahr die Welle, doch aus der Welle ist nicht das Meer.« Als Geist kann auch ein von Gott geschaffenes Geistwesen bezeichnet werden, das in unterschiedlicher Form und Aussehen in Erscheinung treten kann, so zum Beispiel als Engelwesen, als Mensch, als erdgebundene Spukgestalt oder als Dämon, je nach seinem eigenen Schwingungs- und Verdichtungsgrad. (9)

Dem amerikanischen Hellseher *Edgar Cayce* (1878-1945) wurde bei seinen »Readings« durch jenseitige Wesenheiten mitgeteilt, dass Gott am Anfang alle Geistwesen gleichzeitig durch *Invokation* ins Dasein gerufen habe. (10)

Ob diese Aussage wirklich zutrifft, die später auch von anderen jenseitigen Geistlehrern bestätigt wird, vermag wohl kein Mensch mit Sicherheit zu sagen. Das liegt im Schöpfungsgeheimnis Gottes verborgen. Aus geisteswissenschaftlicher Sicht ist der Geist des Menschen, also seine Geistseele, ein Wesen ganz eigenständiger Natur. Sie ist nicht bloß Energie, sie besitzt aber Energie in spiritueller Form und versteht diese zu gebrauchen, um geistig tätig zu sein. Der menschliche Geist wird nicht vom Gehirn erzeugt, aber der Mensch kann dieses hoch komplizierte Körperorgan gebrauchen, um geistig tätig zu sein. Es gibt aber auch ein hirnunabhängiges Denken, wie die zahlreichen Nahtod-Erfahrungen beweisen. Sie hat als solche nicht die gleiche Herkunft wie die Vitalseele und ist daher mit dieser nicht zu verwechseln. Die Geistseele ist demnach jene Wesenheit, welche die Theologen als »unsterbliche Seele« bezeichnen.

Was unter dem Begriff *»Psyche«* zu verstehen ist, wie ihn die heutige Seelenwissenschaft unter dem Namen *Psychologie* beschreibt, bezieht sich auf die Vitalseele und nicht auf die Geistseele, denn diese enthält keine spirituellen Merkmale, Eigenschaften und Fähigkeiten. Vielmehr ist sie jenes feinstoffliche Organ (gr. *psyché*: Atem, Hauch), welches die Sinneswahrnehmungen, das Fühlen und Empfinden, das Erleben und Erkennen, das Verhalten und Gestalten, das praktische Denken und Erinnern ermöglicht. Weil wir diese Fähigkeiten auch den Pflanzen und Tieren zuordnen, sind wir berechtigt, auch von einer Pflanzenseele und einer Tierseele zu sprechen. Zwischen Körper und Geist bildet die Vitalseele im psychologischen Sinne das verbindende und belebende Element und ermöglicht zwischen diesen eine dauerhafte Wechselwirkung.

Sigmund Freud und *Carl Gustav Jung* haben für die Psyche sogar anschauliche Modelle entworfen. *Freud* teilte die menschliche Psyche in das Unbewusste, das Bewusste und das Überbewusste ein und verglich sie mit einem dreiteiligen Instrument, zum Beispiel mit einem ausziehbaren Fernrohr. *Jung* nahm das Bild einer Insel oder eines schwimmenden Eisbergs zu Hilfe, um anzudeuten, dass nur ein kleiner Teil der menschlichen Seele aus dem viel größeren Teil des Unbewussten in die Tageshelle des Bewusstseins emporragt.

Im Verlauf des 2. oder 3. Lebensjahres taucht beim Kleinkind das *Ich-Bewusstsein* wie eine Insel aus dem Meer des Unbewussten auf. Deshalb nennt es sich nicht mehr mit seinem Eigennamen, sondern behauptet fortan seine Selbstständigkeit mit dem Wörtchen »Ich«. Dieses Ich-Bewusstsein bildet sich aus dem Wissen um seine Eigenheit, das im Verlauf der Entwicklung immer stärker werden soll. Ich-starke

Menschen vermögen ihr Lebensschiff selbstständig und zielsicher zu steuern, während jene mit einem schwachen Ich sich ziellos und beeinflussbar herumtreiben lassen.

Dass unter der Psyche nicht das individuelle Eigenbewusstsein der Geistseele zu verstehen ist, sondern die trennbare Gestalt der Vitalseele, tritt im Zitat aus *Goethes* Faust in Erscheinung: »Zwei Seelen wohnen, ach! in meiner Brust; die eine will sich von der andern trennen…« Noch deutlicher wird die Gespaltenheit der Psyche, wenn sie bei der psychotischen Erkrankung der Schizophrenie (lat. *scindere*: spalten, trennen), früher *Spaltungsirresein* genannt, zutage tritt. Das Wort »Geisteskrankheit« ist hier fehl am Platz, denn der Geist kann niemals krank sein.

Wie sich eine solche seelische Gespaltenheit als Wahnkrankheit bemerkbar machen kann, erlebte ich einmal, als ich mit der Klasse einer Krankenschwestern-Schule eine psychiatrische Klinik besuchte. Dort begegnete ich einer Patientin, die sich mir ganz normal und freundlich mit ihrem Namen und ihrem Zuhause vorstellte. Dabei stellte sich heraus, dass ich ihre Familie kannte, was sie sichtlich erfreute. Gleich danach stieß sie mich an und sagte mit starrem Blick und verhaltener Stimme: »Hören Sie, ich habe in mir hunderttausend Seelenkräfte, aber leider nur eine einzige Körperkraft. Deshalb bin ich hier eingesperrt. Wenn Sie mich hier herausbringen, mache ich Sie zum Herrscher der ganzen Erde, denn ich bin die Königin des Universums.« Ich versprach der armen Kranken, mein Möglichstes zu versuchen. Schon wieder erhellte sich ihr Gesicht zu einem freundlichen Lächeln, und sie bat mich, ihre Verwandten zu Hause grüßen zu lassen.

Tier und Mensch unterscheiden sich

Zwischen Tier und Mensch gibt es nicht nur einen graduellen, sondern einen essenziellen Wesensunterschied. Der Theologe und Psychologe *Eugen Drewermann* schreibt in seinem Buch »Atem des Lebens«, wenn der Mensch, der behauptet, die »Krone der Schöpfung« zu sein, wie dies schon *Aristoteles* so sah, ist er es nicht bloß deshalb, weil er an die Spitze der Evolution gestellt wird, sondern vor allem dadurch, dass er wegen seiner Geistigkeit über alle anderen Mitgeschöpfe herausragt. Daher hält er die Geistseele des Menschen für die »Trägerin des Bewusstseins und Selbstbewusstseins, von Individualität und Personalität, von Selbstidentität und Freiheit.« (11)

Tier und Mensch sind beide als belebte Wesen Träger der Vitalseele. Darüber hinaus ist der Mensch noch zusätzlich Träger der Geistseele, die ihm als einzigem Lebewesen auf unserer Erde auch noch Unsterblichkeit verleiht. Dadurch gehört er einer anderen Schöpfungsordnung an als Pflanzen und Tiere und die leblosen Dinge. In ihrem Wesen unterscheidet sich die Geistseele eindeutig von der Vitalseele. Diese wandert als stets gleichbleibende Lebenskraft auf dem Weg der Evolution durch verschiedene Lebensformen weiter, ohne ein bestimmtes Ziel anzustreben. Demgegenüber kehrt die Geistseele auf dem Pfad der Inkarnation und Reinkarnation immer wieder in menschlicher Gestalt zur Erde zurück, um ihrer geistigen Wesensart immer bewusster zu werden. Daher kommt der Vitalseele ein bloß niederes, sinnenabhängiges Strebevermögen zu, während die Geistseele nach höheren, übersinnlichen Zielen zu streben vermag.

Um den Wesensunterschied zwischen der Vitalseele und der Geistseele klar aufzuzeigen, ist es wichtig, deren Unterschied aufzuzeigen.

Fragen wir uns also: Was ist der Mensch im Unterschied zum Tier? Ist er bloß ein Tier, das sich angewöhnt hat, aufrecht zu gehen? Vom naturwissenschaftlichen Gesichtspunkt aus gibt es hier nur einen fließenden Übergang. Entwicklungsgeschichtlich sind beide Arten einander verwandt. Erbforscher haben festgestellt, dass die DNA zwischen

Schimpansen und Menschen sich bis auf 1,9% gleichen. Übertrifft der Mensch das Tier lediglich durch seine Denkfähigkeit? Wohl kaum, denn Tiere denken auch und sind oft erstaunlich schlau. (12)

Ist der Mensch allein mit Vernunft begabt oder überragt er das Tier auch durch seine Unvernunft? Vielleicht hat *Mephisto* recht, der im *Faust* in Bezug auf den Menschen meint: » Er nennt's Vernunft und braucht's allein / Nur um tierischer als jedes Tier zu sein.« Oder sah es der französische Philosoph *Blaise Pascal* (1623-1662) richtig, als er einmal sagte: »Der Mensch ist ein Schilfrohr, das zerbrechlichste in der Welt, aber ein Schilfrohr, das denkt?« (13) Der Mensch überragt das Tier nicht allein durch seine Denkfähigkeit, die er hat, sondern vor allem durch den Geist, der er ist. Wegen seiner Geistseele kommen dem Menschen wesentliche Unterscheidungsmerkmale zu, die ihn von allen Tieren unterscheiden. Es sind dies folgende zwölf Wesensmerkmale:

1. Der Mensch kann seine Gedanken in Worte fassen und durch seine Sprechfähigkeit verständlich anderen mitteilen. Die meisten Tiere vermögen zwar Laute zu äußern, aber sie können nicht durch eine Sprache zum Ausdruck bringen, was sie bewegt oder umtreibt. Einige Tiere, wie ein Papagei oder Star, können zwar menschliche Worte täuschend ähnlich nachplappern, aber sie verstehen nicht, diese sinnvoll anzuwenden. Es ist zwar bekannt, dass gezähmte Wellensittiche, Graupapageien und Biokrähen die Stimme eines Menschen täuschend ähnlich nachahmen können, aber sie verstehen deren Sinnbedeutung nicht. Anders ist es aber, wenn sich mithilfe der Sprechorgane solcher Vögel ein fremdes Geistwesen kundtut. So hat der lettländische Psychologe *Konstantin Raudive* (1909-1974) in den 1970er Jahren durch mehrere wissenschaftliche Experimente bewiesen, dass mit der Stimme eines Wellensittichs verstorbene Personen sinnvolle, zusammenhängende und intelligente Sätze sprechen konnten, indem sie Namen nannten, Orte erwähnten und Hinweise aus ihrem früheren menschlichen Leben zu geben wussten, welche ein Tier niemals von seiner Umgebung durch Nachahmung hätte übernehmen können. Vielmehr muss eine jenseitige Intelligenz auf medialem Wege dessen Laute benutzt haben, um sich mitzuteilen. (14)

2. Tiere können auch denken, doch sie tun dies hauptsächlich aufgrund ihrer Sinneswahrnehmungen. Die höheren Tiere sind durchaus in der Lage, durch äußere Beobachtung, Nachahmung, Anpassung und Gewöhnung klug zu handeln, und sie sind lernfähig. Aber sie besitzen nur eine situationsabhängige Intelligenz. Außerhalb ihrer sinnlichen Anschauungen können sie sich nichts Außersinnliches vorstellen. Daher können sie auch keine allgemeinen Begriffe bilden oder allgemeingültige logische Schlussfolgerungen ziehen. (15)

3. Auch das Verstehen von Symbolen ist dem Tier fremd. So vermag es nicht, den Wert einer Münze zu erkennen oder den Geldwert einer Banknote richtig einzuschätzen, die es lediglich für ein Stück wertloses Papier hält. Zahlen und Buchstaben sind für das Tier bedeutungslos. Es vermag nicht, eine chemische Formel anzuwenden oder eine mathematische Aufgabe zu lösen. Um das Jahr 1908 erregte in Deutschland der »Kluge Hans« großes Aufsehen. So wurde das Pferd des Mathematikers *Wilhelm von Osten* genannt, weil es angeblich komplizierte rechnerische Aufgaben verstehen und deren Lösung durch Kopfnicken oder Klopfen mit seinem Vorderhuf zu 90% richtig angeben konnte. Um dieses seltsame Phänomen zu untersuchen, setzte die Preußische Akademie der Wissenschaften in Berlin eine wissenschaftliche Kommission unter der Leitung des Philosophie-Professors *Carl Stumpf* ein. Diese fand schließlich heraus, dass dieses Tier zwar nicht selbstständig rechnen konnte, wohl aber die Resultate der von seinem Meister gestellten Rechenaufgaben von dessen Mimik oder auf telepathischem Weg von seinen Gedanken ablesen konnte. Es stellte sich nämlich heraus, dass der »Kluge Hans« die gleichen Fehler machte, die auch seinem Besitzer beim Rechnen unterliefen. (16)

4. Tiere besitzen keine Möglichkeit zu gegenstandsfreiem Denken. Sie können daher keine neuen Ideen entwickeln. Ihr Verhalten wird durch Instinkte geleitet, aber sie können nicht selbstständig vorausplanen, Neues erfinden oder Gebrauchsgengenstände herstellen. Der Mensch hat schon vor Jahrtausenden gelernt, das Feuer in seinen Dienst zu nehmen, während Tiere das Feuer heute noch fürchten. Was wir Menschen den Tieren voraus haben, sind unsere Phantasien, unsere Tagträumereien und unser von Raum und Zeit unabhängiges Vorstellungs-

vermögen. Nur der Mensch hat ein historisches Bewusstsein, während es den Tieren an einem Zeitbewusstsein fehlt. Ein Tier weiß nicht, wie alt es ist, wie spät es ist, welchen Wochentag wir haben und welches Jahr wir schreiben. Es lebt mit seinen Sinnen ausschließlich im Hier und Jetzt. Dagegen können wir Menschen auf den Flügeln unseren Gedanken in alle Freiheiten schweifen. So konnte der Dichter *Friedrich Schiller* von sich sagen: »Mich hält kein Band, mich fesselt keine Schranke, frei schwing ich mich durch alle Räume fort. / Mein unermesslich Reich ist der Gedanke, und mein geflügelt Werkzeug ist das Wort.«

5. Tiere gehorchen ihren ererbten oder angeborenen Erfahrungen, Trieben und Instinkten sowie ihren angewöhnten oder anerzogenen Verhaltensmustern, die sie oft ihr Leben lang beibehalten. Deshalb bauen Vögel ihre Nester stets auf die gleiche Weise, geben Spinnen ihren Fangnetzen immer die gleichen Formen und bauen Bienen und Wespen ihre sechseckigen Waben nach demselben Schema aus. Dagegen gehen wir Menschen in der Gestaltung unserer Wohnungen einfallsreich und kreativ vor und schaffen immer wieder neue Ausstattungsmodelle.

6. Den Tieren fehlt die Fähigkeit zu gegenstandsfreiem und situationsunabhängigem Denken. Deshalb können sie keine Theorien entwickeln, keine Pläne schmieden und keine guten Vorsätze fassen. Sie malen von sich keine Bilder. In der Regel erkennen sie sich selber nicht in einem Spiegel, weil sie kein Wissen von sich selber haben. Es fehlt ihnen auch ein Geschichts- und Stammesbewusstsein. Sie wissen nichts von ihrer Abstammung und von ihrer Rassenzugehörigkeit. Dagegen halten die Menschen viel von ihrem Eigenwert, von ihrer Herkunft und von ihrem Besitztum.

7. Ein Tier kann nicht über sich selbst nachdenken, und es vermag nicht, etwas über sich und seine Eigenart auszusagen. Nur der Mensch ist sich seiner Eigenständigkeit bewusst. Das Tier vermag auch nicht, sein Denken und Handeln kritisch zu beurteilen. Es kann auch nicht über sich selbst lachen oder sich über sich selbst ärgern. Der Mensch weiß, dass er in Freiheit über sich selbst bestimmen kann. Er weiß,

dass er weiß. Deshalb wird er als »Homo sapiens«, als der wissende Mensch, bezeichnet.

8. Tiere können nicht zwischen moralisch gut und böse unterscheiden. Sie haben auch kein ethisches Gewissen. Daher sind sie nicht schuldfähig und können auch nicht vor Gericht gestellt oder zur Verantwortung gezogen werden. So können Tiere einen Menschen zwar tödlich verletzen, aber sie können keinen vorsätzlichen Mord begehen, wie dies bei den Menschen der Fall sein kann. Tiere haben auch kein Ich-Bewusstsein. Der Philosoph *Arthur Schopenhauer* besaß einen Pudel, den er »Atma« nannte. Von diesem soll der Gelehrte einmal gesagt haben: »In dem Moment, wo dieser Hund zum ersten Mal ›Ich‹ sagt, ziehe ich den Hut vor ihm ab.« (17)

9. Nur der Mensch weiß, dass er sterblich ist. Deswegen kann er Angst vor dem Sterben empfinden und kann sich seine Gedanken darüber machen, was allenfalls nach dem Tode folgt. Tiere sind hierzu nicht imstande und können keine Jenseitsvorstellungen entwickeln. Daher können sie auch nicht an ein Weiterleben nach dem Tode glauben. Auch jedes religiöse Denken ist ihnen fremd.

10. Dem Tier fehlt die Fähigkeit, im geistigen Sinne zu lieben oder zu hassen. Tiere können lediglich ihre Anhänglichkeit und Zuneigung zeigen, doch echt zu lieben oder zu hassen vermögen sie nicht. Liebe und Hass sind nicht bloß Gefühle. Vielmehr haben sie zu tun mit dem bewusste Erkennen und Wollen des Guten oder des Schlechten für einen anderen. Wenn ich jemanden liebe, erkenne, wünsche und will ich für ihn, was für ihn gut ist. Dies meint das deutsche Wort »Wohlwollen« oder das Italienische »Ti voglio bene« – Ich will dir gut. Das Lieben in diesem geistigen Sinne ist sicher der beste Weg, um mit der göttlichen Welt in Übereinstimmung zu kommen. Deshalb empfahl der Kirchenlehrer *Augustinus* einem jeden: »Liebe, und im Übrigen tue, was du willst.« Wer dieser Weisung folgt, kann nicht fehlgehen. Wer sich aber seinen Hassgedanken hingibt, der erkennt und will das Schlechte und Böse für einen anderen, welches er sich oft bis in alle Einzelheiten ausdenkt. So wusste der Schriftsteller *Stephan George* von sich zu sagen: »Ich kann mir zehn Jahre lang überlegen, wie ich

mich an einem Menschen rächen will.« Eine solche Mühe wird sich ein Tier nie machen.

11. Während das Tier seine Erfahrungen lediglich aus sinnlichen Wahrnehmungen bezieht, eröffnet sich dem Menschen das unermessliche Reich des Geistes durch seine Gedankenkraft und seine außersinnliche und übersinnliche Denkfähigkeit. Diese befähigen ihn zu einzigartigen philosophischen und spirituellen Höhenflügen, die dem Tier unerreichbar sind. So bleibt auch das religiöse Denken und Beten allein dem menschlichen Geist vorbehalten. Daher bezeichnete der Meeresbiologe *Sir Alister Hardy* (1896-1985) in einem seiner Bücher den Menschen als das »betende Tier«. (18)

12. In seiner Entwicklung unterscheidet sich das Tier nicht nur graduell, sondern essenziell vom Menschenwesen. Daher ist *Eugen Drewermann* berechtigt zu sagen, dass der Mensch das Tier wegen seiner Geistigkeit überragt und ihm als Träger des Bewusstseins und des Selbstbewusstseins ein Sonderstatus als Individualität und Personalität in Freiheit zukommt. (19)

Dass der Mensch in unserer Welt einen Sonderfall darstellt, darauf weist *Goethe* in seinem Gedicht »Das Göttliche« hin:

Nur allein der Mensch vermag das Unmögliche:
Er unterscheidet, wählet und richtet,
Er kann dem Augenblick Dauer verleihen.
Er allein darf den Guten lohnen, den Bösen bestrafen,
Heilen und retten, alles Irrende, Schweifende nützlich verbinden.

Die Inkarnation der Geistseele

Anders als die Vitalseele, die als unbewusster Energiestrom durch alle Lebensformen fließt und diese belebt, handelt es sich bei der Geistseele um eine Wesenheit, die sich auf dem Weg der *Inkarnation* aus einer präexistenten Daseinsform in die irdische Welt begibt, um sich vorübergehend mit einem menschlichen Körper zu bekleiden. Was bei der Menschwerdung inkarniert oder reinkarniert, ist also nicht die Vitalseele, sondern die Geistseele. Diese unterliegt einem zyklischen Prozess.

Das Wort *Inkarnation* wird abgeleitet vom lateinischen Wort *caro,* gen. *carnis*: das Fleisch. Es bedeutet die Fleischwerdung der Geistseele und deren Einverleibung in einen lebenden menschlichen Körper. Geschieht dies mehr als einmal durch Wiedergeburt, spricht man von *Reinkarnation.* Die Geistseele kommt bei ihrer Inkarnation aus einer Vorexistenz in der geistigen Welt und geht im Verlauf der Schwangerschaft in den fleischlichen Körper des heranwachsenden Kindes ein und nimmt denselben allmählich in Besitz. Erst wenn dieser Vorgang im Verlauf von Wochen und Monaten abgeschlossen ist, kann von einer Menschwerdung der Geistseele gesprochen werden.

Während die Vitalseele des Menschen als Lebenskraft von Generation zu Generation und von Leben zu Leben weiterwandert, zieht die Geistseele bei ihrer Inkarnation aus der Jenseitswelt in die irdische Daseinsebene ein, um notwendige Erfahrungen zu machen, bestimmte Aufgaben zu lösen, einen zugeteilten Auftrag zu erfüllen und sich dabei zu bewähren. Erst dann kehrt sie wieder in die jenseitige Geisterwelt zurück, woher sie gekommen ist. Zumeist ist es mit einem einzigen Menschenleben nicht getan. Von Zeit zu Zeit kehrt die Geistseele erneut zur Erde zurück, um fortzusetzen, was sie hier begonnen, aber noch nicht vollendet hat.

Die *Herkunft* der Geistseele ist und bleibt für viele ein Rätsel. Nach der Überlieferung soll *Augustinus* zeitlebens immer wieder gefragt haben, woher die Geistseele des Menschen stamme. Auf eine entsprechende Frage seines Mitbruders *Optatus von Milve* schreibt er: »In der Annahme, die Seele sei geistiger Natur und stamme zugleich von den Eltern ab, muss man neben einem biologischen Samen auch einen unkörperlichen Samen annehmen, der entweder bei der Empfängnis auf verborgenem und unsichtbarem Weg vom Vater in die Mutter läuft oder, was unwahrscheinlicher ist, dass dieser im körperlichen Samen verborgen ist.« Auf jeden Fall war sich der große Kirchenlehrer zeitlebens nie sicher, ob die geistige Seele bei jeder Zeugung neu erschaffen werde oder von den Eltern abstamme. Daher gesteht er in seinen »Bekenntnissen« aus dem Jahre 386: »Was den Ursprung der Seele betrifft, wie es kommt, dass sie im Leibe ist, ob sie nämlich von jenem kommt, der zuerst erschaffen wurde (Adam), als der Mensch zu einer lebendigen Seele gemacht wurde, oder ob sie auf gleiche Weise die Einzelseele den Einzelnen zuteil werde, wusste ich weder damals noch weiß ich es heute.« (20) Selbst der Theologieprofessor *Karl Rahner* ist sich in dieser Sache unsicher und nimmt an, die Materie habe es auf Grund der biblischen Schöpfungsgeschichte schon gegeben, ehe die ersten Lebewesen auf unserer Erde in Erscheinung traten. (21) Auch der bekannte Theologe *Hans Küng* war der Meinung: »Auf unserer Erde konnte sich schließlich nach Jahrmillionen aus dem Tierreich sogar Leben mit Geist entwickeln.« (22)

Die Vorstellung von einem »Leben vor dem Leben« kann in doppeltem Sinne verstanden werden. Einerseits mag damit unsere ursprüngliche Existenz als reines Geistwesen in der uranfänglichen paradiesischen Welt gemeint sein, als wir noch als ungefallene Engelwesen in den Himmeln lebten; andererseits kann damit auch auf frühere Leben hier auf Erden hingewiesen werden, die wir als inkarnierte Geistwesen wiederholt auf uns genommen haben. (23)

Wir finden den Glauben an ein Leben *vor* dem Leben bereits in den Mythologien alter Völker, so bei den Ägyptern, Babyloniern und Germanen. Auch im östlichen Hinduismus und Buddhismus gehört die Annahme, dass dem jetzigen Leben ein Vorleben vorangegangen ist, zu den grundlegenden religiösen Glaubenswahrheiten. Ebenso finden wir diese Idee in der »Avesta«, der heiligen Schrift der alten Perser, aber auch in den esoterischen Schriften des *Pythagoras* und seiner Geheimschule im süditalienischen Krotona. Im gleichen Sinne *vertrat Platon* in seinen Dialogen »Phaidon« und »Timaios« die Ansicht, die Geistseelen hätten ihren Ursprung in der vormenschlichen geistigen »Welt der Ideen«. (24)

Dagegen weiß das Alte Testament der Bibel nichts über eine Vorexistenz der Geistseele. Vielmehr wird dort berichtet, dass Gott den ersten Menschen aus Erde gebildet und ihm den Odem des Lebens eingehaucht habe (Gen. 1,27-30). Es handelt sich offensichtlich um eine Nacherzählung aus der altägyptischen Mythologie vom Schöpfergott *Ptah,* der den ersten Menschen auf seiner Töpferscheibe aus Lehm geformt und ihm Leben eingeatmet hat. (25) Mit diesem Schöpfungsakt kann nur die lebendigmachende Vitalseele gemeint sein und nicht die präexistente Geistseele, von der vorerst im Alten Testament der Bibel gar nicht die Rede ist. Erst die jüdische Geheimlehre der Kabbala erwähnt die Präexistenz der Geistseele und deren Inkarnation auf Erden, nachdem sie bereits mehrere Vorleben hatte.

Wann dies im Verlauf der Evolution erstmals stattgefunden hat, darüber gehen die Meinungen auseinander und schwanken zwischen sieben und vier Millionen Jahren vor unserer Zeitrechnung. Auf jeden Fall konnte dies nicht früher geschehen sein, als aus der Entwicklung der uns artverwandten Säugetiere die ersten Frühmenschen (Hominiden) hervorgingen. Dies muss nach neuesten anthropologischen und paläontologischen Forschungen vor rund sieben Millionen Jahren geschehen sein. Entsprechende fossile Knochenfunde in Griechenland, auf Kreta und in Bulgarien anfangs unseres Jahrhunderts lassen vermuten, dass die Wiege der Menschheit nicht in Afrika stand, wie bisher angenommen wurde, sondern im südlichen Europa. (26)

Es ist gut denkbar, dass vor etwa zwei Millionen Jahren ein weibliches Primatentier schwanger war und sein Tierkind erwartete. Da könnte es zum ersten Mal geschehen sein, dass sich eine präexistente Geistseele in dieses vormenschliche Wesen einverleibte, so dass bald danach das erste Menschenkind zur Welt kommen konnte. Dies muss schätzungsweise vor rund vier bis sechs Millionen Jahren der Fall gewesen sein. In diesem Sinne äußerte sich vor Jahren auch die Philosophin *Christa Jerrentrup* mit folgenden Worten: »Irgendwann geschah dann im Tierreich das Außerordentliche, dass erstmals Geist in prädisponierter Materie erscheint. Materie und Geist vermählten sich zu einem neuen Wesen, dem Phänomen Mensch auf dieser Erde.« (27)

In jener Frühzeit stand der inkarnierten Geistseele ein menschliches Gehirn zur Verfügung, das zunächst für mentale Tätigkeiten bescheiden entwickelt war. Bis zum heutigen Menschen bedurfte es noch weiterer Millionen Jahre. Wenn wir uns eine Evolutionsuhr denken, auf der die Zeitdauer seit dem Auftreten der ersten Lebewesen auf unserem Planeten Erde bis zur Gegenwart auf vierundzwanzig Stunden zusammengezogen wird, dann tritt der erste Vollmensch erst in den letzten eineinhalb Minuten vor Mitternacht auf. Die Menschwerdung ist also der jüngste Zweig am Baum unserer *Stammesentwicklung* (Phylogenese).

Auf die Frage, was bei jeder Inkarnation von Neuem wiedergeboren wird, lässt sich also sagen: Neugeboren wird nicht die Vitalseele, sondern die unsterbliche Geistseele, unsere wahre und selbstständige spirituelle Wesenheit, die wir das *Selbst* nennen. Dies im Gegensatz zum zeitbedingten *Ich* oder *Ego* der *Vitalseele*, das sich in jedem einzelnen Erdenleben aus dem Unbewussten zum Ich-Bewusstsein herausbildet wie eine Insel aus dem Meer. Bei einer erneuten Menschwerdung in einem nachfolgenden Leben kann dieses Ego neu entstehen. In der heutigen Psychologie wird dieses als Person bezeichnet. Das etruskische Wort »persona« bedeutete ursprünglich die Maske oder Larve, hinter der ein Mensch sein wahres Gesicht verbergen, aber zugleich seine Stimme ertönen (lat. *per-sonare*: durchtönen) lässt. In Anlehnung an die Maske des Schauspielers braucht *C. G. Jung* in seiner analytischen Psychologie den Begriff »Persona« für das vordergründige Erscheinungsbild oder den Anpassungsmodus, mit dem wir in der Außenwelt aufzutreten pflegen, um uns vor allzu viel intimer Nähe zu schützen. (28)

Ein wichtiger Teil der westlichen Wiedergeburtslehre nimmt die Vorstellung von der vorgeburtlichen Existenz der Geistseele an, *Präexistenz* genannt. Wir finden entsprechende Andeutungen über das vorgeburtliche Dasein der Geistseele bereits in den alten Zeugungsmythen antiker Völker, so bei den Ägyptern, Babyloniern, Griechen und Römern. (29)

Auch in der christlichen Bibel gibt es klare Hinweise für die Präexistenz der Geistseele. So wird im Psalm 139,16 ausgesagt, dass die Geistseelen bereits vor ihrer Inkarnation im Himmel vorgeformt werden. Im Neuen Testament gibt es die Textstelle von der Heilung des Blindgeborenen, wo *Jesus* von seinen Jüngern gefragt wurde, ob dieser schon vor seiner Geburt gesündigt habe, weil er blind geboren wurde (Jh 9,1-2). Für die Präexistenz der Geistseele sprechen auch die Worte *Jesu*: »Niemand fährt gegen Himmel, denn der vom Himmel kommt« (Jh 3,13). Nach der christlichen Glaubenslehre ist *Christus* für seine Erlösungstat aus seiner Präexistenz im Himmel zur Menschwerdung auf die Erde herabgestiegen. Dadurch ist er den Menschen gleich geworden (Ph 2,7; Heb 2,17). Dennoch weist er klar auf einen wesentlichen Unterschied hin mit den Worten: »Ich komme von oben her, ihr kommt von unten her.« (Jh 3,31)

Im alten Griechenland lehrten große Philosophen wie *Pythagoras, Empedokles* und vor allem *Platon,* dass die geistige Seele, ehe sie wie in ein Gefäß in den menschlichen Körper einsteigt, in himmlischen Sphären beheimatet war. Deren Einverleibung von einem hohen Bewusstseinszustand in einen niederen war die Folge einer Verfehlung gegenüber der Gottheit. Das geistige Wissen, das die Fehlbaren zuvor besaßen, ging bei ihrem Fall aus Himmelshöhen verloren. Daher nahm der weise *Sokrates* an, dass all unser Lernen auf Erden nichts anderes ist als ein Sich-Wieder-Erinnern all dessen, was wir schon einmal wussten. Dabei kehrt die Geistseele nicht in gleicher Form wieder, wie dies bei der Seelenwanderung zutrifft, sondern immer wieder in neuen Verkörperungen und Gestalten, entsprechend ihrem Entwicklungsstand und ihrem aktuellen Lebensplan. Die geistigen Wesen auf unserer Erde, die wir Menschen nennen, haben sich demnach nicht aus der materiellen Welt entwickelt, sondern ihre Geistseele ist von außen her in die Materie gekommen, um diese wieder zu vergeistigen. Dies ist die Lehre des heutigen Spiritualismus. (30)

Was des weiteren die *Herkunft* der Geistseele betrifft vertrat im 2. Jahrhundert der Kirchenvater *Tertullian* (100-165) die irrtümliche Ansicht des *Kreatianismus*, indem er annahm, dass die menschliche Seele bei der Zeugung von den Eltern auf das Kind übertragen wird. Dagegen schloss sich der frühchristliche Kirchenlehrer *Origenes* (185-254) aus dem ägyptischen Alexandria der platonischen Präexistenzidee an, wonach Gott am Anfang der Schöpfung alle Seelen gleichzeitig ins Dasein gerufen habe. Zur Wiedergeburtsidee äußerte er sich nicht ausdrücklich, doch ergibt sich diese von selbst, denn ohne

Präexistenz der Geistseele ist weder eine Inkarnation noch eine Reinkarnation denkbar.

Leider wurde seine Lehre auf Betreiben des römischen Kaisers *Justinian* und seiner intriganten Gattin *Theodora* aus politischen Gründen auf dem Konzil von Konstantinopel im Jahr 553 als Irrlehre verurteilt und mit folgendem Bannfluch belegt: »Wer behauptet oder glaubt, die Seele der Menschen hätten schon vor ihrer Geburt bestanden; sie seien einstmals Vernunftwesen gewesen und hätten heiligen Mächten angehört; sie seien dann der göttlichen Schau überdrüssig geworden und hätten sich dem Bösen zugewandt; dadurch sei ihre Liebe zu Gott erkaltet, weshalb sie die Bezeichnung ›Abgefallene‹ erhielten, zur Strafe seien sie in menschliche Körper einverleibt worden – den treffe der Bannfluch!« (31) Diese Verurteilung wurde später auf dem Konzil von Lyon (1274) und an der Kirchenversammlung von Florenz (1439) bestätigt und gilt unwiderrufen bis heute. Der Historiker *Hermann Bauer,* ein gründlicher Kenner der Materie, schreibt hierzu, indem er den amerikanischen Theologen *Cyrill C. Richardson* vom »Union Theological Seminary« in New York zitiert: »Die Verdammung des Origenes ist eine der traurigsten Episoden in der Geschichte der christlichen Kirche. Die Breite seiner Gedanken, seines Geistes und die weite Sympathie seiner Religion stehen in lebhaftem Gegensatz zu der engstirnigen Fortschrittsfeindlichkeit seiner mönchischen Verleumder.... Es ist, als ob sich ein Vorhang über die intellektuelle Freiheit des Ostens senkte. Zusammen mit verschiedenen gefälschten Texten aus seinen Werken hat man all das, was edel und liberal in der Glaubens- und Gedankenwelt des Origenes war, verdammt.« (32) Seither gilt der Wiedergeburtsgedanke in der offiziellen Christenlehre als Tabu.

Stattdessen wurde die Lehre des Kreatianismus für verbindlich erklärt, die bereits früher vom Kirchenvater *Laktanz* (um 250-320) gelehrt wurde, wonach die Geistseele im Augenblick der Zeugung unmittelbar von Gott in den mütterlichen Schoß einerschaffen werde. Ebenso lehnte im Mittelalter die scholastische Philosophie des *Thomas von Aquin,* die seit dem 13. Jahrhundert für die christliche Kirche maßgebend wurde, die Präexistenz der Geistseele ab – und zwar mit dem billigen Hinweis, dass wir uns an ein Vorleben nicht erinnern können.

Dagegen sah der moderne Mystiker *Carl Welkisch* (1888-1984) aufgrund seiner Hellsichtigkeit: »...dass der menschliche Geist sich nicht erst aus geistigen Keimen dieser Erde zur Individualität entwickelt hat, sondern dass die Geistseele in geistigen Reichen ein individuelles Vorleben hat.« (33) Die Lehre von einer Vorexistenz der Geistseele vertritt auch das heutige Geistchristentum, indem gelehrt wird: »Der Mensch ist vor Urzeiten im Himmel als Engel erschaffen worden und ist Träger eines Gottesfunkens. Er hat bereits eine lange persönliche Geschichte durchlebt, bevor er in das jetzige Menschenleben eintritt.« (34)

Hierzu merkt der Theologe und evangelische Pfarrer *Till A. Mohr* kritisch an: »Wer behauptet, die geistige Seele werde mit dem materiellen Körper bei der Zeugung von Gott geschaffen, der macht Gott direkt oder indirekt zur Ursache der Schwächen, Fehler, Behinderungen, Untugenden, Leiden, Ungerechtigkeiten und Übel in der Welt. Eine solche Theologie ehrt Gott nicht, sondern macht ihn zur Ursache des Bösen in der Welt und erhebt den Menschen über Gott zu dessen Ankläger. Eine solche Lehre hält dem Kriterium der Vollkommenheit, Gerechtigkeit und Güte Gottes nicht stand.« (35)

Was nun den *Zeitpunkt* der Inkarnation während der menschlichen *Einzelentwicklung* (Ontogenese) angeht, sind bisher mehrere Denkmodelle vorgeschlagen worden. Schon im Altertum wurde von einigen Philosophen angenommen, dass sich der Eintritt der Geistseele in den kindlichen Keimling um den 120. Tag nach der Befruchtung der weiblichen Eizelle ereignen soll. Die unwahrscheinlichste Annahme ist wohl die des katholischen Kreatianismus, der behauptet, dass die geistige Seele im Augenblick der biologischen Zeugung direkt von Gott aus dem Nichts erschaffen wird. Dies führte zur theologischen Theorie der *Simultanbeseelung* des griechischen Bischofs *Gregor von Nyssa* (um 335-394). Nach dieser Lehre erschafft Gott jedes Mal, wenn ein Kind gezeugt wird, aus dem Nichts eine unsterbliche geistige Seele und verbindet diese mit dem menschlichen Keimling. In seinem »Theologischen Lexikon« formuliert der katholische Theologe *Karl Rahner* diesen Glaubenssatz wie folgt: »Grundsätzlich wird unterstrichen, dass die Seele unmittelbar aus dem Nichts von Gott erschaffen ist, dass sie daher nicht zur göttlichen Substanz gehört, auch nie ein vorkörperliches Leben führt, dass sie aber umgekehrt als solche auch keinen materiellen Ursprung hat.« (36)

Wegen dieser veralteten Ansicht gerät die christliche Glaubenslehre in ernste Schwierigkeiten mit der modernen Fortpflanzungsmedizin, insbesondere mit ihrer Praxis der künstlichen Befruchtung im Reagenzglas, mit der Eizellen-Transplantation bei der Leihmutterschaft, beim Tiefgefrieren oder Vernichten überzähliger lebender Elternzellen und vor allem beim Problem des Schwangerschaftsabbruchs. (37)

Gegen die Theorie der Simultanbeseelung sprechen mehrere Überlegungen:

- Wenn diese Annahme stimmen würde, wäre Gott gezwungen, selbst wenn er es nicht wollte, jedes Mal, wenn es einem Menschenpaar passt oder passiert, ein Kind zu zeugen, aus dem Nichts eine unsterbliche Seele zu erschaffen. Dies widerspricht völlig der Freiheit Gottes.

- Wenn Gott tatsächlich bei jeder Zeugung eines Kindes aus dem Nichts eine geistige Seele erschaffen müsste, ergäbe dies laut der UNO-Statistik einen Zuwachs an Menschenseelen von rund 300’000 pro Tag und von 200’000’000 pro Jahr. Daraus folgt, dass der allmächtige Gott in seiner Schöpfertätigkeit machtlos der Willkür der zeugungsfähigen und zeugungswilligen Menschen ausgeliefert wäre.

- Da die Geistseele ihrem Wesen nach eine einfache und unteilbare Substanz ist, würde bei der Entstehung eineiiger Zwillinge, die aus der Teilung einer einzelnen befruchteten Elternzelle hervorgehen, nur einer der Zwillinge mit einer Geistseele vereint sein, der andere müsste leer ausgehen, und Gott müsste eine weitere Seele nachliefern. (38)

- Die heutige Humanmedizin schätzt, dass nach der Zeugung 40 bis 50% der befruchteten Elternzellen nicht zur Weiterentwicklung in die mütterliche Gebärmutterwand einwachsen, sondern vorzeitig absterben. Wenn Gott tatsächlich bei jeder Zeugung eines Kindes eine Geistseele neu erschaffen würde, dann hätte rund die Hälfte keine Chance, sich zu einem vollwertigen Menschen zu entwickeln, was zu einem großen Verschleiß an göttlicher Schöpferkraft führen müsste.

- Die moderne Fortpflanzungsmedizin hat Techniken entwickelt, welche mit weiblichen Eizellen arbeitet, die im Reagenzglas künstlich befruchtet und dann in größerer Zahl tiefgefroren werden. Je nach Bedarf und Möglichkeit werden nur wenige von diesen einer Frau eingepflanzt. Nach Eintreten einer Schwangerschaft werden die überzähligen menschlichen Keimzellen vernichtet, was einer Abtreibung und einem Seelenmord gleichkäme. (39)

- Dieses Schicksal müsste auch jede Geistseele all jener ungeborenen Kinder ereilen, deren Entwicklung im Verlauf der Schwangerschaft gewollt oder ungewollt abgebrochen wird. Deren Zahl wird jährlich auf mehrere Millionen geschätzt. (40)

Aus diesen Überlegungen folgt, dass die Geistseele des Menschen nicht durch einen unmittelbaren göttlichen Schöpfungsakt bei der Zeugung aus dem Nichts geschaffen wird, sondern dass sie ihre Vorexistenz in der geistigen Welt hatte, ehe sie sich während der Schwangerschaft mit dem materiellen Körper des werdenden Kindes im Mutterleib verbindet.

Ein anderes Denkmodell vertreten die Anhänger der *Sukzessivbeseelung,* die annehmen, dass die beim Zeugungsakt von Gott geschaffene Geistseele sich erst im Verlauf der ersten Schwangerschaftswochen mit dem kindlichen Körper verbindet. Nach der altjüdischen Glaubensvorstellung soll dies erst um den 49. Tag nach der Zeugung geschehen. Bei der Seele des Mannes soll dies rund zehn Tage früher geschehen als bei der Seele der Frau, was schon hier zu einer Ungleichheit der Geschlechter führt, die im späteren Leben fortgesetzt wird. Recht fragwürdig waren die Überlegungen des *Aristoteles,* die sich im Mittelalter auch *Thomas von Aquin* zu eigen machte und in die katholische Glaubenslehre einführte. Danach soll im menschlichen Embryo zu Beginn nur eine vegetative Seele tätig sein, die sich allmählich zur sensitiven Seele weiterentwickelt, um schließlich durch einen erneuten göttlichen Eingriff in die Geistseele umgewandelt zu werden. (41)

Nach einer von *Jakob Lorber* (1800-1864), dem »Schreibknecht Gottes«, medial empfangenen jenseitigen Belehrung soll das Menschenkind im Mutterleib zunächst während drei Monaten nur ein leibliches Leben haben, erst danach steigt die Geistseele in den kindlichen Körper ein und nimmt diesen in Besitz. Bei einigen Kindern geschehe dies früher, bei anderen später, bei vielen erst drei Tage vor der Geburt. (42)

Dem gegenüber ist der evangelische Theologe *Johannes Fischer,* Professor für theologische Ethik an der Universität Zürich, der Meinung, der Embryo sei in den Tagen vor der Einpflanzung (Implantation) in die mütterliche Gebärmutterwand noch nicht voll Mensch, sondern bloß ein lebendiger Organismus, der erst nach dessen geistiger Beseelung einige Zeit danach zum Menschen werde. (43) Noch weiter hinaus geschoben wird der Zeitpunkt der wahren Menschwerdung vom katholischen Moraltheologen *Franz Böckle,* der sich im Jahr 1978 an einer Ärztetagung dafür aussprach, dass erst ab dem 14. Tag der Schwangerschaft das eigentliche menschliche Leben beginne, nachdem sich die Elternzelle zu einer Zelltraube entwickelt habe. Daraus folgt seiner Meinung nach, dass jede Maßnahme, welche diesen Vorgang verhindert, wie der Gebärmutterring, die Spirale oder die »Pille danach« nicht als Schwangerschaftsabbruch zu gelten habe. (44)

Die heutige Ansicht der Mediziner geht mehrheitlich davon aus, dass das eigentliche Menschsein beginnt, sobald das Herz des Babys ab der 5. Lebenswoche anfängt zu schlagen. Vom naturwissenschaftlichen Standpunkt aus äußerte sich der Physiker *Werner Schiebeler* dahingehend, dass sich die Geistseele erst dann mit dem kindlichen Körper vereint, wenn dieser entwicklungsmäßig dazu bereit ist, »nämlich einige Stunden vor der Geburt, vielleicht sogar einige Tage früher«. (45) Er hält es aber für wahrscheinlich, dass sich die zur Wiedergeburt bereite Geistseele schon vorher in der Nähe der werdenden Mutter aufhält, um sich mit der neuen Situation vertraut zu machen.

Bei hypnotischen Rückführungen in die Frühzeit ihres jetzigen Lebens durch die amerikanische Psychotherapeutin *Helen Wambach* erklärten nur wenige ihrer 750 Versuchspersonen, sie seien vor dem 4. Schwangerschaftsmonat in den kindlichen Körper eingetreten, 85% gaben an, dies sei erst in der Zeit danach geschehen, 33% glaubten, dies habe sich kurz vor ihrer Geburt ereignet, 15% erinnerten sich, dies habe sich während oder bald nach der Geburt zugetragen und 14% meinten, dies sei bei ihnen zwischen dem vierten und achten vorgeburtlichen Monat der Fall gewesen. (46)

Aus geisteswissenschaftlicher Sicht war der Anthroposoph *Rudolf Steiner* der Auffassung, dass die Einkörperung der Geistseele erst kurz vor der Geburt des Kindes erfolgt oder auch kurz danach. Auch will er hellsichtig beobachtet haben, dass sich die Geistseele oft erst im Verlauf der ersten drei Lebensjahre mit dem kindliche Körper endgültig verbindet. (47) So eindeutig wie unsere Theologen glauben, ist der Zeitpunkt der Geistbeseelung jedoch nicht festzulegen. Die Natur ist, wie überall im Leben, einfallsreich genug und kennt viele Möglichkeiten, sich durchzusetzen. Es scheint so zu sein, dass sich die inkarnationsbereite Geistseele während der Zeit der Schwangerschaft zunächst von außen mit ihrer zukünftigen körperlichen Behausung vertraut machen will. Nach einer medialen Jenseitskundgabe verhält es sich so: »Man setzt von Anfang an nicht nur auf eine einzige Mutter, sondern man behält sich Ausweichmöglichkeiten bei gleichzeitigen oder späteren Schwangerschaften vor. Fällt der erste Versuch bei der einen Mutter aus, sucht man eine zweite oder dritte auf.« (48)

Bei jeder Wiedergeburt durchschreitet die Geistseele das »Tor des Vergessens« und lässt die Erinnerungen an die früheren Erdenleben zurück. So lässt sich also sagen: Die Evolution ist die Geschichte der Vitalseele auf unserer Erde. Die Inkarnation bezieht sich auf die Menschwerdung der Geistseele auf Erden. Die Reinkarnation ist die Geschichte der wiederholten Erdenleben. Alle drei Vorgänge gehören zusammen und bilden ein Ganzes, damit der Mensch zu dem werde, wozu er ausersehen ist. So sieht der Dichter *Friedrich Rückert* in seiner »Weisheit des Brahmanen« unser ganzes Menschsein:

Den Körper mit dem Stein, das Leben mit der Pflanze,
Die Seele mit dem Tier teilst du, o Mensch für‘s Ganze.
Vor Pflanze, Tier und Stein hast du voraus den Geist,
dass du ein Ganzes selbst, nicht nur für’s Ganze seist.

Vom Wesen und Wirken der Geistseele

Das Wort »Geist« ist ein vieldeutiger und oft missverstandener Begriff, der im Alten Testament der Bibel einundvierzig Mal und im Neuen Testament sogar einhundertneununddreißig Mal vorkommt. Im Urtext wird hierfür das hebräische »nephesch« oder das griechische Wort »pneuma« gebraucht. Beides heißt in erster Linie: Hauch, Atem oder Odem des Lebens. Damit ist eigentlich nicht die Geistseele gemeint, sondern die Vitalseele. Das Wort »Geist« kommt ursprünglich aus der Philosophie *Platons* und seiner Schule in einem Hain bei Athen, der dem *Heros Hekademos,* daher der Name Akademie, geweiht war.

Zum Wesen der Geistseele gehört, dass sie nicht-materieller Natur ist. Daher kann sie auch außerhalb und unabhängig von der materiellen Körperwelt existieren, wie die Nahtod-Erlebnisse und die außerkörperlichen Bewusstseinszustände beweisen. Daher können wir annehmen, dass sie den Tod des Körpers überlebt und auch schon vor ihrer Verbindung mit einem menschlichen Körper da ist. Weil die geistige Seele nicht-materiell ist, ist sie nicht aus Teilen zusammengesetzt und auch nicht teilbar. Was nicht teilbar ist, das ist auch nicht auflösbar und nicht zerstörbar. Also ist die Geistseele des Menschen unzerstörbar und unsterblich.

Im Unterschied zur unpersönlichen Vitalseele ist die persönliche Geistseele nicht bloß eine Form der Energie, sondern eine eigenständige, bewusstseinsfähige Substanz. Während die Vitalseele ihre Lebenskraft aus dem genetischen Erbe der biologischen Eltern und weiterer Vorfahren übernimmt, bezieht die Geistseele ihre Erfahrungen und Erkenntnisse aus ihren verschiedenen Vorleben in früheren Inkarnationen.

Ein wesentliches Merkmal der Geistseele ist die Fähigkeit, sich selber bewusst zu werden und über sich selbstbewusst nachdenken zu können. Dies lässt sich von der Vitalseele der Pflanzen und Tiere nicht behaupten. Während es Sache der Naturwissenschaft ist, zu beschreiben, was die Vitalseele ist, gehört es zur Aufgabe der Geisteswissenschaften, insbesondere der Philosophie und Theologie, zu erklären, *warum* die Welt so geschaffen wurde, wie sie ist, und welchen Sinn und Zweck sie hat.

Dass die Geistseele wohl ohne den lebenden Körper zu denken ist, geht aus folgenden Beobachtungen und Überlegungen hervor, die der theologischen Lehrmeinung von der untrennbaren Einheit von Körper und Geistseele widersprechen. Im Gegensatz zur Vitalseele kann die Geistseele den lebenden Menschenkörper vorübergehend und für kurze Zeit verlassen. Dies kann der Fall sein bei einem Nahtod-Erlebnis, bei einem außerköperlichen Aufenthalt in der Astralsphäre während des Schlafes, bei schwerer Bewusstlosigkeit in einer Narkose, Hypnose oder in einem Drogenrausch, aber auch in der Tieftrance bei einem Medium oder in einem lang andauernden komatösen Zustand. Auch das Wort Ekstase im Sinne eines »Außer-sich-stehens«, das bei außergewöhnlichen Menschen im Zustand der Entrückung vorkommen soll, gehört in diesen Erlebnisbereich.

Die Verbindung des Körpers, sei er nun von grobstofflicher oder feinstofflicher Beschaffenheit, mit der belebenden Vitalseele nennen wir Leib. Daher beziehen sich die Ausdrücke wie Leibarzt, Leibwache oder Leibesübungen immer nur auf einen lebenden Körper und nicht auf einen leblosen. Der Dichter *Friedrich Rückert* beschreibt in seiner »Weisheit des Brahmanen« unseren Geistleib mit folgenden Worten:

Was ist des Geistes Leib? Der Körper ist es nicht.
Der, aufgebaut aus Staub, in Staub zusammenbricht.
Das ist des Geistes Leib, die Form, die er sich baut,
In der mit Geisterblick ein Geist den andern schaut.
Das ist der Leib, der jetzt die grobe Körperhülle
durchschimmernd, wann sie fällt, vertritt in klarer Fülle
In diesem Leib sehn wir uns dort, lasst uns vertrauen!
Der Geist hat seinen Leib, um, selbst geschaut zu schauen.

Der Unterschied zwischen der Vitalseele und der Geistseele lässt sich gut erklären, wenn wir die grundlegenden Tätigkeiten aller lebenden Organismen wie Atmung, Ernährung, oder Stoffwechsel sowie das Wachsen und Vermehren der unpersönlichen Vitalseele zuordnen. Als belebende Kraft besitzt diese auch die in den Pflanzen wie in den Tieren und Menschen wirkenden biologischen Tätigkeiten des sinnlichen Wahrnehmens, Empfindens, Agierens und Reagierens. Es handelt sich hier um einfache psychische Tätigkeiten, die ebenfalls von der Vitalseele ausgehen. Einen Wesensunterschied zwischen einer vitalen Pflanzen-, Tier- oder Menschenseele gibt es daher nicht. Es handelt sich immer um die gleiche Seelenkraft, die da tätig ist. Die Unterscheidungsmerkmale sind daher nicht essenziell, sondern lediglich graduell verschieden.

Über die Eigenschaften der Geistseele dagegen lässt sich sagen:

- Sie ist rein geistiger Natur und geht daher mit der materiellen Körperwelt keine Wesensgleichheit ein. Aus diesem Grunde ist die theologische Lehre, dass im Menschen Körper und Seele eine untrennbare und substanzielle Einheit darstellen, nicht zutreffend.

- Die Geistseele des Menschen ist an sich weder weiblich noch männlich, sondern geschlechtslos. Indem sie sich vorübergehend in einen bestimmten lebendigen Körper einverleibt, übernimmt sie auch dessen sexuelle Orientierung.

- Die Geistseele kann nicht mit irdischen Instrumenten nachgewiesen werden, weil sie weder materielle Form noch Masse hat. Mit materiellen Begriffen ist sie weder fassbar noch messbar.

- Da die Geistseele den Tod des Körpers überlebt, hat sie auch eine Nachexistenz in einer höherdimensionierten Wirklichkeit auf einer höheren Schwingungsebene.

- Sie befindet sich hier auf unserer Erde in einem geistigen Zustand des Abgeirrtseins von ihrem ursprünglich auf Gott ausgerichteten Schöpfungsziel, weshalb sie sich im Verlauf von wiederholten Einkörperungen in menschliche Leben wieder läutern und ihre begangenen Fehlhandlungen wiedergutmachen muss, um zu ihrem geistigen Ursprung zurückkehren zu können.

- Den Weg dazu bewältigt die Geistseele im Allgemeinen nur in kleinen Schritten und in mehreren Etappen. Daher ist dieser in der Regel nicht in einem einzigen Erdenleben zu bewältigen, sondern nur in wiederholten Anläufen in wiederholten Erdenleben.

- Die Geistseele ist gemäß ihrem Wesen nicht materieller, sondern rein geistiger Natur. Daher ist sie nicht zusammengesetzt, nicht teilbar und nicht zerstörbar. Aus diesem Grunde gilt sie als unsterblich.

Mithilfe von logischen Überlegungen lassen sich die Fragen zu Wesen und Wirken der Geistseele wie folgt beantworten:

- Weil die menschliche Geistseele nicht materieller Natur ist, kann sie auch nicht aus der Entwicklung der Materie stammen. Was in ihrem Entstehen unabhängig ist von der Materie, ist es auch in ihrem Bestehen.

- Da die geistige Seele ihrem Wesen nach einfach und unteilbar ist, kann sie nicht aus etwas Zusammengesetztem, wie es der menschliche Körper ist, hervorgehen.

- Die Geistseele des Menschen kann nicht auf dem Weg der Vererbung durch Zellteilung von den Eltern auf das Kind übergehen, denn als geistige Substanz ist sie nicht teilbar und kann nicht sowohl von der Mutterseite als auch von der Vaterseite abstammen, wie dies bei der Vitalseele geschieht.

- Aus demselben Grund kann die teilbare Vitalseele nicht mit der unteilbaren Geistseele zu einer Einheit verschmelzen, wie die theologische Lehre von der Leib-Seele-Einheit annimmt, denn Teilbares kann sich nicht mit etwas Unteilbarem zu einem Wesen vereinigen.

Die vorübergehende lose Verbindung zwischen der Vitalseele und der Geistseele hat *Friedrich Rückert* im nachstehenden Gedicht anschaulich zu beschreiben versucht:

Erst baut Natur den Leib, ein Haus mit Sinnestoren,
Worin ein fremdes Kind, der Geist, dann wird geboren.
Er findet Hausgerät und braucht es nach Gefallen.
Und wenn er dann das Haus verlässt, wird es zerfallen.
Doch die Baumeisterin baut immer Neues wieder
und lockt den Himmelsgast zur irdischen Einkehr wieder.

3.

Die Entwicklung der Reinkarnationsidee

Die Seele steigt herab zur Erde,
auf dass sie in der Materie verankert werde.
Und nach ihrem Erdenlauf
steigt sie wieder zum Himmel auf.
Sie kehrt erneut zur Erde nieder
und steigt danach zum Himmel wieder.

Jana Haas (frei nach Goethe)

Der Gedanke ist uralt, dass wir Menschen immer wieder auf die Erde zurückkehren, um in wiederholten Leben neue Erfahrungen zu sammeln, alte karmische Schulden abzutragen und uns dadurch geistig zu vervollkommnen. Wir finden ihn auf der ganzen Welt in zahlreichen alten Mythen, in mehreren religiösen Bekenntnissen und in verschiedenen Weltanschauungen. Er zieht sich wie ein roter Faden durch alle Jahrhunderte und Jahrtausende der Menschheitsgeschichte. Nach *C. G. Jung* gehört der Gedanke an die Wiedergeburt zu den Urerfahrungen der Menschheit. Der Psychologe *Gerhard Adler* ist überzeugt, dass die Reinkarnationsidee in allen Kulturkreisen aufzufinden sei. Er zählt deshalb die Lehre von der Wanderung der Seele durch mehrere Leben zu den »großen Modellen, mit denen das Geschick von Welt, Mensch und Seele zu deuten versucht wird«. (1) Reinkarnation ist ein von der himmlischen Welt wohldurchdachter Entwicklungs- und Erkenntnisweg für jede Geistseele. Letzten Endes ist er ein Heilsweg und Heimweg für alle aufsteigenden Geistwesen.

Wiedergeburtsgedanken des Altertums

Die Lehre von der Wiedergeburt ist nicht, wie oft behauptet wird, aus dem östlichen Hinduismus und Buddhismus übernommen worden. Sie tauchte im Abendland bereits in prähistorischer Zeit auf, als die Frühmenschen anfingen, sich ihrer selbst bewusst zu werden und über ihr Woher und Wohin nachzudenken. Aus Felszeichnungen und Gräberfunden ist zu entnehmen, dass bereits die Steinzeitmenschen an ein Weiterleben und an eine Wiederkehr nach dem Tode geglaubt haben. (2)

In historischer Zeit ist, um das Jahr 2500 vor unserer Zeitrechnung, in Ägypten das bekannte »Totenbuch« entstanden. Dort heißt es im 64. Kapitel über das »Heraustreten der Seele in das Tageslicht« des Bewusstseins (3):

Ich bin das Heute.
Ich bin das Gestern.
Ich bin das Morgen.
Meine wiederholten Geburten
Durchwandernd bleibe ich
kraftvoll und jung.

Ein Mythos daraus erzählt, dass *Osiris* von seinem Bruder *Seth* getötet wurde, danach wieder in ein neues Leben wiederkehrte und so zum Symbol der Wiedergeburt wurde.

Von den Ägyptern übernahmen die Griechen den Glauben an die wiederholten Geburten. Die griechische Mysterienschule der »Orphiker« kannte bereits im 6. vorchristlichen Jahrhundert die Idee von der Wiedereinkörperung. Sie beriefen sich dabei auf Schriften, die der sagenhafte Sänger *Orpheus,* Gatte der Nymphe *Eurydike,* Sohn des Flussgottes *Oiagros* und der Muse *Kalliope,* verfasst haben soll. Darin wird erwähnt, dass die Seelen der Menschen göttlicher Natur sind, die irdischen Körper aber als Gefängnisse zu gelten haben, in denen die schuldig gewordenen Seelen gefangen gehalten werden, bis sie nach langer Wanderung durch mehrere Erdenleben, durch rituelle Reinigungen und durch asketische Lebensweise zu ihrem göttlichen Ursprung zurückkehren dürfen. (4)

Diese Wiedergeburtsidee wurde später auch von der esoterischen Schule des *Pythagoras* im süditalienischen Krotona übernommen. Von diesem soll die Aussage stammen: »Nimmer vergeht die Seele, vielmehr tauscht sie die frühere Wohnung mit ihrem neuen Aufenthalt und wirkt in diesem weiter. Alles wechselt und verändert sich, doch nichts geht verloren.« Zu dessen Nachfolgern gehörte der griechische Philosoph *Empedokles* (um 483-423 v. Chr.), der in vielen seiner Lehrgedichten die Seelenwanderung pries.

Vor allem waren es *Sokrates* und dessen Schüler *Platon*, die den Wiedergeburtsgedanken zum wichtigen Thema ihrer Lehraussagen machten. Nach deren Erkenntnissen hatte die Geistseele des Menschen eine körperfreie Vorexistenz in der Welt der Ideen. Wegen eines früheren Vergehens hat sie ihr Aufenthaltsrecht in der reinen Geisterwelt eingebüßt und wurde zur Strafe in den menschlichen Körper wie in ein Gefängnis einverleibt und so an der Rückkehr in ihr geistiges Ursprungsland gehindert. Durch ihre Denkfähigkeit, die sie behalten hatte, und durch ihre sinnlichen Erfahrungen auf Erden vermochte sie sich an die früher geschauten Ideen zu erinnern. Dadurch erwachte in ihr das Verlangen und die Sehnsucht nach der Heimkehr in ihre geistige Heimat. Dies suchte sie nun zu erreichen durch ihr sittliches Aufwärtsstreben in mehreren aufeinanderfolgenden irdischen Leben. (5)

Bei den Römern war es der Dichter *Ovid* (43 v. Chr.-48 n. Chr.), der in seinen »Metamorphosen« schrieb: »Der Tod kann die Seele nicht vernichten. Sie kehrt jedes Mal zur Erde zurück, sucht sich eine neue Behausung und gibt aus einer Kraft, die niemand ihr rauben kann, dem neuen Körper Leben und Licht.« Ähnlich hält der Philosoph *Seneca* (4 v. Chr. – 65 n. Chr.) in seinen »Moralischen Briefen an Lucilius« fest: »Der Tod, den wir fürchten, unterbricht das Leben, aber er raubt es uns nicht! Es wird wieder ein Tag kommen, der uns ins Licht zurückführt, und dessen würden sich viele weigern, hätten sie nicht das Vergangene vergessen.« Der syrische Neuplatoniker *Jamblichos* (ca. 283-330) war überzeugt, dass die Plagen, die uns treffen, oft die Folgen von Fehlern sind, die wir in einem vorhergehenden Leben begangen haben.

Den alten europäischen Völkern, vorab den Kelten und Germanen, war schon in deren Frühzeit der Wiedergeburtsgedanke nicht fremd. So schreibt der römische Feldherr *Julius Caesar* (100-44 v.Chr.) in seinem Buch »Der gallische Krieg« über die keltischen Völker: »Ihre Hauptlehre ist, dass die menschliche Seele unsterblich sei und nach dem Tod aus einem Körper in einen anderen übergehe.« (6)

Im Alten Testament finden wir nur wenige Hinweise, die als Reinkarnationsgedanken gelten können. So wird im prophetischen Buch *Ezechiel* das Wiederkommen des Königs *David* angekündigt, der vor 400 Jahren gelebt hatte. (Ez 34,23-24). Im Neuen Testament sind die Belege hierfür eindeutiger. So berichtet der jüdische Geschichtsschreiber *Josephus Flavius* (37-100), dass seiner Zeit ein großer Teil der Juden an die Wiedergeburt glaubten. Als *Jesus* seine Jünger fragte: »Für wen halten mich die Leute?«, antworteten diese: »Etliche für Johannes den Täufer, andere für Elia, noch andere für Jeremia oder einen der Propheten«. (Mt 16, 13-15) Da all diese damals nicht mehr lebten, dachten sie wohl an deren Wiederverkörperung. Erwähnen wir noch das nächtliche Gespräch des jüdischen Ratsherrn *Nikodemus* mit Jesus, in dem der Rabbi versicherte: »Ihr müsset von neuem geboren werden.« (Jh 3,7) Auch die Frage der Jünger bei der Heilung des Blindgeborenen: »Meister, wer hat gesündigt: dieser oder seine Eltern, dass er blind geboren wurde?« (Jh 9,2) lässt an die Möglichkeit der Wiedergeburt denken. Auch in der jüdischen Glaubensgemeinschaft der *Essener* am Toten Meer und bei der Gemeinde der *Nazarener* war die Lehre von der Wiedergeburt bekannt. Auch in den Schriften der *Gnostiker* wird auf die Lehren von Karma und Wiedergeburt hingewiesen.

In der frühen Christenheit zeigten sich mehrere bekannte Kirchenvertreter gegenüber dem Inkarnationsglauben recht aufgeschlossen. Der griechische Kirchenschriftsteller *Clemens von Alexandrien* vertrat die Meinung, dass die Seelen sich öfter verkörpern müssen zur Abtragung ihrer Sünden, die sie in vorausgegangenen Leben begangen haben. Dessen Nachfolger *Origenes,* der bekannteste Kirchenlehrer des Altertums, war der Ansicht, dass jede Seele entweder gestärkt durch die Siege oder geschwächt durch die Verfehlungen und Niederlagen ihres vorangegangenen Lebens in die irdische Welt wiederkehrt. Auch der frühchristliche Theologe *Rufinus von Aquileia* (345-410) und *Gregor von Nyssa* sympathisierten mit der Wiedergeburtsidee. (7)

Vom lateinischen Kirchenschriftsteller und Mönch *Hieronymus* (347-420), der zahlreiche Schriften des *Origenes* vom Griechischen ins Lateinische übersetzt hat, stammt die Aussage: »Die Lehre von der Wiederverkörperung wurde seit ältesten Zeiten von wenigen verkündet als ein überlieferter Glaube, der nicht öffentlich verbreitet wurde.« (8) *Augustinus*, der in jungen Jahren ein Anhänger der Manichäer war, fragte sich: »Habe ich nicht schon in einem anderen Körper gelebt, ehe ich in dem Leib meiner Mutter wurde?« (9) Nach der jüdischen *Kabbala* ist die Menschenseele unsterblich. Sie gelangt zur ewigen Seligkeit erst nach ihrem geistigen Aufstieg über die Stufenleiter mehrerer Verkörperungen in der irdischen Welt.

In der Spätantike vertrat der persische Religionsstifter *Mani* (216-276), der Begründer des nach ihm benannten Manichäismus, die Reinkarnationsidee. Er verstand sich selber als Verkünder ewiger Wahrheiten, die er angeblich von *Zarathustra, Buddha* und *Jesus* übernommen hatte. Seine religiöse Botschaft, die bald im ganzen damaligen Römerreich breite Anerkennung fand, lehrte auch die wiederholte Verkörperung der Menschenseele in allen Kreaturen, also auch in Tieren. (10)

Als Geheimwissen im Mittelalter

Aus der Philosophie des klassischen Altertums ging im 2. und 3. Jahrhundert die Geheimlehre der *Gnosis* (gr. *gnosis*: Erkenntnis) hervor, die aus einer Mischung von iranischem, babylonischem und jüdischem Glaubensgut mit griechischem Wissen bestand. Sie lehrte, dass nicht durch den Glauben allein, sondern auch durch Vernunft und logisches Nachdenken der Mensch zur wahren Gotteserkenntnis gelangen kann. Diese religiöse Bewegung setzte sich für den Glauben ein, dass die Menschenseelen als ehemalige Lichtwesen rein geistiger Natur sind, aber vor undenklichen Zeiten selbstverschuldet in die gottferne Finsternis gefallen sind und von daher sich nur über mehrere Erdenleben wieder ins himmlische Lichtreich zurückbegeben können.

In Europa verteidigte die jüdische Tradition des *Chassidismus,* vor allem aber die Kabbala, die Wiedergeburtslehre, in der gesagt wird, dass wir Menschen ursprünglich durch eigene Schuld unseren himmlischen Erbanspruch verscherzt haben, diesen aber durch wiederholte Erdenleben und durch die Wanderung der Seele durch alle Naturreiche wieder zurückgewinnen können. (11)

Die *Katharer,* deren Name vom griechischen Wort »*kathari*«, die Reinen, hergeleitet wird, vertraten, ähnlich wie die *Manichäer* vor ihnen, ein dualistisches Weltbild mit einem »Gott des Guten« und einem »Gott des Bösen«. Sie lebten streng nach der Lehre der Urchristen; sie waren Vegetarier, weil sie sich weigerten, Tiere zu töten. Auch glaubten sie an die Wiedergeburt der Menschenseele. Symbol ihrer religiösen Überzeugung war der »Heilige Gral«. Es soll sich um ein kelchartiges Gefäß handeln, in dem angeblich das Blut Christi aufbewahrt wurde. Um diesen geheimnisvollen Schatz rankten sich zahlreiche Legenden, in denen keltische und orientalische Mythen mit christlichen Legenden vermischt wurden. (12)

Die katharische Bewegung entstand um das Jahr 1140 im französischen Languedoc und in den spanischen Pyrenäen. Ihr evangelisches Armutsideal und ihr Wiedergeburtsglaube wirkten als Triebfeder im Konflikt mit der offiziellen Kirche, die nach Ansicht der Katharer verweltlicht und verweichlicht und vom Weg der Wahrheit abgekommen war. Die Katharer hatten ihr kulturelles und religiöses Zentrum auf der Burg Montségur im südfranzösischen Carcasonne, wo sie nach kurzer Belagerung im Jahr 1244 ihren Widerstand gegen die papst- und königstreuen Truppen aufgeben mussten. Am 16. März 1244 erlitten dort an die 200 Katharer den Feuertod. Jene, denen die Flucht gelang, kamen bis an den Gardasee in Norditalien, wo sie sich auf der Burg Sirmione zunächst in Sicherheit bringen konnten. Im Jahr 1276 wurde ihr Fluchtort jedoch von den päpstlichen Truppen gestürmt, und 178 ihrer Glaubensgenossen wurden auf Geheiß der römischen Inquisition in der Arena von Verona dem Feuertod übergeben. (13)

Die *Albigenser,* nach der italienischen Stadt Albi benannt, waren ebenfalls Anhänger der mystischen Lehre von der Wiedergeburt. Sie wurden von der Armee des Papstes *Innozenz III.* als Ungläubige in den Albigenser-Kriegen von 1209 bis 1229 vernichtend geschlagen und um das Jahr 1330 durch die römische Inquisition verurteilt und weitgehend ausgerottet.

Einzig deren Glaubensbrüder, die *Waldenser,* die in den Waldensertälern im italienischen Piemont und im französischen Savoyen Zuflucht gefunden hatten, konnten sich als protestantische Freikirche bis zum heutigen Tag erhalten, nachdem sie schon im Mittelalter wegen ihrer Sympathie zu den Katharern von der Katholischen Kirche ausgeschlossen und durch die Inquisition als Häretiker verfolgt und vertrieben wurden.

In den nachfolgenden Jahrhunderten war es lebensgefährlich, die Wiedergeburtslehre weiterhin öffentlich zu vertreten. Ein tragischer Beweis hierfür ist die Verurteilung des italienischen Dominikanermönchs und Gelehrten *Giordano Bruno* (1548-1600) durch die kirchlichen Glaubenshüter der römischen Inquisition, der wegen Ketzerei auf dem Scheiterhaufen auf dem Campo dei Fiori in Rom hingerichtet wurde. Dieser Theologe hielt die Seele für eine selbstständige Substanz, die von einem Körper in einen anderen übergehen kann. Er war überzeugt: »Nimmer vergeht die Seele; vielmehr die frühere Wohnung tauscht sie mit neuem Sitz und lebt und wirkt in diesem. Alles wechselt, doch nichts geht unter.«

In ähnlicher Weise vertrat der Arzt *Paracelsus* (1493-1541) die Wiedergeburtsidee, als er schrieb: »Die Ursache aller Dinge ist der Geist. Er bringt einen Körper hervor, durch den er seine Wunder vollbringt. Ist der Körper zerstört, schafft sich der Geist einen neuen Körper, der höhere Eigenschaften hat.« Im 16. und 17. Jahrhundert entstand in Europa aus der gnostischen, jüdischen, islamischen und christlichen Tradition eine mystisch-spirituelle Geisteshaltung, die sich unter dem Sammelnamen *Theosophie* (Gottesweisheit) zusammenfassen lässt. Wichtige Vertreter dieser Naturphilosophie waren etwa *Jakob Böhme* (1575-1624), *Valentin Weigel* (1533-1588) und *Swedenborg* (1688-1772). Aus dieser Denkrichtung gingen später zahlreiche Gründungen von gnostischen Kirchen hervor, zu denen heute auch die Vereinigung der *Rosenkreuzer* gehört, als deren Begründer der Tübinger evangelische Theologe *Johann Valentin Andreae* (1586-1611) gilt. Dieser ist der Verfasser des Buches »Die Chymische Hochzeit«, in dem er Leben und Werk des legendären *Christian Rosenkreutz* und dessen alchemistisches Geheimwissen darstellte. Dieses enthält auch den Wiedergeburtsgedanken, der auch heute noch einen wesentlichen Bestandteil der modernen Rosenkreuzerlehre darstellt. (14)

Max Heindel (1865-1919) war Mitglied der Theosophischen Gesellschaft von Kalifornien. Er lernte anlässlich einer Europa-Reise auch *Rudolf Steiner* näher kennen und stand eine Zeit lang unter dem Einfluss von dessen Anthroposophie. Bei dieser Begegnung fanden sie wichtige Übereinstimmungen in der Reinkarnationslehre. Nach dem Zweiten Weltkrieg wurde die Rosenkreuzer-Vereinigung neu organisiert und wird bis heute in verschiedenen Gemeinschaften weitergeführt.

Erneuerung der Reinkarnationsidee

Zur Zeit der Romantik und Klassik besannen sich im 18. und 19. Jahrhundert vor allem in Deutschland namhafte Dichter und Denker auf die griechische und römische Philosophie des klassischen Altertums und ließen den Wiedergeburtsgedanken in ihren berühmt gewordenen Werken neu aufleben. Als deren Verfechter dürfen Geistesgrößen wie *Lessing, Herder, Goethe, Schiller* und *Schopenhauer* genannt werden. Im damaligen Weimarer Dichterkreis um *Goethe* und *Schiller* sowie *Herder* und *Wieland* kamen Themen zur Seelenwanderung und Wiedergeburt wohl öfter zur Sprache. In mancher später berühmt gewordenen und oft zitierten Dichtung fand der Wiedergeburtsgedanke seinen Niederschlag (15) Der evangelische Theologe und ehemalige Professor für Kirchengeschichte an der Universität Marburg, *Ernst Benz* (1907-1978), hat eine große Zahl an positiven Belegen zur Wiedergeburtsidee zusammengetragen und in seinen Veröffentlichungen bekannt gemacht. (16) Auch der Literaturhistoriker *Emil Bock* (1895-1959) hat hierzu eine eindrucksvolle Sammlung an historischen Beispielen aus der deutschen Geistesgeschichte vorgelegt. (17)

Mit dem österreichischen Musiker *Jakob Lorber*, der eine große Anzahl medialer Jenseitsdurchgaben in autonomer Niederschrift hinterließ, beginnen die *Privat-Offenbarungen* aus der neueren Zeit. Im Alter von vierzig Jahren soll er eine innere Stimme vernommen haben, die ihn aufforderte zu schreiben Von jenem Tag an bis zu seinem Tode schrieb er im Verlauf von vierundzwanzig Jahren nach medial empfangenen Jenseitsdiktaten an die 20'000 Manuskriptseiten eigenhändig und nahezu fehlerfrei nieder oder diktierte sie seinen Freunden. In späteren Jahren wurden diese in fünfundzwanzig Bänden der Öffentlichkeit zugänglich gemacht. Diese von der Jenseitswelt inspirierten Lehren enthalten auch viele ausführliche Hinweise auf die Tatsachen der Wiedergeburt und der Notwendigkeit der wiederholten Erdenleben. (18)

Einen enormen Auftrieb erhielt der Wiedergeburtsgedanke in Ost und West im 19. Jahrhundert durch die *Theosophie* und *Anthroposophie.* Die Theosophische Gesellschaft, die im Jahr 1875 von der Russin *Helena Petrovna Blavatsky* (1831-1891) unter der Mitwirkung des amerikanischen Juristen und bekennenden Buddhisten *Henry S. Olcott* (1832-1907) und des irischen Rechtsanwalts *William Q. Judge* (1851-1896) zum Studium der Geheimwissenschaften gegründet wurde, verband das buddhistische Gedankengut von der Seelenwanderung mit dem mystisch-spirituellen Wissen der theosophischen Tradition des europäischen Mittelalters. Diese Denkrichtung anerkennt folgende vier Grundgedanken:

1. Es gibt ein ewiges, unbegrenztes und unveränderliches geistiges Prinzip, das die Ursache von allen Erscheinungen in der Welt ist.

2. Das Weltall, das aus dieser Ur-Sache hervorgegangen ist, besteht seit Ewigkeiten. In großen Zeitabständen entstehen und vergehen immer wieder neue Universen.

3. Die Seelen der einzelnen Lebewesen, seien es Pflanzen, Tiere oder Menschen, sind alle aus der universellen Weltseele hervorgegangen und werden nach ihrer Wanderung und Wiedergeburt durch alle Naturreiche am Ende zu ihr zurückkehren.

4. Der Abstieg der geistigen Seelen in die grobmaterielle Welt war begleitet von einer geistigen Verdunkelung, die sich nach und nach bis zur gänzlichen Verfinsterung steigerte. (19)

Als ein Erneuerer der Wiedergeburtslehre kann auch der französische Arzt und Apotheker *Allan Kardec* genannt werden, der in seinem »Buch der Geister« die Lehre von der Vielheit der menschlichen Existenzen ausführlich darlegte und begründete. (20)

Im Jahr 1913 löste sich der österreichische Philosoph und Esoteriker *Rudolf Steiner* (1861-1925) von der Theosophischen Gesellschaft, deren Generalsekretär er in Berlin war, und gründete die *Anthroposophie*, die sich stark ans abendländische Christentum anlehnt und die Wiedergeburtslehre in ihr Welt- und Menschenbild einbezieht. (21) Er vertrat die Ansicht, dass die Wiedergeburtslehre sich durchaus mit dem christlichen Weltbild verträgt, da ja auch in der christlichen Bibel hiervon verschiedentlich die Rede ist. Der evangelische Pfarrer *Till A. Mohr* hat dies in umfangreichen Forschungsarbeiten eindeutig nachgewiesen. (22)

Fast gleichzeitig, nämlich in den Jahren 1890 bis 1897, wurden im deutschen »Emanuel-Kreis«, der damals unter der Leitung von *Bernhard Forsboom* stand, auf dem Weg des medialen Schreibens Botschaften und Belehrungen des Geistes Emanuel über die Schöpfung Gottes empfangen. Danach wurde die ursprünglich geistige Schöpfung wegen des Missbrauchs der Willensfreiheit der Geschöpfe in eine tiefere Ebene umgestaltet und verdichtet. »Es war ein unmerkliches Herabsinken, eine Trübung des Urlichtes, die aus heutiger, materieller Sicht gar nicht mehr erfasst werden kann.« (23) Im »Buch Emanuel« wird bestätigt, dass es für die gefallenen Geister nicht möglich ist, nur durch eine einzige Menschwerdung wieder in den ursprünglichen reinen Zustand in Gottes Reich zu kommen, sondern dass hierzu der Wiederaufstieg durch mehrere Erdenleben erforderlich ist. (24)

In ähnlicher Weise wird in den seitens des katholischen Pfarrers *Johannes Greber* (1876-1944) durch Medien empfangenen Jenseitskundgaben klar ausgesagt, dass wir Menschen gefallene Engel sind, die, befreit aus höllischer Abhängigkeit, sich im langsamen Wiederaufstieg befinden. (25) Diese entscheidende Aussage wurde in den rund tausend medial empfangenen Vorträgen in der Geistigen Loge Zürich aus den Jahren 1948-1983 von jenseitigen Lehrern immer wieder bestätigt. (26) Als eine ähnliche Quelle medialer Jenseitsbotschaften kann das »Heimholungswerk Christi – Universelles Leben« mit dem Medium Gabriele Wittek bei Würzburg genannt werden. Auch hier wird die Reinkarnationslehre vertreten. (27)

Zunehmende Anerkennung in der Gegenwart

Es gibt heute eine Reihe von philosophischen und esoterischen Bewegungen, die sich alle dem Wiedergeburtsgedanken verpflichtet sehen. Zu ihnen gehört:

- Die *New-Age-Bewegung,* die sich zuerst in den angelsächsischen Ländern, in den Achtzigerjahren des 20. Jahrhunderts auch im übrigen Europa rasch ausbreitete. Diese geht davon aus, dass die Menschheit seit Kurzem in eine neue Zeitepoche, nämlich ins »Wassermann-Zeitalter«, eingetreten ist. In diesem soll sich ein deutlicher Bewusstseinswandel und eine Wendezeit mit einem eindeutigen Paradigmen-Wechsel auch in den religiösen Glaubensvorstellungen der Menschen abzeichnen. (28)

- Ferner ist die *»Neu–Geist-Bewegung«* zu nennen, die sich von Deutschland aus in der ganzen Welt entwickelt hat. Einer ihrer Vorkämpfer war der Schriftteller *Karl Otto Schmidt* (1904-1977), der in mehreren seiner Bücher den Wiedergeburtsgedanken bekannt machte.

- Die Wissenschaftlerin *Marilyn Ferguson* (1938-2008) beschreibt in ihrem Buch »Die sanfte Verschwörung«, wie in den kommenden Jahrzehnten für die ganze Menschheit eine geistige Aufwärtsentwicklung zu erwarten ist, die sich stufenweise über mehrere Generationen von Wiedergeburten zu Wiedergeburt ergeben wird. (29)

Einige mir bekannte freireligiöse und freikirchliche Vereinigungen, welche die Wiedergeburtsidee in ihr Lehrprogramm aufgenommen haben, sind:

- UNITY – Schule für praktisches Christentum
- I AM – Bewegung
- Neugeist – Vereinigung
- Spiritisten (Alan Kardec)
- Spiritualisten
- Die Gralsbotschaft
- Internationale Yoga-Schulen
- Scientology
- Geistchristliche Gemeinschaft Zürich, Nürnberg
- St. Michaelskirche, Dotzwil
- Das Universelle Leben, Würzburg

Erst seit wenigen Jahren finden auch christliche Theologen den Mut, sich ernsthaft mit diesem Thema auseinanderzusetzen. Erwähnt seien stellvertretend für viele andere, die sich mehr oder weniger offen zur Wiedergeburtslehre bekennen: *Andras Resch* (30), *Till Mohr* (31), *Richard Friedli* (32), *Hans Stolp* (33) oder *Norbert Bischofberger.* (34)

In unserer Zeit findet der Gedanke an die Wiedergeburt immer breitere Anerkennung. Die heutige medizinische und psychologische Reinkarnationsforschung hat viel dazu beigetragen, dass dieses Thema eine immer größere Aufmerksamkeit erfährt. Neueste Umfrageergebnisse zeigen, dass in europäischen Ländern 25 bis 30% der Bevölkerung der Idee von den wiederholten Erdenleben zustimmen können. Unter der jüngeren Generation sind es bis zu 39%. In europäischen Ländern und in Nordamerika nimmt heute vor allem die Rückführung in frühere Leben einen immer größeren Raum in der psychotherapeutischen Praxis von Ärzten und Psychologen ein. Mit dieser Methode lassen sich traumatische Erlebnisse und deren konfliktreiche Folgen, die im gegenwärtigen Leben vergessen oder verdrängt wurden, aber ihre Ursache in einem früheren Leben haben können, viel schneller aufdecken, bewusst machen und beheben als mit den herkömmlichen psychoanalytischen Verfahren, die außerdem viel mehr Zeit beanspruchen und dementsprechend auch viel teurer sind. In den außereuropäischen Ländern, vor allem in Brasilien und im indischen Kulturkreis sind es Millionen von Menschen, für die der Wiedergeburtsgedanke zu ihrem religiösen Glaubensgut gehört und daher weit mehr als bloß eine vorübergehende Modeerscheinung, sondern eine feste Glaubensüberzeugung ist.

Der Schweizer Religionsphilosoph *Ronald Zürrer* kommt auf Grund seiner ausgedehnten Reinkarnationsforschungen zur Ansicht, die Lehre von der Wiedergeburt »stellt ein durchaus logisches und wissenschaftlich begründbares und erklärbares Phänomen des menschlichen Denkens dar«. (35) Je mehr sich die heutigen Menschen von den vielfach erstarrten kirchlichen Traditionen entfernen, desto mehr Zulauf finden die alternativen religiösen Bewegungen, Freikirchen und Sekten, die mehr oder weniger offen sich dem Wiedergeburtsgedanken zuwenden. Die meisten von ihnen würden heute dem englischen Dichter *John Masefield* (1878-1967) zustimmen, der bekennt:

»Ich glaube, wenn ein Mensch stirbt,
kehrt seine Seele zur Erde wieder,
eingehüllt in ein neues Kleid aus Fleisch,
von einer anderen Mutter geboren;
mit stärkeren Gliedern und einem helleren Verstand
nimmt die Seele den Weg von neuem auf...« (36)

4.

Vom Sinn der Wiederverkörperung

Alles Kommen der Seelen auf Erden
ist ein Wiederkommen,
alles Gehen ist ein Wieder-Gehen,
alle Geburt, nur eine Wiedergeburt,
alles Sterben ist ein neues Werden.
K. O. Schmidt

Weil wir Erdenmenschen tatsächlich ehemals Himmelsbewohner gewesen sind, wie alle Religionen mehr oder weniger deutlich lehren, und wir selbstverschuldet auf gottferne Abwege und Irrwege geraten sind, kann der Sinn unseres Menschseins nur der sein, dass wir wieder das werden sollen, was wir ursprünglich waren – nämlich ungefallene Engelwesen in fernen Himmelshöhen. Um diesen Heimweg zu gehen, brauchen wir uns bloß vorzustellen, wie ein Engel denkt, redet und handelt; was er an unserer Stelle und in der gegenwärtigen Situation wohl tun würde. Dann wird uns bald klar, dass wir diesen engelähnlichen Geisteszustand nicht in einem einzigen Erdendasein erreichen werden, sondern nur auf dem Weg über mehrere wiederholte Menschenleben.

Die Wiederverkörperung der Geistseele und deren Wiedereinstieg in ein neues Erdenleben hat durchaus diesen Sinn. Um dieses Ziel zu erreichen, genügt ein einziges Erdenleben sicher nicht, denn dieses verlangt von uns, dass wir jenen langen Weg wieder zurückgehen, der uns von unserer Urheimat wegführt hat. Wir haben daher mit dem österreichischen Komponisten *Gustav Mahler* (1860-1911) einzusehen und sollten zur Überzeugung gelangen: »Wir kehren alle wieder. Das ganze Leben hat nur Sinn durch diese Bestimmtheit, und es ist vollkommen gleichgültig, ob wir uns in einem späteren Stadium der Wiederkunft an ein früheres erinnern. Denn es kommt nicht auf den Einzelnen und sein Erinnern und Behagen an; sondern nur auf den großen Zug zum Vollendeten, zu der Läuterung, die in jeder Inkarnation fortschreitet.« Mit *Mahler* können wir also sagen: »Das ganze Leben hat nur einen Sinn durch die Gewissheit: Wir kehren immer wieder zurück. Deshalb muss ich ethisch richtig leben, um meinem Ich, wenn es wiederkommt, schon jetzt ein Stück des Weges zu ersparen.« (1)

Der Sinn der wiederholten Erdenleben ergibt sich aus dem vielfachen Kommen und Wiederkommen auf dem Weg der aufeinander folgenden Inkarnationen und Re-Inkarnationen der menschlichen Geistseele auf dem Weg der Heimkehr ins ursprüngliche himmlische Heimatland. Dabei begegnen wir immer wieder uns selber in neuen Verkleidungen. Dieses Wiederkommen kann durch den sechseckigen Stern des Hexagramms symbolisch dargestellt werden. Dieser wird von zwei ineinander verschränkten gleichseitigen Dreiecken gebildet. Das abwärts gerichtete Dreieck steht für das Einkörpern der Geistseele in die Materie, das aufwärts gerichtete Dreieck bedeutet den Aufstieg aus der Materie in die geistigen Sphären. Dieses symbolische Zeichen ist als Davidstern oder Judenstern bekannt und begegnet uns auch als Hoheitszeichen des Staates Israel. (2)

Was sich in vielen Leben immer wieder verkörpert, ist das geistige Wesen des Menschen, also seine Geistseele, der göttliche Funke in ihm, sein unteilbares Sein, seine unveränderbare Wesenheit. Was sich aber von Leben zu Leben wandelt, ist sein äußeres Erscheinungsbild, das persönliche »Ich« mit seinen individuellen Eigenheiten, mit den typischen Merkmalen von Geschlecht und Name sowie sein Lebensplan und sein Lebensauftrag.

Wer sich zunehmend bewusst wird, dass er nicht nur von heute ist, der lebt in einer erweiterten Vergangenheit und in einer offenen Zukunft. Ihn beschäftigt das gegenwärtige Tagesgeschehen nur vorübergehend, am Rande der Ereignisse, weil er erfahren hat, wie flüchtig und nichtig diese sein können. Sein begrenztes Gegenwartsbewusstsein erhebt sich über die Niederungen der gewöhnlichen Alltagsgeschäfte hinauf zu den Höhen des zeitlosen Geistbewusstseins. Seine Wiederkehr in ein erneutes Erdenleben ist für ihn nur ein Teilabschnitt seiner Heimkehr in sein ursprüngliches Herkunftsland.

Rückerinnerungen und Rückführungen in vergangene Erdenleben haben durchaus einen tieferen Sinn, weil sie uns bewusst machen können, was wir auf dem Weg zur geistigen Höherentwicklung bereits geleistet haben und was uns noch bevorsteht. Lasst uns dem französischen Schriftsteller *Maurice Maeterlinck* (1862-1949) beipflichten: »Nie gab es einen Glauben, der sinnvoller, gerechter, moralischer, fruchtbarer, tröstlicher und wahrscheinlicher war als der an die Wiederverkörperung. Er allein gibt allem scheinbar sozialen Unrecht und allen empörenden Ungerechtigkeiten des Schicksals einen Sinn.«

Die Chance der wiederholten Erdenleben

Die Möglichkeit, auf der Erde Mensch und immer wieder Mensch zu werden, wird von den meisten Wiedergeborenen als Gnadengeschenk des Lebens gesehen. Die mediale Jenseitsvermittlerin *Gabriele Witteck* schreibt in ihrem Buch »Reinkarnation. Eine Gnadengabe«: »Das Wissen um die Reinkarnation öffnet uns die Augen, um den Sinn unseres Lebens zu verstehen, warum wir auf Erden sind und welche Aufgaben wir hier zu lösen haben; nämlich die Chance unseres Daseins zu nützen, um uns wieder zu dem zu entwickeln, was wir von unserem Ursprung her eigentlich sind: geistige Wesen, deren Leben ewig währt.« (3)

Es handelt sich nicht um eine unverdiente, sondern eher um eine verdiente Gnade, die wir uns in früheren Leben erworben haben. Und es mag eine Gabe sein, die uns gegeben ist, damit wir uns durch eigenes Bemühen bewähren. In einem Gespräch mit dem amerikanischen Philosophen *Ralph Waldo Trine* (1866-1958) erklärte der »Autokönig« *Henry Ford* (1863-1947): »Was einige für eine besondere Gabe oder ein Talent zu halten scheinen, ist nach meiner Ansicht die Frucht langer, in vielen Leben erworbener Erfahrung. Dazu muss ich vorausschicken, dass ich glaube, dass wir wiedergeboren werden. Sie und ich, wir alle werden viele Male wiedergeboren, leben viele Leben und speichern reiche Erfahrungen auf. Die scheinbar intuitive ›Gabe‹ ist in Wirklichkeit schwer erworbene Erfahrung.« (4).

Die Aufgabe, die wir als menschgewordene Geistwesen hier auf Erden zu lösen haben, ist die: Erneut das zu werden, was wir ehemals und von Anfang an waren, nämlich reine Engelwesen. So manches, was wir seit unserem Fall in die Gottferne geworden sind und was wir inzwischen aus uns gemacht haben, muss überprüft, wenn nötig verbessert oder auch ausgemerzt werden. Manches ist dazuzulernen, vieles ist fortzusetzen, um weitergeführt zu werden bis zur Vollendung.

C. G. Jung hat sich immer wieder gefragt: »Bin ich in meinem Leben so weit gekommen, dass ich alle meine mir gestellten Aufgaben gelöst habe? In seinen Lebenserinnerungen, die er im hohen Alter von über achtzig Jahren seiner Sekretärin *Aniela Jaffé* diktiert hat, lesen wir: »Ich könnte mir gut vorstellen, dass ich in früheren Jahrhunderten gelebt habe und dort auf Fragen gestoßen bin, die ich noch nicht beantworten konnte; dass ich wiedergeboren werden musste, weil ich die mir gestellten Aufgaben nicht erfüllt hatte.« (5)

Nach den Worten von *Rudolf Steiner* sollte sich jeder Mensch bewusst sein: »Ich bin dereinst zum ersten Male in diese Welt gekommen, weil ich damals ein Wesen war, welches das Leben in dieser Welt brauchte, um sich Eigenschaften zu erwerben, die es sich in keiner anderen Welt hätte erwerben können. Und ich muss so lange mit dieser Welt verbunden sein, bis ich alles in mir entwickelt habe, was in ihr gewonnen werden kann. Ich werde dereinst nur dadurch ein tauglicher Mitarbeiter in einer anderen Welt werden, dass ich mir in der sinnlich sichtbaren Welt alle Fähigkeiten dazu erwerbe.« (6)

Dass dieses Wiederholen des Menschendaseins auf unserer Erde durchaus einen Sinn hat, geht aus folgenden Überlegungen hervor:

1. Es gibt in Bezug auf die Wiedergeburt der Geistseele keinen Zwang und keine strenge Regelung. Die Wiederkehr in ein neues Erdenleben beruht auf der Freiwilligkeit der Geistseele und auf der Einsicht in die Notwendigkeit, sich geistig weiterzuentwickeln.

2. Die Wiederholung eines Erdenlebens ist nicht als eine Strafe oder Buße anzusehen, sondern als eine willkommene Gelegenheit, zu lernen und in der Schule des Erdplaneten weitere geistige Fortschritte zu erzielen.

3. Die wiederholten Leben können uns eine gute Möglichkeit bieten, karmische Belastungen abzubauen und Fehlleistungen wiedergutzumachen.

4. Ein einziges Leben genügt nicht zum Durchlaufen aller Klassen dieser anspruchsvollen Schule, die uns dereinst dazu berechtigen soll, den verlorenen Zustand der Gotteskindschaft wieder zu erreichen und den ursprünglichen Status, den wir ehemals innehatten, wieder zurückzugewinnen.

Der Sinn der wiederholten Erdenleben liegt alson darin, dass der Mensch von Leben zu Leben lernt, liebender, liebenswerter, geduldiger und gütiger zu werden, um dadurch immer bewusster, wissender und weiser zu werden. Mit einem Wort: Geistig zu erwachen und wachsamer zu werden. So kann es gut sein, dass zwei Menschen, die in dieser Verkörperung sich gegenseitig das Leben durch Streit, Eifersucht und Unversöhnlichkeit schwermachten, in einer nächsten Inkarnation Gelegenheit erhalten, durch friedfertiges, rücksichtvolles und nachsichtiges Benehmen sich zu versöhnen und alte Schuld in Liebe aufzulösen.

Der amerikanische Psychiater *Brian Weiss* ist aufgrund zahlreicher Rückführungen bei seinen Patienten zu folgender Erkenntnis gelangt: »Wir kehren immer wieder zurück, um bestimmte Lektionen oder Charaktereigenschaften dazuzulernen, wie etwa Liebe, Vergebung, Verständnis, Geduld, bewusstes Erleben, Gewaltlosigkeit. Wir lernen, andere Eigenschaften abzulegen: Furcht, Zorn, Habgier, Hass, Stolz,

Egoismus. Dann machen wir unseren Abschluss und können die Erdenschule verlassen und uns anderen Dingen zuwenden.« (7)

Das Gesetz von der Wiederherstellung der Harmonie, das hier wirksam wird, gibt uns willkommene Gelegenheit, einen negativen Zustand mittels Umpolung einer Absicht oder Gesinnung in die verloren gegangene Harmonie zurückzuführen. Diese Gesetzmäßigkeit wirkt automatisch und autonom, ohne dass eine übergeordnete Kraft oder Macht ständig regierend und korrigierend, lohnend und strafend eingreifen muss. All dies geschieht zumeist auch nicht kurzfristig, sondern, ähnlich wie Saat und Ernte in der Natur, erst nach einer längeren Entwicklungszeit in aufeinander folgenden Erdenleben.

Der Sinn der Wiederverkörperung kann auch darin liegen, dass wir in einem neuen Leben wieder mit jenen Menschen zusammenkommen, mit denen wir in einem früheren Dasein zusammen waren. Die amerikanische Psychologieprofessorin *Helene Wambach* hat in den 1970er Jahren bei der hypnotischen Rückführung von 750 Versuchspersonen und deren anschließender Befragung festgestellt, dass eine beachtliche Anzahl von ihnen im gegenwärtigen Leben wieder mit jenen zusammen sind, mit denen sie bereits in einem vergangenen Leben verbunden waren. Sie hat diese auch nach dem Sinn und Zweck ihrer gegenwärtigen Menschwerdung gefragt. Dabei erhielt sie zusammengefasst folgende Antworten (8):

- Um neue und wichtige Erfahrungen zu machen und daraus zu lernen.
- Um unerledigte Aufgaben zu Ende zu führen.
- Um einen sinnvollen Auftrag zu erfüllen.
- Um frühere mitmenschliche Beziehungen fortzusetzen und zu vertiefen.
- Um mit jenen Menschen wieder zusammen zu sein, die wir früher geliebt haben.
- Um jenen Menschen wieder zu begegnen, mit denen wir in früheren Leben einen gemeinsamen Auftrag nicht zu Ende geführt haben.
- Um mit jenen Menschen wieder zusammenzutreffen, denen wir in einem früheren Leben etwas schuldig geblieben sind.

- Um karmische Bindungen aus früheren Leben zu lösen.
- Um im neuen Zeitalter an der geistigen Entwicklung der Menschheit mitzuwirken und dafür einen positiven Beitrag zu leisten.

So bleiben die Bande der Liebe und Freundschaft, der gemeinsamen Interessen und Aufgaben, der übereinstimmenden Verpflichtungen und Abhängigkeiten nicht selten über mehrere Inkarnationen hinweg bestehen. Denken wir an jene schicksalshaften Bindungen und Partnerschaften, wo Menschen etwas aneinander zu vollbringen und zu vollstrecken haben, oder um aneinander wiedergutzumachen, worin sie in einer früheren Existenz gefehlt haben. Ein unversöhnliches Auseinandergehen wäre keine Lösung und brächte keine Erlösung. Dagegen könnte eine Wiederbegegnung in einem neuen Leben eine willkommene Chance sein.

Sobald die aufwärts strebende Seele erkennt, dass sie sich auf dem bisherigen Wege im Jenseits nicht mehr weiter entwickeln kann, weil noch manches Unerfahrene und Ungelebte sie hemmt, drängt es sie nach einem neuen Erdenleben, um die nötigen Aufräumarbeiten nachzuholen. Es kann auch sein, dass Wünsche und Sehnsüchte der auf Erden zurückgebliebenen Angehörigen sie in ein neues Leben ziehen, so dass die neue Inkarnation in deren Umkreis erfolgt.

Wahrscheinlich ist es so, wie *Gabrielle Orr* annimmt: »Die Energie unserer Seele folgt einem kontinuierlichen Weg, der von einer Lebenszeit in die nächste führt. Das während des früheren Lebens entstandene Energiefeld hört mit dem Ende unserer menschlichen Erfahrung nicht auf. Zumeist werden wir nicht in ein völlig anderes Energiefeld hineingeboren, wenn wir eine neue Erdenreise antreten. Vielmehr entscheiden wir uns freiwillig, unsere Beziehungen und Lektionen fortzusetzen und dort weiter an unseren Schwächen und Blockaden zu arbeiten, wo wir am Ende der letzten Reinkarnation damit aufgehört haben. Das ist der Grund, warum manche unserer Themen in unserem Leben ihren Ursprung in einem vergangenen Leben haben.« (9)

Die göttliche Gnade, an die Christen glauben, besteht nicht in erster Linie darin, dass Gott uns unsere Sünden vergibt und verzeiht, sondern darin, dass er uns die Möglichkeit gewährt, deren Folgen durch Wiedergutmachung aus der Welt zu schaffen.

Unser Planet Erde als Lernschule

Vom weisen *Sokrates* soll der Satz stammen: »Lernen heißt, sich wieder erinnern.« Sein berühmter Schüler *Platon* verdeutlichte diese Aussage in seiner Schrift »Phaidon«: »Das, was wir Lernen nennen, ist nichts anderes als das Wiedergewinnen eines schon einmal erworbenen Wissens«, nämlich jenes Wissens, das wir ursprünglich in der geistigen Ideenwelt schon einmal geschaut haben. Wir erfahren alle, das jenes angelernte Wissen, das wir uns im gegenwärtigen Leben aneignen, zum größten Teil wieder aus unserem Alltagsbewusstsein verschwindet und in den Speicher des Unbewussten versinkt. Was davon bleibt, ist das gebildete Allgemeinwissen. Deshalb heißt es: »Bildung ist das, was bleibt, wenn man vergessen hat, was man gelernt hat.« Wie viel wir davon in die Jenseitswelt mitnehmen und was davon dort brauchbar ist, hängt vom erworbenen geistigen Bildungsstand ab. Wenn *C. G. Jung* einmal bemerkte: »Die meisten Menschen beißen als Kindsköpfe ins Gras«, müssen wir vermuten, dass wohl viele aus einem einzigen Leben wenig lernen und deshalb wiederkommen müssen. Wer sich nicht ernsthaft darum bemüht, wie in einer Schule zu lernen, der bleibt auf der Strecke und muss die nicht bestandene Klasse hier wiederholen.

Unser Erdenleben ist keineswegs mit dem Aufenthalt in einem Vergnügungspark, oder auf einer Spielwiese, oder in einem Lustgarten zu vergleichen, sondern eher mit einer Lernschule, in der es darum geht, Entwicklungs- und Lernfortschritte zu erzielen, um geistig zu reifen. In Bezug auf das menschliche Leben lässt sich sagen: Wer nicht lernt, wird leiden. Dieses Leiden erscheint dann in der Gestalt von Krankheiten, Gebrechen und Fehlentwicklungen unterschiedlicher Art auf der körperlichen oder auf der seelischen Ebene. Wie der Dichter *Novalis* einmal meinte: »Ein Mensch in Harmonie wird nicht krank«, so gilt dies ganz besonders für all jene, die nicht gelernt haben, mit sich, mit ihrer Umwelt und mit den Gesetzen der inneren und äußeren

Harmonie zu leben. Wir sind nicht hier auf dieser Welt, um zu leiden, wie oft behauptet wird, sondern um zu lernen. Wir werden nicht krank oder unglücklich, um zu leiden, sondern wir leiden und werden unglücklich, weil wir nicht gelernt haben.

Wer da meint, ihm reiche das gegenwärtige Leben und er habe keinerlei Lust auf ein nächstes, der gleicht einem Schüler, der in der ersten Schulklasse sich vornimmt, er wolle es mit dieser niederen Lernstufe bewenden lassen und auf weitere Lernfortschritte verzichten. Wer hier auf Erden ein Anfänger bleiben will, der wird auch im Jenseits und in einem nächsten Erdenleben sich unter den Anfängern wiederfinden.

Wie rasch der einzelne Mensch nach seinem Tod wiedergeboren wird, scheint individuell recht verschieden zu sein. Es gibt da keine allgemeingültige Regel, kein Diktat und keinen Zwang. Die aus dem Jenseits erhaltenen Auskünfte hierüber sprechen von Jahren, Jahrzehnten und von vielen Jahrhunderten. Außerdem ist die Wiedergeburt in ein erneutes Menschenleben nicht der einzige seligmachende Weg. Nebst dem diesseitigen Weg gibt es noch manchen jenseitigen Aufstiegsweg. Es ist wie beim Erklimmen eines hohen Berges. Es gibt mehrere Wege nach oben. Entscheidend ist, dass wir oben ankommen. Wem dies hier und jetzt nicht gelingt, mag es in einem nächsten Versuch andernorts erneut wagen.

Die Frist zwischen den einzelnen Erdenleben hängt von zwei Gegebenheiten ab: Einerseits ist der geistige Entwicklungsstand jeder einzelnen Geistseele dafür maßgebend. Andererseits hängt die Häufigkeit des Wiederkommens in einer bestimmten Zeitspanne davon ab, wie sehr die Geistseele darauf bedacht ist, sich weiterzuentwickeln und ihre Lernchancen zu nutzen. Es gibt auch in der Jenseitswelt strebsame und träge Individuen. Dies hängt weitgehend von ihrem Bewusstsein ab. Auf die Frage, ob es an uns liegt, wie oft wir wiedergeboren werden, antworteten bei der Befragung von Zurückgeführten 81% zustimmend und erklärten, sie hätten sich bewusst dafür entschieden, viele allerdings erst auf Drängen ihrer Geistführer und jenseitigen Berater. (10)

Hätte jeder von uns Erdbewohnern nur ein einziges und einmaliges Menschenleben von achtzig bis neunzig Jahren zur Verfügung, würden wir dabei in unserer geistigen Entwicklung nicht allzu weit kommen. Ziehen wir davon zwanzig Jahre Kindheit- und Jugendzeit und zwanzig Jahre Seniorenalter ab, bleiben noch vierzig bis fünfzig Jahre, wo der Mensch im besten Alter steht. Aber gerade auf der Höhe des Lebens sind die allermeisten Menschen familiär und beruflich stark gefordert, um ihren diesseitigen Aufgaben und Verpflichtungen nachzukommen. Für die Vorbereitung auf das jenseitige Leben bleibt da nicht allzu viel Zeit übrig. Sollte dies nun alles gewesen sein für das kurze Leben und den langen Tod, blieben wohl viele in den Anfängen ihrer geistigen Entwicklung stecken. Das Jenseits müsste dann einem großen Kindergarten gleichen. Weitere Menschenleben wären dann unumgänglich, um den zahllosen Anfängerseelen die Möglichkeit zu geben, sich in zusätzlichen Erdenleben weiterzuentwickeln. Sich darauf zu verlassen, dass die Gnade und Barmherzigkeit Gottes uns den Rest großzügig erlässt, wäre etwa so, als wenn der Lehrer einer Gesamtschule einen braven Erstklässler direkt in die oberste Klasse befördern und ihm das Abschlusszeugnis großzügiger Weise schenken würde, damit er an die Hochschule wechseln könnte.

Ein Schüler, der seine gegenwärtige Klasse nicht besteht, wird nicht in die nächste befördert, sondern muss die gleiche Lernstufe wiederholen – und zwar nicht als Strafe für seine ungenügenden Leistungen, sondern als Möglichkeit, seine Wissenslücken aufzuholen. So sind auch die wiederholten Erdenleben nicht als Maßregelungen für ungenügende geistige Fortschritte zu werten, sondern eher als Chancen zur spirituellen Weiterentwicklung.

Dem Reinkarnationsforscher *Stefan von Jankovich* wurde es in einer Meditation klar: »Das Ich muss sich durch alle möglichen Inszenierungen in mehreren Leben bewähren und sich so immer wieder weiterentwickeln, die Probleme der materiellen Ebene kennen lernen und diese lösen. So bekommt das »Ich« immer wieder eine neue Chance, als Mensch sein Leben für seine geistige Entwicklung so gut wie möglich zu nutzen.« (11)

Gelegenheit zur Wiedergutmachung

Das Gesetz der Wiedergutmachung verlangt, dass wieder gerade werde, was krumm gewachsen ist, und was uneben geworden ist, soll wieder ausgeglichen werden (Lk 3.5). Was aus dem Gleichgewicht geraten ist, muss wieder seine Mitte finden, und was Schlagseite bekommen hat, muss erneut ins Lot gebracht werden. Zur Wiedergutmachung gehört, dass wir alle unsere bewussten und beabsichtigten Fehlhandlungen und deren Folgen umpolen, so dass Ungutes durch Gutes, Lieblosigkeit durch Liebe und Übelwollendes durch Wohlwollendes aufgewogen und aufgehoben wird. Durch Sündennachlass und Buße allein kann Unrecht nicht beseitigt werden. Durch das Abbüßen einer Strafe mag eine Schuld getilgt werden, doch ein begangenes Unrecht wird dadurch noch nicht aus der Welt geschafft. Hierzu ist eine Wiedergutmachung unerlässlich. Der Sinn der wiederholten Erdenleben liegt also nicht nur darin, dass wir an unserem Lebensgeflecht erfolgreich weiterweben, sondern auch, dass wir uns darum bemühen, frühere Webfehler bis zum Anfang zurückzuverfolgen und zu beheben. Dies ist auch im Leben nicht anders, so dass es eine Wiederholung braucht, um eine Wiedergutmachung zu leisten. So bieten uns die wiederholten Erdenleben hierzu die beste Gelegenheit, bei sich und bei anderen wiedergutzumachen, was falsch gelaufen ist.

Zur Wiedergutmachung gehört, dass wir alle Ungerechtigkeiten, die wir verursacht haben, wieder in ihr Gegenteil verwandeln. Jedes Unrecht muss wieder der Gerechtigkeit weichen, damit uns die Gnade der Vergebung zuteil werden kann. So bestätigt *K. O. Schmidt* in seinem »Abendländischen Totenbuch«: »Was durch falsches Denken und Handeln einst und heute ausgelöst wurde, kann durch rechtes, positives, liebevolles Denken und Handeln wiedergutgemacht werden.« (12)

Weder bloßes Bedauern und Reue noch Strafe und Buße allein bewirken eine echte Genugtuung. Was wir durch falsches Denken, übles Reden und schlechtes Tun in die Welt gesetzt haben, lässt sich allein durch rechtes Denken und Reden und durch rechtschaffenes Handeln wieder aus der Welt schaffen. Um dies vollumfänglich leisten zu können genügt ein einziges und einmaliges Leben wohl nicht. Der Philosoph *Peter Michel* schreibt hierzu, dass wir »alten Ursachen mit starken Gedanken der Liebe und des guten Willens entgegenwirken und auf diese Weise das sonst unvermeidliche Ereignis verhindern können, welches seinerseits wiederum neue karmische Verwicklungen geschaffen hätte«. (13)

Die Wiedergutmachung muss von Dauer sein. Hierzu gehört auf jeden Fall ein ehrlicher Gesinnungswechsel. Unversöhnliches muss der Versöhnung, Unverzeihliches dem Verzeihen weichen. Täter und Opfer müssen zur Aussöhnung bereit sein. Solange dies nicht geschieht, bleiben sie aneinander karmisch gebunden, sowohl in der diesseitigen als auch in der jenseitigen Welt. Was nicht durch Vergeben und Verzeihen aufgehoben wird, kann im Buch des Lebens nicht gelöscht werden. Dieser Eintrag wird auf ein nächstes oder übernächstes Leben übertragen. Daher kann es sein, dass eine Wiedergutmachung erst in einem erneuten Erdenleben möglich wird. Denken wir an das, was wir inzwischen vergessen oder verdrängt haben: An unbedachte, falsche Urteile und Vorurteile, zu denen wir uns haben hinreißen lassen, an die Unwahrheiten und Halbwahrheiten, die uns über die Lippen kamen, an die schädlichen Schandtaten, die wir durch unser Fehlverhalten verursacht haben, und an das fremde Eigentum, an dem wir uns vergriffen haben. Um dies alles wieder ins Licht der Wahrheit zu rücken, wird wahrscheinlich mehr als ein neues Leben nötig sein; denn nach dem Kausalitätsgesetz muss jede Untat auf der gleichen Ebene wiedergutgemacht werden, auf der sie verursacht wurde. Einzig das gegenseitige ehrliche Verzeihen und Vergeben kann den Schuldeneintrag löschen. Geschieht dies nicht und wird das Schuldigsein dadurch nicht aufgehoben, wird es auf ein nächstes Erdenleben verschoben. Auf welche Weise die geistige Welt dennoch eine Wiedergutmachung ermöglichen kann, zeigt folgendes Beispiel aus einer medialen Jenseitskundgabe:

»Ein Mann hatte im Leben einen anderen Menschen betrogen. Nach seinem Hinübergang in die Jenseitswelt wurde ihm in Aussicht gestellt, wie er in seinem nächsten Leben seine Schuld abtragen könne. Sein Engel sagte zu ihm: »Ich werde dich dafür zeichnen, dass derjenige Mensch, den du in deinem vergangenen Leben um seinen Besitz gebracht hast, in deinem nächsten Leben dein Schuldner sein wird. Wirst du ihm dereinst den dritten Teil seiner Schuld erlassen, so soll deine ganze frühere Schuld für immer gelöscht sein. Vergibst du ihm aber nicht und lässest du ihm nicht den dritten Teil seiner Schuld nach, so wirst du deine jetzige Schuld im nächsten Leben wieder ganz auf dich nehmen müssen.«« (14)

Die Wiedergutmachung kann dafür sorgen, dass eine gestörte Harmonie zwischen Dingen und Wesen wiederhergestellt wird. Daher ist es völlig unsinnig, einem anderen Menschen aus verletztem Stolz oder wegen einer erlittenen Ungerechtigkeit eine üble Tat nachzutragen, statt dem Bibelwort zu folgen: »Lasset die Sonne nicht über eurem Zorn untergehen.« (Eph 4,26) Wer sich nicht daran hält, belastet sich dadurch selbst und erschwert sein geistiges Weiterkommen. Es ist demnach eine wohlverdiente Gnade von oben, wenn ein Mensch in einem erneuten Leben und unter günstigeren Umständen die Gelegenheit bekommt, über seinen eigenen Schatten zu springen, dem ehemaligen Widersacher die Hand des Vergebens zu reichen und über das Vorgefallene den Schleier des Vergessens zu werfen. Dies ist in einem Erdendasein viel leichter zu erreichen als in der jenseitigen Welt, wo die Entfernungen und Entfremdungen zueinander oft viel größer sind. Außerdem werden wir dort jenen, an denen wir etwas gutzumachen haben, nicht so leicht wiederbegegnen, weil sich diese vielleicht auf einem »andern Stern«, in einer anderen Sphäre, auf einer anderen Ebene aufhalten und daher nicht erreichbar sind.

Zu einer Wiedergeburt kann es auch kommen, weil manche Geistseelen dazu ausersehen sind, auf unserer Erde als »Lichtarbeiter« eingesetzt zu werden. Die hellsichtige *Laura Lynne Jackson* berichtet in ihrem Buch »Das Licht zwischen uns«: *»Lichtarbeiter* ist der Begriff, mit dem ich Menschen bezeichne, die hier auf der Erde sind, um anderen etwas beizubringen und sie zu belehren und zu heilen. Es sind Menschen, die anderen helfen, ihre Gaben zu entdecken und die beste Version ihrer selbst zu werden. Und so können diese Menschen ihr eigenes Licht einsetzen, um anderen zu helfen.« (15)

Wäre es nicht gnadenlos ungerecht, wenn wir frühere Fehlentscheidungen dank besserer Einsicht später nicht rückgängig machen könnten? Die Wiedergeburtslehre kennt hierzu humane, tolerante und einleuchtende Antworten, indem sie für alle Wesen die Möglichkeit der endgültigen Heimkehr in die Einheit mit allem offenhält und einen geistigen Aufstieg in Etappen und über mehrere Erdenleben annimmt. In seinem zweibändigen Werk »Die Botschafter des Lichtes« schreibt *Peter Michel*: »Gott reicht seine Hände allen und jederzeit, manche ergreifen sie sofort, manche erst nach langer Zeit.« (16)

Gemäß einer indischen Tradition soll *Buddha* seine Mönche dahingehend belehrt haben, dass von jenen aufgestiegenen Seelen, denen aufgrund ihrer geistigen Entwicklungsreife eine erneute Wiedergeburt erspart bleibt, erwartet werde, dass sie noch dreimal freiwillig ein erneutes Menschenleben auf sich nehmen, um ihren zurückgebliebenen Brüdern und Schwestern auf Erden zu helfen, »bis der letzte Grashalm erlöst ist«. Auch die Theosophin *Annie Besant* (1847-1933) erwähnt in ihren Schriften die »Avatare«. Dies sind Gottesboten, die als herabgestiegene Geistwesen freiwillig Menschengestalt angenommen haben, um als Lehrer und »große Meister« unter den Erdenbewohnern zu wirken und diese geistig höher zu führen. (17)

Wiedergeburt und Bevölkerungswachstum

Bei der Zahl der Wiedergeburten spielt auch das Angebot der Natur eine wichtige Rolle. Je mehr die Anzahl der Menschen auf unserer Erde heranwächst, desto zahlreicher werden die Geistseelen, die auf unserem Planeten inkarnieren. Dementsprechend werden auch deren Wartezeiten und Zwischenaufenthalte in den Jenseitswelten kürzer. Es verhält sich wie bei einer Rolltreppe oder bei einem Skilift: Je schneller diese laufen, umso schneller erfolgt die Beförderung der Wartenden.

Das gegenwärtige rasche Bevölkerungswachstum auf unserem Planeten stellt einerseits unsere Zivilisation vor erhebliche ökologische, wirtschaftliche und soziale Probleme, die immer schwerer zu bewältigen sind; andererseits kann es dazu beitragen, dass die geistige Aufwärtsentwicklung der Menschheit als Ganzes durch die Zunahme der Inkarnationen beschleunigt wird. Es scheint in der geistigen Welt ein intelligentes Regulativ zu geben, das dafür sorgt, dass es nicht zu einer unkontrollierten Bevölkerungsexplosion kommt. Wir sehen dies daran, dass bei einem Massensterben nach einer großen Katastrophe oder nach einer Pandemie die Geburtenzahlen steigen. So konnte beobachtet werden, dass nach den großen Weltkriegen mit ihren Millionen an gefallenen Soldaten die Zahl der neugeborenen Knaben gegenüber den Mädchengeburten deutlich zunahm. Umgekehrt kann statistisch festgestellt werden, dass bei einem starken Bevölkerungswachstum die Geburtenzahl rückläufig wird. (18)

Dass heute die Anzahl Menschen auf unserem Planeten stetig zunimmt, kann der beschleunigten Aufwärtsentwicklung der Menschheit zugute kommen. Anscheinend hat die große Masse der bis dahin zur Menschwerdung gelangten Geistseelen noch kein hohes Niveau erreicht, weil der Nachschub mehrheitlich ›von unten‹ kommt. Der amerikanische Reinkarnationsforscher *Michael Newton* (1931-2016) hat während mehrerer Jahre bei seinen Rückführungsversuchen das geistige Entwicklungsniveau seiner Klienten überprüft und dabei festgestellt, dass die große Mehrheit von diesen aus tieferen Sphären zur Menschwerdung gelangten, also Anfänger-Seelen sind. (19)

Gegenwärtig nimmt die Weltbevölkerung jedes Jahr um rund 83 Millionen Menschen zu. Im Jahr 2100 werden es, wenn es so weitergeht, auf unserem kleinen Planeten gegen siebzehn Milliarden sein. Hinzu kommt, dass in nächster Zeit die Erdenbewohner deutlich älter werden. UNO-Experten rechnen damit, dass sich die Zahl der über 80-jährigen bis ins Jahr 2050 verdreifachen wird. Aus dieser Sicht ist für die Menschheit in nächster Zukunft nicht eine überbordende Bevölkerungszunahme zu befürchten, obwohl die Zahl der Erdbevölkerung sich zur Zeit auf die achte Milliarde zubewegt. Inzwischen scheinen die Wartezeiten zwischen zwei Erdenleben deutlich kürzer zu werden, wie die jüngsten Rückführungsexperimente und die spontanen Rückerinnerungen an frühere Leben vermuten lassen. Dagegen ist bei zunehmender Entwicklung und Vergeistigung der Menschheit eher eine Menschwerdung von Geistseelen aus höheren Existenzebenen zu erwarten.

Die älteren Generationen leben noch viel zu sehr in wenig geistbewussten Zuständen. Es ist ihnen viel zu wenig klar, wer sie eigentlich sind, woher sie kommen und wozu sie hier auf der Erde leben. Viele Menschen betreiben ein aufwändiges und aufregendes äußeres Leben. Sie wollen sich möglichst viel Spaß und Vergnügen leisten. Sie genießen das Leben in vollen Zügen, weil sie denken, man lebe nur einmal. Was ist ihnen davon geblieben als eine immer blasser werdende Erinnerung? Am Ende stehen sie wieder dort, wo sie am Anfang standen – und gelernt haben sie dabei nichts Neues. Es bleibt ihnen nur noch, auf eine nächste Gelegenheit zu hoffen, um in einem wiederholten Leben ihre Lektion zu lernen.

Unser Erdenleben ist als eine Art Vorschule oder Pflanzschule zur weiteren geistigen Entwicklung in aufeinander folgenden Leben zu sehen. So äußerte sich *Goethe* im März 1832, kurz vor seinem Tod, als er sich mit seinem Sekretär *Eckermann* über letzte und höchste Fragen unterhielt. »Diese plumpe Welt, aus einfachen Elementen zusammengesetzt, und sie jahraus und jahrein in den Strahlen der Sonne rollen zu lassen, hätte Gott sicher wenig Spaß gemacht, wenn er nicht den Plan gehabt hätte, sich auf dieser materiellen Grundlage eine Pflanzschule für eine Welt von Geistern zu gründen. So ist er nun fortwährend in höheren Naturen wirksam, um die geringeren heranzuziehen.« (20)

Aufgrund der größer werdenden Bevölkerungsdichte kommt es auf unserer Erde immer mehr zu einer Durchmischung von jungen und alten Seelen. Daher ist die australische Jenseitsforscherin *Monika Muranyi* zur Ansicht gekommen: »Je mehr Seelen kommen, desto öfter kehren sie zurück, denn wenn neue Seelen ihr erstes Erdenleben hinter sich haben, werden sie in die ›Gemeinschaft der Rückkehrer‹ aufgenommen. Langsam werden die wiederkehrenden Seelen weiser und nehmen Einfluss auf das Gleichgewicht des Bewusstseins. Der Prozentsatz an Seelen, die bereits hier waren, ist viel höher, als ihr meint. Aber nicht alle sind ›alte Seelen‹; dazu muss man Hunderte von Leben gelebt haben.« (21)

Wir Menschen verdanken unseren Lernfortschritten in der Schule des Lebens, die wir Stufe um Stufe zu bestehen haben, unsere geistige Entwicklung. So wenig ein Schüler bloß nach Lust und Laune eine Schule besuchen sollte, ebenso wenig darf erwartet werden, wir seien nur zum eigenen Vergnügen in dieser Welt. Es ist dem Psychologen *Thorwald Dethlefsen* zuzustimmen, der in einem seiner Bücher schreibt, wer da meine, er sei hier auf dieser Erde, um faul an der Sonne zu liegen und das Leben zu genießen, der habe sich im Planeten geirrt.

Die uns in diesem Leben zugewiesene Lernstufe in der Erdenschule ist die Folge der früher durchlebten Existenzen und zugleich die notwendige Voraussetzung für die nächstfolgenden. Ziel dieser Abfolge ist es, alle unsere Entwicklungsmöglichkeiten auszuschöpfen, was in einem einzigen Leben unmöglich wäre. *Manuela Oetinger* schätzt, dass der heutig Durchschnittsmensch lediglich 10% seiner geistigen Kapazitäten und seiner spirituellen Entwicklungsmöglichkeiten wirklich ausnützt. (22) Der große Rest bleibt unseren kommenden Erdenleben vorbehalten.

Es liegt also an uns, ob und wie wir in der Erdenschule weiterkommen, oder ob wir als »Sitzenbleiber« auf der Strecke bleiben. *Stephan von Jankovich* (1920-2002) hat sich nach seinem Nahtod-Erlebnis beispielhaft vorgenommen: »Ich muss versuchen, alle meine Tage, Stunden und Minuten so zu gestalten und entsprechende Entscheidungen zu treffen, dass ich nicht wieder in einen materiellen Körper und auf diese Erde zurückkehren muss, und dass mein Ich nach meinem nächsten Tod körperlos in ›höhere‹ Existenzrealitäten hochschwingen kann.« (23)

Die Anzahl der wiederholten Inkarnationen auf unserem Erdplaneten ist nicht allein entscheidend für den geistigen Fortschritt der Geistseele. Es ist ja nicht gesagt, dass die verschiedenen Einkörperungen alle auf unserer Erde stattfinden müssen. Nachdem unsere Astronomen und Weltraumforscher in den vergangenen Jahren Tausende extrasolare Planeten entdeckt haben, unter denen einige erdähnlich sind, liegt die Vermutung nahe, dass auch dort Inkarnationen in feinstofflicher

Form stattfinden können. Hinweise hierfür finden wir im Buch von *Flavio Cabobianco*: »Ich komme‹ aus der Sonne« (24) und in den drei Bänden von *Bernadette von Dreien*: »Christina«. (25)

Selbst wenn unsere Erde eines Tages nicht mehr bewohnbar sein sollte, aus welchen Gründen auch immer, besteht noch die Möglichkeit, dass unsere Erdenschule in andere Weltenräume ausgelagert und dort weiter betrieben wird. Unsere Wiederkehr in ein erneutes Dasein muss nicht in jedem Fall auf unserer Erde stattfinden. Dies ist nicht der allein selig machende Weg, um sich geistig weiterzuentwickeln. Es ist wie beim Ersteigen eines hohen Berges. Viele Routen führen zum Gipfel.

Wie rasch der einzelne Mensch nach seinem Tod wiedergeboren wird, scheint individuell recht verschieden zu sein. Es gibt wohl keine allgemeingültige Regel. Die aus dem Jenseits erhaltenen Auskünfte hierüber sprechen von Jahren, Jahrzehnten und von Jahrhunderten. Die Häufigkeit, mit der eine Geistseele bereit ist wiederzukommen, hängt davon ab, wie sehr sie darauf bedacht ist, sich weiterzuentwickeln und ihre Lernchancen zu nutzen. Dies hängt weitgehend von ihrem Bewusstsein ab.

Nach den zahlreichen Rückführungsprotokollen, die in letzter Zeit bekannt geworden sind, scheinen die Inkarnationsintervalle neuerdings deutlich kürzer zu werden. Während diese in früheren Zeiten ganze Jahrhunderte und Jahrtausende in Anspruch nahmen, dauern diese heute in der Regel nur noch wenige Jahrzehnte. (26)

Michael Newton hat während mehrerer Jahre bei seinen Rückführungsversuchen das geistige Entwicklungsniveau seiner Klienten überprüft und dabei festgestellt, dass die große Mehrheit von diesen aus tieferen Sphären zur Menschwerdung gelangten, also Anfänger waren. Er kam zu folgendem Ergebnis: (27)

42% stammten aus einem tiefen Zustand.
31% gehörten einer niederen Ebene an.
17% waren Bewohner einer mittleren Stufe.

9% kamen aus einer höheren Daseinswelt.
1% schienen zur hohen Geisteswelt zu gehören.

Für all jene, welchen den Gedanken an die wiederholten Erdenleben nicht annehmen können, sieht der schweizer Psychologe *Alfred Dalliard* folgende Nachteile, die er wie folgt auflistete: (28)

- Verkürzte Sicht bezüglich unserer Vergangenheit und Zukunft.
- Mangelhaftes Erkennen von Vernetzungen, Verbindungen und Abhängigkeiten.
- Häufig falsche Ursachenverschiebung aufgrund fehlender Erkenntnisse und Kurzsichtigkeit.
- Ablehnung der Selbstverantwortung und Schuldzuweisung auf andere.
- Nichtverstehen von unterschiedlichen Startchancen und Behinderungen, von schwierigen Schicksalsverläufen und all dem Elend und Unheil auf unserer Erde.
- Fragwürdiger Gerechtigkeitsbegriff, der berechtigten Fragen nicht standhält und den gerechten Gott in Misskredit bringt.
- Falscher Ausweg der Selbsttötung zur Lösung von persönlichen Problemen.
- Entwicklungssperre infolge einer ewigen Verdammnis.
- Nivellierungsdenken: Entwicklungsunterschiede werden verwischt.
- Begünstigung von Abspaltungen und Separierungen, was dem Ganzheitlichkeitsdenken und der Allverbundenheit zuwiderläuft.
- Angst vor dem Tod als Identitätsverlust und Eingang in eine ungewisse Zukunft.
- Überbewertung der »Zeit« mit der Folge einer ungeheuren Schnelligkeit auf Kosten innerer Verarmung.
- Mangelhafte Unterscheidung zwischen Lebenserschaffung und Herstellung von Bedingungen für eine Lebensentfaltung.
- Die christliche Lehre kann in weiten Teilen nicht verstanden werden. Wesentliche Lebensfragen bleiben unbeantwortet.

Die wiederholte Menschwerdung auf Erden ermöglicht uns, dass wir das in einem früheren Dasein misslungene Handeln berichtigen, ungerechte Ungleichheiten ausgleichen, den eigenen Charakter verbessern, dem geistigen Streben eine neue Richtung auf das Göttliche hin geben, um dem ewigen Ziel allmählich näher zu kommen. *Gustav Mahler* erkannte: »Wir kehren alle wieder. Das ganze Leben hat nur einen Sinn durch diese Bestimmtheit, und es ist vollkommen gleichgültig, ob wir uns in einem späteren Stadium der Wiederkunft an ein früheres erinnern. Denn es kommt nicht auf den Einzelnen und sein Erinnern und Behagen an; sondern auf den großen Zug zum Vollendeten, zu der Läuterung, die in jeder Inkarnation fortschreitet.« (29)

In der »Bhagavad Gita« steht in einer deutschen Nachdichtung von *K. O. Schmidt* geschrieben:

Sind unsere Kleider verbraucht, tun wir alle beiseite,
Legen an ihr Stelle andere uns an.
So ruh'n im Alter wir aus von des Lebens ermüdendem Streite
Und überlassen dem Grab das irdische Kleide dann,
Bis die Natur aufs Neue gewirkt eine leibliche Hülle,
Liebend bereitet im Schoße der Mutter ein neues Gewand,
Wenn wir dann wieder erwacht, leuchtet in üppiger Fülle
Jugendlich strahlender Tag, der abermals für uns erstand.

So wiederholt sich der Zyklus, dreht sich das Rad der Wiedergeburten. Am Ende dieser Rückwärts- und Heimwärtsbewegung wird das Rad der Wiedergeburten sich aber nicht mehr weiterdrehen, weil dann alle ehemals gefallen Geistwesen wieder in ihre ursprüngliche himmlische Heimat zurückgekehrt sind. Es braucht dann kein geistiges Wesen mehr zu inkarnieren, um Mensch zu werden, weil es hierzu keinen Grund mehr gibt.

Hermann Hesse drückte dies mit seinem Gedicht »Neues Erleben« aus: (30)

Wieder seh' ich Schleier sinken
Und Vertrautestes wird fremd,
Neue Sternenräume winken,
Seele schreitet traumgehemmt.

Abermals in neuen Kreisen
Ordnet sich um mich die Welt,
Und ich seh' mich eitlen Weisen
Als ein Kind hineingestellt.

Doch aus früheren Geburten
Zuckt entfernte Ahnung her:
Sterne sanken, Sterne wurden,
Und der Raum war niemals leer.

Seele beugt sich und erhebt sich,
Atmet in Unendlichkeit,
Aus zerrissenen Fäden webt sich
Neu und schöner Gottes Kleid.

5.

Gegner der Wiedergeburtslehre

Die modernen philosophischen und theologischen Einwände zur Reinkarnationslehre müssen als unzulänglich bezeichnet werden.

GEDDES MACGREGOR

Für die heutige Wissenschaft gilt die Wiedergeburtslehre lediglich als eine Hypothese (gr. *hypo-tithenai*: annehmen, vermuten), also als bloße Annahme oder Vermutung, die einer zweifelhaften Theorie unterstellt wird, die nicht oder noch nicht bewiesen werden kann und deshalb umstritten ist. Die Gegner der Wiedergeburtslehre behaupten daher, dass diese sich nicht wissenschaftlich beweisen lasse. Jede ernst zu nehmende Wissenschaft, wie es auch die Lehre von den wiederholten Erdenleben sein will, muss sich der Kritik ihrer Zweifler und Gegner stellen und versuchen, deren Einwände zu entkräften und ihre Argumente zu widerlegen. Dabei wollen wir uns mit vier Gruppen von Gegnern auseinandersetzen:

1. Mit den ungläubigen Materialisten und Nihilisten.
2. Mit den Bedenken der Naturwissenschaften.
3. Mit den Widersprüchen der Psychologen und Philosophen.
4. Mit den Einsprüchen der christlichen Theologen.

Die Ablehnung durch Materialisten und Nihilisten

Der Materialist meint, alles zu verstehen,
aber dies alles ist so armselig,
dass es sich nicht lohnt, es zu verstehen.

Gilbert Keith Chesterton

Für *Materialisten* ist die Materie (lat. *materia*: Stoff, Sache) die einzige anerkennenswerte Wirklichkeit. Was Seele und Geist genannt oder was als Wahrnehmung, Gefühl, Gedanke oder Bewusstsein bezeichnet wird, erklären sie entweder als Selbsttäuschung oder lediglich als Funktion und Reaktion des Gehirns. Für überzeugte Materialisten wären seelische oder geistige Phänomene, wie beispielsweise die Liebe, nichts anderes als ein physikalischer Kontakt, der zu einer chemischen Reaktion führt. Materialisten anerkennen nichts Geistiges und auch nichts Jenseitiges.

Als Philosophie wurde diese materialistische Weltschau bereits von den griechischen Naturphilosophen *Thales von Milet, Anaximander, Epikur und Demokrit* gelehrt. In der Neuzeit gesellten sich einige europäische Philosophen hinzu, darunter *Laplace, Feuerbach und Haeckel.* Für Materialisten ist der Mensch ein rein körperliches Wesen, das aus der Erdentwicklung hervorgegangen ist und nach seinem körperlichen Ableben dorthin zurückkehrt. Sie lehnen daher die Existenz einer Geistseele ab. Daher gibt es für sie weder eine Inkarnation noch eine Reinkarnation, also kein Weiterleben nach dem Tod und auch kein Wiederkommen in ein neues Erdenleben.

Für die Materialisten ist nur das wirklich und wahr, was messbar, berechenbar und mit unseren Sinnen feststellbar ist. Alles Außersinnliche und Übersinnliche halten sie für eine Täuschung. Diese meinte *Goethe,* als er in seinem »Faust« schrieb: (1)

Daran erkenn ich den gelehrten Herrn!
Was ihr nicht tastet, steht euch meilenfern,
Was ihr nicht fasst, das fehlt euch ganz und gar,
Was ihr nicht rechnet, glaubt ihr, sei nicht wahr,

Was ihr nicht wägt, hat für euch kein Gewicht,
Was ihr nicht münzt, das, meint ihr, gelte nicht.

Noch in unserer Zeit verkündete der amerikanische Literatur-Professor *Josef Campbell* (1904-1987): »Alle reden von der Seele, um das Wundertier Mensch haushoch über seine Mittiere zu erheben. Doch Seele, die gibt es nicht, weil der Mensch sie nicht braucht. Alles, was wir seelische Regungen nennen, sind nichts anderes als elektrische Erzeugnisse im Gehirn.« (2) Materialisten denken mechanistisch, wie der holländische Hirnforscher *Dick Swaab*, der von sich behauptet: »Ich bin ein Mensch mit einer mächtigen Maschine im Schädel, die jedoch ihre Grenzen hat und größtenteils automatisch funktioniert.« (3) Auf die heute überzeugenden Nahtod-Erfahrungen für ein Weiterleben der Seele außerhalb des materiellen Körpers antworten materialistisch denkende Naturwissenschaftler mit dem Hinweis, dies seien Halluzinationen und Sinnestäuschungen aufgrund von Sauerstoffmangel und erhöhtem Kohlendioxidgehalt im Gehirn. (4)

Den Materialisten ähnlich sind die *Nihilisten* (lat. *nihil*: nichts). Für sie gibt es in unserer Welt überhaupt keine objektive Wirklichkeit, keine Normen und keine Werte, keinen Sinn und keine Wahrheit; alles ist sinnlos und wertlos. Daher behaupten sie, nach dem Tod gebe es kein Weiterleben. So wie vor diesem Leben nichts war, so wird auch nach diesem Leben nichts sein. Am Anfang und am Ende ist das Nichts. Ein Wiederkommen in ein neues Leben durch Wiedergeburt gibt es daher nicht.

Materialistisch und nihilistisch denkende Menschen halten die Weiterexistenz der menschlichen Seele in einer nicht materiellen und geistigen Welt nicht für realistisch, weil ihrer Ansicht nach nur die unerschaffene Materie ewigen Bestand haben kann. Viele unter ihnen leugnen überhaupt die Existenz der Seele und anerkennen nur ihre Körperlichkeit, wie es der berühmte Anatomie-Professor *Rudolf Virchow* (1821-1902) in Berlin tat, als er erklärte: »Ich habe Hunderte von Menschen operiert und dabei nie eine Seele gefunden.« Der russischen Nobelpreisträger *Iwan Petrowitsch Pawlow* (1849-1936) tat es diesem gleich mit der Aussage: »Der Mensch ist nichts weiter als ein

Körper, als eine Ansammlung von Zellen. Eine Seele gibt es nicht!« Der deutsche Philosoph *Friedrich Nietzsche* (1844-1900) lässt seinen Zarathustra sprechen: »Man hat ein Nervensystem, aber keine Seele. Seele ist nur ein Wort für etwas im Leibe.« (5)

Nicht wenige unter ihnen halten Vorstellungen vom Weiterleben nach dem Tod und die Wiedergeburt für reines Wunschdenken. Andere wollen darin einen Mythos erkennen. Der englische Astrophysiker *Stephen Hawking* antwortete auf die Frage, ob es seiner Erkenntnis nach ein Leben nach dem Tod gebe: »Das Paradies und ein Leben nach dem Tod sind bloß Mythen. Das ist ein Märchen für Menschen, die sich vor der Dunkelheit fürchten. Ich habe keine Angst, habe es aber auch nicht eilig.« (6)

Wer an etwas Geistiges nicht glauben kann, lebt oberflächlich und rein diesseitsbezogen dahin. Da er sich ein Leben nach dem Tod und eine Wiedergeburt nicht vorstellen kann, glaubt er, dass er sein Tun und Lassen nicht verantworten muss, dass er sich bei niemandem zu rechtfertigen hat, dass er weder Lohn noch Strafe zu erwarten braucht; dass es letztendlich auf das Gleiche herauskommt, wie er gelebt hat.

Diese ablehnende Haltung der Materialisten und Nihilisten gegenüber jeder nicht materiellen Wirklichkeit kann mit folgenden Überlegungen entkräftet werden:

- Geist ist etwas Primäres, und Materie ist etwas Sekundäres, das durch Verdichtung von Energieschwingungen aus einer Urkraft hervorgegangen ist. Daher kann etwas Materielles weder aus sich selbst entstehen noch für sich allein bestehen.

- Es gibt Wirklichkeiten, deren Wirkungen wir mit unseren fünf Sinnen nicht wahrnehmen können, weil sie nicht im Bereich der grobstofflichen Materie liegen, so zum Beispiel unsere Gedanken, unsere Träume, unsere Gefühle oder Stimmungen.

- Was wir Geist nennen, ist ein Ding an sich und nicht bloß ein Anhängsel oder eine Begleiterscheinung von etwas anderem. Geistwesen sind ihrem Wesen nach unabhängig von der Materie; aber sie können sich vorübergehend lose mit ihr verbinden oder diese beeinflussen.

- Der Wesenskern unseres Menschseins ist von geistiger Natur. Dieser muss eine eigenständige Wesenheit sein, die sich selber bewusst ist, die geistig tätig sein kann, die zu wählen und zu entscheiden vermag und imstande ist, eigene Verantwortung zu übernehmen. Diese geistigen Fähigkeiten und Tätigkeiten lassen sich bei materiellen Objekten nicht feststellen.

- Alles Materielle ist nur eine vorübergehende Erscheinungsform der Wirklichkeit. Die heutige Physik hat bewiesen, dass es die Materie an sich gar nicht gibt, denn alles Materielle ist mehr oder weniger verdichtete Energie, die wir mit unseren trägen Sinnen nicht wahrnehmen können. Die moderne Physik ist zur Erkenntnis gelangt, dass es die Materie an sich gar nicht gibt. (7)

- Zum Wesen der Geistnatur des Menschen gehört, dass sie nicht teilbar, nicht auflösbar, nicht zerstörbar und daher nicht sterblich ist. Was nicht stirbt, lebt weiter – und zwar nicht nur einmal, sondern mehrmals, um sich zu verwirklichen.

Bedenken der Psychologen

Die Lehre von der Wiederkehr
Ist zweifelhaften Sinns
Es fragt sich sehr, ob man nachher
Noch sagen kann: ich bin's

Wilhelm Busch

Psychologen geben häufig zu bedenken, dass wir bei wiederholten Erdenleben unsere wahre *Identität* (lat. *idem*: derselbe) verlieren würden. Unter Identität verstehen wir die vollständige Unverwechselbarkeit, Echtheit und Übereinstimmung einer Personen mit sich selbst. Was dabei an Erkennungsmerkmalen im Identitätsausweis festgehalten wird, wie Name, Geschlecht, Geburtsdatum, Haar- und Augenfarbe sowie Wohnort und Nationalität, bezieht sich lediglich auf die äußere Person und sagt noch wenig aus über deren einmalige Wesenheit und Persönlichkeit. Ein jeder Mensch lebt sein eigenes Leben mit seiner unverwechselbaren Biographie. Daher gibt es keine zwei Menschen, die vollkommen identisch sind. Nicht einmal erbgleiche Zwillinge, die sich nur äußerlich zum Verwechseln ähnlich sind wie ein Ei dem anderen. Was aber unverändert und über alle Inkarnationen hinweg dieselbe bleibt, ist die *Geistseele*. Deren *spirituelle Entität* garantiert nicht nur ihre Kontinuität, sondern auch ihre Identität. Dies beweist die Tatsache, dass viele Menschen sich an ihre früheren Leben erinnern können.

Wir können bei einer wiederholten Menschwerdung unsere geistige Wesenheit nicht verlieren. Daher kann es nicht stimmen, wenn *Wolfhart Pannenberg* (1928-2014), ehemaliger evangelischer Theologie-Professor an der Ludwig-Maximilian-Universität in München, von sich behauptet hat: »Ich bin es doch gar nicht mehr, der in der nächsten oder übernächsten Wiedergeburt in Erscheinung tritt. Denn ich bin identisch mit meinem Leib, mit diesem Leib zwischen Geburt und Tod.« (8)

Dabei stützt er sich auf die falsche Annahme von der Körper-Seele-Einheit, die durch jede außerkörperliche Erfahrung und jedes Nahtod-Erlebnis klar widerlegt werden kann. Am geistigen Wesen des Menschen ändert sich auch bei wiederholten Erdenleben grundsätzlich nichts. Deshalb haben wir in der Psychologie das Ich-Bewusstsein vom Selbst-Bewusstsein zu unterscheiden. Das Ich oder Ego ist gleichsam die momentane Rolle, die wir in verschiedenen Bekleidungen und Aufmachungen in unterschiedlichen Szenen auf der Bühne des Lebens spielen. Doch der Masken- und Rollenträger, sein wahres *Selbst* im spirituellen Sinne, bleibt bei jedem Auftritt der gleiche. Das Wesentliche beim Menschen sind daher nicht seine körperlichen und seelischen Eigenschaften, sondern seine geistige Individualität. Wir verwechseln das unwesentliche Äußere oft zu sehr mit dem wesentlichen Inneren.

Dies verhält sich ähnlich, als wenn wir auf offener Straße ein entgegenkommendes Fahrzeug mit dessen Fahrer identifizieren. Erst wenn der Fahrer aussteigt und vor uns steht, erkennen wir ihn. So ist es auch beim Menschen. Erst wenn er am Ende des Lebens sein Körperfahrzeug verlässt, sehen wir es ihm an, wer er wirklich ist, nämlich im Licht seiner geistigen Erscheinung, die seine wahre Identität ausmacht. Diese geht mit dem Tod nicht verloren, sondern bleibt in jeder Inkarnation dieselbe. Ähnlich ist es bei einem Klassenwechsel in einer Schule. Von Klasse zu Klasse ändern sich der Schulraum, die Lektionen und das Lehrprogramm. Die Mitschüler sind vielleicht nicht mehr die gleichen, und auch die Lehrer wechseln, doch jeder einzelne Schüler bleibt als Lernender stets der gleiche.

Bei einem weiteren Vorbehalt vonseiten der Psychologen geht es um die oft gehörte Behauptung: Wenn wir wiederholt geboren werden, müssten wir uns doch an unsere früheren Leben erinnern können. Dies scheint aber offensichtlich nicht der Fall zu sein. Der Kirchenlehrer *Irenäus* soll bereits im 2. Jahrhundert die Wiedergeburtslehre mit dem Argument bestritten haben, dass wir uns an frühere Leben nicht erinnern können. Mit dem gleichen Hinweis, der bei Weitem nicht immer zutrifft, wird auch heute noch die Lehre von den wiederholten Leben in Abrede gestellt. Dies geschieht, anders als in asiatischen Ländern, wohl deshalb, weil vor allem in der westlichen Welt das Erinnern an ein früheres Leben von Kindheit an als Täuschung oder Irrtum dargestellt wird oder sogar, wie ich es selber erfahren habe, als sündhafter Aberglaube. Es ist nicht zu leugnen, dass bei uns die wenigsten Menschen sich spontan an ein früheres Leben erinnern können. In der Regel fehlt ihnen aber auch die Erinnerung an ihre Geburt, an die neun Monate davor und an ihre früheste Kindheit, obwohl sie damals schon recht lebendig und eindrucksempfänglich waren, aber ohne klares Bewusstsein. Dieses erwacht beim Kleinkind erst um das 3. Lebensjahr.

Gewiss mag es für viele von Vorteil sein, dass sie sich im jetzigen Leben nicht an ihre früheren Existenzen auf dieser Erde erinnern können. Es kann wohl auch keinem zugemutet werden, seine gesamte Vergangenheit stets präsent in seinem Bewusstsein zu haben. Das Vergessen erlaubt uns, unnützen Ballast und Altlasten aus vergangenen Tagen beiseitezuschieben und unliebsame Erinnerungen an frühere Leben zu verdrängen, um unbeschwerter dahinleben zu können. So schrieb der Philosoph *Gotthold Ephraim Lessing* (1729-1781) in seiner »Erziehung des Menschengeschlechts«: »Wohl mir, dass ich vergesse! Die Erinnerung meiner vorigen Zustände würde mir nur einen schlechten Gebrauch des gegenwärtigen Lebens zu machen erlauben.« (9)

Gleicher Meinung war *Goethe,* als er in einem Brief an *Charlotte von Stein* im Jahre 1781 beteuerte: »Wie gut ist's, dass der Mensch sterbe, um nur die Eindrücke auszulöschen und gebadet wiederzukommen.« (10) Hier wird das Vergessen als eine Art Schutzfunktion der Vitalseele gesehen. Dieses Vergessen hat sicher auch seinen Nachteil, etwa wenn unsere Schüler sich nach den großen Sommerferien an den Lernstoff, den sie in der vorhergehenden Klasse erworben haben, nicht mehr erinnern könnten. Ein wünschenswerter Lernfortschritt wäre so nicht denkbar. Ähnlich erginge es einem Schauspieler, dessen Karriere nicht erfolgreich sein könnte, wenn er sich an seine ehemaligen Bühnenerfahrungen nicht mehr erinnern könnte, obschon es besser ist, wenn er beim gegenwärtigen Rollenspiel alle früheren Texte vergisst.

Was die Psychologie des Erinnerns betrifft, zeigen die neuesten Forschungen über unsere menschlichen Gedächtnisleistungen klar, dass außersinnliche und übersinnliche Erinnerungen nicht als materielle Spuren im Gehirn, als Engramme aufgezeichnet werden. Dies könnte höchstens bei niederen Lebewesen der Fall sein. Spirituelle Erinnerungsinhalte dagegen werden als hochschwingende Resonanzphänomene bezeichnet, die in außerorganischen Kraftfeldern enthalten sind. Diese gehen selbst im Tod nicht verloren, weshalb sie in ein nächstes Leben mitgenommen werden können. (11) Würde es kein hirnunabhängiges Erinnern über den Tod hinaus geben, wäre danach auch kein Lebensrückblick, keine Verantwortung und kein geistiger Fortschritt möglich. Ein Leben, das keinen bleibenden Ertrag einbringt, wäre umsonst gewesen. Je besser die menschliche Geistseele mit ihrem Bewusstsein entwickelt ist, desto eher kann sie sich an ihr vergangenes Daseins erinnern und gewinnt dadurch ein größeres Selbstbewusstsein. So erinnerte sich der Buddha-Schüler *Anuruddho*: (12)

Mein versunknes Wesen kenn' ich nun
und was ich war und wo ich war.
Das Leben kenn' ich, ich kenn' den Tod,
So sah ich vieler Leben Lauf,
in ernster Schauung in mein Selbst vertieft.

Ein oft gehörter Einwand von Psychologen gegen die Reinkarnationslehre lautet: Diejenigen, die an die wiederholten Erdenleben glauben, nähmen ihr jetziges und einziges Leben zu wenig ernst, und es verleite sie zu einer gleichgültigen Lebensführung, weil sie meinen, sie könnten dieses wiederholen und dürften nachholen, was ihnen diesmal nicht gelungen ist. Dass jene, die an die Wiedergeburt glauben, ihr jetziges Leben zu wenig ernst nehmen, kann nicht bestätigt werde. Im Gegenteil: Diejenigen, die sich bewusst sind, dass jedes Leben eine Aufforderung darstellt, sich geistig weiter und höher zu entwickeln, geben sich bestimmt mehr Mühe, sich der geistigen Welt weiter anzunähern, als jene, die danach trachten, ihr gegenwärtiges Leben möglichst zu genießen, oder jene, die in ihrem Leben keinen Sinn sehen und deshalb nicht an sich arbeiten. Sie sind sich bewusst, dass Aufgaben und Aufträge, die sie in diesem Leben nicht zur Zufriedenheit der Geistigen Welt erledigen, ihnen in einem nächsten Leben wiederbegegnen werden. Die Erfahrung zeigt, dass jene, die an die Reinkarnation glauben, sich in der Regel bewusst um ein gelingendes Leben bemühen.

Und für die vielen Millionen Menschen, die heute auf der Welt in Not und Elend leben müssen, kann der Gedanke an ein wiederholbares Leben tröstlich sein und in ihnen die Hoffnung wecken auf ein besseres und gerechteres Dasein in einem nächsten Leben. Sie werden sich dereinst erinnern und erkennen, weswegen ihnen dieses karge Leben beschieden war und warum sie scheinbar unverdient Unrecht und Ungerechtigkeit erfahren mussten. Deshalb findet der deutsche Facharzt *Walter van Laak,* die Forderung nach Gerechtigkeit sei nicht berechtigt, wenn keine bewusste Erinnerung an frühere Taten und Untaten bestehe. Er schreibt: »Einen Menschen jedoch für Verhältnisse schuldig zu befinden, der mangels Erinnerung an sein früheres verderbliches Tun keinerlei Einsicht in seine Schuld haben kann und deshalb auch nicht gezielt zu besserem Handeln angehalten werden kann, ist sicher weder weise noch gerecht.« (13)

Von Gegnern der Wiedergeburtsidee ist oft zu hören: »Ein Leben ist mir genug. Ich habe kein Verlangen nach einem Wiederkommen.« Wer so spricht, der hat wohl noch nicht begriffen, warum und wozu wir in diese Welt gekommen sind und was der eigentliche Sinn unserer Menschwerdung ist. Würden wir uns bewusst, dass wir Menschen ehemals gefallene Geistwesen sind, welche einen langen geistigen Entwicklungsweg für die Heimkehr in unser geistiges Herkunftsland zu bewältigen haben, würden wir verstehen, dass ein einziges Erdenleben hierzu nicht genügt.

Es mag lebenssatte und lebensmüde Erdenbürger geben, die kein Verlangen nach einem weiteren Leben verspüren. Sie sehen keinen Sinn darin, dass sie als Wiedergeborene immer wieder neu anfangen sollen, um ständig vor die gleichen unlösbaren Probleme gestellt zu werden, die gleichen Mühen auf sich zu nehmen und dieselben enttäuschenden Erfahrungen zu machen. Diesen ist zu antworten: Von einer Wiederholung des Gleichen kann nur bei jenen die Rede sein, die ihr Ziel im vorangegangenen Leben nicht erreicht haben und nun erneut vor die gleichen Lernaufgaben gestellt werden, wie Schüler, die eine nicht bestandene Klasse wiederholen müssen. Für alle anderen bietet die Wiedergeburt in erneute Menschenleben einen willkommenen Aufstiegsweg, allerdings in Etappen. Natürlich werden die bisherigen Entwicklungsschritte und alle gemachten Lernerfahrungen aus früheren Leben bei jedem Wiederkommen mitberücksichtigt. Auch all das wird in Rechnung gestellt, was wir während unserer Zwischenaufenthalte im Jenseits aufgearbeitet haben.

Schließlich wird von Parapsychologen oft der Einwand erhoben, dass bei der medialen Kontaktnahme mit verstorbenen Menschen diese oft nichts von einer Reinkarnation wissen und auch nichts wissen wollen. So schreibt der mediale Mystiker *Robert James Lees* in seinem Buch »Reise in die Unsterblichkeit«, dass sein jenseitiger Gesprächspartner »Cushuna« nichts von einer Wiedergeburt wusste. (14) Ebenso stellte der jenseitige Informant von *Philipp Landmann* sowohl die Präexistenz der Geistseele als auch die Tatsache der Wiedergeburt infrage. (15)

Setzen wir voraus, dass es möglich sei, auf medialem Weg mit verstorbenen Menschen ins Gespräch zu kommen und von diesen Auskünfte über das Leben nach dem Tod zu erhalten. Dies bedeutet dann noch lange nicht, dass diese irrtumsfrei und immer der Wahrheit entsprechend ihre Ansichten übermitteln können. Die Verstorbenen in den Jenseitswelten wissen zunächst nicht viel mehr als wir Menschen hier auf Erden. Sie verharren oft noch lange Zeit in ihren persönlichen Meinungen, in ihren bisherigen Glaubensvorstellungen und werden sicher nicht von heute auf morgen allwissend. Ich war einmal bei einem Vortrag, an dem die Seherin *Maria Simma* (1915-2004), die »Armeseelenmutter« aus dem Großen Walsertal in Vorarlberg, von ihren »Erlebnissen mit Armen Seelen« (16) erzählte. Dabei gab sie sich entschieden überzeugt: »Die Armen Seelen wissen nichts von einer Wiedergeburt des Menschen in ein wiederholtes Leben.«

Was die wiederholten Erdenleben angeht, behalten die Verstorbenen in der Regel ihre gewohnte Meinung hierüber, bis sie später eines besseren belehrt werden. Da ist es durchaus möglich, dass sie weiterhin die Reinkarnationsidee ablehnen, die sie in ihrem vergangenen Erdenleben für falsch gehalten haben oder über die sie keinerlei Kenntnis erwerben konnten. Außerdem ist es möglich, dass Verstorbene in der Jenseitswelt von uneinsichtigen Geistwesen oder böswilligen Lügengeistern über die Möglichkeit der Wiedergeburt absichtlich falsch informiert werden, um sie in die Irre zu führen. (17)

Ein weiterer Einwand von Parapsychologen lautet: Jeder Gegenstand, der einmal mit einem Menschen in Berührung kam, kann zu einem Induktor für übersinnliche Wahrnehmungen eines anderen Menschen werden, selbst wenn dieser schon gestorben ist. So gesehen leben wir gewissermaßen dauernd in einem Meer psychometrischen Materials, so dass wir Informationen aufnehmen können, die von fremden Intelligenzen als Imprägnierungen an Gegenständen, Kleidern und in Wohnungen zurückgelassen wurden. So kann ein Kind die Erinnerungsspuren von anderen Menschen aufnehmen und der Meinung sein, diese seien seine eigenen aus einem früheren Leben. (18)

Ein weiterer Einwand vonseiten mancher Parapsychologen geht dahin, dass diese behaupten, bei den sogenannten Rückerinnerungen an frühere Leben handle es sich um das Phänomen der Besessenheit, indem Verstorbene vorübergehend lebende Menschen psychisch in Besitz nehmen und durch diese von ihrem eigenen früheren Leben erzählen. Nach dem Urteil des Psychiaters *Carl Wickland* soll es sich dabei um eine unbewusste mediale Teilnahme an Bewusstseinsinhalten verstorbener Personen handeln. (19)

Gegen diese Behauptung spricht die Tatsache, dass das Bewusstsein der zurückgeführten lebenden Person sich klar von dem der verstorbenen Person im Jenseits abhebt und deren sprachliche Mitteilungen sich in Tonfall, Aussprache und Ausdrucksform deutlich voneinander unterscheiden. Daraus ist zu schließen, dass die erhaltenen Informationen von zwei verschiedenen Intelligenzen stammen. Außerdem führt die Wiederholung des Rückführungsexperiments bei der gleichen Person stets zu gleichen Ergebnissen, was bei medialen Durchsagen kaum je der Fall ist.

Einsprüche von Philosophen

Der stärkste Vernunftsbeweis gegen die
Wiedergeburtsidee ist zweifellos der
Gedanke von der Leib-Seele-Einheit.

Gebhard Frei

Das abendländische Menschenbild ist weitgehend dem philosophischen Dualismus verpflichtet. Dieser bezeichnet den Menschen als eine substanzielle Einheit von Körper und Seele. Unter Seele wird zunächst die belebende Vitalseele verstanden, wie sie auch im biblischen Schöpfungsbericht gemeint ist. Dort heißt es, dass Gott den ersten Menschen aus Erde vom Ackerboden gebildet habe, worauf er ihm den Lebensodem in die Nase geblasen habe, damit der Mensch ein lebendes Wesen wurde. (1 Mo 2,7) Mit diesem »Odem des Lebens« ist eindeutig die Vitalseele gemeint und nicht die Geistseele.

Platon hat wohl als einer der Ersten ein dreiteiliges Menschenbild vertreten, bestehend aus Körper, Seele und Geist. Unter dem Begriff Seele ist die Vitalseele, unter der Bezeichnung Geist ist die Geistseele gemeint. (20) Sein Schüler *Aristoteles,* der in mancherlei Hinsicht von seinem Lehrer abwich, wollte von einer Geistseele nichts wissen, weil er das Wort Geist allein auf Gott bezog. Unter Seele verstand er das gedachte formende Prinzip einer Sache, während er das, was daraus materiell geworden ist, als das geformte Prinzip bezeichnete. Im Mittelalter hat *Thomas von Aquin* in unzulässiger Weise den vitalen Seelenbegriff des *Aristoteles* mit dem Begriff der Geistseele des *Platon* gleichgesetzt, um damit die Einheit der menschlichen Seele begründen zu können. Seiner Ansicht nach sollte die menschliche Seele, anders als die Pflanzen- und Tierseele, sowohl der Natur als auch der Übernatur angehören. Daher muss sie sowohl vegetativ und sensitiv als auch spirituell tätig sein; sie soll ewig und zugleich auch zeitlich begrenzt sein, weil sie einerseits direkt von Gott geschaffen und andererseits auf biologischem Weg weitervererbt wird. Diese Zweideutigkeiten können noch heute zwischen den Naturwissenschaften und den Geisteswissenschaften für Verwirrung sorgen, wenn es um das Wesen der menschlichen Seele geht. Diese können nur aufgehoben werden, wenn Vitalseele und Geistseele eindeutig voneinander unterschieden werden.

Die Idee von der Wiedergeburt wird erst verständlich, wenn man anerkennt, dass die Geistseele als selbstständige Wesenheit sich aus ihrem präexistenten Zustand heraus zu wiederholten Malen verkörpern kann, um sich geistig aufwärts und heimwärts zu entwickeln. Die Vitalseele ihrerseits steht nicht vor dieser Notwendigkeit, denn diese gilt, als reine Naturkraft, im moralischen Sinne als wertneutral.

Ein häufiger Einspruch der Philosophie gegenüber der Wiedergeburtslehre lautet: Wie soll ein Mensch in einem neuen Erdenleben die moralische Verantwortung übernehmen für Taten, die er angeblich in einem früheren Leben begangen hat, an die er sich aber nicht erinnern kann? Hierzu ist zu sagen, für Verfehlungen, die wir persönlich begangen haben, sei es in diesem oder in einem früheren Leben, müssen wir freilich die Verantwortung selber tragen, selbst dann, wenn wir uns nicht mehr daran zu erinnern vermögen. Dafür sorgt das sogenannte Karma-Gesetz. Analog lässt sich sagen: Wir müssen eine unbezahlte Rechnung auch dann begleichen, wenn wir uns an deren Ausstehen nicht mehr erinnern können.

Nach dem Philosophen und Physiker *Markolf Niemz,* Professor für Medizinaltechnik an der Universität Mannheim, beruhen Rückerinnerungen an frühere Leben nicht auf einer echten Wiedergeburt, sondern auf der *Übertragung* einer in der Akasha-Chronik gespeicherten Information einer fremden verstorbenen Person auf einen lebenden Menschen, ohne dass sich dieser dessen bewusst wird. (21) Dieser Einwand ist zu widerlegen mit dem Hinweis, dass es kein Erinnern gibt, ohne dass eine vergessene Information wieder ins Bewusstsein zurückgeführt wird. Im bewusstlosen Zustand können wir uns nicht an frühere Ereignisse erinnern. Ich habe mehrere Menschen befragt, die während Wochen im künstlichen Koma lagen. Keiner hatte eine Erinnerung an diese Zeit. Sie alle wiesen eine retrograde Amnesie auf, also eine rückwärtsgerichtete Erinnerungslücke, wie sie auch bei einer Operation in Vollnarkose vorkommt. Zu vergleichen ist diese mit einer gelöschten Tonspur auf einer Tonbandaufzeichnung.

Erinnern können wir uns immer nur bei vollem Bewusstsein. Es kann demzufolge nicht geschehen, dass eine lebende Person in den Gedächtnisspeicher einer verstorbenen Person eingreifen kann, ohne dass sie in den Besitz von deren Bewusstsein gelangt. Selbst bei einer Rückführung in Hypnose fällt das Erinnerungsvermögen nicht vollständig aus, sondern es konzentriert und fokussiert sich wie bei einem Röhrenblick auf ein früheres Leben und erinnert sich bewusst daran. Diese Erinnerung ist dann nicht von intakten Gehirnfunktionen abhängig, weil es sich dabei um »rein geistige Dinge handelt, die nichts mit der materiellen Struktur oder Funktion des Gehirns zu tun haben«. (22)

Eine besondere Schwierigkeit stellt die esoterische Lehre von der *Dualseele* dar, die häufig zu Missverständnissen führt. Wenn man in Anlehnung an den griechischen Mythos vom »Androgyn« annimmt, dass die unteilbare Geistseele ursprünglich in der geistigen Welt doppeltgeschlechtlich war, wegen eines Verschuldens aber von der Gottheit in zwei Teile gespalten und auf die Erde heruntergeworfen wurde mit dem Auftrag, die beiden getrennten Seelenteile wieder zu vereinen, der übersieht, dass es sich hier nicht um die unteilbare Geistseele, sondern um die psychische Vitalseele handeln muss. Hierfür stehen die Symbole Yin und Yang in der chinesischen Philosophie oder die Begriffe Animus und Anima in der Psychologie Jungs. Dasselbe gilt für die Beschreibung von Dualseelen (23) Diese sind demnach nicht als die zwei gespaltenen Teile einer menschlichen Geistseele zu verstehen, die auf der Suche sind nach ihren getrennten Seelenanteilen, denn diese ist als rein geistige Substanz gar nicht teilbar. Richtigerweise sind unter Dualseelen zwei eigenständige, aber zusammengehörende geistige Geschwisterseelen oder Zwillingsseelen zu verstehen, die Gott am Anfang der Schöpfung als zwei unabhängige Wesen ins Dasein gerufen hat. Einen Hinweis hierfür finden wir im apokryphen Weisheitsbuch »Sirach« des Alten Testaments, wonach Gott alle Geschöpfe paarweise geschaffen hat. Dort steht geschrieben: »Blicke auf alle Werke des Höchsten. Immer sind es zwei und zwei, eins zum anderen gehörend« (Sir 33.15). (24) Es handelt sich um eine Seelenverbindung, wie sie der sensitive Schriftsteller *Ryan Ellis* in seinem Buch über das Geheimnis von Seelenverbindungen beschreibt. (25)

Eine weitere Schwierigkeit in der Auseinandersetzung mit der Wiedergeburtstheorie bietet die Hypothese von der *Leib-Seele-Einheit*, die auf den katholischen Philosophen *Thomas von Aquin* zurückgeht. Dieser lehrte, dass die menschliche Seele mit dem lebenden Körper eine substanzielle Einheit darstellt. Ich kann mich an die Vorlesungen eines Philosophieprofessors an der Universität erinnern, der zu uns sagte: »Man kann die Seele nie ohne den Körper und den Körper nie ohne die Seele denken.« Daher wird angenommen, dass die Seele nicht außerhalb des Körpers ein Eigenleben haben könne. (26)

Der katholische Religionsphilosoph *Gebhard Frei* (1905-1967), mit dem ich in früheren Jahren manch anregendes Gespräch geführt habe, verteidigte seine Ansicht als Gegner der Wiedergeburtslehre mit dem

Hinweis: »Die geistige Seele ist Substanzform des menschlichen Körpers, und dieser Körper ist unbedingt auf die Geistseele hingeordnet.« (27)

Diese Lehre von der Leib-Seele-Einheit kann nur für die Verbindung der Vitalseele mit dem lebendigen Körper, der als Leib bezeichnet wird, stimmen. Dagegen ist eine Trennung der Geistseele vom Körper durchaus denkbar, denn deren Verbindung mit dem lebenden menschlichen Körper ist in Nahtod-Erlebnissen und bei außerkörperlichen Erfahrungen sowie bei astralen Sphärenwanderungen bei klarem Bewusstsein eine häufig festzustellende Tatsache. (28)

Ein anderer philosophischer Einwand lautet: Die Wiedergeburtslehre vertritt ein *fatalistisches* und *pessimistisches Menschenbild*, weil nach diesem der Mensch einem blinden Schicksal durch die fortgesetzten Wiedergeburten ausgeliefert ist. Dies führt zur geistigen Trägheit, zur moralischen Lauheit und zu einem unverbindlichen Lebensstil ohne persönliche Verpflichtungen, da man ja das Leben nicht freiwillig wählen und bestimmen kann. (29) Auch diese Behauptung stimmt so nicht. Die individuelle Geistseele befindet sich zu jeder Zeit in einem frei gewählten, aber auch selbstverschuldeten Zustand. Was wir Karma und Schicksal nennen, ist nichts anderes als das, was wir selbst in einer früheren Existenz verursacht haben. Nicht Gott ist es, der den Menschen straft und in seine gegenwärtige Lebenslage hineinführt. Es ist das neutrale Gesetz von Ursache und Wirkung, das dies bewirkt. Wer sich dessen bewusst wird, der bemüht sich um einen ernsthaften Lebenswandel, weil er weiß, dass er all sein Tun dereinst zu verantworten hat. Schicksalshafte Bindungen und Verpflichtungen sollen daher ernst genommen und angenommen werden, wenn wir diesen nicht in einem nächsten Leben wiederbegegnen wollen. So gesehen ist das Leben auf Erden nicht ein risikoloser Prozesses, sondern jedes Mal ein Wagnis, das gelebt werden will. Die so verstandene Reinkarnationslehre führt den Menschen zu einer positiven Lebensauffassung, in der es auch um die Entwicklung von liebender Anteilnahme am Leben und Leiden der Mitgeschöpfe auf allen Ebenen des Daseins geht, wo Mitgefühl und selbstlose Hilfsbereitschaft die Geistseele in ihrem Wiederaufstieg weiterbringt.

Einwände christlicher Theologen

Der kritische Theologe *Hans Küng* schreibt in seinem Buch »Ewiges Leben?«: »Man wird also – alle Argumente pro und contra überblickend – auf keinen Fall sagen können, die Lehre von der Reinkarnation sei bewiesen. Vielmehr lässt sich nicht übersehen, dass trotz der Attraktivität der Wiedergeburtsidee sehr wichtige Gründe gegen sie sprechen.« (30)

Tatsächlich erfährt die Wiedergeburtslehre vonseiten der christlichen Theologie zahlreiche Einwände. Im Widerspruch zur kirchlichen Lehre steht zunächst die Idee von der *Präexistenz der Geistseele.* Die christliche Dogmatik legt sich darauf fest, dass die Geistseele nicht aus einer Vorexistenz inkarniert, sondern erst im Augenblick der menschlichen Zeugung unmittelbar von Gott geschaffen und mit dem körperlichen Keimling vereinigt wird. Daher muss, so wird behauptet, die Lehre sowohl von der Inkarnation als auch von der Reinkarnation falsch sein.

Es ist eine historische Tatsache, dass bereits im frühen Christentum mehrere berühmte Theologen wie der Kirchenschriftsteller *Clemens von Alexandrien* (150-215) oder der Kirchenlehrer *Origenes* (185-254) der Überzeugung waren, die Geistseelen hätten bereits vor ihrer Menschwerdung in der jenseitigen Welt existiert. In seinem Werk »Peri archon« oder »De principiis« (Von den Anfängen) schreibt er: »Wenn wir wissen wollen, weshalb die menschliche Seele das eine Mal dem Guten gehorcht, das andere Mal dem Bösen, soll man die Ursache in einem Leben suchen, das dem jetzigen vorausging. Jeder von uns eilt der Vollkommenheit durch eine Aufeinanderfolge von Lebensläufen zu. Wir sind gebunden, stets aufs Neue bessere Leben zu führen, sei es auf Erden, sei es in anderen Welten.« (31)

Bemerkenswert hierzu ist die Aussage des anglikanischen Theologen und Philosophen *Geddes MacGregor,* der die Verurteilung der Präexistenzlehre durch mehrere Konzilsbeschlüsse als »schweren Irrtum« bezeichnete. (32) In den nachfolgenden Jahrzehnten und Jahrhunderten setzte sich diese Ächtung als offizielle Lehre der Kirche immer mehr durch und gilt noch heute, obwohl sie von keinem der nachfolgenden Päpste offiziell ausgesprochen wurde. (33) Auch die *Kabbala* anerkennt die Lehre von der Präexistenz der Geistseele, indem sie darauf hinweist, Gott habe alle Seelen des jüdischen Volkes in einem einzigen Schöpfungsakt ins Dasein gehoben. Auch die Glaubensgemeinschaft der *Essener* in Palästina vertrat die Lehre von einem Vorleben der Menschenseele.

Das heutige Christentum nimmt ein vorgeburtliches Dasein nur von *Christus* an und stützt sich auf dessen Bekenntnis: »Noch ehe Abraham wurde, bin ich« (Jh 8,58) und »Man hat mich gehasst, ehe die Welt war« (Jh 15,18).

Ganz im Widerspruch zur Reinkarnationsidee steht die theologische Lehre von der *Simultanzeugung,* die behauptet, dass Gott jedes Mal, wenn ein menschliches Kind gezeugt wird, im selben Augenblick zur Stelle ist, um gleichzeitig aus dem Nichts eine geistige, unsterbliche Seele zu erschaffen. Gäbe es ein vorgeburtliches Dasein der Geistseelen nicht, wäre es nicht zu erklären, warum es alte Seelen und junge Seelen gibt. Alte Seelen sind auf unterschiedlichen Aufstiegswegen schon lange unterwegs, seitdem *Christus* uns durch seine Erlösungstat den Heimweg zurück ins himmlische Paradies geöffnet hat. Junge Seelen aber sind jene, die eher auf krummen Pfaden und auf Umwegen, Abwegen und Irrwegen einen gemächlichen Trab einschlagen und sich Zeit lassen, dabei aber nur geringe Fortschritte zu verzeichnen haben. (34)

Zu den Gegnern der Wiedergeburtslehre zählen auch die Anhänger der *Ganztod-Theologie.* Diese nehmen an, dass beim Tod sowohl der Leib als auch die Seele des Menschen der totalen Vernichtung anheimfällt, weil beide untrennbar zusammengehören. Der katholische Kathechet *Josef Finkenzeller* schreibt hierzu, dass »der ganze Leib und seine ganze Tätigkeit Werk und Tätigkeit der Seele ist. Die Seele ist Form des Leibes bis in die letzte Fasern und Regungen hinein. Das Leibliche andererseits geht so innerlich ins Geistige, dass es zur inneren Vollkommenheit der Seele gehört. Der Leib ist die Entfaltung der

Seele. Alles, was in der Leiblichkeit zur Erscheinung gelangt, ist als Ausfaltung dessen zu verstehen, was in der Seele ursprungshaft und irgendwie einschlussweise enthalten ist.«

Nach dieser Lehre muss auch die Seele sterben, wenn der Körper stirbt, weil beide miteinander untrennbar als verbunden gelten. Daher soll die unsterbliche Geistseele nach dem Tod des Körpers in eine Art Totenstarre oder in einen Dauerschlaf fallen, der bis zur Auferweckung am Jüngsten Tage anhält. Dieser fiktiven Annahme von der »ewigen Ruhe«, für die es aus der Erfahrung keinerlei Beweise gibt, widersprechen die zahlreichen *Nachtod-Erfahrungen*, auf die uns zahlreiche parapsychologische Phänomene hinweisen, etwa die Erscheinung von Verstorbenen, die medialen Kontakte mit Jenseitigen oder die Tonbandstimmen-Phänomene kurz nach dem Tod. (35)

Die evangelischen Theologen *Paul Althaus*, *Karl Barth* und *Oscar Cullmann* waren im vergangenen Jahrhundert die bekanntesten Vertreter der Ganztod-Theologie. Diese christlichen Professoren führten ganze Generationen von Theologiestudenten in die Irre, indem sie lehrten, dass beim Tod der ganze Mensch stirbt und danach nichts von ihm übrig bleibt, weder eine unsterbliche Seele noch ein jenseitiges Weiterleben, bis Gott die Verstorbenen durch eine Neuschöpfung am Weltenende wieder ins Leben zurückruft. *Oscar Cullmann* hält den Glauben an ein unmittelbares Weiterleben nach dem Tod für eines der »größten Missverständnisse des Christentums«. (36)

Dass die Seele sterblich sein soll, mag für die Vitalseele zutreffen, aber sicher nicht für die Geistseele, die ihrem Wesen nach mit der Materie niemals zu einer Einheit verschmelzen kann, wie die häufigen Nahtod-Erlebnisse und die Nachtod-Erfahrungen beweisen. Aus diesem Grunde kann die Ganztod-Theologie nicht stimmen. Beim Tod trennen sich Körper und Geistseele endgültig. Der Leib wird zur Leiche, und die geistige Seele begibt sich ihrer Eigenschwingung gemäß in eine mehrdimensionierte Jenseitssphäre. So wie es *Platon* schon vor mehr als zweitausend Jahren richtig sah: »Das Sterbliche am Menschen stirbt, das Unsterbliche zieht heil und wohlbehalten dahin«, um wiedergeboren zu werden.

Wenn die Ganztod-Theorie stimmen würde, dann wären wohl die meisten Menschen nach nur einem Erdenleben bei ihrer abschließenden und endgültigen Entscheidung heillos überfordert, weil sie gar nicht genügend ermessen könnten, für was sie sich entscheiden sollen. Weder im Leben noch im Tod sind wir imstande zu erkennen, wer oder was Gott wirklich ist. Wie sollen wir da in einem freien und vollbewussten Willensakt uns für oder gegen etwas entscheiden können, was wir nicht kennen? Es kann auch nicht nach nur einem einzigen kurzen Leben zu einer radikalen Gottesbegegnung kommen, wie dies der katholische Theologe *Ladislaus Boros* (1927-1981) in seinem Buch »Mysterium mortis« annimmt. (37)

Wir wissen doch alle, wie unwissend und eingeschränkt in ihrem Erkenntnisvermögen die meisten Menschen heute noch sind. Sie wären gar nicht in der Lage, mit klarem Verstand und freiem Willen eine so folgenschwere endgültige Entscheidung zu treffen. Dies würde einen gewaltigen Sprung der Bewusstwerdung bedeuten. Eine derartig weitreichende Entscheidung im Tod wäre für den Menschen schlichtweg nicht denkbar und nicht zumutbar. Es kann somit nach dem Tod nicht zu einer unmittelbaren Gottesbegegnung kommen, sondern vielmehr nur zu einer Begegnung mit sich selbst, indem man langsam zu erkennen beginnt, wer man eigentlich ist.

In diesem Zusammenhang stellen sich noch folgende Fragen: Was geschieht mit all den inkarnierten geistigen Wesen, welche die Zeit der Schwangerschaft nicht überleben? Welche Chance haben Fehlgeburten, Totgeburten und frühverstorbene Kinder, welche noch zu keiner bewussten Erkenntnis und Willensentscheidung fähig sind? Wie sollen sich in ihren intellektuellen Fähigkeiten stark eingeschränkte Menschen endgültig entscheiden können? Werden uneinsichtige Atheisten für immer vom ewigen Heil ausgeschlossen? Es ist für mich undenkbar, dass von diesen endgültige Entscheidungen von so großer Tragweite zu erwarten sind.

Ein anderer theologischer Einwand betrifft die *Karma-Lehre.* Die katholische Glaubenslehre betont ausdrücklich die Möglichkeit der Sündenvergebung durch das Sakrament der Buße. Die Lehre von den wiederholten Erdenleben dagegen hält daran fest, dass nicht Gott unsere Sünden bestraft oder vergibt, sondern dass wir es selber sind, welche die karmischen Folgen unserer Sünden zu tragen haben, bis sie durch Wiedergutmachung getilgt sind. Die Sündenvergebung ist auch im christlichen Sinne nicht bedingungslos zu bekommen. Sie setzt die Einsicht und Reue sowie den Besserungswillen des Sünders und vor allem die Wiedergutmachung und Versöhnung voraus. Letztere betonte *Jesus* in seiner *Bergpredigt*, als er jenen, der seinen Bruder mit Schimpfwörtern beleidigte, dazu aufforderte, sich mit ihm zu versöhnen, bevor er Gott um Vergebung bitten könne. So heißt es im Matthäus-Evangelium: »Wenn du nun deine Opfergabe zum Altar bringst und dort dich erinnerst, dass dein Bruder etwas gegen dich hat, so lasse deine Gabe dort vor dem Altar liegen und gehe zuerst hin und versöhne dich mit ihm. Danach kannst du Gott dein Opfer darbringen. Suche dich mit deinem Gegner gütlich zu einigen, solange du noch mit ihm unterwegs bist. Sonst wird er dich dem Richter und Gerichtsdiener übergeben, damit er dich ins Gefängnis bringt. Ich sage dir: Dort kommst du nicht wieder heraus, ehe du deine Schuld bis zum letzten Heller bezahlt hast.« (Mt 5,23-26)

Wenn wir bedenken, wie stur und hartnäckig viele Menschen an ihrer Unversöhnlichkeit bis über ihren Tod hinaus festhalten können, dann kann die Möglichkeit der Wiederbegegnung und der Aussöhnung in einem nachfolgenden Erdenleben eine besondere Gnade bedeuten. Wäre das irdische Leben nur einmalig und unwiederholbar, wie der Theologe *Hans Küng* glaubt, könnte das einmal versäumte oder missglückte Erdenleben nicht mehr wiedergutgemacht werden. (38) Es wird vonseiten der Theologie auch der Einwand erhoben, die Wiedergeburtstheorie widerspreche der *Erlösungslehre* des Christentums. Dabei wird auf eine Lehrentscheidung der Kirchenversammlung von Nicäa aus dem Jahr 325 hingewiesen, wonach *Christus* alle unsere Sünden auf sich genommen und durch seinen Opfertod am Kreuz gesühnt habe. Daher sei es nicht notwendig, dass der Mensch dies selber bewirke durch eine Art *Selbsterlösung* in wiederholten Erdenleben.

Hierzu ist zu antworten: Niemand kann sich aus eigener Kraft an den eigenen Haaren aus dem Sumpf ziehen. Die Wiedergeburtslehre weiß, dass wir Menschen der Erlösung von oben bedürfen. Sie präzisiert: Durch die Erlösungs- und Befreiungstat *Christi* wurde die Menschheit lediglich von den Folgen der paradiesischen Ursünde erlöst, nicht aber von den später begangenen persönlichen Sünden. »Christus hat uns von der Sünde des Abfalls im Himmel und nicht von den alltäglichen Sünden erlöst.« (39) Diese hat jeder Erdenbürger selber zu verantworten und zu sühnen. Der Erlöser hat uns die Gefängnistore der Hölle geöffnet und den Rückweg ins Himmelreich geebnet, doch diesen Weg gehen muss jeder selber. Da dieser Weg lang und mühsam ist, lässt er sich nicht in einem einzigen Leben bewältigen. Die meisten Menschen tun dies schrittweise in mehreren Erdenleben und lassen sich dabei recht viel Zeit. Zwar beten sie regelmäßig »Dein Reich komme«, doch sind sie heilfroh, wenn es noch lange nicht kommt. Lieber stimmen sie in das Lied von *Willy Schneider* fröhlich ein: »Es wird in hundert Jahren wieder so ein Frühling sein…« Deshalb wird auch die christliche Gnadenlehre häufig missverstanden. Gnade meint nicht vollständiger Sündenerlass, sondern Gelegenheit zur Wandlung und Umkehr, damit wir uns selber ändern.

Ein weiterer Einwand mancher Theologen lautet: Die Reinkarnations-Hypothese widerspricht der Glaubenslehre von der *Auferstehung der Verstorbenen* am Jüngsten Tag. Diese stützt sich auf alttestamentliche Schrifttexte wie die des Propheten *Jesaja*: »Deine Toten werden leben, ihre Leichen werden auferstehen, aufwachen und jubeln werden Bewohner des Landes.« (Jes 26, 19) Oder die aus dem Buch *Daniel*: »Viele von denen, die im Staubland schlafen, erwachen; die einen zum Leben, die anderen zur Schmach und zur ewigen Abscheu.« (Dan 12, 2-3) Daraus ist ersichtlich, dass hier die Wiederbelebung des fleischlichen Körpers gemeint ist, und die Auferstehung durch eine Art göttlicher Neuschöpfung ermöglicht wird. (40) Diese Lehre entspricht einem veralteten biblischen Menschenbild. Nach der Lehre der Wiedergeburt kommt es weder am Lebensende noch am Weltenende zu einer Auferweckung aus dem Todesschlaf, denn die Verstorbenen leben dort unmittelbar weiter und verlieren ihr Bewusstsein nicht.

Das vorübergehende Erscheinen Verstorbener in der Diesseitswelt wird heute als Materialisation oder Verdichtung des feinstofflichen

Körpers gedeutet. Wenn verstorbene Menschen sich in verkörperter Gestalt zeigen, was tatsächlich vorkommt, wie ich es selbst erlebt habe, kann es sich um eine Rematerialisation und Dematerialisation in unterschiedlichen Verdichtungsgraden handeln. Auf die gleiche Weise kann das sichtbare Erscheinen des gekreuzigten *Jesus* erklärt werden. Dafür spricht, dass der »Auferstandene« sich vorübergehend seinen Jüngern zu verschiedenen Zeiten und an unterschiedlichen Orten in sichtbarer Gestalt zeigen konnte. (Mt 28, 16-18, Mk 16, 9-12; Lk 24, 36-39; Jh 21,4-6)

Ein weiterer Einwurf betrifft die vielen *Ungerechtigkeiten und Ungleichheiten* in unserer Welt. Es ist doch offensichtlich, dass die Glücksgüter dieser Welt unter den Menschen sehr ungleich verteilt sind. Deshalb mag manch einer sich sagen und beklagen: »Gott ist nicht gerecht, denn dir geht es gut und mir geht es schlecht. Wäre Gott gerechter, ginge es mir besser und dir ginge es schlechter.« Auch hier ist zu sagen, dass die Jenseitswelt ganz andere Maßstäbe kennt, als wir Menschen im Diesseits es gewohnt sind. Die Geistseele richtet sich nach den Gesetzen der Gegenläufigkeit und des gerechten Ausgleichs, deren Auswirkungen oft nur auf lange Sicht und erst in späteren Leben erkennbar werden.

Ein weiterer theologischer Einwand gegen die Wiedergeburtslehre lautet: So wie nach den Worten der Bibel *Christus* nur einmal auf Erden lebte und nur einmal gestorben ist, ehe er den Auftrag seines himmlischen Vaters erfüllt hat (Hebr. 9, 26-27), so lebt und stirbt auch der Mensch nur einmal auf dieser Erde.

Darauf ist zu entgegnen: Bei diesem Einwand wird übersehen, dass der Gottessohn als ungefallenes Geistwesen »von oben her« (Jh 3,31) nur ein einziges Mal Menschengestalt annehmen musste, um sein Erlösungswerk zu vollbringen, während wir durch ihn erlösten Menschen, von »unten her« kommend, über mehrere Erdenleben den Heimweg ins himmlische Reich antreten müssen, denn in einem einzigen Leben wäre dies kaum zu schaffen. Hierzu schreibt der Psychotherapeut *Jan Erik Sigdell* (*1938): »Die Kirche lässt uns glauben, dass wir nur diese eine und einzige Chance hätten: dieses angeblich einzige Erdenleben.

Die wenigen Erdenjahre würden für ›ewige Zeiten‹ entscheidend sein, ob wir in den Himmel oder in die Hölle kommen.« (41)

Ein anderer theologischer Einwurf betont, der Wiedergeburtsgedanke lasse keinen Raum für die göttliche Gnade, die jedem Menschen in seinem Leben zuteil wird. Dabei wird übersehen, dass dieser Gnadenerweis nicht ein einmaliger Akt sein kann, sondern uns in jedem Erdenleben geschenkt wird. Dieser göttlichen Gnade verdanken wir die Möglichkeit, in jedem wiederholten Leben unsere unerledigten Aufgaben und Probleme erneut anzupacken, um diese früher oder später einer guten Lösung zuzuführen.

Ein oft gehörter Einwand vonseiten der christlichen Theologie lautet: Es wäre doch höchst ungerecht, wenn wir Menschen in diesem Leben Handlungen oder Unterlassungen zu verantworten hätten, die wir im jetzigen Leben gar nicht begangen haben und an die wir uns auch nicht erinnern können.

Die Lehre von der Wiedergeburt weist uns darauf hin, dass wir sehr wohl die Folgen von Taten und Untaten aus einem früheren Leben zu tragen haben, weil unsere geistige Identität über mehrere Erdenleben stets die gleiche bleibt. Auch die biblische Symbolerzählung vom Sündenfall im Garten Eden und die daraus abgeleitete christliche Erbsündenlehre bekommt auch nur dann einen Sinn, wenn wir annehmen, dass wir Menschen gefallene Geistwesen sind, die im vorkosmischen Paradies eine persönliche Schuld auf sich geladen haben, wodurch wir in die Gottferne gefallen sind.

Von theologischer Seite wird oft eingeworfen: Wenn die Menschen durch die wiederholten Erdenleben sich fortlaufend verbessern könnten, dann müsste die heutige Menschheit doch wohl anders aussehen, nicht nur intelligenter, sondern auch toleranter, friedfertiger, liebender und vergeistigter. Dies scheint aber nicht der Fall zu sein, oder um mit den Worten des Philosophen *Friedrich Nietzsche* zu reden: »Die Christen müssten mir erlöster aussehen.«

Darauf ist zu antworten, dass dieser Eindruck nur scheinbar zutrifft. Unser Erdplanet ist wie eine Besserungsanstalt. Deren Insassen sind, von außen gesehen, über lange Zeit stets die gleichen, weil die Gebesserten nach oben entlassen werden, während die Neueintretenden von Leben zu Leben zuerst umerzogen und geschult werden müssen.

6.

Beweise für unser Wiederkommen

Nun will ich zum Danke fliegen,
Nur mein Bündel bleibe liegen,
Heute geh ich. Komm ich wieder,
Singen wir ganz andre Lieder.

J. W. v. Goethe

Der indische Mönch *Swami Omkarananda,* dem ich vor Jahren in einem Seminar über Reinkarnation begegnet bin, schrieb in einem Rundbrief: »Die bloße Behauptung, dass die Wiedergeburt eine Tatsache sei, ist Blindheit. Doch zu leugnen, dass der Mensch den körperlichen Tod überlebt, ist eine noch größere Blindheit. Die Vernunft verlangt, dass wir kein Phänomen und keine Möglichkeit zurückweisen, ohne eine angemessene Prüfung seines Wahrheitsgehalts durchzuführen. Da das, was gegen die Wiedergeburt vorgebracht wird, zu dürftig und anfechtbar ist, sind wir gezwungen, uns mit dem überwältigenden Beweismaterial zu befassen, das uns seit Beginn des menschlichen Lebens auf der Erde umgibt und für die Wiedergeburt spricht; das müssen wir beobachten, erforschen, untersuchen, wieder und wieder prüfen, verstehen und erklären.« (1)

Es genügt nicht, an die Möglichkeit der wiederholten Erdenleben zu glauben oder nicht zu glauben. Es ist erforderlich, hierfür überzeugende Beweise oder Gegenbeweise vorzubringen. »Der Wiedergeburtsgedanke ist nicht bloß eine moderne Zeiterscheinung, der man mit einem

Gefühl der Sympathie zustimmen mag. Er ist uralt und entspricht dem Naturgesetz vom »Stirb und Werde«. (2)

Meiner Erfahrung nach sind die Beweise für die Echtheit der Wiedergeburt weit zahlreicher als deren Gegenbeweise. Unter den positiven Beweisführungen sollen hier folgende genannt und beschrieben werden: 1. Die Indizienbeweise, 2. Die Erfahrungsbeweise und 3. Die Evidenzbeweise. Bei den ersten zwei Gruppen geht es vor allem um naturwissenschaftliche Beweisführungen. Bei der dritten Beweisgruppe handelt es sich um geisteswissenschaftliche Vernunftbeweise. (3)

I. Die Indizienbeweise

Unter einem Indiz (lat. *indicare*: anzeigen, hinweisen) ist ein Anzeichen oder ein Hinweis auf einen bestimmten Sachverhalt, einen Zustand oder eine Gegebenheit zu verstehen, die mit hoher Wahrscheinlichkeit als wahr und echt anerkannt werden kann. Von einem Indizienbeweis können wir sprechen, wenn mehr Hinweise für einen bestimmten Tatbestand vorliegen als dagegen, wenn auch ein direkter Beweis nicht erbracht werden kann. Wenn es um Beweise für die wiederholten Erdenleben geht, können folgende Arten von Indizienbeweisen ins Feld geführt werden: 1. Déjà-vu-Erlebnisse, 2. Wundmale und Stigmata, die auf Verletzungen in einem Vorleben hindeuten, 3. Fremdsprachenkenntnisse aus früheren Leben, 4. Träume von früheren Erdenleben und 5. Das Phänomen der Wunderkinder.

1. Überzeugende Déjà-vu-Erlebnisse

Unter einem *Déjà-vu* ist eine Vermutung, ein sicheres Gefühl oder gar eine innere Gewissheit zu verstehen, eine bestimmte Situation schon einmal erlebt zu haben. Es kann sich um ein Land, um einen Kultur- oder Sprachraum, um eine Landschaft handeln, um eine örtliche Umgebung, zu der wir uns hingezogen fühlen, ohne zu wissen warum. So kann es vorkommen, dass wir in einer fremden Stadt oder in einem unbekannten Land plötzlich das untrügliche Gefühl bekommen: »Hier bin ich schon einmal gewesen«, obwohl wir genau wissen, dass wir hier noch nie waren. Dennoch vermögen wir mit seltsamer Sicherheit zu sagen, welche lokalen Besonderheiten sich in der näheren Umgebung befinden, welche Gebäude hinter der nächsten Straßenecke stehen, welche Vorkommnisse wir hier schon einmal erlebten.

In seinem Gesang »Der Einzige« fragt sich der Lyriker *Friedrich Hölderlin* (1770-1843): »Was ist es, das an die alten, seligen Küsten mich fesselt, das ich mehr noch sie liebe als mein Vaterland?« Und in seinem Jugendgedicht »Der Weltfreund« schreibt der österreichische Dichter *Franz Werfel* (1890-1945):

Ich trage viel in mir.
Vergangenheit früherer Leben,
Verschüttete Gegenden,
Mit leichten Spuren von Sternenstrahlen.
Oft bin ich nicht an der Oberfläche,
Hinabgetaucht in fremdeigene Gegenden bin ich.
Ich habe Heimweh.
O Reste, Überbleibsel, o vergangene Vergangenheit!

Oft kommen uns Dinge, Örtlichkeiten oder Personen wie bekannt vor, obwohl wir diesen im gegenwärtigen Leben mit Sicherheit nie begegnet sind. Es stellt sich ein unerklärliches Gefühl von Vertrautheit und Sympathie, von Wiederkommen, von Wiedersehen und Wiedererkennen ein. Wenn wir immer wieder von demselben Sehnsuchtsort oder Sehnsuchtsland träumen, kann es gut sein, dass wir in einem früheren Leben dort gelebt haben und Erinnerungsspuren auf ein früheres Leben hinweisen.

Bruno Hempe berichtet in der Zeitschrift »Die andere Welt«, wie er im Jahr 1920 in einer Art Vision einen Teil der Stadt Nürnberg vor sich sah, den er dreißig Jahre später beim Besuch dieser Stadt weitgehend bestätigt fand. (4) Ähnliches kann geschehen, wenn wir gegenüber einer Person eine unerklärliche Zuneigung oder gefühlsmäßige Nähe verspüren, als hätte man sich in längst vergangenen Tagen schon gekannt oder gar geliebt. Manchmal führt ein solches Erlebnis zur inneren Gewissheit: »Wir kennen uns!« »Wir liebten uns!« Eine Frau erzählte von einem unerwarteten Wiedererkennen ihres späteren

Ehemannes in einem Gasthaus: »Als er durch die Türe trat und auf mich zukam, hatte ich das überwältigende Gefühl, diesen Menschen schon zu kennen. Der Gedanke durchfuhr mich wie ein Blitz, dass wir schon immer vertraut miteinander gewesen waren und einander schon immer geliebt hatten. Ich war wie vor den Kopf gestoßen. Von diesem Augenblick an wusste ich, dass ich ihm bis ans Ende der Welt folgen würde.« (5)

Die einfachste Erklärung für derartige Déjà-vu-Phänomene ist die der bloßen Sinnestäuschung. Es kann aber auch in seltenen Fällen so sein, dass aus einem gespeicherten Informationsfeld einer Parallelwelt uns Bilder zugespielt werden, die früher tatsächlich schon einmal erlebt wurden. Hier drängt sich zur Erklärung der Wiedergeburtsgedanke auf. Hierzu ein einfaches Beispiel: Ein Ehepaar befand sich in Frankreich mit ihrem Hausboot auf einer Flussfahrt. In einer bewaldeten Gegend wurde die Frau plötzlich von einer unerklärlichen Unruhe befallen und verlangte, sofort an Land zu gehen. Am Ufer angekommen, lief sie wie von einer unsichtbaren Macht angetrieben auf ein altes verlassenes Gebäude zu, dessen Eingangstüre halbwegs offen stand. Nun rannte sie in den ersten Stock, einem Eckzimmer zu, wo sie ihrem Mann, der ihr inzwischen nacheilte, beteuerte, hier habe sie vor vielen Jahren einige Monate krank gelegen und sei auch hier gestorben. Durch spätere Nachforschungen bei ehemaligen Nachbarn dieses Hauses konnten diese Angaben bestätigt werden. (6)

Es kommt vor, dass auf alten Fotos die eigenen Familienangehörige aus einem früheren Leben mit Namen benannt werden. Auf alten Landkarten wird der Ort, an den man sich plötzlich erinnert, richtig bezeichnet. Erinnerungsstücke aus früherem Eigentum werden zutreffend erkannt. In den »Erlebnissen aus seinem Leben« schildert *Goethe* in »Dichtung und Wahrheit« aus dem Jahr 1808, wie er auf seiner Italienreise den ganz bestimmten Eindruck empfand, er sei im 15. Jahrhundert schon einmal in Rom gewesen. In einem Brief, den er im Oktober 1811 in Venedig schrieb, heißt es: »Es ist mir wirklich auch jetzt nicht etwa zumute, als ob ich die Sache zum ersten Mal sähe, sondern als ob ich sie wiedersähe.« Ähnlich teilte *Bettina von Arnim* ihrem Bruder *Clemens Brentano* in einem Schreiben mit: »Im Homer lese ich oft; könnte ich dir nur darstellen, was ich da für Erfahrungen mache – und welche Rückerinnerungen einer früheren Welt in mir aufgehen.« In Spanien überkam den Dichter *Stefan George* das Gefühl des Wiedersehens mit einer längst entschwundenen Heimat.

Der Dichter *Rainer Maria Rilke* hielt Russland für sein ehemaliges Vaterland und war überzeugt, in einer früheren Inkarnation in Moskau gelebt zu haben. An ein eindrückliches Erlebnis dieser Art, das er im Winter 1911/12 auf seiner Russland-Reise erlebt hatte, erzählt die Fürstin *Marie von Thurn und Taxis* in ihrem Erinnerungsbuch: »Rilke streifte eines Tages ziellos, zerstreut und verträumt durch Gebüsche und Dornengestrüpp. Plötzlich befand er sich vor einem riesigen, sehr alten Ölbaum, den er zuvor noch nicht gesehen hatte. Wie es kam, weiß ich nicht, aber plötzlich hatte er sich rücklings an den Baum gelehnt, auf dessen knorrigen Wurzeln stehend und den Kopf gegen die Äste stützend, und – ich kann nur sagen, was er mir wiederholt erzählte – sofort war ein ganz eigenes Gefühl über ihn gekommen, so dass er lautlos und klopfenden Herzens unbeweglich stehen blieb. Ihm war, als stünde er in einem anderen Leben, in einer längst vergangenen Zeit – alles, was er hier gelebt, geliebt und gelitten hatte, kam zu ihm, umgab und bestürmte ihn, wollte von neuem in ihm aufleben, von neuem lieben und leiden. Da war keine »Zeit« mehr, kein Unterschied zwischen dem wiedergekehrten Einst und dem gestaltlosdüstern Jetzt. Die ganze Luft schien belebt, schien ihn unheimlich und ohne Unterlass zu bedrängen. Und doch war dies unbekannte Leben ihm irgendwie nahe, er musste daran teilnehmen … Rilke war, wenn er von dieser so plötzlich aufgetauchten wie entschwundenen Erscheinung sprach, äußerst erregt. ›Seltsam‹, wiederholte er, ›seltsam‹. Er hatte sich nie getraut, an diese versteckte Stelle zurückzukehren und den Baum auch nur zu berühren. ›Ich wusste nicht, ob ich dann zurückkehren würde‹, sagte er leise.« (7)

In sehr seltenen Fällen mag es sich um eine hellsichtige Rückschau handeln, von der die Schriftstellerin *Barbara Lischke,* die mehrere Jahre in Schottland lebte, berichtet. Damals suchte sie für eine Freundin eine Wohnung in der Ortschaft Carlisle. Sie erzählt: »Auf der Fahrt durch die Stadt kamen wir an einem alten Haus vorbei. Zwei ältere Leute waren im Garten. Ich fragte sie, ob hier etwas zu vermieten sei. Die Frau bejahte es. Wir wurden ins Haus eingeladen. Die beiden Leute gaben uns Tee. Wir einigten uns über die Mietbedingungen. Am nächsten Tag wollten wir zur Vertragsunterzeichnung nochmals vorbeikommen. Doch als wir zur vereinbarten Zeit in Carlisle ankamen, fanden wir das Haus nicht. Wir standen vor einer Wiese und einigen alten Bäumen. Ich traute meinen Augen nicht und erkundigte mich im nächsten Pub. Dort schaute mich ein alter Mann mit großen Augen an. »Mam«, sagte er, »das von Ihnen erwähnte Haus ist vor Jahrzehnten abgebrannt.« (8)

Es kann sein, dass die feinstoffliche Spur jener Gegend und des ehemaligen Hauses auf einer astralen Daseinsebene noch vorhanden war und von den beiden Frauen hellsichtig wahrgenommen wurde. Ein überzeugendes Beispiel von einem echten Déjà-vu-Erlebnis verdanken wir dem ehemaligen englischen Major *McDonough.* Während einer Dienstreise in Indien stand er auf einer Anhöhe und schaute in ein vor ihm liegendes Tal hinunter. Auf einmal geriet er in einen außerordentlichen Bewusstseinszustand, in eine Art Trance, und sah sich selbst, mehr als zweitausend Jahre zurückversetzt, unten im Tal inmitten einer Gruppe von Soldaten. Diese ritzten eine Inschrift mit griechischen Buchstaben auf einen Felsen, deren Wortlaut er lesen und verstehen konnte. Kurz danach nahm er sich wieder in der Gegenwart wahr, erinnerte sich aber an das seltsame Gesicht. Nun stieg der Engländer hinunter ins Tal, erkannte den Felsen, der aber vollständig mit Moos und Flechten überwachsen war. Erst nachdem er diesen von dem ganzen Geflecht befreit hatte, kam tatsächlich jene griechische Inschrift zum Vorschein, die er vorher hellsichtig wahrgenommen hatte. (9)

Auch bei der »Liebe auf den ersten Blick« könnte es sich um ein Wiederbegegnen und ein Wiedererkennen zweier Menschen aus einem früheren Leben handeln. In einem Brief an *Wieland* aus dem Jahr 1776 versuchte *Goethe*, seine langjährige Freundschaft mit *Charlotte von Stein* zu begründen, als er schrieb: »Ich weiß mir die Bedeutung, die Macht, die diese Frau über mich hat, anders nicht zu erklären als durch Seelenwanderung. Ja, wir waren einst Mann und Frau«. Wie zur Bestätigung widmete er ihr folgende Zeilen:

Sag, was will das Schicksal uns bereiten?
Sag, wie band es uns so rein genau?
Ach, du warst in abgelebten Zeiten
Meine Schwester einst oder meine Frau.

Ähnlich muss es sein Dichterfreund *Friedrich Schiller* empfunden haben, als er seiner Freundin *Laura Vischer* gestand:

Waren unsere Wesen schon verflochten?
War es darum, dass die Herzen pochten?
Waren wir im Strahl erloschner Sonnen,
In den Tagen lang verrauschter Wonnen
Schon in Eins zerronnen?

Ja, wir waren's! – Innig mir verbunden
Warst du in Äonen, die verschwunden;
Meine Muse sah es auf der trüben
Tafel der Vergangenheit geschrieben
Eins mit deinem Lieben!

Der amerikanische Delphin-Forscher *John Lilly* hatte nach zwei gescheiterten Ehen die Hoffnung aufgegeben, je die richtige Frau zu finden. Auf einer Tibet-Reise hatte er ein merkwürdiges Déjà-vu-Erlebnis, das er wie folgt schilderte: »Als ich zur Haustüre hereinkam, bemerkte ich eine dunkelhaarige Frau, die in der großen Eingangshalle eines Klosters im Yoga-Sitz auf dem Boden saß. Ich setzte mich zu ihr hin und sah sie direkt an, wie sie ihrerseits mich direkt ansah. Augenblicklich erkannte ich sie, und sie erkannte mich. Ich fühlte, dass wir schon in früheren Leben zusammen gewesen waren, und sagte: »Wo warst du in den letzten fünfzig Jahren?« Sie antwortete: »Im Training«.« (10)

Ein derartiges schicksalhaftes Zusammentreffen lässt sich bei kosmischen Seelenpartnern und *Dualseelen* beobachten, die offenbar schon immer zusammengehörten, sich aber auf getrennten Wegen nach oben zeitweise aus den Augen verloren haben und nun bestrebt sind, über mehrere wiederholte Erdenleben auf unterschiedlichen Daseinsstufen sich wiederzufinden, um für immer vereint zu bleiben. Es sind dies vielleicht Ehen, die im Himmel beschlossen wurden, auch wenn sie auf Erden nicht als solche anerkannt werden, während legitim geschlossene Ehen oft nur einem irdischen Zweck dienen, ohne durch tiefe geistige Gemeinsamkeiten über mehrere Geburten und Tode begründet zu sein. (11)

Von einer solchen Begegnung erzählt *Felix Schmidt* in einem Reisebericht. Auf einer Bergwanderung traf er in einer Raststätte auf eine ihm bisher unbekannte weibliche Person, die sich bei näherem Kennenlernen als seine eigene Ehefrau aus einem früheren Leben zu erkennen gab, sozusagen als sein »zweites Ich«, als seine Dualseele. Er beschreibt dieses seltsame Wiedersehen in seinem Buch »Der Eremit«: »So gewaltig war die Erregung, dass es mir auf einmal war, als ob sich eine neue Welt vor mir auftun würde. Es ist schwer, die Gefühle zu beschreiben, die wir haben, wenn wir in Jugendjahren unsere erste Liebe erleben. Jeder wird sich gewiss noch erinnern, wie ihm da zumute war. Das bloße Zusammensein mit dem geliebten Menschen schien die Erfüllung jedes Lebenswunsches zu beinhalten. Man fühlte sich zu einer Einheit verschmolzen. Die ganze übrige Welt war nur noch Umrahmung für das unbeschreibliche Glück, mit dem geliebten Wesen vereint zu sein. Nun, so war mir plötzlich zumute, nur ungleich stärker, ungleich gewaltiger, ungleich erregender. Ich stand vollständig im Banne dieses Erlebnisses.« (12)

2. Wundmale und Stigmata aus vergangenen Leben

Unter einem Stigma (gr. *stigma*: Zeichen, Merkmal) ist eine Hautspur oder eine Narbe aus einer erlittenen Verletzung zu verstehen. In religiösen Kreisen versteht man darunter die Wundmale Jesu, die aus noch ungeklärten Gründen bei charismatischen Menschen an deren Händen und Füßen auftreten können. Im psychologischen Sinne vermutet man darin traumatische Erlebnisspuren aus einem früheren Leben. Es können solche Stigmata auch bei ganz gewöhnlichen Menschen auftreten, die sich nicht als übernatürliche Phänomene erklären lassen. Erwähnt seien hier drei Beispiele aus dem Buch »Wiedergeburt« des Parapsychologen *Rudolf Passian* (1924-2018):

»Die Moskauerin *Barbara Iwanowa* berichtet von einem jungen Mann, der bei seiner Rückführung ›sah‹, wie er an einer Pfeilverletzung starb. Er behauptete, an der Einschussstelle einen starken Schmerz zu spüren, der auch nach Beendigung des Experiments noch anhielt. Man fragte ihn, ob er an der Brust ein Muttermal habe, was er verneinte. Beim Nachschauen zeigte sich jedoch an der schmerzhaften Stelle ein runder blasser Fleck von etwa einem Zentimeter Durchmesser...«

In Wien träumte ein Mann im Jahr 1915 von einem Mädchen, das unter seinem Haarschopf versteckt eine gerötete Narbe trug, wobei ihm gezeigt wurde, dass er in einem früheren Leben dieses Mädchens jene Verletzung verursacht habe. Im Traum hörte er dieses Mädchen, seine frühere Geliebte, sagen: »Nun kennst du mein Merkmal und wirst mich auch im Leben wiedererkennen, selbst wenn du mein Gesicht vergessen solltest. Am Jahrestag werden wir einander begegnen.« Jahre danach betrat er in Wien ein Büro, um sich dort für einen kaufmännischen Weiterbildungskurs anzumelden. Im Korridor traf er auf eine junge Dame, die ihm sehr bekannt erschien. »Ich habe von Ihnen geträumt«, sagte sie, »und als ich sie erblickte, erschienen Sie mir als ein alter Bekannter.« (13) Im Jahr 1999 hat der Psychiatrie-Professor *Ian Stevenson* (1918-2007), einer der Begründer der modernen Reinkarnationsforschung, sein Buch »Reinkarnationsbeweise« veröffentlicht, in dem er von 225 Fällen von Geburtsnarben, Muttermalen und Stigmata bei Kindern und Jugendlichen berichtet, die auf Gewalteinwirkungen an Kopf, Gesicht und Oberkörper in einem vorausgegangenen Leben hinweisen könnten. (14)

Ein eindrückliches Beispiel bringt *Peter Michel* aus dem Forschungsmaterial von *Ian Stevenson*: Ein Mann kam mit sieben außergewöhnlichen Muttermalen zur Welt. Dieser erinnerte sich, in einem früheren Leben von einem eifersüchtigen Nebenbuhler erschossen worden zu sein. Er erinnerte sich an seine früheren Namen und an seinen Geburtsort. So konnte sein Grab gefunden werden. Der Leichnam wurde exhumiert. So konnte man feststellen, dass an seinem früheren Körper sieben Einschüsse genau an der Stelle nachweisbar waren, an der in der neuen Verkörperung sich die sieben Muttermale befanden. (15)

Der türkische Arzt Prof. Dr. *Rezat H. Bayer* hat in den 1960er Jahren 200 Fälle von Personen mit auffallenden Stigmata gesammelt und mit früheren Arztgutachten dokumentiert. Er nimmt an, dass Wunden von Messerstichen, von Schussverletzungen oder Operationsspuren auf den feinstofflichen Körper und später bei der Wiedergeburt auf den neuen Körper übertragen werden und zwar in Form von auffälligen Hautveränderungen wie Wundmalen, Narben und Missbildungen an der Stelle der Verwundung im früheren Leben. Hinzu kommt, dass es sich fast immer um kriminelle Tötungen handelt, deren traumatische Spuren sich bei den Opfern tief ins Unbewusste einprägten und auf die nachfolgende Inkarnation auswirken konnten. Aus seinem reichhaltigen Forschungsmaterial sei der Fall des Knaben *Achmed* erwähnt: Bei dem achtjährigen Knaben aus der südlichen Türkei wurden fünfzehn Narben an der Brust, an den Armen und am Hals festgestellt. Seine Eltern gaben an, der Junge sei mit diesen »Geburtszeichen« zur Welt gekommen. Die polizeilichen Nachforschungen führten zu einem Mordfall, bei dem vor fünfzehn Jahren ein Mann durch neun Pistolenschüsse umgebracht wurde. Nachdem Dr. Bayer die Erlaubnis zur Exhumierung des Verstorbenen erhielt, stellte sich heraus, dass die merkwürdigen Wundmale am Skelett genau denjenigen des ermordeten Opfers entsprachen.

Hierzu ein weiteres Beispiel: Ein Mann ist im vorigen Leben durch einen Kopfschuss tödlich verletzt worden. In diesem Leben wurde bei einer ärztliche Untersuchung eines Jugendlichen festgestellt, dass dieser am Hinterkopf eine auffallende Narbe trug, deren Ursache zunächst völlig unklar war. »Bei den Recherchen über die Person, die der Junge in seinem Vorleben gewesen zu sein behauptete, gelangte der Arzt nach langem Bemühen in den Besitz des Autopsieberichts, der über den gewaltsamen Tod des Mannes angefertigt worden war. Die beigegebenen Handzeichnungen des Gerichtsmediziners über den Verlauf des Schusskanals wiesen eine hundertprozentige Übereinstimmung zwischen Ein- und Ausschussverletzung am Kopf des Getöteten und der Lage des Geburtsmales des jetzt lebenden Jungen auf.« Aufgrund mehrerer derartiger Hinweise ist *Dr. Bayer* überzeugt, dass Reinkarnation zumindest in einem Drittel der insgesamt von ihm untersuchten 200 Fällen als einzig akzeptable Erklärung für die ermittelten Fakten infrage kommt. (16)

Auch der Reinkarnationsforscher *Harald Wiesendanger* hält es für gut möglich, dass eindrückliche Erlebnisspuren und unverarbeitete Schockerlebnisse, die sich in einem früheren Leben dem Astral- und Mentalkörper einprägt haben, selbst nach dem Tod als Energieformen erhalten bleiben und bei einer Wiedergeburt ins nächste Leben mitgenommen werden und dort als Stigmata erkennbar bleiben. (17)

In seinem »Lexikon des Jenseits« berichtet *Arne Hoffmann* von einem im Jahr 1946 verstorbenen Indianer namens *Victor.* Dieser kündigte seiner Nichte an, dass er nach seinem Tod als ihr Sohn wiedergeboren werde. Zum Beweis zeigte er ihr zwei Operationsnarben auf seinem Körper, die eine auf seinem Rücken, die andere in seinem Gesicht. Er sagte ihr voraus, dass er auch als ihr Sohn diese Narben auf sich tragen werde. Achtzehn Monate nach seinem Tod brachte die Nichte *Corliss Chotkin* einen Knaben zur Welt. Dieser trug die gleichen Narben an sich wie der verstorbene Victor. (18) Nach Angaben von *Dieter Hassler* soll es in Westafrika fünf Eingeborenenstämme geben, welche die Leichen ihrer Verstorbenen in traditioneller Weise mit ganz bestimmten Wundmalen versehen, um so absichtlich künftige Geburtsmale an gewissen Körperstellen zu ermöglichen. (19)

3. Fremdsprachenkenntnisse aus früheren Leben

In seinem Buch »Reinkarnation als Realität« verrät *Stefan von Jankovich* (1920-2002), dass er in früheren Leben mehrmals im italienischen Sprachraum wiedergeboren wurde und, obwohl er in seinem jüngsten Leben in Ungarn zur Welt kam, nach einem Nahtod-Erlebnis auf Anhieb keinerlei Schwierigkeiten hatte, die italienische Sprache zu verstehen und sich ihrer bei Vorträgen, öffentlichen Diskussionen und Fernseh-Auftritten geläufig zu bedienen.

Professor *Ian Stevenson* begegnete auf seinen Forschungsreisen im Sommer 1961 im indischen Dorf Madhya Pradesh einem Mädchen, das reihenweise Gesänge und Tänze in bengalischer Sprache vortrug, die zu lernen es im gegenwärtigen Leben sicher keine Gelegenheit hatte. Es selber konnte sich nur in Hindi mitteilen. Dieses Mädchen erzählte, im früheren Leben im entfernten Dorf Katni gelebt zu haben, wo diese Lieder oft gesungen wurden. (20)

Von diesem Reinkarnations-Forscher wurde auch der folgende Fall mitgeteilt: Er führte in Amerika eine Arztfrau jüdischer Abstammung in ein früheres Leben zurück. Diese erinnerte sich, in einem früheren Leben als Bauer im Südwesten Schwedens gelebt zu haben. Während der Rückführung sprach sie in einem alten, ausgestorbenen Dialekt, den sie sich in einer früheren Inkarnation angeeignet haben musste. (21) Der Tochter eines englischen Kaufmanns wurde in einer Abendgesellschaft in New York ein Grieche vorgestellt, mit dem sie sich mehr als eine Stunde lang auf Neugriechisch unterhielt, obwohl ihr diese Sprache bisher völlig fremd war. Erst nachträglich wurde ihr bei einer Rückführung, der sie sich unterzog, bewusst, dass sie in ihrem vorherigen Leben in Griechenland gelebt hatte. (22) Eine japanische Hausfrau wurde in den Jahren 2005 und 2009 mehrmals in ein früheres Leben zurückgeführt. In der Trance sprach sie Nepalesisch, obwohl sie in ihrem Alltag keinen Bezug zu dieser Sprache hatte. (23)

Ein New Yorker Arzt und seine Frau beobachteten, dass ihre beiden Zwillinge sich manchmal in einer unbekannten Sprache unterhielten, die ihnen bloß wie eine erfundene private Kindersprache erschien. Deshalb suchten sie mit den beiden Kindern einen Sprachwissenschaftler auf. Dieser erkannte die sprachlichen Äußerungen der Kleinen als einen ausgestorbenen aramäischen Dialekt, den die Geschwister mit Bestimmtheit sich nicht in diesem Leben angeeignet haben konnten. (24) Dem Psychiater und Rückführungsexperten *Brian Weiss* erzählte ein amerikanisches Ehepaar, das vor Kurzem eine Europa-Reise unternommen hatte, folgendes Erlebnis: In Norditalien angekommen, mieten die beiden ein Auto und fuhren über Land. Gegen Abend verloren sie die Orientierung. Wegen der zunehmenden Dunkelheit verirrten sie sich immer mehr, bis sie endlich in ein Dorf kamen. Der Frau kam diese Gegend merkwürdig vertraut und bekannt vor. Der Mann war sichtlich geschockt, als seine Gattin plötzlich anfing, sich mit den Dorfbewohnern auf Italienisch fließend zu unterhalten und diese sie auch verstanden, als wären sie alte Bekannte, obwohl seine Frau diese fremde Sprache weder gelernt noch je gesprochen hatte, jedenfalls nicht in diesem Leben. (25)

Das *Reden in fremden Sprachen* in einem außergewöhnlichen Bewusstseinszustand könnte als Beweis gelten, dass es tatsächlich eine Verbindung von einem Erdenleben zum anderen gibt. Eine andere Erklärungsmöglichkeit wäre die, dass zwar ein Mensch in seiner eigenen Muttersprache denkt und spricht, seine Mitteilung aber durch telepathische Gedankenübertragung von anderen Personen in ihrer eigenen Umgangssprache wahrgenommen wird, wie dies beim biblischen Pfingstwunder angenommen wird. (Apg 2,5-12) Dagegen muss es sich beim Reden in sehr alten Sprachen, die längst nicht mehr gesprochen werden, eher um Erinnerungen an frühere Leben handeln. So etwa, wenn die stigmatisierte *Therese von Konnersreuth* im Zustand der Ekstase ein veraltetes Aramäisch aus der Zeit Jesu redete. (26) Ähnlich verhält es sich mit dem in der Parapsychologie bekannten Phänomen der *Xenoglossie* (gr. *xenos*: fremd; *glossa*: Zunge). Darunter versteht man das Zungenreden, wie es schon beim Apostel *Paulus* als Zeichen medialer oder inspirativer Jenseitsmitteilungen verstanden wurde (I Ko 12,10; 13,8). Heute meint man damit das Reden in fremden, nie gelernten Sprachen im Zustand der Hypnose oder Trance. Dies gilt als Hinweis dafür, dass die betreffende Person sich diese fremden Sprachkenntnisse in einem früheren Leben angeeignet hat. Manchmal handelt es sich auch um alte Dialekte oder um ausgestorbene Sprachen. So wird von einer Frau berichtet, die sich bei einer Rückführung in ein früheres Leben durch mehrere Sätze in altägyptischer Sprache äußerte, die sie offenbar in einem früheren Leben kannte. (27)

4. Träume von früheren Leben

Es geschieht immer wieder, dass wir während des Schlafes in unserem Traumbewusstsein auf Erlebnisse stoßen, die wir nicht unserem jetzigen Leben zuordnen können, sondern einer früheren Inkarnation. Einen solchen Reinkarnationstraum schilderte der Wiener Schriftsteller *Franz Matauschek*. Ein Bekannter von ihm gab seinem Unbewussten vor dem Einschlafen den Auftrag, es möge ihm zeigen, wer er in seinem vergangenen Leben gewesen sei. Schon in der folgenden Nacht träumte er nachstehende Szene: »Ich befinde mich gemeinsam mit meiner Frau in einer äußerst einfachen, aus massivem Gebälk errichteten Hütte, einer Art Köhlerhütte im Wald. Im Inneren derselben ist fast keine Einrichtung vorhanden; nur ein primitiv gebauter, schwerer Holztisch steht da und ein einfacher Stuhl. Anstelle eines Bettes liegt in einer Ecke eine Menge Stroh ausgestreut, auf dem die Frau und ich liegen. Mir fällt unsere seltsame Bekleidung auf; es sind armselige, zerschlissene Gewänder, die wir tragen, etwa von der Art, wie man sie aus Darstellungen oder Bildern von einfachen Leuten des Spätmittelalters oder der Reformationszeit kennt, an die mich die Szenerie erinnert. Die Tür wird plötzlich geöffnet, und ein Mann – in ähnlicher Weise gekleidet wie wir – betritt den Raum. Der Mann spricht mich an und meint, er wolle bei uns Quartier beziehen; ohne meine Zustimmung abzuwarten, versuchte er sofort, es sich bequem zu machen. Es kommt zu einem heftigen Wortwechsel. Merkwürdigerweise benutzen wir die italienische Sprache, die ich sonst nicht beherrsche, im Traum aber fließend spreche und verstehe.« (28)

Von einer geträumten Erinnerung an ein früheres Leben erzählte auch die bekannte Jenseitsforscherin *Elisabeth Kübler-Ross* (1926-2004), die im Jahr 1958 aus der Schweiz in die USA ausgewandert war. Auf der Überfahrt von Europa nach Amerika hatte sie in der letzten Nacht auf dem Schiff einen lebhaften Traum, der sie in ihre Vergangenheit führte, aber auch auf ihre Zukunft hinwies. In diesem begegnete sie sich selbst in einer früheren Gestalt als Indianerfrau, die auf einem Pferd durch die Prärie ritt. Nach einigen Jahren hatte sie in New York noch einmal denselben Traum. Sie sah sich erneut in einem indianischen Gewand auf einem Pferd über die Prärie reiten. Als sie einige Monate später mit dem Auto zum ersten Mal durch das Monument Valley fuhr, wurde es ihr plötzlich bewusst, dass diese Gegend ihr vertraut vorkam. Sie stieg aus, ging etwas von der Straße weg und erkannte den Ort aus ihren beiden Träumen. Gegen Ende ihres Lebens, nachdem sie ihre langjährige ärztliche Tätigkeit aufgegeben hatte, wohnte sie tatsächlich bis zu ihrem Tod in einer Prärie. (29)

Es gibt auch Träume, welche die Wiedergeburt eines vor Kurzem verstorbenen Kindes anzeigen. Die amerikanische Reinkarnationsforscherin *Carol Bowman* beschreibt in ihrem Buch »Ich werde wieder bei dir sein« derartige Beispiele. (30) Ich habe selber einen solchen Fall erlebt, als mir eine Frau an meinem früheren Wohnort die Stelle zeigte, wo ihre ältere Tochter von einem vorbeifahrenden Auto tödlich verletzt wurde. Wenige Jahre später hatte sie einen nächtlichen Traum, in dem ihr das verstorbene Mädchen ankündigte: »Mama, ich komme wieder zu dir, aber diesmal kommen wir zu zweit.« Ein halbes Jahr später wurde diese Frau erneut schwanger und brachte, wie vorausgesagt, nach neun Monaten gesunde Zwillinge zur Welt.

In meinem gegenwärtigen Leben habe ich zwischen dem 20. und 30. Lebensjahr viele Male geträumt, ich werde hingerichtet. Ich sah mich stets in der gleichen Situation, nämlich an einer hohen Bambuswand hängend, mit anderen zum Tode Verurteilten in einer Front. Vor uns hing bei jedem von uns an einem Seil befestigt ein schwerer Stein. Die Bambusmatte wurde hin und her geschwenkt und mit ihr auch die aufgehängten Steine, die beim Zurückprallen die Körper der Hängenden zertrümmerten. Ein derartige Hinrichtungsmethode war mir völlig unbekannt. Bei einer Rückführungstherapie in ein früheres Leben erfuhr ich, dass ich im Jahr 1650 in China auf diese Weise ums Leben kam. Einige Jahre später versicherte mir eine China-Forscherin, dass zu jener Zeit im alten China diese Hinrichtungsart tatsächlich üblich war. Nachdem mir diese angstauslösende Situation, die mich jahrelang verfolgte, bewusst wurde, war ich von diesen Hinrichtungsträumen ein für alle Mal befreit.

Das Schweizer Fernsehen strahlte im Jahr 2010 einen Dokumentar-Film aus, in dem der Winterthurer Konstrukteur *Hans Fickler* von seinen Rückerinnerungsträumen an ein früheres Leben berichtete. Nach einem Nahtod-Erlebnis träumte er während mehrerer Jahre immer wieder von einer Gegend in Nordamerika, in der er mit Sicherheit im gegenwärtigen Leben nie gewesen war. Diese Traumbilder waren so echt und eindrücklich, dass er von diesen genaue Skizzen und Pläne anfertigte. Um der Sache, die ihn nachhaltig beschäftigte, auf den Grund zu gehen, reiste er im Alter von achtundsiebzig Jahren samt seiner umfangreichen Dokumentation in die USA. In der Stadt Omaha im Staat Nebraska entdeckte er einen Stadtteil, dessen Gebäude, Straßen und Plätze in auffallender Weise mit seinen geträumten Bildern übereinstimmten. Immer mehr gelangte er zur Gewissheit, dass er hier in einem früheren Leben gewohnt haben musste. Im Stadtarchiv stieß er auf eine Aktennotiz aus dem Jahr 1867, in der genau jener Name vermerkt war, der in seinen Träumen mehrmals als sein früherer Name genannt wurde. Auch fand er das Gebäude mit seinem früheren Arbeitsplatz. Seine Traumaufzeichnungen führten ihn auch in den US-Staat Pennsylvania, wo angeblich noch seine Urenkelin wohnen würde. Tatsächlich fand er deren Haus, in dem er selber vor vielen Jahren mit seiner Familie gewohnt hatte. Dort begegnete er einer 91-jährigen Frau, deren Urahne er einst selber war, wie alte Fotos aus dem Familienalbum vermuten ließen. An jenem Ort entdeckte er eine alte Bauruine, die nach seinen Traumskizzen sein früheres Wohnhaus gewesen sein musste. Schließlich war er aufgrund seiner Aufzeichnungen und Nachforschungen an Ort und Stelle überzeugt, im 19. Jahrhundert zu einer deutschen Auswandererfamilie gehört zu haben. Schließlich fand er auf einem nahe gelegenen Friedhof sogar den Grabstein aus seinem Vorleben mit dem Namen und den Daten, die mit seinen Traumgesichten genau übereinstimmten. (31)

Träume von früheren Leben kommen in Ländern, in denen der Glaube an die Wiedergeburt allgemein anerkannt ist, viel zahlreicher vor als in Gegenden, wo dies weniger der Fall ist oder selten zutrifft. In seinem Buch »Indizienbeweise« weist der Wiedergeburtsforscher *Dieter Hassler* nach, dass solche spontane Erinnerungsträume an frühere Leben von Kindern in zentralasiatischen Ländern und bei afrikanischen und indianischen Völkern recht häufig vorkommen, während sie in Europa und in nordamerikanischen Staaten aus religiösen, kulturellen oder erzieherischen Gründen eher selten sind oder von den Erwachsenen unterdrückt und verschwiegen werden. (32)

5. Wunderkinder beweisen die Wiedergeburt

Wunderkinder nennen wir Mädchen und Knaben, die schon in ihren ersten Lebensjahren ein außergewöhnliches Wissen und Können an den Tag legen, das sie nicht allein im jetzigen Leben durch Erziehung und Bildung in Elternhaus und Schule gelernt haben konnten.

Ihre außerordentlichen Begabungen, ihre besonderen Fähigkeiten und Kenntnisse müssen sie in einem früheren Leben erworben haben. Das Phänomen der Wunderkinder und jugendlichen Genies lässt sich kaum anders erklären als durch Wiedergeburt. Wir können annehmen, dass von diesen seltenen Menschen ein Wissen mitgebracht wird, das sie sich in früheren Leben angeeignet haben. Dieses erlaubt ihnen, auf dem gleichen künstlerischen oder wissenschaftlichen Kenntnisstand weiterhin tätig zu sein, auf dem sie in einem vorangegangenen Leben beachtenswerte Leistungen erbrachten. Auch durch Vererbung von Talenten oder durch seltene Kombinationen angeborener Eigenschaften sind diese kaum zu begründen. So schreibt *K. O. Schmidt*: »Durch Vererbung lässt sich das jähe Auftauchen eines Genies nicht erklären, zumal kaum ein Genie ebenbürtige Nachkommen hatte.« (33) Deshalb heißt ein Sprichwort: »Es ist selten, dass berühmte Väter auch berühmte Söhne haben.« Seltene Ausnahmen stellen wir bei der Musikerfamilie Bach und Strauß fest oder in der Mathematiker-Dynastie der Bernoullis in Basel. Der Psychiater *Wilhelm Lange-Eichbaum* (1875-1949) hält in seiner »Pathographie des Genies« fest, dass für geniale Menschen keine spezielle biologische Vorbedingung besteht, und dass Sonderbegabungen unter keinen Umständen einem bestimmten Menschentyp zugeordnet werden können. (34)

Dem amerikanischen Dirigenten und Komponisten *Leonard Bernstein* (1918-1990) fiel eines Tages in Wien wie zufällig die Originalpartitur der 9. Symphonie des österreichischen Komponisten *Gustav Mahler* (1860-1911) in die Hände. Bei deren Anblick glaubte er, jede Note und jedes Zeichen zu erkennen, als hätte er dieses Musikstück selber geschrieben. Bernstein wusste plötzlich, wie jede Note gemeint war, was Mahler mit ihr ausdrücken wollte, als wäre all das aus der eigenen Seele entstanden. Und da gab es für ihn keinen Zweifel mehr: »Diese Noten habe ich selbst geschrieben. Kein anderer. Ich bin der wiedergeborene Gustav Mahler.« (35)

Ein besonderes Merkmal bei echten Wunderkindern ist ihre erstaunliche Frühreife. Als die spätere Stargeigerin und Solistin *Anne-Sophie Mutter* (*1963) im frühen Kindesalter zum ersten Mal auf einer Geige spielte, schien es ihr, als habe sie ein gleiches Instrument schon in einem früheren Leben in der Hand gehabt. Als sie mit fünf Jahren dem Dirigenten *Herbert von Karajan* auf ihrer Violine vorspielte, meinte dieser erstaunt: »Das ist kein Talent, das ist ein Genie«, was sich später auch bestätigte. In meinem Buch »Woher wir kommen, wohin wir gehen« habe ich das Phänomen der Wunderkinder eingehend beschrieben und mit zahlreichen Beispielen belegt. (36) Aus diesen Ausführungen seien hier nur ein paar wenige Beispiele genannt:

Das Gedächtnisgenie *Kim Peek* (1951-2009) begann bereits mit sechzehn Monaten zu lesen; *Chantalle Coleman* (*1960) fing mit sechs Monaten an verständlich in ganzen Sätzen zu sprechen. Die Engländerin *Ruth Lawrence* begann mit elf Jahren ihr Mathematikstudium an der Elite-Hochschule von Oxford, das sie zwei Jahre danach mit dem Magister-Diplom erfolgreich abschloss. Noch vor ihrer Volljährigkeit wurde sie zur Professorin für Mathematik an der Universität in Cambridge ernannt. Der Knabe *Ejal* (*1986), Sohn einer einfachen Handwerkerfamilie in Israel, konnte mit anderthalb Jahren lesen. Kurz danach fing er an, Englisch zu sprechen. Mit drei Jahren wurde er zum Studium der Physik an der Universität Haifa zugelassen. Das texanische Wunderkind *Priya Pureval* (*1998) sprach, bevor sie einjährig war, fehlerfrei in ihrer Muttersprache, und mit vier Jahren konnte sie fließend lesen.

Zu erwähnen ist hier die staunenswerte Lebensgeschichte eines Bauernbuben aus dem Hinterland von Luzern, der als Sprachgelehrter unter der Bezeichnung »Das Genie aus Großwangen« bekannt geworden ist: *Eduard Huber* (1879-1914) fiel schon in seiner Schulzeit durch seine Interessen an orientalischen Sprachen auf. Nicht nur in Latein und Griechisch kannte er sich aus. Er erwarb sich in jungen Jahren gründliche Kenntnisse in Hebräisch, Arabisch, Chaldäisch, Persisch, Sanskrit und Chinesisch. Als Gymnasiast hatte er eine Tageszeitung in arabischer Sprache abonniert, die in Kairo erschien. Mit achtzehn Jahren schrieb er sich an der Pariser Universität Sorbonne ein und belegte dort die Sprachfächer für Russisch, Japanisch, Chinesisch, Armenisch, Hindi und Türkisch. Außerdem studierte er nebenbei siamesische, burmesische und tailändische Sprachen.

Im Alter von sechsundzwanzig Jahren wurde er von der französischen Kolonialverwaltung zum Professor für Chinesisch nach Indochina in die Stadt Hanoi berufen. Damals beherrschte er an die dreißig asiatische Sprachen. Da er diese oft nur in wenigen Wochen erlernte, kann man vermuten, dass ihm diese schon in früheren Leben geläufig waren. Er forschte in Klöstern und Bibliotheken nach alten Handschriften und übersetzte diese ins Chinesische. Gerne unterhielt er sich mit buddhistischen Mönchen in ihrer Sprache. Er kleidete sich wie diese und glich mit den Jahren in Gestalt, Auftreten und Gesichtsausdruck mehr einem Einheimischen denn einem Europäer, wie auf Erinnerungsfotos zu sehen ist. Im Alter von 35 Jahren starb er an einer fiebrigen Tropenkrankheit. (37)

Auch das Lebensschicksal von *William Sidis* (1898-1944) lässt sich nur verstehen und erklären durch die Annahme von wiederholten Erdenleben. Seine Eltern sind während des Zweiten Weltkriegs wegen der Judenverfolgung aus der Ukraine nach Westen geflohen. Mit achtzehn Monaten liest der Knabe bereits Zeitungen, mit vier Jahren kann er griechische und lateinische Texte verstehen und übersetzen. Als Achtjähriger hat er bereits vier wissenschaftliche Bücher verfasst. Mit zehn Jahren hielt er vor Professoren der Harvard-Universität einen Vortrag über die vierte Dimension in der Physik, worauf er dort als Student zugelassen wird. Als Erwachsener soll er rund vierzig Sprachen beherrscht haben. Mit sechsundvierzig Jahren starb er überraschend an einer Gehirnblutung. (38)

Als jüngstes Beispiel in meiner Sammlung »Wunderkinder« sei *Maximilian Janisch* aus Meierskappel im Kanton Luzern erwähnt. In der Primarschule übersprang er drei Klassen. Mit neuen Jahren bestand er die Maturitätsprüfung in Mathematik. Als Fünfzehnjähriger galt der Hochbegabte mit einem IQ von 149+ (Durchschnitt 90-110) als der jüngste Mathematik-Student an der Universität Zürich und begann dort sein Master-Studium. Im September 2015 wurde er als jüngster Student Frankreichs an der französischen Universität Perpignan aufgenommen. Inzwischen ist er Mitglied der Schweizerischen Studienstiftung zur Förderung leistungsstarker Akademiker. Sein Privatlehrer, Professor *Camillo De Leilis,* der vor Kurzem an die Universität

Princeton berufen wurde, sagte von ihm: »Ich habe nie eine solche Begabung gesehen wie bei ihm.« (39)

Wunderkinder beweisen durch ihr Dasein und durch ihr Sosein die Wiedergeburt. Sie erscheinen wie Meteore am nächtlichen Sternenhimmel, leuchten kurz auf und verschwinden wieder. Was sie uns beweisen wollen, ist dies: Sie kommen als alte Seelen aus langer Vergangenheit zu einem vorübergehenden Gastspiel auf unsere Erde, um uns als staunende und nachdenklich gewordene Zeitzeugen auf die Tatsachen der wiederholten Erdenleben aufmerksam zu machen.

Überzeugende Erfahrungsbeweise

Wer nicht von dreitausend Jahren
sich weiß Rechenschaft zu geben,
bleib im Dunkeln unerfahren,
mag er von Tag zu Tage leben.

GOETHE

Jede ernst zu nehmende Wissenschaft muss für ihre Behauptungen auch Beweise vorlegen, die als solche anerkannt werden. Die gilt auch für die Lehre von den wiederholten Erdenleben. (40) Es ist bekannt, dass nur wenige Menschen sich daran erinnern können, schon einmal gelebt zu haben. Für die meisten in unserem Umfeld wäre ein solches Geständnis nicht nur ungewohnt, sondern auch kaum glaubwürdig. Im Gegensatz hierzu werden solche Erfahrungen in Ländern, wo der Wiedergeburtsgedanke voll akzeptiert ist, beinahe für alltäglich hingenommen.

Für das Vergessen eigener Erfahrungen aus früheren Erdenleben haben die Menschen schon im Altertum einleuchtende Erklärungen gesucht. Die alten Griechen und Römer hatten dafür ihre Mythen vom »Trunk des Vergessens«. Zuständig hierfür war die Göttin *Mnemosyne,* welche die Erinnerungen überwachte. Sie erlaubte es den Verstorbenen, aus dem Unterweltfluss Lethe Vergessenheit zu trinken, was sie alle Leiden und Sorgen des vergangenen Lebens vergessen ließ. (41)

Platon schildert in seinem Dialog »Phaidon«, wie den zur Wiedergeburt vorbestimmten Seelen im Jenseits vor ihrer erneuten Menschwerdung der »Trunk des Vergessens« gereicht wird. (42) Auch der römische Dichter *Vergil* (70-19 v. Chr.) beschreibt im 6. Gesang seiner »Aeneis«, wie die Seelen, die bereit sind, sich erneut zu verkörpern, »vom Wasser der Lethe trinken, um Vergessenheit und Freisein von Sorgen zu erlangen, indem sie sich von den Erinnerungen an ihre früheren Leben reinigen«. In einem koptisch-gnostischen Text, der vermutlich aus dem 2. oder 3. Jahrhundert stammt, heißt es, dass vor jeder neuen Geburt eines Menschenkindes die Vergangenheit wie mit einem Schleier verhüllt wird, damit diese nicht auf das Bewusstsein der neuen Person übertragen wird. Nach einer alten Sage soll der »Engel des Vergessens« bei der Geburt des Kindes einen dünnen Schleier über dessen Gesicht werfen, wodurch alle Erinnerungen an seine früheren Leben zugedeckt werden. (43)

Laut einer mittelalterlichen Erzählung soll ein Engel kurz vor der Geburt eines Kindes dessen Oberlippe berühren und dadurch alle früheren Erinnerungen auslöschen. Dies soll bewirken, dass die wiedergeborene Geistseele nicht von den Erschwernissen der vergangenen Erdenleben belastet wird. Kommt diese Vorstellung wohl daher, dass wir uns bei angestrengtem Besinnen und Nachdenken oft unbewusst jene Hautrille betasten, die Nasenspitze und Oberlippe verbindet?

Der amerikanische Lebensphilosoph *Prentice Mulford* (1834-1891), der als einer der wichtigsten Vertreter der Neugeist-Bewegung gilt, schrieb: »Wie weise ist es, dass wir als noch unvollkommene Wesen nicht wissen, was wir im vergangenen Leben erlitten haben. Wenn wir nicht vergessen würden, hätten wir einen solchen Ballast lästiger und unerfreulicher Erinnerungen mit uns herumzuschleppen, dass unsere Aufnahmefähigkeit für neue Eindrücke dadurch behindert würde.« (44) Es ist für die meisten Menschen gewiss von Vorteil, vergessen zu können, was früher einmal an Plagen und Qualen uns belastet hat. Jedoch ist es nicht so, dass wir bei jeder Wiedergeburt erneut bei null anfangen müssten. In den Tiefenschichten unseres Unbewussten ist Raum genug, um aufbewahren zu können, was für unseren seelischen und geistigen Fortschritt von Wichtigkeit ist.

Erinnerungen an frühere Leben

Da die Seele oft geboren wird, gibt es nichts,
was sie nicht schon erfahren hat;
kein Wunder also, dass sie sich erinnern kann,
was sie früher schon wusste.

Ralph Waldo Emerson

Es ist keineswegs so, dass alle Erinnerung an frühere Leben aus unserem mentalen Bewusstsein für immer verschwunden sind. Was in früheren Zeiten oft als Halluzinationen und Einbildungen missverstanden wurde, könnte auch als Erinnerungen an frühere Leben gesehen werden. Es ist, als wenn ein Schauspieler in einem alten Film sich selber in einer früheren Rolle erkennt und weiß: »Das bin ich vor vielen Jahren gewesen.« Die entscheidende Frage, die sich hier stellt, heißt nicht nur: »Wer bin ich heute?«, sondern auch: »Wer war ich in einem früheren Leben?« (45) Inzwischen wird immer deutlicher: Wir tragen unsere Erinnerungen nicht in einem hirnabhängigen Gedächtnisspeicher mit uns herum, sondern wir speichern diese in energetischen Kraftfeldern, wo sie uns selbst in außerkörperlichen Bewusstseinszuständen, bei außerkörperlichen Erfahrungen und sogar nach dem Tode noch zugänglich bleiben. (46)

Auch nach dem Tod eines Menschen müssen dessen Erinnerungen an frühere Leben Bestand haben, was die vielen Rückführungserfahrungen auch beweisen können. Diese zeigen, dass Gedächtnisinhalte selbst dann noch als Informationen abrufbar sind, wenn das Hirnorgan nicht mehr funktionsfähig oder nicht mehr vorhanden ist. (47) So kann es möglich sein, dass wir uns auch in einem wiederholten Leben an längst vergangene Geschehnisse erinnern können. Mediale Kontakte mit Verstorbene beweisen dies.

Die Annahme von einem »genetischen Gedächtnis« vermag in diesen Fällen nicht zu überzeugen. Durch Gene können wohl biologische und psychische Informationen der Vitalseele als Lernerfahrungen und eingeübte Gewohnheiten auf die Nachkommen weitervererbt werden, jedoch nicht Bewusstseinsinhalte der Geistseele, die nicht den Erbgesetzen unterliegen. Die Erfahrung zeigt, dass diese Rückerinnerungen nicht ein ganzes vergangenes Leben wie in einem Film bewusst machen, sondern nur einzelne Ausschnitte, die besonders einprägsame Spuren hinterlassen haben. (48)

Bei den Erforschungen seiner früheren Leben bekam *Stefan von Jankovich* während eines Nahtod-Erlebnisses eindeutige Hinweise auf seine vergangenen Existenzen an verschiedenen Orten rund ums Mittelmeer. So erlebte er sich einmal als Fischer in Dalmatien, ein andermal als Schiffsbauer im Süden Englands, im Mittelalter als noble Frau in Venedig, aber auch als Bäuerin im antiken Griechenland. In seinem jüngsten Leben ging er diesen intuitiv empfundenen Eingaben nach und fand tatsächlich in Dalmatien an der Adriaküste den Ort und das Haus, wo er als Pietro Mulinar oder Mulnar im 19. Jahrhundert gelebt hatte. Sogar den Grabstein mit seinem damaligen Namen und seinen Lebensdaten konnte er ausfindig machen. Auf ähnliche Weise wurde er im Sommer 1937 durch eine innere Eingabe zu jenem Haus in der Nähe der Rialto-Brücke in Venedig geführt, in dem er in einem früheren Leben als Frau Bianca gewohnt hatte. (49)

Die Anerkennung der Reinkarnationsidee bezieht sich nicht nur auf asiatische und südamerikanische Länder, sondern sie erfreut sich heute weltweit eines zunehmenden Interesses, wie der enorme Zuwachs an entsprechender Literatur und an Medienbeiträgen beweist. Bereits um die Mitte des vergangenen Jahrhunderts ist dieser Trend deutlich geworden, als der amerikanische Hellseher und Heiler *Edgar Cayce* (1877-1945), genannt der »Schlafende Prophet«, (50) in der Lage war, im Zustand der medialen Trance fremden Personen, die ihm lediglich ihr Geburtsdatum nennen mussten, zutreffende Angaben nicht nur über ihr gegenwärtiges Leben, sondern in einer Rückschau auch auf ihre früheren Leben und ihr Karma zu geben. (51)

Einem Mann sagte er im Jahr 1925, er habe im vorigen Jahrhundert beim amerikanischen Sezessionskrieg von 1861 bis 1865 auf der Seite der Konföderation gekämpft. Die Existenz dieses Mannes konnte später aus dem damaligen Mannschaftsregister nachgewiesen werden, was als Beweis für dessen Wiedergeburt gesehen wurde. (52) Indem *Cayce* durch seine Rückführungen in vergangene Leben bei zahlreichen ratsuchenden Menschen deren Vergangenheit bewusst machte, konnte er bei diesen viele gesundheitliche, partnerschaftliche und berufliche Probleme klären, indem er auf deren tiefere Ursachen in einem vergangenen Leben hinwies. (53)

Die kalifornische Psychologie-Professorin *Helen Stewart Wambach* hat in den 1950er Jahren bei mehr als 2000 Versuchspersonen durch hypnotische Rückführungen ein reiches Erfahrungsmaterial gesammelt, das sie veröffentlichte. Sie hat bei 87% ihrer zurückgeführten Versuchspersonen festgestellt, dass diese ihre Eltern, Geschwister, Verwandte oder Freunde bereits in früheren Leben gekannt hatten. (54)

Spontane Erinnerungen an frühere Leben kommen gar nicht so selten bei kleinen Kindern im Alter von drei bis fünf Jahren vor. Diese behaupten etwa, sich lebhaft an ihr früheres Leben zu erinnern, indem sie Ort und Zeit sowie die Namen ihrer früheren Eltern oder Geschwister genau angeben können. Die Erfahrung lehrt, dass Kinder in ihren ersten Lebensjahren den Erinnerungen an ein früheres Leben noch viel näher stehen als in späteren Jahren. In Gegenden und Familien, wo das Wissen um die wiederholten Leben allgemein anerkannt ist, kommt es viel häufiger vor, dass Kleinkinder sich an ihre früheren Eltern und Geschwister, an ihren einstigen Wohnort und ihre ehemaligen Wohnverhältnisse erinnern. Oft können sie auf alten Familienfotos ihre damaligen Verwandten und Bekannten klar erkennen und mit ihren Namen benennen. (55)

Manchen Eltern mag es schwerfallen, die Erzählung ihres Kindes über sein Vorleben bei anderen Eltern mit Interesse entgegen zu nehmen und positiv darauf zu reagieren. Wenn ihnen der Gedanke an die Wiedergeburt fremd ist, dann sind sie damit wahrscheinlich überfordert. Vielleicht befürchten sie, mit ihrem Kind stimme etwas nicht. So versuchen sie, derartigen peinlichen »Phantasien« auszuweichen oder sie zu verbieten. In seinem Interview anlässlich eines Besuches im Tibetischen Mönchskloster in Rikon bei Zürich im Jahr 1979 sagte der gegenwärtige *Dalai Lama*: »Ein Kind mit drei oder vier Jahren hat in diesem Alter die beste Zeit, sich klar an etwas aus seinem letzten Leben zu erinnern. Danach nimmt diese großartige Fähigkeit ab, weil die Bindungen an das jetzige Leben immer stärker werden.« (56)

Tatsächlich zeigt die Erfahrung, dass solche Erinnerungen an ein früheres Leben zur Zeit des ersten Gestaltwandels um das 6./7. Altersjahr langsam verblassen und schließlich ganz aufhören. Wahrscheinlich kämen spontane Rückerinnerungen auch bei Erwachsenen viel häufiger vor, wenn diese in ihrer Kindheit nicht durch ihre Eltern und Erzieher als bloße Phantasien hingestellt oder als Unsinn unterdrückt worden wären. In Familien oder Ländern, wo der Wiedergeburtsgedanke Zustimmung findet, werden derartige Phänomene auch häufiger bekannt. So wird aus östlichen Ländern immer wieder berichtet, dass kleine Kinder sich an ihre früheren Namen und Kosenamen, an ihre Eltern und Geschwister aus einem vorherigen Leben erinnern, persönliche Gegenstände wie Spielsachen oder Schmuckstücke aus jener Zeit wiedererkennen oder intime Kenntnisse haben vom einstigen Familienleben. In westlichen Ländern sind derartige Äußerungen eher verpönt und verboten, weil sie nicht zu den anerkannten Glaubensvorstellungen gehören. (57)

Ian Stevenson, ehemaliger Professor an der Universität Virginia, hat während seiner vierzigjährign Forschertätigkeit auf diesem Gebiet an die 2600 Fälle von Kindern untersucht, die angaben, sich an ein Vorleben an einem anderen Ort in einer anderen Familie erinnern zu können. Über seine Forschungsergebnisse hat er neun Bücher veröffentlicht und an die 300 Aufsätze verfasst. Er fand aufgrund seiner Nachforschungen mit streng wissenschaftlichen Methoden an Ort und Stelle oft eine unmittelbare Übereinstimmung zwischen den kindlichen Erinnerungen und dem Leben der erinnerten Person aus ihrem früheren Leben. Er untersuchte derartige Fälle in zehn verschiedenen Kulturen und stellte fest, dass ein hoher Anteil jener, die sich an eine frühere Inkarnation erinnerten, in ihrem früheren Leben eines gewaltsamen Todes gestorben war. Er hat außerdem in seiner umfangreichen Forschungsarbeit spezielle 225 Fälle mit wissenschaftlicher Genauigkeit untersucht und ausführlich dokumentiert, indem er die körperlichen Stigmata dieser Kinder mit deren Erinnerungen verglich und durch Arztberichte, anatomische Zeichnungen, Fotos, Röntgenbilder, Autopsieberichte und Bestandsaufnahmen der Polizei belegen konnte. Aufgrund seiner Nachforschungen an Ort und Stelle fand er eine unmittelbare Übereinstimmung zwischen den kindlichen Erinnerungen und dem Leben der genannten Personen aus ihrem früheren Leben. Er stellte fest, dass ein hoher Anteil jener, die sich an eine frühere Inkarnation erinnerten, in ihrem Vorleben eines gewaltsamen Todes gestorben waren. (58)

Dies lässt vermuten, dass diese Kinder vorzeitig und allzu früh aus dem Leben gerissen wurden und deshalb bald danach wieder zur erneuten Menschwerdung drängten, was ihre Erinnerungen an ihr vergangenes Leben erklären könnten. Bis heute sind weit über dreitausend Fälle von kleinen Kindern bekannt geworden, die sich spontan an eines ihrer früheren Leben und an ihre damaligen mitmenschlichen Beziehungen erinnerten. (59) Es häufen sich heute jene Fälle, wo Kinder über ihre Erlebnisse aus einem früheren Leben ganz natürlich erzählen, sich an eine Familie erinnern, in der sie in einer anderen Zeit und in einer anderen Gegend gelebt haben. Sie erinnern sich an Angehörige, die vor ihrer Geburt starben und die sie im gegenwärtigen Leben gar nicht gekannt haben konnten. Neuerdings hat auch die Psychotherapeutin *Carol Bowman,* die heute in Pennsylvania lebt, sich mit spontanen Rückerinnerungen bei Kindern befasst und hierüber mehrere Bücher geschrieben. (60)

Walter van Laak erzählt in seinem Buch »Wer stirbt ist nicht tot« die Geschichte eines 13-jährigen Mädchens, das mit acht Monaten laufen und mit zwölf Monaten sprechen konnte. Immer wieder habe es behauptet, seine jetzigen Eltern seien nicht seine wirklichen Eltern. Es gab an, eigentlich aus dem benachbarten Dorf zu stammen. Später dorthin gebracht, erkannte es seine frühere Familie sofort wieder. Es stellt sich dann heraus, dass deren Tochter zehn Jahre zuvor durch einen Unfall ums Leben gekommen war. Das Mädchen erkannte auch seine frühere Tante wieder, in deren Armen es damals gestorben war. (61) Auch der amerikanische Kinderpsychiater und Professor für Neuropsychologie an der Universität von Virginia, *Jim B. Tucker,* ein früherer wissenschaftlicher Mitarbeiter von *Ian Stevenson,* hat im Jahr 2013 unter dem Titel »Return to Life« einen Forschungsbericht veröffentlicht. Dieser enthält die Ergebnisse seiner zahlreichen Untersuchungen bei Kindern, die sich an ein früheres Leben erinnern konnten. (62)

Experimentelle Nachweise früherer Leben

Unter einem Experiment ist in der exakten Wissenschaft eine wiederholbare, veränderbare und kontrollierbare Versuchsanordnung zu verstehen, um die Richtigkeit und Gültigkeit eines bestimmten Tatbestandes nachzuweisen. Auch in der Jenseitsforschung kann durch die kontrollierte Rückführung eines Menschen in seine wiederholten Erdenleben der Entwicklungsweg seiner Geistseele erhellt werden. Es handelt sich um eine Reise in seine Vergangenheit durch das Bewusstmachen seiner Erfahrungen und Erlebnisse, die im Langzeitgedächtnis seines Unbewussten aufbewahrt sind. Von dort können diese wieder zurückgerufen werden. Dies geschieht durch das Erinnern. Um mit dem eigenen Unbewussten als Informationsquelle richtig umgehen zu können, müssen wir seine Eigenart kennen. Die moderne Tiefenpsychologie hat folgende Eigenschaften des Unbewussten entdeckt und beschrieben, die bei einer Rückführung zu beachten sind:

- Das Unbewusste vergisst nichts. Es denkt zeitlos und kennt keine Vergangenheit.

- Das Unbewusste ist eine sichere Speicherkammer für alles Vergessene und Verdrängte.

- Die bevorzugte Sprache des Unbewussten ist die Bildsprache.

- Diese Bilder haben häufig einen Symbolcharakter und bedürfen der richtigen Deutung.

- Das Unbewusste nimmt alle Weisungen und Befehle wörtlich.

- Das Unbewusste bewertet, kontrolliert und kritisiert nicht nach Moralvorstellungen.

- Das Unbewusste denkt nicht logisch, sondern analogisch durch Entsprechungen.

- Das Unbewusste kann ein Geflecht von Gedanken, Gefühlen, Erlebnissen und Vorstellungen bilden, mit Energie aufladen und als Komplex eigenständig weiterwirken.

- Unbewusste Seeleninhalte können sich spontan dem Bewusstsein aufdrängen, sowohl als unbeabsichtigte Fehlleistungen oder in Form von intuitiven, inspirativen und kreativen Gedankeneinfällen und Träumen.

Bei der Anwendung von Rückführungen sind mehrere Varianten denkbar, nämlich als Einzelrückführungen, als Gruppenrückführungen oder als Selbstrückführung. Letztere hat den Vorteil, dass man weder an Ort noch an Zeit gebunden ist. (63) So wie es möglich ist, einen Menschen durch das Verfahren der *Regression* bis in seine früheste Kindheit zurückzuführen und durch die Technik des *Rebirthing* sein eigenes Geburtserlebnis nachempfinden zu lassen, so besteht auch die Möglichkeit, bei ihm durch eine Rückführung die Erinnerung an frühere Leben wachzurufen. Bei der Verarbeitung eines bis dahin verdrängten Erlebnisinhaltes ist es notwendig zu verstehen, warum wir vor diesem nicht davonlaufen sollen, sondern uns mit ihm auseinandersetzen müssen, um daran zu wachsen und reifer zu werden. Verarbeitung ist der Schlüssel, mit dem sich ein neues Tor der Erkenntnis aufschließen lässt.

In der gegenwärtigen Rückführungspraxis kommen mehrere Methoden (gr. *methodos*: Weg) zur Anwendung, um einen Menschen in frühere Leben zurückführen zu können. Wesentliche Vorbedingung für jede Art von Rückführung ist die Entspannung. Bei jedem bewussten oder unbewussten Denkprozess werden im menschlichen Gehirn messbare Hirnströme erzeugt, die Rückschlüsse zulassen auf deren Tiefe, Intensität und Qualität. Die drei wichtigsten und häufigsten Verfahren hierzu, die wir zur Zeit kennen, sind:

- Die Hypnoanalyse
- Das katathyme Bilderleben
- Das Autogene Training

Durch die *Hypnose* (gr. *hypnos*: der Schlaf) kann ein begrenzter, schlafähnlicher Bewusstseinszustand mit eingeschränkter Aufmerksamkeit herbeigeführt werden. Dabei ist der Klient oder Patient nicht völlig bewusstlos. Im Gegenteil, alle seine Sinne sind wach und auf ein bestimmtes Ereignis in einem früheren Leben fokussiert. Er sieht sich selbst wie in einem Film, aber nicht bloß wie ein unbeteiligter Zuschauer, sondern erlebt sich als Mitspieler, indem er denkt, fühlt, empfindet, wahrnimmt und handelt als eigenständiger Akteur.

Das technische Vorgehen bei einer Rückführung mit Hilfe der Hypnose umfasst in der Regel vier Schritte. Zunächst wird der Klient auf suggestivem Weg in einen Zustand der tiefen Entspannung gebracht. In einem nächsten Schritt wird er in jenes Befinden geleitet, in dem sich Bilder aus seinem gegenwärtigen Dasein zeigen. Nun wird er aufgefordert, tiefer in seine Vergangenheit einzusteigen und Bilder aus einem früheren Leben wahrzunehmen. Schließlich wird nach einem Schlüsselerlebnis gefragt, das für das aktuelle Problem prägend gewirkt haben könnte. Ist ein solches gefunden, sollte dieses tief nacherlebt werden. Wenn dabei furchterregende Ängste, schreckhafte Erlebnisse oder schmerzhafte Verletzungen wahrgenommen werden, geht es darum, diese in ihren Einzelheiten nicht nur mit Worten zu beschreiben, sondern auch lebhaft zum Ausdruck zu bringen, emotional nachzuempfinden und affektiert auszuleben. Dies alles geschieht stets unter der Anleitung und Begleitung des Therapeuten. Anschließend soll dieses Ergebnis kritisch bewertet und wenn möglich richtig verarbeitet werden. (64)

Als Erster führte der französische Parapsychologe *Albert de Rochas* (1837-1914), langjähriger Direktor der Polytechnischen Hochschule in Paris, mit mehreren Versuchspersonen hypnotische Rückführungen in ihre frühe Kindheit durch und stellte dabei zufällig fest, dass diese in der Trance sich auch an vorhergegangene Leben erinnern konnten. Seine Erfahrungen hat er in seinem Buch »Die aufeinanderfolgenden

Leben«, das im Jahr 1914 in Leipzig erstmals erschienen ist, veröffentlicht. (65) Ähnliche Versuche gelangen dem schwedischen Psychiater und Professor an den schwedischen Universitäten von Uppsala und Lund, *John Björkhem* (1910-1963), der im Verlauf von fünfundzwanzig Jahren rund 600 Versuchspersonen, vorwiegend Studenten, auf hypnotischem Weg in frühere Leben zurückgeführt hat. (66)

Der Arzt und Hypnotherapeut *Morris Netherton* in Los Angeles konnte durch entsprechende Vorgaben dafür sorgen, dass bei Probanden die während des leichten hypnotischen Schlafes erlebten Bilder nach der Rückkehr ins Tagesbewusstsein in Erinnerung blieben. Auch er hat bei seinen Patienten festgestellt, dass diese selbst im Zustand der Hypnose die Kontrolle über sich selbst behielten. Daher war es ihnen möglich, die Erlebnisse aus einem früheren Leben auch danach in Erinnerung zu behalten und nachzuerleben. (67) *Helen Wambach* hat um das Jahr 1950 vorwiegend bei ihren Studenten an die 2000 hypnotische Rückführungsversuche durchgeführt und deren Forschungsergebnisse veröffentlicht. (68)

Ähnliche Erfahrungen machte *Thorwald Dethlefsen*, der im Jahr 1968 bei der Hypnotherapie seiner Klienten nach früheren Ursachen von unerklärlichen Phobien forschte. Dabei konnte die Rückführung in vergangene Leben wertvolle Hinweise geben. Wie er diese Möglichkeit entdeckt und therapeutisch genutzt hat, beschreibt er in seinem Buch »Das Erlebnis der Wiedergeburt« mit folgenden Worten: »Meine Erfahrungen zeigen, dass der überwiegende Teil aller Symptome ihren Ursprung in früheren Inkarnationen hat und nicht aus diesem Leben stammt. All das, was man landläufig als die Ursache eines Symptoms ausgibt, ist nicht die Ursache, sondern nur ein mehr oder weniger großes Glied in der langen Kette, die uns zur Ursache führen würde.« (69)

Aufgrund dieser Erfahrungen verstand er, dass Leiden, Unglücksfälle und schicksalshafte Ereignisse nicht Zufälle sind, sondern vielmehr ihre Ursachen in vergangenen Leben haben.

In einer späteren Phase seiner therapeutischen Tätigkeit erkannte er, dass er seine Klienten nicht nur durch Hypnose, sondern auch im entspannten Wachzustand in frühere Leben zurückführen konnte. Damit eröffnete sich ihm ein weiteres Forschungsgebiet, dessen Ergebnisse er in späteren Jahren in seinen Büchern sowie in seinen zahlreichen Vorträgen und Seminaren öffentlich bekannt machte. (70)

Eine gleiche Erfahrung machte der deutsche Psychiater *Johannes Heinrich Schultz* (1884-1970) in den 1930er Jahren, als er seine Methode der Tiefenentspannung durch autosuggestiven Gedankenvorstellungen entwickelte. Diese Übungen sind unter der Bezeichnung *Autogenes Training* weltweit bekannt geworden. Heute findet dieses Verfahren sowohl in der praktischen Medizin als auch in der Psychotherapie ihre häufige Anwendung. (71) Später stellte sich heraus, dass diese Entspannungsmethode sich auch sehr gut eignet, um Patienten ohne Bewusstseinseinschränkung in den entspannten Alpha-Zustand zu begleiten. In dieser Bewusstseinslage zwischen Wachen und Einschlafen, zwischen Tag und Traum kommt es zu einer tiefen Entspannung, die stufenweise durch entsprechende Vorstellungsbilder erreicht werden kann. In dieser Situation sendet das menschliche Gehirn elektromagnetische Wellen im Frequenzbereich von 13-8 Hertz aus. In diesem meditativen, tief entspannten Bewusstseinszustand ist der Mensch zugänglich für Eingebungen sowohl aus dem Unbewussten als auch aus dem transzendenten Raum des Überbewussten. Auch wird dadurch gleichsam ein Tor geöffnet hin zu Erlebnissen und Erfahrungen aus längst vergangenen Leben. (72) Die Rückführung im Alpha-Zustand empfiehlt auch der schwedische Medizintechniker *Jan Erik Sigdell* in seinem Lehrbuch »Rückführung in frühere Leben«. (73)

Eine weitere Methode zur Rückführung in ein früheres Leben kann das *katathyme Bilderleben* sein, das der deutsche Psychiater *Hanscarl Leuner* (1919-1996), ehemals Professor an der Universität Göttingen, in den 1930er Jahren eingeführt hat, um konfliktgeladene Lebenssituationen zu analysieren und deren oft weit zurückliegende Ursachen aufzudecken. Dabei sollen, ähnlich wie in einem Tagtraum, durch gedankliche Vorstellungen bestimmte Phantasiebilder wie Wiese, Bach, Berg, Haus oder Wald ins Bewusstsein gerufen werden. Diesen eingebildeten Vorstellungsbildern soll eine symbolische Bedeutung zukommen, und so können sie auf aktuelle Probleme oder bestehende Konflikte hinweisen. Dabei wird angenommen, dass sich in diesen nach außen projizierten Bildern das Innenleben des Klienten oder Patienten spiegelt.

Beispielsweise soll das Bild der *Wiese* die gegenwärtige Lebenssituation aktivieren und die gegenwärtige Stimmungslage zum Ausdruck bringen. Das Phantasiebild eines *Baches* steht für das Fließen der seelischen Lebensenergien. Die Herkunft des *Wassers*, seine Fließrichtung und allfällige Störungen und Blockaden lassen auf die innerseelische Dynamik schließen. Der *Berg* wird in seiner Form zum Symbol für die eigene Persönlichkeit, für deren Position, Struktur und Bewusstseinszustand, sowie für deren Festigkeit und Stellung in der Gesellschaft. Er steht auch für die Handlungsbereitschaft und die Herangehensweise zur Bewältigung einer Aufgabe. Das *Haus* gilt als Symbol für die Ganzheit der Psyche. Dessen Räume beherbergen die bewussten und unbewussten Seelenanteile und speichern deren Erfahrungen und Erlebnisse. Die Einrichtungen seiner Wohnräume verraten die persönlichen Neigungen, Interessen und Erinnerungen, aber auch die geheimen Verstecke. Die *Wiese* schließlich ist der Ort, wo wir uns niederlassen können, wo wir uns beheimatet und sicher fühlen, wo wir entspannt verweilen möchten. Was auf dieser Wiese gedeiht, wächst und blüht sind unsere Wünsche und Bedürfnisse; was wild ins Kraut schießt, sind unsere unerwünschten Triebansprüche und Süchte: was nicht gedeihen sollte, sind unsere Hemmungen, Blockaden und Ängste.

Diese vier Arten von Vorstellungsbildern können erweitert werden, so etwa durch das Phantasiebild eines Waldes, einer Höhle oder eines Wolkengebildes. Auf diese Weise ist es möglich, Erinnerungen aus vergangenen Leben ins Gedächtnis zu rufen. Ich selber wurde mehrmals in vergangene Leben zurückgeführt durch die Aufforderung des Begleiters, in Gedanken durch eine vorgestellte Wolkenlücke am Abendhimmel zu schweben und so in ein früheres Leben einzutauchen, was mir jedes Mal auch sogleich gelang. Sobald sich ein deutliches Bild einstellt, kann der Therapeut sich mit Fragen einschalten wie: »Was siehst du jetzt? Beschreibe die Situation, in der du dich gerade befindest. Wer bist du jetzt? Tut sich etwas in deiner Umgebung?«

Im Unterschied zur hypnotischen Rückführung ist bei diesem imaginativen Bilderleben ein Dialog zwischen dem Klienten auf der Liege und dem Therapeuten, der daneben sitzt, als Teil des therapeutischen Verfahrens durchaus wünschenswert.

Eine wertvolle Erweiterung der verschiedenen Rückführungsmethoden erzielte der amerikanische Psychotherapeut *Michael Newton* (1931-2016) mit der Begründung seiner *spirituellen Rückführung.* Er führte seine Klientin nicht nur in frühere Erdenleben zurück, sondern auch in den jenseitigen Zustand zwischen den Erdenleben, um ihr Befinden zwischen zwei Inkarnationen zu erforschen. (74) Auch seine erfolgreiche Schülerin und Rückführungs-Expertin, die Schweizerin *Ursula Demarmels,* führt manche Klienten auf ihrer Seelenreise auch in diese Zwischenstationen zurück, um nach den Beweggründen zu forschen, welche die erneute Menschwerdung veranlasst haben könnten. Auf diese Weise soll sie in den vergangenen dreißig Jahren an die 5000 Menschen im hypnotischen Trancezustand in deren Vorleben zurückgeführt haben. Dabei stellen sich jeweils Fragen in Bezug auf das frühere Leben ein wie: Was war in der vergangenen Inkarnation meine Lebensaufgabe? Warum wurde ich gerade zu dieser Zeit und an diesem Ort geboren? Was habe ich in meinen vergangenen Erdenleben gelernt und was habe ich nicht gelernt? Was ist mir gelungen, was habe ich nicht geschafft und was habe ich verpasst? Was war meine Lebensaufgabe? Auf diese Weise führt sie ihre Ratsuchenden nicht nur in frühere Leben zurück, sondern auch an jenseitige Aufenthaltsorte, die nach dem Erdenleben auf uns warten. Daraus ergeben sich Hinweise auf den Sinn ihres Lebens und auf die Aufgaben und Prüfungen, die sie zu bestehen haben, um in ihrer geistigen Entwicklung die erforderlichen Fortschritte machen zu können. (75)

Die Folgen einer Rückführung in ein früheres Leben können für uns vielfältig sein:

- Wir erleben unser Dasein als fortgesetztes Kontinuum von Geburt, Tod und Wiedergeburt.

- Wir verlieren die Angst vor dem eigenen Tod, weil wir erfahren haben, dass wir schon manchen Tod gestorben sind und immer noch leben.

- Wir identifizieren uns selbst nicht nur mit der gegenwärtigen Existenz, sondern erfahren, dass wir in eine ganze Kette von Einzelexistenzen eingebunden sind, wie die Perlen an einer Schnur.

- Wir dürfen annehmen und hoffen, dass wir in einem anderen Leben weiterführen oder beenden dürfen, was wir in diesem einen Leben nicht abschließen können.

- Wir dürfen erwarten, in einem nächsten Leben wiedergutmachen zu können, was wir im gegenwärtigen Leben verpasst, unterlassen oder gefehlt haben.

- Wie werden erfahren, dass unser geistiges Herkunftsland und unsere eigentliche Heimat nicht das irdische Diesseits, sondern das spirituelle Jenseits ist.

- Wir werden begreifen und verstehen, wie sehr wir mit allen und allem verbunden sind, und dass viele unserer gegenwärtigen Abhängigkeiten und Verpflichtungen nur vorübergehender Natur sind.

- In der Folge wird sich unser Bewusstsein immer mehr ausweiten und erhöhen, und wir werden erkennen, dass wir Bürger verschiedener Welten und »Kinder des Kosmos« sind. (76)

Das Erlebnis der eigenen Wiedergeburt macht in der Regel auf den zurückgeführten Menschen einen tiefen und nachhaltigen Eindruck. Er wird sein Selbstbewusstsein nicht mehr nur auf sein gegenwärtiges Dasein reduzieren, sondern dieses ausweiten auf mehrere Existenzen in anderen Leben. Er wird erkennen, das sein Selbst weit mehr ist als sein Ich. Geburt und Tod erfährt er nicht bloß als einmaliges Ereignis, sondern als mehrfache Erfahrung aus vergangenen Zeiten. Er kommt sich vor wie ein Schauspieler, der auf der Bühne des Lebens schon manche Rolle in unterschiedlichen Kleidern und Masken verkörpert hat. Wie die Erfahrung zeigt, können Rückführungen in frühere Leben auch eine *therapeutische* Wirkung haben. Die moderne Psychologie hat festgestellt, dass unser Unbewusstes nichts vergisst. Daher geht man heute in der Psychotherapie vermehrt vom zudeckenden Verfahren über zur aufdeckenden Methode, indem man versucht, Erinnerung an verborgene und verschüttete traumatische Erlebnisse aus der Kindheit, aber auch aus früheren Leben, bewusst zu machen und richtig zu verarbeiten. Während die üblichen Heilmethoden bei ihrer Anamnese im besten Fall auf die familiäre und persönliche Lebensgeschichte des Patienten zurückgreifen, geht die Rückführungstherapie möglichen Verursachungen in einem früheren Leben nach. Dies setzt allerdings voraus, dass die Lehre von den wiederholten Erdenleben überhaupt ernst genommen wird und deren Erkenntnisse ihre Anwendung finden.

Der klinische Psychologe *Baldur Ebertin* in Stuttgart ist überzeugt, dass der erwachte Mensch ein Reinkarnationsbewusstsein hat, das ihn unter den entsprechenden Bedingungen in seine früheren Leben zurückführen kann. Er hat immer wieder die Erfahrung gemacht, dass der Mensch seine Gegenwart und seine Zukunft nur dann bewusst gestalten kann, wenn er seine Vergangenheit kennt und allfällige Konflikte aus dieser Zeit richtig verarbeitet hat. (77)

Statt nur die symptomatische Auswirkung eines Problems, einer Schwierigkeit oder Krankheit anzusehen, wäre es daher besser, nach deren tieferen Ursachen zu fragen. Diese liegen bei Weitem nicht immer auf der Hand, sondern verbergen sich nicht selten unerkannt in der Vergangenheit, oft sogar weit zurück in einem früheren Leben. Wollen wir diese entdecken und verstehen, müssen wir dorthin zurückkehren, wo sie entstanden sind. Hierzu kann eine Rückführungstherapie die Lösung bringen und mögliche Heilungswege offenlegen. Der Reinkarnationstherapeut *Harald Wiesendanger* verspricht aufgrund seiner langjährigen Erfahrung auf diesem Heilungsweg »nahezu sämtlichen psychischen und psychosomatischen Leiden beikommen zu können, sie wesentlich zu lindern, wenn nicht gar völlig zu beseitigen«. (78)

Aus diesem Grunde kann man behaupten, dass bei den traditionellen Heilverfahren nur in den allerwenigsten Fällen die wirklich krankmachenden Ursachen aufgedeckt werden, sondern bloß deren körperliche und seelische Symptome, um diese zu behandeln, was natürlich nicht zu einer wirklichen Heilung führt. Daher wird heute von Psychologen, Psychiatern und Psychotherapeuten die Methode der Rückführung in ein früheres Leben immer häufiger eingesetzt, wenn der Verdacht besteht, dass die tiefere Ursache für ein bestehendes Problem, für eine psychische Störung oder für einen ungelösten Konflikt in einem früheren Leben liegen könnte.

Ungefähr seit dem Jahr 1950 haben die gezielten Rückführungen in Europa und in Amerika zunehmend Verbreitung und Anerkennung gefunden, weil sie sich in der ärztlichen und psychologischen Praxis bewährt haben. Man geht davon aus, dass der Mensch vor seinem jetzigen Leben bereits mehre Vorleben hatte und es dort zu Verursachungen kam, die sich erst im jetzigen Leben auswirken. (79) Neuerdings hat sich der amerikanische Psychiater *Brian L. Weiss* in Florida auf die Rückführung seiner Patienten in frühere Leben spezialisiert und so gute Heilungserfolge erzielt. Er erkannte, dass die Reinkarnationstherapie eine schnelle Methode zur Behandlung von psychiatrischen Symptomen ist – von Symptomen, deren Linderung früher nur mit monate- oder gar jahrelanger kostenaufwändiger Therapie möglich gewesen wäre. Er hat Hunderte von Patienten in Einzelsitzungen oder in Gruppen-Workshops in vergangene Leben zurückgeführt. Er hat erfahren, dass auf diese Weise sich ein viel schnellerer und direkterer Zugang zu den tieferen Ursachen von unterschiedlichen Konflikten, Zwängen, Ängsten und Leiden finden lässt. Manchmal sind es unerklärliche Befürchtungen, Phobien und Panikattacken, Beengungsgefühle in engen oder geschlossenen Räumen wie in einem Lift oder Keller, aber auch Gefühle der Bedrohung auf Brücken, am Ufer von Flüssen und Seen. Diese können durch Erinnerungen an traumatische Erlebnisse in früheren Leben ausgelöst werden. Es gelingt auf diesem Weg den Patienten oder Klienten, sich an verdrängte oder vergessene Erlebnisse zu erinnern und diese später im Bewusstsein zu behalten. Es handelt sich um einen Zustand konzentrierter Aufmerksamkeit, bei dem sich der Körper entspannt, die Umweltgeräusche weitgehend ausgeschaltet werden und das Erinnerungsvermögen sich ausweitet und vertieft, so dass längst vergessene oder verdrängte traumatische Geschehnisse ins Bewusstsein zurückgeführt werden können. Durch eine posthypnotische Suggestion kann dafür gesorgt werden, dass die erlebten Erlebnisse bei normalem Wachbewusstsein in Erinnerung behalten werden. Durch diese Rückführungen in frühere Leben hat er Hunderte seiner Patienten von chronischen und periodischen Schmerzen wie Migräne, Allergien oder Krampfanfällen geheilt, Tumore zum Verschwinden gebracht, aber auch auf der seelischen Ebene gestörte Beziehungen geklärt, suchtkranke Menschen von ihren Lastern und Schuldgefühlen befreit und sexuelle Missbrauchsopfer von ihren traumatischen Erlebnissen erlöst. (80) Ein überzeugendes Beispiel von einer wirksamen heilsamen Rückführung in ein früheres Leben bringt die Münchner Psychotherapeutin *Patricia Bahrani.* Sie berichtet von einer Klientin, die an einer panischen Angst litt, unter die Dusche zu gehen. Anlässlich einer Rückführung erinnerte sie sich, dass sie in ihrem vergangenen Leben als Jüdin in einem Nazi-Konzentrationslager vergast wurde, wobei das tödliche Gift durch eine Brause auf die in einem Raum eingesperrten Todgeweihten niederging.

Unter der Vielzahl der Ängste, welche die Lebensenergie blockieren können, sind die häufigsten: Prüfungs- und Versagensängste, Verlassenheitsängste, Gewissensängste und Strafängste, verbunden mit echten oder falschen Schuldgefühlen sowie Lebens- und Todesängste. Auch die Angst vor Wasser oder Feuer, vor Höhen und Tiefen, vor Brücken oder Bahnübergängen, vor Naturkatastrophen, vor sexuellen Übergriffen und brutalen Gewaltanwendungen sind nicht selten auf traumatische Erlebnisse in einem früheren Leben zurückzuführen. Die eigene Reinkarnationserfahrung kann dazu beitragen, dass üble Gewohnheiten, irrtümliche Vorstellungen und fehlgeleitete Verhaltensmuster aufgelöst werden. Zugleich werden Blockaden im Energiefluss beseitigt, was die körperlich-seelische Gesundheit deutlich verbessert.

Seit einigen Jahrzehnten hat sich die Rückführung als Therapiemethode in Europa und Amerika bewährt. So gibt es seit zwanzig Jahren in Amerika einen Berufsverband ausgebildeter Rückführungstherapeuten unter der Bezeichnung »Association for Past-Life-Research and

Therapy« (APRT) mit Hunderten von aktiven Mitgliedern. Auch bei uns in Europa ist die Zahl der Psychiater, Psychologen, Lebensberater und Heilpraktiker, die in diesem Sinne tätig sind, stark im Zunehmen begriffen. Es hat sich nämlich gezeigt, dass vielen gesundheitlichen, partnerschaftlichen und sozialen Problemen nicht mit den üblichen medizinischen und psychologischen Verfahren beizukommen ist, weil deren Ursachen in der aktuellen Biographie eines Patienten oder Klienten nicht auftauchen, sondern bis in frühere Leben zurückreichen. Will man sich nicht mit der bloßen Symptombekämpfung begnügen, die häufig nur zu einer Symptomverschiebung, aber nicht zur Ursachenbehebung führt, muss tiefer und weiter zurück in früheren Leben gesucht werden. Durch die Rückführung in frühere Existenzen wird der Zugang zu tieferen Schichten des Unbewussten geöffnet. Dabei können Erinnerungen an längst vergessene oder verdrängte traumatische Erlebnisse bewusst gemacht, nacherlebt und verarbeitet werden. So wie es ratsam ist, bei einer Bergtour einem kundigen Bergführer Schritt für Schritt zu folgen, so ist es auch angezeigt, sich bei einer Rückführung in ein früheres Leben einem erfahrenen Experten anzuvertrauen. Dieser führt durch seine Fragestellungen die Versuchsperson zurück in Situationen aus einem früheren Leben.

Einige wichtige Evidenzbeweise

Als *evident* (lat.: *evidens*: einleuchtend, vernünftig) sind jene Beweise zu nennen, die uns von der Vernunft her unmittelbar einleuchten und keinerlei weiterer Begründungen bedürfen. Unter einem Evidenzbeweis ist daher eine Einsicht oder eine Schlussfolgerung zu verstehen, die sich aus einem gegebenen Sachverhalt von selbst ergibt, weil sie einem ohne Weiteres einleuchtet. Dies kann sich aus dem Wesen eines Dinges ergeben, wie die Feststellung: Ein Kreis ist rund, ein Viereck ist eckig, das Holz ist hölzern oder das Eisen ist eisern. Es geht dabei um Aussagen, die aus sich selbst oder aus ihrem Wesen verständlich sind. Als evident bezeichnen wir auch Begriffe, die in sich keine Halbheiten dulden. Sie sind nur in ihrer Ganzheit und Vollständigkeit denkbar. Aus diesem Grund kommen diese in unserer Sprache nur in der Einzahl vor wie Frieden, Freiheit, Liebe, Gerechtigkeit oder Wahrheit.

Für die Tatsache der Wiedergeburt gelten folgende zehn Evidenzbeweise, welche auf die Bedeutung und die Notwendigkeit der wiederholten Erdenleben hinweisen können: Der historische Beweis, der Autoritätsbeweis, der Existenzbeweis, der logische Beweis, der anthropologische Beweis, der ontologische Beweis, der analogische Beweis, der ethische Beweis, der teleologische Beweis und der Identitätsbeweis.

1. Der historische Beweis

Für den Psychologen *Gerhard Adler* (1904-1988) besteht kein Zweifel, »dass die Reinkarnationsidee in allen Kulturen und zu allen Zeiten aufzufinden ist«. Er zählt die Wiedergeburtslehre zu den großen Denkmodellen, mit denen das Geschick der Welt und das Schicksal des Menschen sinnvoll zu deuten ist. Würde es sich dabei bloß um einen Aberglauben oder um eine verschrobene Irrlehre handeln, wäre sie schon längst ausgestorben. Obwohl sie immer wieder bekämpft wurde, hat sie mindestens als Geheimlehre auch bei Kirchen und Konfessionen bis zum heutigen Tag überlebt. Daher bezeichnet der Schriftsteller und Anhänger der Neugeist-Bewegung *K. O. Schmidt* den Reinkarnationsgedanken für den am meisten verbreiteten religiösen Glauben aller Zeiten. (81) Wir dürfen annehmen, dass sich der Gedanke an die wiederholten Inkarnationen des Menschen auf unserem Erdplaneten immer mehr durchsetzt und heute in weiten Kreisen als Glaubensvorstellung anerkannt wird. In unserer Zeit erlebt die Idee von den wiederholten Erdenleben geradezu einen neuen Aufschwung.

2. Der Autoritätsbeweis

Unter einer Autorität ist ein Mensch zu verstehen, der aufgrund seines Erkennens und seines Wissensvorsprungs der Wahrheit nahe kommt und deshalb für uns glaubwürdig und überzeugend wirkt. Deshalb geht der Autoritätsbeweis von der Tatsache aus, dass sich über viele Jahrhunderte hinweg sehr viele herausragende und berühmte Größen der Geistesgeschichte in Ost und West zur Idee der wiederholten Erdenleben bekannt haben. Der evangelische Theologe und Anthroposoph *Emil Bock* (1895-1959) erwähnt in seinem Buch »Wiederholte Erdenleben« insgesamt 159 bekannte Philosophen, Dichter, Schriftsteller und Künstler aus der jüngeren deutschen Geistesgeschichte, die in ihren Werken ein positives Interesse an der Wiedergeburtsidee bekundeten. (82)

K. O. Schmidt hat in seinem Buch »Alles Lebendige kehrt wieder« die Namen und Gedanken von 244 Geistesgrößen des Abendlandes zusammengetragen, die vom Gedanken an die Wiedergeburt angetan waren. (83) *Stefan von Jankovich* zählt in seinem Buch »Reinkarnation als Realität« an die 200 berühmte Männer und Frauen der abendländischen Kulturgeschichte auf, die von der Richtigkeit des Wiedergeburtsgedankens überzeugt waren. (84)

Deshalb kann angenommen werden, dass diese vielen hervorragenden Denker, die zur Elite der menschlichen Kulturgeschichte gehören, sich in der wichtigen Frage nach der Gültigkeit der Reinkarnations-Idee nicht allesamt geirrt haben können. Tatsache ist, dass die Zahl derer, die den Gedanken von der Wiederkehr in neue Erdenleben annehmen können, heute so zahlreich geworden ist, dass sie nicht mehr zu übersehen ist. Sie alle haben zu ihrer Zeit einen wichtigen Beitrag geleistet, damit der Wiedergeburtsgedanke als glaubwürdige Idee in vielen denkenden Menschen bewusst geworden ist.

3. Der Existenzbeweis

Jeder Mensch, der hier auf der Erde lebt, vermag in seinem gegenwärtigen Leben nur einen kleinen Teil seiner wahren Existenz zu überblicken und nur einen bescheidenen Anteil seiner Möglichkeiten zu entwickeln. Der geniale Physiker *Albert Einstein* schätzte, dass der heutige Durchschnittsmensch in seinem Leben nicht mehr als zehn Prozent seiner Hirnkapazität zu nützen imstande ist. Zu deren vollen Entfaltung genügt ein einziges Leben sicher nicht. Dies wäre so, als wenn ein Schüler den gesamten Lernstoff einer mehrklassigen Grund- und Mittelschule in einem einzigen Jahr bewältigen könnte.

Ein einzelnes Menschenleben ist viel zu kurz bemessen, um den langen Weg zurückzulegen, der uns an unser endgültiges Ziel bringen soll. Daher ist es notwendig, dass wir in einem nächsten und übernächsten Erdenleben weiterführen und vielleicht vollenden können, was wir in einem vorangehenden begonnen haben. Dies war die Erwartung des deutschen Philosophen *Gotthold Ephraim Lessing,* als er vor bald zweihundert Jahren schrieb: »Ich habe zahllose künftige Leben vor mir, in denen ich alles erreichen werde, was mir in diesem Leben versagt und unerreichbar blieb.« (85) So bieten sich die wiederholten Erdenleben als aufsteigender Etappenweg an, um am Berg der spirituellen Erkenntnis zunehmend geistige Höhe zu erringen und zu gewinnen. Freilich ist dies nicht der einzige Weg, um die Geistseele zur ihrer Vollendung zu führen. Eine andere Möglichkeit besteht darin, jenen direkten Aufstieg zur spirituellen Höhe zu wählen, den vereinzelt Geistesheroen, waghalsige Gipfelstürmer und Heilige gegangen sind. Diese gefahrvollen Strapazen sind wohl nur für wenige zumutbar. So ist es sicherer und erfolgversprechender, diesen Weg zum Gipfel auf mehrere aufeinanderfolgende Leben zu verteilen.

4. Der logische Beweis

Unter Logik (gr. *logiké*: Lehre von den Denkgesetzen) ist die denkende Kunst zu verstehen, klare Begriffe zu fassen, Zusammenhänge zu verstehen und folgerichtige Schlussfolgerungen zu ziehen. Das logische Denken anerkennt das Gesetz von Ursache und Wirkung in folgenden Sprichwörtern: Was einer sät, das wird er ernten. Wie man in den Wald hineinruft, so tönt es zurück. Wie man sich bettet, so liegt man. Diese logische Gesetzmäßigkeit lässt sich auch auf die Wiedergeburtstheorie und deren Karma-Lehre anwenden. Vom Anthroposophen *Rudolf Steiner,* dem überzeugten Vertreter der Reinkarnationshypothese, übernahm der Schriftsteller *Alfons Rosenberg* in seinem Buch »Die Seelenreise« die Ansicht: »Ein Denker kann durch bloße Logik zu der Vorstellung von den wiederholten Erdenleben und dem Gesetz des Schicksals kommen.« (86) Diese Logik folgt dem Gesetz von Ursache und Wirkung, von Saat und Ernte. Demzufolge gibt es auch im menschlichen Leben weder einen bloßen Zufall noch ein ursachenloses Geschehen. Nach der Logik gibt es weder eine Wirkung ohne Ursache noch gibt es eine Ursache ohne Wirkung. Freilich erkennen wir den Zusammenhang zwischen beiden oft nicht, weil diese zeitlich weit auseinander liegen mögen. So kann die Ursache in einem früheren Leben, deren Wirkung aber erst in einem späteren Leben zu finden sein. Durch den logischen Wiedergeburtsgedanken lassen sich manche Rätsel um unser Menschsein lösen und manche Fragen um unser Woher und Wohin einsichtig beantworten.

5. Der anthropologische Beweis

Das griechische Wort *anthropos* bedeutet: *der Mensch.* Zu unserem Menschsein gehört wesentlich, dass wir eigentlich geistige Wesen sind, deren Herkunftsland nicht die Erde, sondern der Himmel ist. Nach der *Geistchristlichen Lehre* (87) waren wir ursprünglich reine Engelwesen, die selbstverschuldet in das gottferne Abseits gefallen sind. Nun haben wir als Bewohner dieser Erde die Möglichkeit erhalten, uns wieder so weit geistig zu entwickeln und zu verbessern, dass wir wieder zu reinen Engelwesen werden können. Hierzu benötigen wir freilich mehr als nur ein einziges Leben. Hätte das Schicksal uns nur ein einziges Leben anzubieten, wäre so manches in unserer Welt fragwürdig, unverständlich und widersinnig. Die Lehre von der Reinkarnation lässt den Gedanken zu, dass unser jetziges Erdenleben nicht allein entscheidend sein kann für unser Glück und Wehe, aber auch nicht für unser zeitliches und ewiges Heil. Über mehrere Inkarnationen hinweg können wir Stufe um Stufe aufsteigen und uns geistig entwickeln, bis wir wieder jenen Platz in den himmlischen Welten einnehmen können, der uns anfänglich zugedacht war.

6. Der ontologische Beweis

Die Ontologie (gr. *ontos*: sein) ist die Lehre vom Sein und Seienden. Im weiteren Sinn geht es um das Werden und Vergehen von etwas Seiendem. Bezogen auf den Menschen kann es zum Beispiel um die Frage gehen, ob die menschliche Geistseele sterblich oder unsterblich sei. Was die Lehre von den wiederholten Erdenleben angeht, lässt sich folgende Überlegung anstellen: Vergänglich ist das, was in seinem Werden und Bestehen materieller Natur und aus Teilen zusammengesetzt ist und deshalb auch teilbar und in seine Bestandteile auflösbar ist. Unvergänglich und unsterblich dagegen ist das, was rein geistig ist. Die Lehre von der Wiedergeburt erklärt uns, dass wir Menschen beides sind: Dem diesseitigen Körper nach aus Erdelementen aufgebaut und daher dem Tode geweiht, der geistigen Substanz nach aber ewig, weil die Geistseele nicht materiell, sondern spirituell geschaffen ist.

7. Der analogische Beweis

Bei der Analogie (gr. *analogia*: Ähnlichkeit, Vergleichbarkeit) besteht zwischen zwei Gegebenheiten nicht ein ursächlicher Zusammenhang, sondern eine Entsprechung von zwei Gegebenheiten. Dabei wird angenommen, dass gleiche Ursachen gleiche oder ähnliche Wirkungen hervorrufen. So lässt sich aus der Beobachtung der lebenden Natur, wo nach jedem Vergehen im folgenden Jahr ein Neuentstehen, nach dem Absterben ein Neuwerden folgt, annehmen, dass diese Abfolge auch für das menschliche Leben zutrifft. In Bezug auf die Wiedergeburts-Idee können wir sagen: So wie wir in der ganzen belebten Natur ein ständiges Wiederkommen beobachten, ebenso kommt auch der Mensch immer wieder zur Erde nieder, um sich geistig immer weiter zu entwickeln und vollkommener zu werden. Daher gilt sowohl in der Natur als auch in der Übernatur das Gesetz der Evolution. »Die Natur macht keine großen Sprünge.« (88)

Alles braucht seine Zeit und gelingt immer nur schubweise, in Etappen und Stufen, wobei jeweils eine Bewegungsphase mit einer Beruhigungsphase abwechselt. So verhält es sich auch in der Aufeinanderfolge von Jugend und Alter, von Geburt und Tod, von Verkörperung und Wiederverkörperung im Diesseits wie im Jenseits. Schon *Platon* nahm an, dass die menschliche Natur ihre Fortsetzung in der Übernatur finden muss und jedem Ableben ein Wiederaufleben folgt. Er hält dies für einen hinreichenden Beweis dafür, »dass die Seelen der Verstorbenen irgendwo im Jenseits sein müssen, von wo sie wiedergeboren werden«. (89)

8. Der ethische Beweis

Dieser stützt sich auf die Erwartung und Forderung nach Gerechtigkeit und nach gerechtem Ausgleich. Weil dieser in einem einzigen Erdenleben kaum zu erreichen ist und auch in den Jenseitswelten oft lange auf sich warten lässt, wie viele Nachtod-Erfahrungen zeigen, erweist sich die Chance des Wiederkommens und des Wiederholens in einem wiederholten Erdenleben als willkommene Gnade und Gelegenheit für den gerechten Ausgleich und zur Wiedergutmachung einer üblen Tat. Es ist eine unleugbare Tatsache, dass es in unserer irdischen Welt unzählige Ungerechtigkeiten gibt, unter denen sowohl einzelne Menschen als auch Menschengruppen, Völker und Nationen zu leiden haben, ohne dass sie im gegenwärtigen Leben je Gerechtigkeit und Genugtuung erfahren. Diese auf ein ungewisses Jenseits vertrösten zu wollen, mag vielen zu billig erscheinen. Das moralische Ethos (lat. *ethica*: sittliche Forderung) verlangt die gerechte Belohnung des Guten und die Bestrafung des Bösen sowie die Wiedergutmachung jeden Schadens. Da hierzu ein einziges irdisches Menschenleben häufig nicht ausreicht, bietet ein erneutes Erdenleben durch die Wiedergeburt eine günstige Möglichkeit, diesem Anspruch zu genügen.

9. Der teleologische Beweis

Teleologisch (gr. *telos*: das Ziel, Fernziel) meint das endgültige Ziel, auf das ein Geschöpf seinem Wesen gemäß hingeordnet und hinerschaffen ist. Da der Mensch dank seiner Geistseele ein geistiges Wesen ist, kann sein Ziel nur ein geistiges sein, das er freilich erst im Verlauf mehrerer Erdenleben klar zu erkennen und zu erstreben vermag, indem er sich allmählich von seiner Erdgebundenheit befreit. Gleich wie die Magnetnadel in einem Kompass immer nach Norden zeigt, so weist uns eine innere Stimme, die wir das Gewissen nennen, stets in die Richtung auf unser geistiges Ziel. *Goethe* sprach dies in einem seiner Aphorismen an: »Ein guter Mensch, in seinem dunklen Drange, ist sich des rechten Weges wohl bewusst.« Diese spirituelle Wegweisung führt die menschliche Geistseele auf höherer Stufe und nach wiederholten Erdenleben in jene Verhältnisse und Daseinsbedingungen, die für seine geistige Entwicklung die besten Voraussetzungen bieten. So gesehen, gleicht jedes Erdenleben einer Aufstiegsstufe, der eine niedere vorausgeht und eine höhere nachfolgt, bis die oberste Sprosse der »Himmelsleiter« erreicht ist.

Die Einsicht, dass der Mensch nach einem durchschnittlichen Leben in der Regel noch weit davon entfernt ist, jene geistige Entwicklungsreife aufzuweisen, die ihm erst die Rückkehr und Heimkehr ins himmlische Heimatland ermöglicht, zu der er berufen ist, zwingt ihn zu der Annahme, dass die Geistseele noch weitere Aufstiegsebenen zu durchlaufen hat, die mit Vorteil in wiederholten Erdenleben zu bestehen sind. Was *Platon* in seiner Schrift »Phaidon« als Sinn und Ziel der eleusinischen Mysterien nannte, nämlich die Seele wieder in jenen ursprünglichen Zustand der Reinheit zurückzuführen, den sie ehemals verloren hat, das kann auch von der als Mensch wiedergeborenen Geistseele gesagt werden.

10. Der Identitäsbeweis

Das Wort *Identität* (lat. *idem*: derselbe) weist darauf hin, dass es sich bei der Wiedergeburt um die Inkarnation der gleichen Geistseele handelt, selbst wenn sie unter verschiedenen äußeren Gestalten und zu verschiedener Zeit auf unserer Erde in Erscheinung tritt. Diese Tatsache lässt auch erkennen, dass in der Regel ein einziges Menschendasein nicht genügt, um jenen langen Entwicklungsweg zurückzulegen, der uns an das angestrebte Ziel in der geistigen Welt führen soll. Würde es nicht eine Identität und Kontinuität der Geistseele geben, wäre es auch nicht möglich, sich an frühere Leben zu erinnern.

Wer den Wiedergeburtsgedanken für sich annehmen kann, dessen Bewusstsein wird sich wunderbar ausweiten. Er begreift dann, dass er als geistbegabtes Wesen eine große Vergangenheit und eine noch größere Zukunft vor sich hat, dessen gegenwärtiges Leben nur ein Ring an der langen Kette der Inkarnationen ist. In seinem Gedicht »Ich war einmal!« erinnert sich der schlesische Schriftsteller *Otto Julius Bierbaum* (1865-1910) an seine früheren Leben:

Oft weiß ich ganz genau: Ich – war einmal!
Ich habe schon einmal all dies geseh'n;
Der Baum vor meinem Fenster rauschte mir,
Ganz so wie jetzt, vor tausend Jahren schon;
All dieser Schmerz, all diese Lust ist mir

Ein Nochmals, Immerwieder; Spiegelung
Durch Raum und Zeit. – Wie sonderbar das ist:
Ein Fließen, Sinken, Untertauchen und
Ein neu Empor im gleichen Strome.
Ich und immer wieder: Ich. Ich war einmal.

7. Quellen der Erinnerungen

Es kann die Spur von meinen Erdentagen
Nicht in Äonen untergehn.
J. W. v. Goethe

Zu den wichtigsten Beweisen für die Wiedergeburtslehre gehören die persönlichen Erinnerungen an frühere Leben. Um die echten Rückerinnerungen von den zahlreichen Wunschvorstellungen, unbewussten Projektionen, Illusionen und Selbsttäuschungen unterscheiden zu lernen, ist es notwendig, die Funktionen und Reaktionen der menschlichen Seele zu kennen. Hierzu kann uns die moderne Tiefenpsychologie mit ihren Forschungsergebnissen über das Unbewusste wertvolle Hinweise geben. Deshalb ist es wichtig, sich mit dem großen Bereich des Unbewussten zu befassen, denn hier sind die Quellen unserer Erinnerungen an frühere Leben zu suchen.

Die Tiefen der Seele

Die Entdeckung der unbewussten Seelenräume ist keineswegs eine Errungenschaft unserer Zeit. Bereits der Kirchenlehrer *Augustinus* spricht in seinen »Bekenntnissen« von unbewussten Seelenvorgängen, wenn er, beunruhigt von seinen nächtlichen Traumbildern, schreibt: »Bin ich nicht auch im Schlafe ich selbst? Wo bleibt im Schlaf die Vernunft, mit der ein Wachender solchen Einflüsterungen sich erwehrt, ja selbst unerschüttert bleibt, wenn die Versuchungen von Fleisch und Blut ihn bedrängen?« (1) Rund tausend Jahre danach äußerte der Arzt *Paracelsus* (1493-1541) die Ansicht, dass die Träume aus unbewussten Seelentiefen kommen. (2)

Der deutsche Gelehrte *Gottfried Wilhelm Leibniz* (1646-1716) schrieb hundert Jahre später: »Jene irren sich, welche meinen, es geschehe nichts in der Seele, dessen sie sich nicht bewusst seien.« Im Jahr 1846 erklärte der Arzt und Philosoph *Carl Gustav Carus* (1789-1869), der Schlüssel zur Kenntnis der Natur der Seele liege im Bereich des Unbewussten. Er verstand den Traum richtig als Einbruch des Unbewussten ins Bewusstsein. (3) Der Philosoph *Arthur Schopenhauer* war ebenfalls überzeugt, dass wir die Motive unseres Handelns kaum kennen, weil sie im Unbewussten liegen. *Friedrich Nietzsche* schrieb in seinem Werk »Der Wanderer und sein Schatten«: »Der größte Teil unseres Wesens ist uns unbekannt. Trotzdem lieben wir uns, reden von etwas ganz Bekanntem auf Grund von ein wenig Gedächtnis.« (4)

Erst das Erscheinen der »Traumdeutung« von *Sigmund Freud* im Jahr 1900 kann als der Beginn der modernen Tiefenpsychologie gesehen werden. (5) Wie *Carl Gustav Jung* dazu kam, die Tiefen der unbewussten Seele zu erforschen, erzählte er mit folgendem Traumerlebnis: »Ich war in einem mir unbekannten Haus, das zwei Stockwerke hatte. Es war ›mein Haus‹. Ich fand mich im oberen Stockwerk. Dort war eine Art Wohnzimmer, in welchem schöne alte Möbel standen. An den Wänden hingen kostbare alte Bilder. Ich wunderte mich, dass dies mein Haus sein sollte und dachte: ›Nicht übel!‹ Aber da fiel mir ein, dass ich noch gar nicht wisse, wie es im unteren Stock aussähe. Ich ging die Treppe hinunter und gelangte in das Erdgeschoss. Dort war alles viel älter, und ich sah, dass dieser Teil etwa aus dem 15. oder aus dem 16. Jahrhundert stammte. Die Einrichtungen waren mittelalterlich, und die Fußböden bestanden aus rotem Backstein. Alles war etwas dunkel. Ich ging von einem Raum in den anderen und dachte: ›Jetzt muss ich das Haus doch ganz auskundschaften.‹ Ich kam an eine schwere Tür, die ich öffnete. Dahinter entdeckte ich eine steinerne Treppe, die in den Keller führte. Ich stieg hinunter und befand mich in einem schön gewölbten, sehr altertümlichen Raum. Ich untersuchte die Wände und entdeckte, dass sich zwischen den gewöhnlichen Mauersteinen mehrere Lagen von Backsteinen befanden. Der Mörtel enthielt Backsteinsplitter. Daran erkannte ich, dass die Mauern aus römischer Zeit stammten. Mein Interesse war nun aufs höchste gestiegen. Ich untersuchte auch den Fußboden, der aus Steinplatten bestand. In einer von ihnen entdeckte ich einen Ring. Als ich daran zog, hob sich die Steinplatte. Und wieder befand sich dort eine Treppe. Es waren schmale Steinstufen, die in die Tiefe führten. Ich stiege hinunter und kam in eine niedrige Felsenhöhle. Dicker Staub war am Boden, und darin lagen Knochen und zerbrochene Gefäße, Überreste einer primitiven Kultur. Ich sah zwei offenbar sehr alte und halb zerfallene Menschenschädel. Dann erwachte ich.« (6) In diesem Traum erkennen wir sehr schön, wie der große Psychologe zu Beginn seiner Erforschung der unbewussten Seelenräume in immer tiefere Schichten hinabgeführt wurde.

Die Tiefenpsychologie beschreibt das Unbewusste als den unterschwelligen Seelenraum, in dem einerseits nicht nur unsere Erbanlagen und latenten Eigenschaften aufbewahrt sind, sondern auch die Erinnerungen an alle ungeliebten und deshalb verdrängten Erlebnisse und Vorkommnisse vergangener Zeiten. Diese betreffen sowohl die Erinnerungen aus unserer gegenwärtigen Lebenszeit als auch jene aus früheren Leben. Diese sind im Datenspeicher unseres Unbewussten aufbewahrt. Wir können das Bewusstsein vergleichen mit einer Taschenlampe, mit der wir ins Finstere hineinleuchten können. Was uns im hellen Lichtkegel sichtbar wird, gelangt vorübergehend in unser Bewusstsein, alles andere bleibt unerkannt im Dunkel des Unbewussten. Im Gegensatz zum Bewusstseinsraum bildet das Unbewusste ein unergründliches Reservoir an Erlebnisinhalten, die unserem Gedächtnis nicht mehr zugänglich sind. Dennoch können wir annehmen, dass diese nicht für immer entschwunden sind. Sie können vor allem in unseren Träumen plötzlich wieder auftauchen. Die Träume erschließen uns wichtige Zugänge zu den unterschwelligen Kellerräumen im Haus der Seele. Daher bezeichnete *Sigmund Freud* den Traum als den »Hüter des Schlafes« und die Traumanalyse als den Königsweg zum Unbewussten.

Wir alle haben schon viele Male erlebt, zu was *Rainer Maria Rilke* uns mit Dichterworten rät:

Bedenk, ist irgend Leben mehr erlebt
Als deiner Träume Bilder? Und mehr dein?
Du schläfst allein. Die Türe ist verriegelt.
Nichts kann geschehn. Und doch, von dir gespiegelt
Hängt eine fremde Welt in dich hinein.

Das nächtliche Träumen gehört zu den normalen unbewussten Tätigkeiten der Seele. Sie können nach C. G. Jung als eine Art symbolische Selbstdarstellung des Unbewussten gesehen werden, ähnlich wie ein momentanes Stimmungsbild oder eine Theaterszene, in welcher der Träumende zugleich Dichter, Regisseur, Schauspieler und Zuschauer ist. Der deutsch-amerikanische Psychoanalytiker *Erich Fromm* (1900-1980) hat es erfahren: »Wir sind in unseren Träumen nicht nur weniger vernünftig oder weniger anständig, sondern wir sind im Schlaf auch weiser, intelligenter und urteilsfähiger als im Wachen.« (7) Wohl deshalb konnte der österreichische Schriftsteller und Autor bekannter esoterischer Romane wie »Der Golem«, »Das grüne Gesicht« oder »Der Engel vom westlichen Fenster«, *Gustav Meyrink* (1868-1932), in seinem Werk »Der weiße Dominikaner« raten: »Nimm das Leben weniger wichtig und die Träume ernster. So wird es bald besser um dich stehen, statt jetzt, in den Fetzen der Traumerinnerungen gehüllt, ein harlekinbunter Narr zu sein.« (8)

Viele Träume enthalten wichtige Botschaften aus dem Unbewussten, die das Bewusstsein überhört oder nicht hören will. Sie verweisen uns auf »Tagessituationen, die wir übersehen haben, oder Schlüsse, die wir nicht gezogen haben, oder Affekte, die wir uns nicht gestattet oder Kritiken, die wir uns erspart haben«. (9) Wer seine eigenen Träume nicht beachtet und nicht ernst nimmt, der gleicht einem Briefempfänger, der den Brief nicht liest, oder jenem, der einem Fremden, der anklopft, die Türe nicht öffnet. Freilich können in ihnen auch Erinnerungen aus längst vergangenen Zeiten aufleuchten und können Spuren früherer Leben enthalten. Träume sind keineswegs nur Produkte unseres Gehirns, sondern vielfach von außerkörperlichen Ursachen ausgelöst. In einem Gespräch erzählte *C. G. Jung*: »Während des Krieges sah ich Männer mit Kopfwunden, durch die ein großer Teil der Hirnfunktionen gelähmt waren. Den Männern war dadurch jedes Zeit- und Raumempfinden abhanden gekommen. Das hinderte sie aber keineswegs daran zu träumen. Einige unter ihnen hatten sogar großartige Visionen. Wenn nun das Gehirn vollständig gelähmt ist, erhebt sich die Frage, welches Organ den Traum erzeugt.« (10)

Heute wissen wir, dass Träume mehrheitlich nicht aus dem Gehirn kommen, sondern von außerkörperlichen Bewusstseinsfeldern stammen. Es ist auch möglich, vergessene Erlebnisse aus früheren Leben im hypnotischen Schlaf wieder wachzurufen. Nicht umsonst galt im alten Griechenland *Hypnos* als der Gott des Schlafes. Wie Wahrträume uns in die Zukunft weisen, so können Vergangenheitsträume uns das Tor zu vergangenen Erdenleben öffnen.

Das Unbewusste der menschlichen Seele ist älter als das Bewusste. So wie bei einem Hausbau zuerst das Untergeschoss errichtet wird und erst danach die oberen Stockwerke, so entstehen auch beim Seelengebäude zunächst die Tiefenschichten des Unbewussten, bevor sich darauf der Raum des Bewussten entwickeln kann. Wir können die Psyche des Menschen also vergleichen mit einem Haus. In dessen lichten Wohnräumen wohnt das Bewusstsein. Im Untergeschoss befinden sich abgestuft untereinander die vier dunklen Kellerräume des Unbewussten, nämlich das persönliche, das familiäre, das kollektive und das karmische Unbewusste. *Sigmund Freud* bezeichnete den Traum als die *Via Regia*, als den Königsweg zum Unbewussten.

Aufgrund eines Traumes wurde es *Jung* bewusst, dass er eine wichtige psychologische Entdeckung machte. (11) Es brauchte aber Jahre, bis er daraus eine gefestigte Theorie entwickeln konnte. Doch er erkannte bald, dass in der Entwicklung unserer Kultur und der Kultur anderer Völker solche Schichten vorhanden sein müssen, von denen wir heute wenig wissen. Auch in der Entwicklung der menschlichen Seele vermutete er solche Tiefenschichten, die er dem Unbewussten zuordnete. (12)

Mit dem Bild eines Wohnhauses lässt sich auf anschauliche Weise die Struktur und Funktion der menschlichen Seele im psychologischen Sinne erklären. Das gesamte Gebäude ist der Psyche als Ganzes ähnlich. Dies entspricht dem *Selbst.* In den hellen Räumen des mittleren Wohnbereichs ist das bewusste *Ich* zu Hause. In der oberen Dachwohnung wohnt der Hausmeister, der alles überblicken und kontrollicren kann, was im Haus geschieht. Er gleicht dem *Über-Ich,* das Autorität besitzt, die Gewissenskontrolle ausübt und die Oberaufsicht wahrt. Die vordere Hausfront, die nach außen präsentieren und einen guten Eindruck erwecken soll, kann mit der *Persona,* der Seelenmaske, verglichen werden, während die Rückseite des Hauses mit dem Hinterhof dem *Schatten* oder *Vorbewussten* gleichkommt. Im Untergeschoss befinden sich die drei Kellerräume den *Unbewussten.* Diese werden unterteilt in die drei Bereiche des persönlichen, des familiären und des kollektiven Unbewussten. (13)

Die Inhalte des Unbewussten sind dem Bewussten nicht direkt zugänglich; sie sind uns daher nicht bewusst. Demgegenüber wird als das *Unterbewusste* (14) oft jener Bereich bezeichnet, in dem seelische Tätigkeiten unterschwellig, hintergründig und selbstständig ablaufen, ohne dass wir uns deren immer bewusst werden, wie zum Beispiel die Herztätigkeit, die Atmung oder die Verdauung. Aber auch alle Instinkt-, Trieb- und Gefühlsreaktionen gehören dazu sowie die meisten Routinetätigkeiten und Gewohnheitsarbeiten.

C. G. Jung, beschreibt das Unbewusste folgendermaßen: »Alles, was ich weiß, an das ich aber momentan nicht denke; alles, was mir einmal bewusst war, jetzt aber vergessen ist; alles, was von meinen Sinnen wahrgenommen, aber von meinem Bewusstsein nicht beachtet wurde; alles, was ich absichts- und aufmerksamkeitslos, das heißt unbewusst fühle, denke, erinnere, will und tue; alles Zukünftige, das sich in mir vorbereitet und später erst zum Bewusstsein kommen wird – all das ist Inhalt des Unbewussten.« (15)

Das Unbewusste ist nicht bloß eine Abstellraum und Entsorgungsort für Vergessenes und Verdrängtes, sondern auch eine reiche Quelle von ererbten Handlungs- und Existenzmöglichkeiten, die wir von unseren

Vorfahren geerbt haben. Dem persönlichen Unbewussten können daher eine ganze Reihe von positiven und negativen Eigenschaften zugeschrieben werden. Wie alles in der Welt, so kennt auch das Unbewusste seine Licht- und Schattenseiten, seine Klarheiten und Finsternisse, die wir kennen sollten, um uns besser kennen zu lernen. (16)

Nachfolgend seien die wichtigsten Tätigkeiten des Unbewussten aufgezählt:

- Während das Gedächtnis unseres Bewusstseins oft recht unzuverlässig ist, vermag sich das Unbewusste an vergangene Ereignisse zu erinnern, die wir längst vergessen glaubten. Unsere Kindheitsträume und die hypnotischen Rückführungen sind ein Beweis dafür.

- Das Unbewusste ist rastlos tätig. Es kennt keine Müdigkeit und keine Ruhepause. Immer ist es aufnahme- und erlebnisbereit und fähig, jederzeit angepasst zu reagieren.

- Das Unbewusste ist in der Lage, selbstständig und unaufgefordert tätig zu sein. Dies gilt vor allem in Situationen der Not und Gefahr, wo blitzschnelles Handeln erforderlich ist. Dies betrifft vorrangig unsere Reflex- und Instinkthandlungen, die seit Jahrtausenden erprobt sind und nicht erst lange überlegt werden müssen.

- Das Unbewusste kennt keine Vergangenheit und keine Zukunft. Es lebt im Hier und Jetzt. Deshalb vergisst es auch nichts. Unsere Träume sind ein Beweis dafür.

- Das Unbewusste denkt nicht immer logisch, sondern oft analogisch, nicht immer rational, sondern emotional. Es ist imstande, unmögliche oder widersinnige Kombinationen auszudenken wie ein Fluss, der bergauf fließt, oder ein Pferd mit Flügeln mit symbolischer Bedeutung.

- Das Unbewusste kennt keine chronologische Zeit. Es kann Vergangenes und Gegenwärtiges miteinander vermischen. Ebenso kann es die Zeit beliebig ausdehnen oder zusammenziehen, so dass hundert Jahre wie ein Tag erscheinen.

- Das Unbewusste ist grundehrlich, weil es nicht täuschen, lügen oder verleugnen kann. Es nimmt alles wörtlich, was man zu ihm sagt.

- Das Unbewusste kennt keine moralischen Bedenken, weil es nicht unterscheidet zwischen Gut und Böse. Gewissensentscheidungen sind ihm fremd. Das Lustprinzip steht über dem Realitätsprinzip.

- Das Unbewusste ist leicht zu beeinflussen, weil es sich leichtgläubig und unkritisch über die bewusste Vernunftskontrolle hinwegsetzen kann und ernst nimmt, was Propaganda, Reklame und Mode ihm anpreisen.

- Das Unbewusste ist einfallsreich, erfinderisch und kreativ. Es empfiehlt uns manchmal Lösungen oder Auswege, die dem Bewusstsein nicht in den Sinn gekommen wären. Diese stellen sich häufig am Morgen nach dem Erwachen ein.

- Das Unbewusste ist ein großer Verwandlungskünstler. Es kennt die Zauberkraft der Magie und vermag selbst Naturgesetze zu überwinden und Kombinationen herbeizuführen, die unlogisch sind. So lässt es Fabelwesen entstehen, wie geflügelte Drachen und Schlangen mit Flügeln.

- Das Unbewusste spricht in Symptomen und Symbolen, in Bildern und Zeichen, mit Gesten und Körperhaltungen, aber selten in Worten. Beweise dafür finden wir nicht nur in der Körpersprache mit ihren Organentsprechungen, sondern auch in zahlreichen Ausdrucksformen magischer und religiöser Rituale, Zeremonien und Weihehandlungen.

Das persönliche Unbewusste

Die Seele ist nicht von heute.
Ihr Alter zählt viele Millionen Jahre.
Carl Gustav Jung

Das *persönliche Unbewusste* ist jener Seelenraum, in dem zunächst die dominant ererbten, aber noch nicht bewusst gewordenen Eigenschaften einer Person enthalten sind. Es sind dies einerseits die Lernerfahrungen aus früheren Leben, die wir ins neue irdische Dasein mitgebracht haben, und andererseits die Programmierungen, die im gegenwärtigen Leben eingesetzt und zur Entwicklung gebracht werden sollen. So enthält das persönliche Unbewusste also die noch ungelebten, latenten Eigenschaften wie Talente, Begabungen, Neigungen, Interessen und Bedürfnisse, die zur Entfaltung gebracht werden sollen.

Dort befinden sich auch jene Eigenschaften und Möglichkeiten in latentem Zustand, derer wir noch nicht bewusst geworden sind, die aber bewusst gemacht werden können. Dieser Bereich wird das *Vorbewusste* genannt. (17)

Der größte Teil unserer Alltagserinnerungen und auch die meisten Tageserlebnisse, die wir in den nächtlichen Träumen weiterverarbeiten, sind dem Bereich des persönlichen Unbewussten zuzuordnen. Dieser ist mit dem oberste Kellerraum jenes Hauses zu vergleichen, in dem das Ich-Bewusstsein wohnt. Dort werden im Verlauf des Lebens jene ungeliebten Erinnerungen und Erfahrungen gespeichert und verstaut, die wir mittlerweile vergessen, abgewehrt oder verdrängt haben. Was wir das Unbewusste nennen, ist demnach jener Seelenbereich, den wir nicht bewusst kennen. Freilich existiert dieser nicht völlig isoliert für sich allein. Die Grenze zwischen dem Bewussten und dem persönlichen Unbewussten ist durchlässig, insbesondere dann, wenn die strenge Ich-Kontrolle ausbleibt, wie dies beim nächtlichen Träumen der Fall sein kann.

Das persönliche Unbewusste wurde von *Sigmud Freud* in seiner Psychoanalyse gedeutet und beschrieben und als Grundbegriff in seine Psychotherapie eingeführt. Das Unbewusste ist nicht direkt erfahrbar, sondern nur auf Umwegen; denn es spricht zu uns nicht in Worten, sondern in einer Bildsprache mithilfe von Zeichen, Symptomen und Symbolen. Solche Merkmale sind die ungewollten Fehlhandlungen und die unbemerkten Krankheitssymptome. Vor allem sind es die nächtlichen Traumbilder, die in der Zeit, da die Ich-Kontrolle schläft, sich immer wieder mit ihren heimlichen und unheimlichen Ängsten, Begierden und Wünschen bemerkbar machen. Dies veranlasste *Sigmund Freud* zu der Aussage: »Der Sittliche träumt, was der Unsittliche tut.«

Die tieferen, zunächst unbekannten Ursachen körperlicher und seelischer Störungen, die als Neurosen bezeichnet werden und auf falsch verarbeitete seelische Konflikte und Verletzungen zurückzuführen sind, können durch deren Bewusstmachung und richtiges Verarbeiten geheilt werden. Um diesen Heilungsprozess zu verstehen, können wir folgenden Vergleich heranziehen: Nehmen wir an, in einem vorbeifließenden Fluss entsteht über Nacht ein störender Wirbel oder Strudel, so dass dessen freier Lauf gehemmt wird. Um der Ursache auf den Grund zu kommen, muss ein Taucher in die Fluten steigen. Dort entdeckt er einen Baumstrunk, der vor Kurzem in das Wasser gefallen ist. Er befestigt daran ein Seil und lässt den Störenfried aufs trockene Ufer bringen, wo er verarbeitet wird. So ähnlich verläuft auch eine psychoanalytische Therapie. Der Heilungsprozess besteht in der Beseitigung von vergessenen, verdrängten und unbewusst gewordenen Ursachen von traumatischen Ereignissen durch deren Bewusstmachen und Verarbeiten.

Das persönliche Unbewusste wird in der Psychoanalyse als das »Es« bezeichnet. Etwas Unbekanntes oder nicht klar Fassbares wird oft mit dem unpersönlichen Wörtchen »Es« benannt: »Es tut mir weh«, »Es geschieht etwas«, »Es tut sich etwas« oder »Es liegt etwas in der Luft«. Das unbewusste Es ist der Gegenpol zum bewussten Ich. (18) Diese Entdeckung *Freuds* bezeichnete später *Carl Gustav Jung* als eine »wissenschaftliche Pioniertat und als den wohl kühnsten Versuch, der je gemacht wurde, auf dem scheinbar festen Boden der Erfahrung die Rätsel der unbewussten Seele zu erforschen«. (19)

Als Inhalte des persönlichen Unbewussten können gesehen werden:

- Vererbte Erfahrungs- und Verhaltensmuster wie die Reflexe, Instinkte und Triebhandlungen.
- Beweggründe und Handlungsweisen, die der bewussten Ich-Kontrolle entgleiten.
- Alle eingeübten und angewöhnten Fertigkeiten, die automatisch ablaufen.
- Vergessene, verdrängte und unverarbeitete Kindheitserinnerungen.
- Die meisten flüchtig aufgenommenen Sinneseindrücke und Tageserlebnisse.
- Latente Begabungen und Fähigkeiten, die nie entwickelt wurden.

Um die im Unbewussten aufbewahrten Erinnerungen ins Bewusstsein zu heben, müssen spezielle Methoden angewandt werden, etwa die Traumanalyse oder die Hypnoanalyse. Die Rückführungsmethode in frühere Lebensabschnitte und in frühere Leben gehört ebenso dazu, wobei die Zeitgrenzen überschritten werden können. Auch durch außergewöhnliche Bewusstseinszustände, wie sie so bei hypnotischen Regressionen und Rückführungen erzielt werden oder bei Nahtod-Erlebnissen und außerkörperlichen Erfahrungen eintreten, können Botschaften aus dem Unbewussten, die plötzlich ins Bewusstsein gelangen, einen Menschen oft tiefgreifend erschüttern und verwandeln. Einer, der dies erlebt hat, schreibt nach einer solchen Erfahrung: »Alle Dinge, die mir zuvor von höchster Wichtigkeit erschienen waren, verblassten zur Bedeutungslosigkeit. Ich hatte verstanden, was Liebe und Ewigkeit bedeuten, die Angst vor dem Tod war verschwunden. Mir war klar geworden, mit welchen Nichtigkeiten ich mein Leben verschwendet hatte.« (20)

Schon *Sigmund Freud* war erstaunt, dass er bei der Traumanalyse seiner Patienten manchmal auf Erinnerungsspuren stieß, die nicht aus deren persönlichen Leben stammen konnten, sondern die auf das Erleben früherer Generationen hinwiesen. Es handelte sich dabei um erworbene Eigenschaften, die auf dem Wege der Vererbung von deren Eltern oder weiteren Vorfahren stammen mussten. Er bezeichnete diese als »archaische Erbschaften«. (21) Wer seinen Träumen aufmerksame Beachtung schenkt, der wird die Tiefen und Abgründe seines Seelenlebens ausloten können und stets neue Bereiche auf dem Weg der Selbsterkenntnis erschließen. Der Dichter und Philosoph *Johann Gottfried Herder* (1744-1803) sah das ganze menschliche Leben als ein rätselhaftes und flüchtiges Traumgebilde:

Ein Traum,
ein Traum ist unser Leben auf Erden hier.
Wie Schatten auf den Wogen schweben und schwinden wir.
Und messen uns're Tritte nach Raum und Zeit;
Und sind, – und wissen's nicht – inmitten der Ewigkeit.

Das familiäre Unbewusste

Ehe ich aus meiner Mutter geboren wurde,
haben Generationen mich getragen.
WALT WHITMAN

Zuweilen hört man von Zweiflern an der Reinkarnationsidee, es gebe eine Art «genetische Wiedergeburt«, welche die Rückerinnerungen an frühere Leben als ererbte Gedächtnisspuren erklären wollen. (22) Damit stellt sich also die Frage, ob Erinnerungen an frühere Leben auf dem Weg der Vererbung von unseren Vorfahren übernommen werden können. Meine Antwort lautet: Persönliche Erinnerungen an frühere Inkarnationen werden nicht von Generation zu Generation weitervererbt. Vielmehr gehören diese zum Erfahrungsgut der Geistseele, welche sie im Verlauf zahlreicher Erdenleben gesammelt und in spirituellen Gedächtnisfeldern aufbewahrt hat. Wären Rückerinnerungen an frühere Leben genetisch bedingt, müssten diese bei erbgleichen Zwillingen immer identisch sein. Dies ist jedoch, wie die Erfahrung zeigt, nicht der Fall.

Dennoch darf die Bedeutung der vererbten Anlagen im Zusammenhang mit den wiederholten Erdenleben nicht übersehen werden. Zwar geht die Wiedergeburts-Theorie von dem Gedanken aus, dass unser gegenwärtiges Lebensschicksal von den Gewinnen und Verlusten abhängt, die unsere Geistseele im Verlauf von früheren Leben eingefahren hat. Auch nimmt sie an, dass wir Menschen unter dem Einfluss übernatürlicher, geistiger Gesetzmäßigkeiten stehen. So gehören unsere Überzeugungen, Glaubensvorstellungen, Gewissensregungen und bewussten Willensentscheidungen der Geistseele an, die nicht den genetischen Gesetzen unterliegen. Demgegenüber kennen wir angeborene Verhaltensformen und anerzogene Lebensgewohnheiten, die durch die Vitalseele weitergetragen werden. Wir nennen sie Triebe, Instinkte und Gewohnheiten. Diese unterliegen natürlichen Erbgesetzen, welche die Vitalseele regulieren und motivieren, ohne dass wir darauf großen Einfluss nehmen können.

Indessen ist es erstaunlich, was wir alles unserer bewussten Erkenntnis und dem freien Willen zuschreiben, als wären wir Herr im eigenen Haus. In Wahrheit stehen wir häufig unbewusst unter dem Einfluss von inneren Antrieben, Erwartungen, Wünschen und Bedürfnissen, denen wir nahezu blindlings folgen, ohne uns dessen bewusst zu werden. Beispiele hierfür sind unsere Wahlhandlungen, die weitgehend durch jenen Seelenbereich beeinflusst werden, den wir das *familiäre Unbewusste* nennen. Es handelt sich um jene seelischen Tiefenschichten, in denen unsere Charakterzüge, Eigenheiten, Neigungen, Interessen, Begabungen, Talente und alle unsere persönlichen Vorzüge und Schwächen, die wir unsere angeborene Konstitution nennen, angelegt sind. Diese enthalten all die vererbten familien- und sippengebundenen Erfahrungen und Prägungen, die wir von unseren Eltern und weiteren Vorfahren auf dem natürlichen Weg der Vererbung übernommen haben. (23)

Dies hat mit der Lehre von den wiederholten Erdenleben insofern zu tun, als wir dieses Erbe durch die vorbestimmte Wahl unserer Eltern bereits vor unserer Geburt zugeteilt bekamen. Wenn *Arthur Schopenhauer* einmal behauptet hat: »Das Schicksal mischt die Karten und wir spielen«, müssen wir heute aufgrund unserer geisteswissenschaftlichen Erkenntnisse einsehen, dass nicht irgendwelche magischen oder mythischen Mächte oder Zufallsereignisse uns das Lebensschicksal wie Spielkarten zuteilen, sondern dass wir selber unsere Schicksalsmöglichkeiten gewählt haben – und zwar durch die Wahl unserer Eltern als unsere Erbträger, ehe wir uns zu einer erneuten Menschwerdung bereiterklärt haben.

Die wissenschaftliche Erforschung des familiären Unbewussten verdanken wir dem Schweizer Psychiater und Tiefenpsychologen *Leopold Szondi* (1893-1986). Dieser konnte durch seine ausgedehnten Stammbaum- und Zwillingsforschungen sowie durch seinen Wahl-Test nachweisen, dass wir und wie wir in unserer Lebensgestaltung durch das familiäre Erbe, dessen wir uns kaum bewusst sind, in unseren scheinbar frei gewählten Handlungen beeinflusst werden. (24)

Nach der Schicksalspsychologie setzt sich das menschliche Einzelschicksal aus folgenden drei Elementen zusammen:

1. Aus dem, was wir auf biologischem Weg als Erbgut übernommen haben.
2. Aus dem, was die nähere Um- und Mitwelt daraus werden lässt.
3. Aus dem, was unser Ich-Bewusstsein davon zur Verwirklichung auswählt.

Wie sehr wir durch unser familiäres Unbewusstes beeinflusst werden, zeigt sich besonders deutlich in unseren geerbten Neigungen und Interessen, die bei der Berufswahl, bei unserer Sympathiewahl in Freundschaft und Partnerschaft, aber auch in den gesundheitlichen Schwächen und Anfälligkeiten, die wir in uns tragen, eine wichtige Rolle spielen. So sind Menschen, die einander gut mögen und sich gut verstehen, in der Regel nicht nur sympathieverwandt, sondern auch genverwandt, was Freundschaften begünstigt. Auch Ehen und Lebenspartnerschaften kommen vorzugsweise zwischen Paaren zustande, die genverwandt sind. Sie tragen nämlich in ihrem Erbgut bestimmte Gene in Einzeldosierung. Diese bleiben deshalb im unbewussten Erbhintergrund und treten nach außen nicht in Erscheinung. Dennoch sind sie dort nicht untätig, sondern ziehen sich gegenseitig an nach dem Gesetz »Gleich und gleich gesellt sich gern«. Damit können die Erbeigenschaften, die nur in Einzeldosierung vorhanden waren, nun in ihren gemeinsamen Nachkommen in doppelter Legierung auftreten und manifest werden. So ist erwiesen, dass Ehepaare, die eigene Kinder haben, zu 80% genverwandt sind, während ungewollt kinderlos gebliebene Paare in ihrem Erbgut eine viel geringere Genverwandtschaft aufweisen. Den Erbanlagen in Einzeldosierung kommt also bei der Wahl eines Liebes- oder Ehepartners eine wichtige wahllenkende Bedeutung zu, deren Funktion von den Wählenden in der Regel nicht erkannt wird. Wenn zwei Menschen heiraten, führen sie nicht nur das geliebte Du an den Traualtar; sondern sie werden begleitet vom biologischen Erbgut ihrer Verwandtschaft, das später in den Kindern, Enkeln und Urenkeln wieder zutage tritt.

Was die Krankheitswahl betrifft, hat die Schicksalspsychologie klar erkannt, dass uns bestimmte Krankheiten nicht zufällig heimsuchen, sondern dass wir sie unbewusst anziehen und aussuchen, nämlich auf Grund unserer ererbten Krankheitsneigungen, die wir oft übersehen, bis es zu spät ist. *Szondi* nimmt uns mit seiner Schicksalslehre die Illusion der totalen Gesundheit, weil hinter manchem gesunden äußeren Erscheinungsbild ein angekränkeltes Erbbild steckt. Die Erfahrung zeigt, dass Freundes- und Liebespaare nicht nur sympathieverwandt, sondern häufig auch krankheitsverwandt sind. (25)

Bei der Gestaltung des aktuellen Lebens lässt sich das Freiheitsschicksal vom Zwangsschicksal unterscheiden. Es ist das Ich-Bewusstsein des Menschen, das in der Lage sein sollte, unter den gegebenen Schicksalsmöglichkeiten zu wählen und das Beste daraus zu machen. Ein reifes und gefestigtes Ich vermag unter den gegebenen Schicksalsvarianten bewusst auszuwählen. Ein unreifes und schwaches Ich dagegen folgt häufig unfreiwillig den Wahlvorschlägen, die seine unbewussten Neigungen, Bedürfnisse und Triebansprüche ihm vorschlagen oder aufdrängen. Persönliche Freiheit heißt nicht, uneingeschränkt zu machen, was man will, sondern heißt vielmehr, in innerer Freiheit zu wählen, was die äußeren Begrenzungen uns auferlegen. Wir alle sind an bestimmte Daseinsbedingungen schicksalshaft gebunden. Ob wir diese bejahen oder verneinen, liegt in unserer Freiheit. Deshalb heißt eine wichtige Empfehlung: »Willst du frei sein, zieh nicht an der Leine.«

Diese Wahlfreiheit besitzt das Tier nicht. Es gehört zum geistigen Wesen des Menschen, dass er bewusst frei wählen kann. Während die Vitalseele in ihren Möglichkeiten begrenzt ist, sieht sich die Geistseele oft an schicksalshaft vorgegebene Bedingungen gebunden, die sie nicht willkürlich verändern darf, sondern nur bejahen oder verneinen kann.

Wer sich in jeder Hinsicht frei und ungebunden glaubt, der gleicht einem Gefangenen, der seiner Fesseln spottet. Vielmehr müssen wir dem österreichischen Schriftsteller *Hieronymus Lorm* (1821-1902) zustimmen:

Das Schicksal ist ein Wirbelwind
ein armes Blatt das Menschenkind.
Er treibt's zu Tal, er hebt's zum Hügel -
Das Blättchen rühmt sich seiner Flügel!

Das kollektive Unbewusste

Manchmal wird gegenüber der Wiedergeburtslehre der Einwand erhoben, Rückerinnerungen an frühere Leben würden nicht aus dem persönlichen Erfahrungsschatz stammen. Sie seien nichts anderes als unpersönliche Erinnerungsbilder aus dem allgemeinen Gedächtnisspeicher der gesamten Menschheit, den wir das *universelle Weltgedächtnis* nennen. Nach der modernen Tiefenpsychologie enthält das kollektive Unbewusste tatsächlich die Erinnerungsspuren an das gesamte Erfahrungswissen der Menschheit aus längst vergangenen Zeiten. Diese lassen sich vergleichen mit geologischen Tiefenschichten, in denen sich vor Jahrmillionen die frühesten Lebensspuren eingelagert haben, die wir heute als Fossilien zutage fördern.

Im kollektiven Unbewussten sammeln sich die wichtigsten seelischen und geistigen Erfahrungen der gesamten Menschheit seit Urzeiten. Es handelt sich um sogenannte Ur-Erfahrungen und Ur-Bilder, die seit Generationen weitergereicht wurden, ohne dass wir uns dessen bewusst sind. *C. G. Jung* bezeichnete diese als Archetypen (gr. *archaios*: alt, altertümlich; *typon*: Bild). Wir begegnen diesen noch heute in Mythen, Mysterien, Märchen, Sagen, und Volksbräuchen (26), aber auch in Träumen und Dichtungen. (27) In einem Brief an eine Theologin schreibt *C. G. Jung*: »Das kollektive Unbewusste hat Inhalte, die nur in geringstem Maße und im Wesentlichen gar nicht persönlich geformte individuelle Erwerbungen, sondern überall dieselben sind und daher nicht von Mensch zu Mensch wechseln. Dieses Unbewusste ist wie die Luft, die überall ein und dieselbe ist, von allen geatmet wird und doch keinem gehört.« (28)

Einige wichtige Merkmale des kollektiven Unbewussten lauten:

- Wer nicht weiß von dreitausend Jahren / sich weiß Rechenschaft zu geben, / bleib im Dunkeln unerfahren, / mag auch von Tag zu Tage leben. (J. W. v. Goethe)

- Nie bist du allein. Tausende, die vor dir lebten, webten an deinem Sein. (R. M. Rilke)

- Die Seele ist nicht von heute! Ihr Alter zählt viele Millionen Jahre. (C. G. Jung)

- Wir sind viel tiefer verwurzelt, als unser Bewusstsein dies wahrhaben will. (K. Mann)

- In Jedem Menschen ist etwas von allen Menschen. (G. H. Lichtenberg)

- Der Mensch kommt nicht als unbeschriebenes Blatt zur Welt. (C. G. Jung)

- Der Mensch fängt nicht erst bei der Geburt an zu leben. Unser gegenwärtiges Leben ist nur ein kleiner Ausschnitt aus einem viel größeren Ganzen. (C. G. Jung)

Im Gegensatz zum persönlichen und familiären Unbewussten enthält das kollektive Unbewusste nicht persönliche und familiengebundene Inhalte, sondern allgemein menschliche, die allen Menschen zu allen Zeiten zugeordnet werden können. Seine Inhalte hat nicht nur der Einzelne erlebt, sondern sie sind von vielen gemeinsam in langer menschlicher Entwicklungszeit erworben worden. Diese dritte seelische Tiefenschicht bildet mit ihrem allgemeinen Erfahrungsgut sozusagen das Fundament, auf dem der Erlebnisreichtum der Einzelnen erst verständlich wird.

So scheint es, als wenn eine riesige Kollektivseele das allgemeine Erbe der ganzen Menschheit in sich trüge, wobei das Leben des Einzelnen nur ein Ausschnitt eines viel größeren Ganzen darstellt. Doch eine kollektive Menschheitsseele gibt es nicht. Immer ist die Vitalseele nur auf dem Weg der Vererbung durch die vereinzelten Lebensformen gegangen. Auch die geistigen Seelen sind stets als individuelle Wesen auf dem Weg der Inkarnation zur Menschwerdung gelangt. Demnach kann es nicht sein, dass bei Rückführungen in frühere Leben unpersönliche oder völlig fremde Erlebnisinhalte als Erinnerungen aus früheren Leben auftauchen.

Das karmische Unbewusste

Der Begriff *Karma* wird abgeleitet vom Sanskritwort »karman« und bedeutet Tat oder Handlung und deren Folgen. Es geht um die Verdienste oder Verluste, die wir durch unser bewusstes Tun in Gedanken, in Worten und in Werken im gegenwärtigen, im vergangenen oder in einem früheren Leben angesammelt haben. Diese werden in einer übersinnlichen Datenbank, die wir das karmische Unbewusste nennen, aufbewahrt. (29) Es mag im Einzelfall schwierig sein zu unterscheiden, was in einem Menschenleben erbbedingt und was karmabedingt ist. Vielleicht ist es beides zugleich. Es gibt tatsächlich Einzel- und Familienschicksale, die zufolge von Erbkrankheiten über mehrere Generationen hinweg schwer zu leiden haben. Es kommen aber auch tragische Schicksale vor, die auf ein schweres Karma hinweisen könnten. Am besten hüten wir uns vor Vorurteilen und enthalten uns jedes

Urteils, um die Beurteilung einer höheren Intelligenz und Instanz zu überlassen.

Wenn die jenseitigen Schutz- und Wächterengel bei der Wiedergeburt eines Menschen den »Schleier des Vergessens« über dessen Gesicht werfen, sind die Erinnerungen an seine vergangenen Erdenleben zwar nicht ausgelöscht, aber für eine Weile wie zugedeckt. Sie bleiben im karmischen Unbewussten aufbewahrt, bis der Mensch, einmal wissend geworden, bereit ist, sich mit seinem früheren Tun und Lassen auseinanderzusetzen, dafür Verantwortung zu übernehmen und Rechenschaft abzulegen. (30)

Diese Auswirkungen des Karma sind jedoch nicht als göttliche Belohnung oder Strafe zu sehen, sondern als ganz natürliche Folgeerscheinungen, die sich nach jeder bewussten und beabsichtigten Tat von selbst einstellen. Daher werden wir nicht *für* unsere Taten belohnt oder bestraft, sondern folgerichtig *von* unseren Taten.

Das Karma-Gesetz weist uns darauf hin, dass alles, was wir bewusst und mit Absicht denken, sprechen und tun, seine bleibende Odspur hinterlässt und seinen Niederschlag findet in unserem unsichtbaren Karma-Feld, ähnlich wie ein Fahrtenschreiber den Weg aufzeichnet, den ein Fahrzeug zurücklegt hat. Von einem jenseitigen Lehrer wurde medial mitgeteilt: Bei allen Taten entstehen entsprechende Strahlen, gewisse Schwingungen, die sich in das ›geistige Feld‹ des Menschen einprägen – mit düsterer oder mit leuchtender Schrift – je nach dessen Taten.« (31)

Die Inhalte des karmischen Unbewussten sind in der Regel nur jenen Geistwesen bekannt, die in den Geheimlehren die »Hüter des Karma« genannt werden. In der indischen Weisheitslehre werden diese »Lipikas« genannt. Bei uns in der westlichen Welt heißen sie auch »Hüter des Karma«. (32) Sie sind die unsichtbaren Verwalter und Gestalter des menschlichen Schicksals. Einst sprach man von unpersönlichen Schicksalsmächten und nannte sie Fatum, Kismet, Vorsehung, Geschick oder Verhängnis. Häufiger wurden diese in der Symbolsprache der Mythen mit Namen benannt. So kannten die alten Griechen die Moiren in der Gestalt der drei Schwestern Klotho, Lachesis und Atropos. Die erste hatte die Aufgabe, den Lebensfaden des Menschen zu spinnen, die zweite sollte diesen bemessen und die dritte hatte die Pflicht, diesen am Ende des Lebens abzuschneiden. So lag also das Lebensschicksal nicht in den Händen des Menschen, sondern in der Obhut fremder Mächte, die heute gerne dem karmischen Unbewussten zugeordnet werden.

Wir können das karmische Unbewusste von zwei verschiedenen Gesichtspunkten aus betrachten, als hätte es ein Doppelgesicht, wie der römische Gott *Janus*, der Gott des Übergangs, dem der Anfang und das Ende eines Geschehens geweiht war. Das eine Gesicht schaut in die Vergangenheit und sieht die Ursachen unseres Tuns; das andere Gesicht blickt in die Zukunft und sieht die Folgen unserer Taten in kommenden Tagen, Jahren und Jahrhunderten.

Was wir das Karma nennen, gehorcht drei geistigen Gesetzen, die sich selbst erfüllen:

1. Das Gesetz von Ursache und Wirkung

Es handelt sich um die Aufeinanderfolge von Saat und Ernte, von Aktion und Reaktion, die der Indienforscher *Paul Brunton* (1898-1981) mit einer zusammenhängenden Kette verglich. (33)

In der alten chinesischen Schrift »Vom reinen Land« schreibt ein weiser Meister: »Das Glück, das wir in diesem Dasein genießen, ist jenes, um das wir uns im vorigen Dasein bemüht haben, so wie das Korn, das uns in diesem Jahr ernährt, die Frucht ist von jenem Korn, das im vorigen Jahr ausgesät wurde. Wie das Getreide ein halbes Jahr braucht, um zu reifen, so gedeiht die Gedanken- und Tatensaat dieses jetzigen Lebens in unserem nächsten Dasein.« Das Gesetz des Karma ist folgerichtig und gerecht. In seinem Buch »Die andere Seite der Welt« schreibt *Georg Korf*: »Denn niemandem geschieht etwas, sei es Gutes oder Böses, Freude oder Leid, zu dem er nicht selbst in seinem gegenwärtigen oder in einem Vorleben die Ursache geschaffen hat.« (34) Der hellsichtige Lebensberater *James van Praagh* brachte es auf die einfache Formel: »Wie die Leute dich behandeln, ist ihr Karma. Wie du darauf reagierst, ist dein Karma.« (35)

2. Das Gesetz des Ausgleichs

Der Ausgleich wird durch das Gesetz der Gegenläufigkeit hergestellt. Dieses bedingt, dass ein Mensch in einem späteren Leben wieder dorthin geführt wird, wo er in einem früheren schuldig geworden ist. So wendet sich jede Wirkung früher oder später wieder zu ihrem Verursacher, und jede Tat kehrt zum Täter zurück. Nicht bloß unsere ausgeführten Handlungen, sondern auch alles, was wir in Gedanken vorausnehmen, indem wir es wünschen oder planen, kann Karma schaffen. Ob unsere Gedanken tatsächlich in Worte und Taten umgesetzt werden oder ob es bei der bloßen Absicht bleibt, ist nicht entscheidend. Eine Absichtsidee allein genügt schon, um eine karmische Spur zu hinterlassen. Wenn der Dichter *Stefan George* einmal beteuerte: »Ich kann mir zehn Jahre lang überlegen, wie ich mich an einem Menschen rächen will«, kann allein schon in diesem Denken viel kriminelle Energie enthalten sein, die nicht wirkungslos bleibt. Nur das Absichtslose zieht keine karmischen Folgen nach sich. Deshalb empfahl *Buddha,* selbst das Gute absichtslos, um seiner selbst willen, zu tun und nicht aus Eigennutz.

3. Das Gesetz der Gerechtigkeit

Dieses wird auch das Gesetz von der sittlichen Bewertung und Vergeltung oder das Gesetz von der Erhaltung der moralischen Energie genannt. (36) Die jenseitigen Schicksalsgestalter sind unsere geistigen Wegbegleiter und wissenden Geistführer. Sie sind zugleich die unsichtbaren Verwalter des menschlichen Schicksals. Weil sie unseren Lebensplan kennen, sind sie dafür verantwortlich, dass wir auf der Zielgeraden des Lebens bleiben. Falls wir davon abweichen, führen sie die Einsichtigen sanft zurück auf die rechte Bahn, die Uneinsichtigen aber ziehen und zerren sie streng auf den rechten Lern- und Heilsweg zurück, gemäß der Weisung des römischen Weisen *Seneca* (1-65 n. Chr.): »Ducunt fata volentem, nolentem trahunt – Den Willigen führt das Schicksal, den Unwilligen zieht es an den Haaren herbei.« Wenn es manchmal auch nicht danach aussieht in unserer Welt, haben wir zu bedenken, dass nach einem Psalmenwort »Gottes Mühlen langsam mahlen« oder »Tausend Jahre sind vor dir wie der Tag, der gestern vergangen ist...« (Ps 90,4) in der geistigen Welt ganz andere Zeitvorstellungen herrschen als auf unserer Erde.

Nach der Lehre von den wiederholten Erdenleben ist jeder Mensch einem dreifachen Karma unterworfen, nämlich:

1. Dem aktuellen Karma, das er im gegenwärtigen Leben verursacht hat.
2. Dem Lebenskarma, das er im Verlauf all seiner Erdenleben angesammelt hat.
3. Dem Ur-Karma, dessentwegen er hier auf der Erde lebt.

Das *aktuelle* Karma ist die Folge jener Handlungen und Taten, die in diesem jetzigen Leben verursacht werden und sich im gegenwärtigen Leben positiv oder negativ auswirken und in Aktion treten, sei es als »glückliche Zufälle«, als Chancen, als Widerwärtigkeiten oder als Hemmnisse und Hindernisse, die auf uns zukommen. Sie sind in der Regel selbstgemacht und werden durch das karmische Unbewusste ausgelöst, ohne dass wir uns dessen bewusst sind.

Das *Lebenskarma* ist die Summe aller unerledigten und noch nicht gelösten karmischen Aufgaben und Aufträge, deren Verwirklichung noch aussteht und die uns immer wieder in neuen Variationen schicksalshaft aufgegeben werden, gemäß einer Aussage von *C. G. Jung*: »Was du in dir nicht verwirklichst, begegnet dir als Schicksal.« Bei der Geburt bringen wir unseren karmischen Kontostand mit, aus dem unser Startkapital mit seinen Aktiva und Passiva, mit seinem Guthaben und seinen Schulden, mit den erhaltenen Gaben und Aufgaben für das neue Leben ersichtlich ist. Nur wer auf dem Weg der Bewusstwerdung selber Herr des eigenen Karmas geworden ist, »der wird von keinem äußeren Schicksal mehr berührt. In Ihm sind Vergangenheit, Jetzt und Zukunft zu unbewegter Gegenwart geworden.« (37)

Das *Ur-Karma,* das unsere Ur-Sünde, nicht »Erbsünde«, genannt wird, hat dazu geführt, dass ein Teil der geistigen Geschöpfe, die Gott vor Urzeiten als Geistwesen ins geistige Dasein gerufen und mit freiem Willen ausgestattet hat, selbstverschuldet aus der ursprünglichen Einheit mit der göttlichen Welt ins gespaltene Abseits gefallen sind. Diese präkosmische Auflehnung und Rebellion finden wir in mehreren mythologischen Bildern und Erzählungen dokumentiert, so im chinesischen Symbol von Yin und Yang, im Mythos vom Androgyn bei *Platon,* in der jüdischen Erzählung von den »zerbrochenen Gefäßen« oder in der biblischen Paradiesgeschichte. Immer geht es um den Fall von der Einheit in die Zweiheit.

Alle Menschen sind mit einem Ur-Karma behaftet, mit Ausnahme jener ungefallenen Geistwesen, die freiwillig das Menschenkleid angezogen haben, um hier auf Erden wichtige geistige Entwicklungsarbeit zu leisten. In der Theosophie werden sie »große Meister« und »Avatare« (38) genannt, im christlichen Abendland nennen wir sie »gottgeweihte Seelen«, die im Verborgenen wirken.

Das Karma-Gesetz weist uns darauf hin, dass wir nicht von Gott für unsere Taten belohnt oder bestraft werden, sondern dass das Karma-Prinzip dafür sorgt, dass jedem Menschen früher oder später das zukommt, was er auf Grund seines Tuns oder Lassens verdient hat. Wir werden also nicht *für*, sondern *von* unseren Taten belohnt oder bestraft, nämlich durch deren Rückwirkungen, Auswirkungen und Nachwirkungen auf unser Leben. Wir können auch nicht Gottes Willen für all das Böse in der Welt verantwortlich machen, weil er es nicht verhindert hat. Er hält sich an seine Gesetze, die selbsttätig wirken, und dazu gehört auch das Karma-Gesetz.

Das Karma ist zu vergleichen mit einem Stoffgewebe, das aus ungezählten Fäden von Gedanken, Worten und Werken geflochten ist, aus denen wir, mehr unbewusst als bewusst, ein Kleid geschaffen haben, das wir dereinst in der jenseitigen Welt tragen werden. An diesem Kleid wird man erkennen, wer wir sind und was aus uns im Verlauf unserer wiederholten Leben geworden ist. Jeder Webfehler ist darin sichtbar. Wollen wir diesen beheben, ist es notwendig, dass wir die Fallmasche erneut fassen. Sonst wird diese im Gewand unseres nächsten Lebens erneut störend wirken.

Auch wenn uns das Gesetz des Karma nicht bewusst ist, wirkt es trotzdem aus dem Unbewussten in unseren Alltag hinein. Der Theosoph *Johannes Fährmann* gibt zu bedenken: »Solange der Mensch nichts von der Existenz des Karma-Gesetzes weiß, kann er keinerlei bewussten Einfluss auf die Auswirkungen der karmischen Folgen nehmen. Ist er aber ein Wissender, so kann er in jedem Augenblick durch seinen Willen neue Faktoren in die Gleichung seines Lebens einführen und so unaufhörlich die Resultate des früheren Karmas verändern und dem Ablauf der Geschehnisse eine andere Richtung geben.« (39)

Wer das Gesetz des Karmas versteht, der ist wie ein selbstsicher gewordenes Kind, das nicht mehr der Hand fremder Führung bedarf. Er ist wie ein erwachsener Mensch, der sich selbst zu leiten weiß, weil er Sinn und Ziel seines irdischen Daseins begreift. Der Schriftsteller *Hans Sterneder* (1889-1981) hat diesen Gedanken in seinem Gedicht »Der Sang des Ewigen« festgehalten:

Nur wer durch Liebe
wissend geworden,
wird befreit vom Kreuz
der Ursache und Wirkung,
an das ihn Unwissenheit schlug.
Nur die Liebe endet
den Reigen der Wiedergeburten.

8.

Stufen des Bewusstseins

Das Bewusstsein der All-Einheit
kennt keine Grenzen.
Danach gibt es nichts,
was hiervon getrennt ist.
KEN WILBER

Im weitesten Sinne hat jedes Wesen, dass selbstständig und selbsttätig auf äußere oder innere Reize zu reagieren versteht, ein Bewusstsein, unabhängig davon, ob es sich dessen bewusst ist oder nicht. Das *sinnliche* Bewusstsein beruht auf der sinnesabhängigen Fähigkeit, sein eigenes äußeres und inneres Dasein wahrzunehmen. Mit diesem speziellen Sinn, der auch als Gemeinsinn bezeichnet wird, können alle Lebewesen ihre verschiedenartigen Sinneseindrücke, seien es optische, akustische oder taktile, voneinander unterscheiden. Das Bewusstseinsniveau eines Lebewesens hängt vom Grad seiner evolutionären Entwicklung ab. Je genauer und vielfältiger seine Eigenwahrnehmung ist, desto besser ist seine Bewusstseinsqualität zu bewerten. Sogar den einfachsten und niedrigsten Pflanzen- und Tierformen kann ein rudimentäres Bewusstsein zugesprochen werden, denn sie können sich selbst und ihre Umwelt wahrnehmen. (1)

Das erste Merkmal des Lebens ist seine Reaktionsfähigkeit. Selbst einzellige Urtierchen und niedere Pflanzengewächse wie Algen und Pilze richten sich nach dem Sonnenlicht. Sie reagieren auf Duftstoffe, sie können sich mit Abwehrmaßnahmen verteidigen, sie sind anpassungs- und lernfähig und haben sogar ein bescheidenes Erinnerungsvermögen, obwohl sie kein ausgebildetes Gehirn haben. Auch können sie gegenseitig Informationen austauschen, sie können sich gegenseitig über Botenstoffe vor Gefahren wie Schädlingsbefall warnen. Sie sind sogar imstande, auf menschliche Zuneigung oder Abneigung zu reagieren. (2)

Der südafrikanische Bewusstseinsexperte *Lyall Watson* (1939-2008) kam auf Grund seiner jahrzehntelangen Forschungen zur Erkenntnis, dass es keine völlig unbewussten Dinge gibt und selbst bis hinunter zu den Elementarteilchen deutliche Spuren von Bewusstsein zu finden sind. (3)

Damit fand er eine wissenschaftliche Bestätigung für die Aussage der britischen Theosophin *Annie Besant*, dass alles in der Welt belebt und beseelt ist und daher alles Bewusstsein hat. (4) Bestätigt wird dies durch die moderne Physik. Nach Ansicht des deutschen Atomphysikers *Hans-Peter Dürr* muss sowohl dem winzigsten Elementarteilchen im Atom als auch den fernsten Sternsystemen und galaktischen Spiralnebeln weit draußen im Weltall ein einfaches Bewusstsein zugesprochen werden, weil es die Materie an sich gar nicht gibt. (5)

Der deutsche Schriftteller *Hermann Löns* (1866-1914) hat diesen Gedanken wunderbar in folgende Verse gekleidet:

Es gibt nichts Totes auf der Welt,
Hat alles sein' Verstand,
Es lebt das öde Felsenriff,
Es lebt der dürre Sand.

Lass deine Augen offen sein,
Geschlossen deinen Mund
Und wandle still, so werden dir
Geheime Dinge kund.

Dann weißt du, was der Rabe ruft
Und was die Eule singt,
Aus jeden Wesens Stimme dir
Ein lieber Gruß erklingt.

Dass auch Tiere denken und sich ihrer Mit- und Umwelt bewusst sind, ist längst erwiesen. (6) Hierzu ist der Satz zu bedenken: »Weil Menschen denken, dass Tiere nicht fühlen, müssen Tiere fühlen, dass Menschen nicht denken.« Auch Tiere sind beseelten Wesen. Deshalb sollten wir Tiere achten und beachten, statt sie zu schlachten. (7)

Die Fähigkeit der Selbstwahrnehmung kann auch dem Menschen zugesprochen werden. Das *menschliche Bewusstsein* verschafft uns die Fähigkeit, uns selbst wahrzunehmen. Allerdings ist das, was wir unser Bewusstsein nennen, nur ein bescheidener Teil unserer wahren seelischen Wirklichkeit. Wir leben vielfach nur teilbewusst, denn so manches, was wir tun und lassen, was mit uns und um uns geschieht, läuft ohne unser bewusstes Mitwissen ab. Nur jenen kleinen Teil, den wir bewusst mit unseren Sinnen wahrnehmen, nehmen wir wirklich wahr. Wir können diesen Teil vergleichen mit dem hellen Lichtkegel einer Taschenlampe, der uns aus der Dunkelheit des Raumes nur einen begrenzten Ausschnitt sichtbar macht. Es handelt sich dabei um jenen verhältnismäßig kleinen Seelenraum, dessen Inhalt uns gegenwärtig ist.

Müssten uns alle alltäglichen Erfahrungen, Erlebnisse und Geschehnisse des Lebens ständig bewusst sein, würden wir aus lauter Überforderung durchdrehen und den Verstand verlieren. Das allermeiste, was wir mit unseren Sinnen wahrnehmen, wird zur Entlastung des Bewusstseins ins Unbewusste verschoben und aufbewahrt. Je mehr sich der bewusste Seelenraum ausweitet, desto kleiner wird der Bereich des Unbewussten. Daher heißt eine Forderung der Psychoanalyse: »Wo Es ist, soll Ich werden.« Das Bewusstsein entwickelt sich im Verlauf der Lebensjahre unter dem Zusammenwirken von Anlage und Umwelt allmählich zum Eigenbewusstsein. »Unser Bewusstsein schafft sich ja nicht selber, sondern es quillt auf aus unbekannter Tiefe. Es erwacht allmählich im Kleinkind und festigt sich im Verlauf der Jahre. Auch erwacht es jeden Morgen erneut aus der Tiefe des Schlafes und tritt täglich aus dem mütterlichen Urgrund des Unbewussten ins Wachbewusstsein ein.« (8)

Das Bewusstwerden gleicht einer Bergwanderung: Zu früher Morgenstunde brechen wir bei Dunkelheit im Talgrund auf. Anfänglich nehmen wir von der Umwelt noch wenig wahr, weil alles noch im Dunkeln liegt. Je höher wir vorankommen und je heller der Tag wird, desto lichter erscheint uns die Außenwelt. Indem wir am Berg an Höhe gewinnen, erkennen wir in der Rückschau die Strecke, die wir bereits zurückgelegt haben, und umso deutlicher ermessen wir den Weg, den wir noch vor uns haben. Ähnlich ist es auch im Leben. Sein Anfang ist uns kaum bewusst. An die früheste Lebenszeit erinnern wir uns selten. Erst während der Jugendjahre werden wir uns des eigenständigen Daseins bewusst. Je älter wir werden, desto dringender stellen sich uns die Fragen: »Wer bin ich? Wozu lebe ich? Woher komme ich und wohin gehe ich? Was soll aus mir werden?« Wer hierzu seine Antworten findet, der wird umso bewusster seinen Lebensweg beschreiten. Wer aber ratlos und rastlos bleibt und sich entmutigen lässt, läuft Gefahr, auf der Strecke zu bleiben.

Unser Bewusstsein ist nicht in irgendwelchen Gehirnwindungen eingeprägt. Hirnforschern ist es bis heute nicht gelungen, ein Areal oder ein Organ in unserem Gehirn zu finden, in dem unser Bewusstsein entsteht. Es ist erwiesen, dass unser Bewusstsein auch außerhalb des Gehirns erhalten bleibt und selbst den Tod überlebt. (9) Zum besseren Verständnis der verschieden Bewusstseinsarten mag es dienlich sein, sich ein Denkmodell vorzustellen, mit dem wir entsprechend der Dreiheit des Menschen von Körper, Vitalseele und Geistseele die drei Stufen *Körperbewusstsein, Seelenbewusstsein und Geistbewusstsein* unterscheiden und beschreiben können. Diese drei Bewusstseinsstufen durchdringen und bedingen sich gegenseitig und sind in der Lage, miteinander in eine Wechselbeziehung zu treten.

Das Körperbewusstsein

Das Bewusstsein, das sich auf unseren Körper bezieht, beschränkt sich – bildlich gesprochen – auf unser körperliches Fahrzeug, das uns zur irdischen Pilgerreise zur Verfügung gestellt wird. Jedes Mal, wenn wir wiedergeboren werden, stellt uns Mutter Natur aus ihrem reichen Angebot an irdischen Elementen die erforderlichen Stoffe zum Aufbau eines frischen Körpers zur Verfügung und verleiht ihm nach vererbten

Mustern neue Form und Gestalt. Das Wissen um diese körperliche Ausstattung nach Geschlecht, Konstitution und Aussehen wechselt bei jeder Inkarnation, ähnlich wie bei einem Verkehrsteilnehmer, der von Zeit zu Zeit sein Fahrzeug austauscht.

Unter dem Köperbewusstsein verstehen wir das bewusste Wahrnehmen der eigenen grobstofflichen Körperlichkeit. Dieses will uns bewusst machen: »Ich habe einen Körper, aber ich bin nicht mein Körper.« Die meisten Menschen identifizieren sich mit ihrem materiellen Körper, indem sie auf diesen hindeuten, wenn sie ihre Eigenständigkeit beteuern und ihren Eigenwillen betonen wollen. Auch der Persönlichkeitsausweis als Pass oder Identitätskarte beschränkt sich weitgehend auf die äußeren Körpermerkmale. Diese beziehen sich lediglich auf körperbezogene Äußerlichkeiten und sagen noch wenig aus über die seelischen und geistigen Eigenarten des Namensträgers.

Das Körper-Ich ist das, was wir, oberflächlich gesehen, an uns und an unseren Mitmenschen zur Kenntnis nehmen und von dem wir meinen, dies sei der wahre Mensch, was häufig zu Täuschungen und Enttäuschungen führt. Nur wenigen wird richtig bewusst, dass sie nebst dem grobstofflichen Körper auch noch drei zusätzliche feinstoffliche Körper haben, die jedoch unsichtbar sind. (10)

Da ist zunächst der *Ätherkörper* als hauchartige Schutzhülle. Diese wird auch Fluidalkörper oder Doppelkörper genannt und gehört der Vitalseele an. Er besteht aus reiner Energie und versorgt den grobstofflichen Körper mit Lebenskraft. Von hellsichtigen Menschen kann dessen Ausstrahlung, die wir die Aura nennen, wahrgenommen werden. (11) Im Ätherkörper eingelagert sind die sieben Haupt-Chakras, welche durch ihre Schwingungen die belebende Energie im ganzen Körper in Umlauf bringen und für unsere Gesundheit verantwortlich sind. Daher ist er der Träger der Vitalseele des Menschen. Er wird bereits vor der Geburt des Kindes im Mutterschoß aufgebaut. Eine hellsichtige Frau, die auf der Fahrt zur Geburtsklinik war, will die ätherische Gestalt ihres ungeborenen Kindes gesehen haben, und zwar so klein, dass sie im Auto aufrecht stehen konnte. Plötzlich löste sich, wie sie später erzählte, seine Gestalt vom Kopf und von den Füßen her auf, bis nur noch ein weißer Lichtstrahl übrig blieb, der in den physischen kindlichen Körper in ihrem Schoß eintrat. Zwei Stunden später wurde das Kind geboren. (12)

Hinzu kommt der *Astralkörper,* der wie ein feines eiförmiges Netz die menschliche Gestalt umgibt. Manchmal ist auch vom Emotionalkörper oder Begierdeleib die Rede. Dieser ist umso ausgebildeter und heller, je entwickelter der Mensch in seinem geistigen Wesen ist. Er wird vom Stoff unserer Emotionen, Gefühle und Affekte, Stimmungen, Neigungen und seelischen Empfindungen gebildet. Mit dem Astralkörper ist es möglich, sich zeitweise vom grobstofflichen Körper zu trennen und uns in der benachbarten Astralwelt aufzuhalten, wobei die Silberschnur dafür sorgt, dass zwischen beiden Teilen die fließende Lebensenergie nicht unterbrochen wird. Dies ist notwendig bei einem Nahtod-Erlebnis oder bei einem außerkörperlichen Aufenthalt in der Astralwelt während des Schlafes. In diesem Zustand kann der ausgetretene Mensch mit Leichtigkeit materielle Wände oder Mauern überwinden, vermag jedoch nicht grobstoffliche Gegenstände zu ergreifen. Dies kann durch zahlreiche parapsychische Phänomene bewiesen werden.

Die dritte feinstoffliche Körperhülle ist der *Mentalkörper.* Dieser enthält unsere Gedanken, Ideen und unsere rationalen Werteinstellungen. Er wird gebildet durch unser Denken. Die intellektuellen Tätigkeiten von Verstand, Vernunft, Interessen und Erinnerungen kommen hier zur Auswirkung. Sie gehören immer noch in den Tätigkeitsbereich der menschlichen Vitalseele.

Die Geistseele ihrerseits, die von anderer Natur und Herkunft ist, geht bei ihrer Einkörperung in einen lebendigen Menschenleib mit diesem eine symbiotische (gr. *syn*: gleichzeitig; *bios*: Leben) Verbindung für die Dauer des irdischen Lebens ein. Bei jeder Inkarnation werden der sichtbare und die drei unsichtbaren Körper neu aufgebaut, um die Geistseele damit neu einzukleiden.

Das Körperbewusstsein ist bei vielen Menschen schwach entwickelt. Sie wissen viel zu wenig über die wichtigsten Funktionen ihrer Organe. Sie haben Gewicht, Blutdruck, Ruhepuls, Blutzuckerwerte, Magnesium- und Cholesterinspiegel kaum unter Kontrolle. Auch kennen sie ihre Blutgruppe oft nicht und wissen zu wenig über Stoffwechsel und Verdauungsvorgänge. Sie kümmern sich selten um ihren Salz-, Zucker- und Fettkonsum und nehmen auf ihre angeborenen körperlichen Stärken und Schwächen zu wenig Rücksicht. Auch machen sie sich über ihren eigenen Energiehaushalt kaum Gedanken. So werden sie sich all dieser wichtigen Daten erst bewusst, wenn ernsthafte Störungen auftreten.

Mit der Gesundheit verhält es sich wie mit einem Bankkonto. Wenn dieses ständig überzogen wird, erfolgt eines Tages dessen Sperrung – und nichts geht mehr. Ein Mann, von dem ich wusste, dass er ständig im Dauerstress lebte, sagte mir: »Mein Hirnschlag traf mich wie ein Blitz aus heiterem Himmel.« Da dachte ich bei mir: »So heiter kann der Himmel nur für einen Blinden sein.« Es kann nach der 20-Jahre-Regel bis zu zwei Jahrzehnte dauern, ehe die Folgen einer gesundheitlichen Dauerschädigung bewusst wahrgenommen werden. Leider ist es dann vielfach zu spät. Es ist unglaublich, was diesem hochsensiblen Gebilde, das wir unseren Körper nennen, grob fahrlässig alles zugemutet wird.

Noch immer gilt, was der französische Philosoph *Voltaire* (1694-1778) feststellen musste: »In der ersten Hälfte des Lebens geben wir eine Menge Geld aus, um unsere Gesundheit zu ruinieren; in der zweiten Lebenshälfte geben wir noch einmal viel Geld aus, um zu versuchen, unsere Gesundheit wiederherzustellen – und inzwischen rinnt das Leben davon.« Ähnlich lautete die Erfahrung des Naturheilpraktikers Pfarrer *Sebastian Kneipp* (1821-1897): »Alt wollen sie werden, gesund wollen sie bleiben, aber etwas tun dafür wollen sie nicht.«

Der menschliche Körper ist nicht eine Maschine, er ist auch nicht bloß ein Leistungsapparat oder eine reine Lustquelle, sondern ein lebendiger, hoch komplizierter Organismus, der leben will, damit wir zu leben haben. Er ist auch weit mehr als bloß eine »Räucher- und Speckkammer«, sondern er ist unsere irdische Wohnung, unser Zuhause, der Tempel des Geistes, der darin wohnt. Daher bedarf er unserer vollen

Aufmerksamkeit und Fürsorge durch eine gesundheitsbewusste Lebensweise und durch eine verantwortungsbewusste Gesundheitsvorsorge. Er bedarf unserer sorgfältigen Aufmerksamkeit und unserer bewussten Achtsamkeit. Hier gilt die Erkenntnis der Heilerin *Renée Bonanomi*: »Wer bewusst lebt, wird nicht krank!« (13)

Wir sind verpflichtet, unseren Körper für die uns vorgegebene Lebensaufgabe und Lebensdauer gesund und leistungsfähig zu erhalten, damit dieser im gegenwärtigen Leben so weit als möglich seinen Dienst erfüllen kann. Andernfalls nehmen wir diese mit in ein nächstes Erdenleben, was unseren geistigen Aufstiegsweg zusätzlich erschweren kann. Die körperliche Befindlichkeit hängt weitgehend zusammen mit dem Selbstwertgefühl, mit der Selbstsicherheit, mit dem Selbstvertrauen und mit dem eigenen Lebensgefühl. Dabei dürfen wir uns nicht mit dem eigenen Körper gleichstellen. Seien wir uns bewusst: Wir haben einen Körper, aber wir sind nicht unser Körper. Der Unterschied zwischen einem lebenden und einem toten menschlichen Körper liegt im Bewusstsein.

Wir können unseren lebenden Körper in seiner ganzen Leiblichkeit vergleichen mit einem Fahrzeug, das es uns erlaubt, hier auf Erden unterwegs zu sein, es zu gebrauchen, um mit ihm wertvolle Erfahrungen zu machen. Wenn unsere Lebensreise dann zu Ende geht, verlassen wir unser Körperfahrzeug, um befreit von seiner Erdenschwere unsere Weiterreise in andere Welten fortzusetzen. Auch dürfen wir die Gewissheit haben, dass uns für das nächste Erdenleben ein neuer Körper geschenkt wird, der aber die Spuren des vorherigen Gebrauchs in einem früheren Leben in sich oder an sich tragen wird. *Friedrich Rückert* sah es richtig:

Erst baut Natur den Leib, ein Haus mit Sinnestoren,
Worin ein fremdes Kind, der Geist, dann wird geboren.
Er findet Hausgerät und braucht es nach Gefallen.
Und wenn er dann das Haus verlässt, wird es zerfallen.
Doch die Baumeisterin baut immer wieder
Und lockt den Himmelsgast zur irdischen Einkehr nieder.

Das Ich-Bewusstsein

Wer wissen will, wer er ist,
muss wissen, woher er kommt
und wohin er geht.

THEODOR HEUSS

Das Ich ist der Träger meiner gegenwärtigen Lebensrolle, die ich zur Zeit auf der Bühne des Lebens spiele und nach außen für andere erkennbar darstelle. Es ist dies jene Person, von der ich meine, dass ich sie sei. Das ist freilich nur ein kleiner Teil all dessen, was ich wirklich bin. Beim Menschen ist es das, was in der analytischen Psychologie das *Ich* mit seinen seelischen Grundfunktionen des Denkens, Fühlens, Empfindens und Intuierens genannt wird. Durch diese erkennen wir, dass wir bewusstseinsfähige Wesen sind.

Das *Ich* ist das Zentrum des Bewusstseinsfeldes. Es vermag die eigene, selbstständige Existenzform bewusst zu erkennen. Unter allen irdischen Lebewesen ist diese Fähigkeit allein dem Menschen vorbehalten. Dies hat zu tun mit dem Erkennen der eigenen Identität und führt zur menschlichen Selbsterkenntnis. Wenn ein Tier in einen Spiegel oder auf einem Foto ein Abbild von sich zu sehen bekommt, erkennt es sich in der Regel nicht. Auch einem Kleinkind gelingt dies erst um das 2./3. Lebensjahr, wenn sein Ich-Bewusstsein erwacht. Die Tiere haben kein Ich-Bewusstsein. Die Tiere leben weitgehend in einer Welt, die ihnen nicht bewusst und daher fremd ist. Der einfühlsame *C. G. Jung* erzählte einmal: »Wie er in den Augen von Tieren, die ihre Jungen zur Welt brachten, den Ausdruck ungeheuren Leidens, der Furcht vor dem Unbekannten, gesehen habe. Er war überzeugt, dass die Tiere uns brauchen und darauf warten, dass wir ihnen das Wesen der Natur und das Geheimnis ihres mühevollen Daseins erklären. Uns allein ist es vergönnt, diese Dunkelheiten zu erhellen.« (14)

Das Ich-Bewusstsein kann sowohl im Wachzustand als auch im Traumzustand aktiv sein. Zwischen dem Wachbewusstsein und dem

Traumbewusstsein mag es fließende Übergänge und Verschiebungen geben, so dass wir uns manchmal fragen, ob wir ein Ereignis wirklich erlebt oder nur geträumt haben. Vom chinesischen Weisen *Dschuang-dse,* der im 6. Jahrhundert vor unserer Zeitrechnung gelebt hat, wird folgendes Erlebnis überliefert: »Mir träumte, ich sei ein Schmetterling. Als ich erwachte, sah ich mich als Mensch. Nun weiß ich nicht, bin ich ein Mensch, der träumte, er sei ein Schmetterling, oder bin ich ein Schmetterling, der träumte, er sei ein Mensch.«

Der französische Philosoph *René Descartes* (1596-1650) ging bei der Suche nach der Wahrheit vom allgemeinen Zweifel aus. Indem er feststellte, dass er zweifelte, erkannte er, dass es sein Ich ist, das zweifelte. Dies war für ihn der einzige zweifelsfreie Gedanke, den er zum Beweis nahm, dass er existierte. Daraus entstand sein berühmt gewordener Satz: »Dubito, ergo cogito, cogito, ergo sum – Ich zweifle, also denke ich, ich denke, also bin ich.« Das Ich kann mit einem Schauspieler auf der Bühne verglichen werden. Er verkörpert seine Rolle durch seine Bekleidung, seine Ausstattung und vor allem durch seine Maske, mit der er auftritt. Sein Rollen-Ich entspricht dem, was beim Menschen die *Person* genannt wird. Das Wort Person wird abgeleitet vom lateinische Wort *persona* für Maske und dieses wiederum vom Verb *personare* für durchtönen oder ertönen. Gemeint ist die Stimme, die durch die Maske tönt. Durch die Stimme ist die Person erkennbar. Durch diese unverwechselbare Besonderheit hebt sie sich von allen anderen Personen ab.

Im Verlauf der seelischen Entwicklung erwacht das Ich erst um das 2./3. Lebensjahr und mit ihm auch der Eigenwille, was den Beginn des Trotzalters anzeigt. Von da an unterscheidet sich das Ich vom Nicht-Ich. Damit beginnt die bewusste Wahrnehmung der eigenen Person. Vorher nennt sich das Kleinkind mit seinem eigenen Namen und erlebt sich eher nur als Teil der eigenen Familie. (15) Auch primitive Naturmenschen, die meist noch keine Eigennamen kennen, sondern den Namen ihres Stammes tragen, in dem sie geboren und aufgewachsen sind, erleben sich als Teil ihres Clans und identifizieren sich gerne mit ihrem Totem-Tier, das für eine ganze Gruppe von Menschen gilt. (16)

Viele Menschen identifizieren sich mit der Rolle, die sie im Leben zu spielen haben. Nicht wenige tragen sogar mehr als eine Maske: Nämlich ihre Berufsmaske und ihre Gesellschaftsmaske, eine Ausgangsmaske und eine Privatmaske. Hinter jeder dieser Masken verbirgt er sein wahres Ich, das er vielleicht selber nicht richtig kennt. Wie dies *C. G. Jung* einmal erlebt hatte, erzählte er in einem seiner Gespräche: »Ich habe einmal die Bekanntschaft eines verehrungswürdigen Mannes gemacht – man könnte ihn ohne Schwierigkeit einen Heiligen nennen; ich ging drei Tage um ihn herum und konnte nirgends die Unzulänglichkeit des Sterblichen an ihm entdecken. Meine Minderwertigkeitsgefühle wurden bedrohlich, und ich begann bereits ernsthaft daran zu denken, mich zu bessern. Am vierten Tag aber konsultierte mich seine Frau… Seitdem ist mir nichts Ähnliches mehr passiert.« (17)

So ist also die Maske ein spezieller Schutzfaktor der Seele, mit der ein Mensch nach außen auftritt und sich der Umwelt anpasst, aber auch um sein wahres Gesicht zu wahren. So manches an unserem Auftreten und Gebaren ist Machwerk und Maskerade, ist Tarnung und Täuschung, das dazu dienen soll, uns gemäß den Spielregeln der Gesellschaft zu geben und zu benehmen. Auf Straßen und Plätzen begegnen wir zuhauf maskenmüden Alltagsgesichtern, die unnahbar und verschlossen wirken. Daher beurteilen wir unsere Mitmenschen oft falsch, grüßen sie kaum, beurteilen sie voreingenommen und ungerecht, weil wir nur ihre Maske zu sehen bekommen. Wir ahnen oft nicht, was sie denken, wie sie sich fühlen, was ihre geheimen Ängste und Sorgen, was ihre stillen Freuden sind. Wenn der Mensch beim Nachlassen der Selbstkontrolle seine Maske ablegt oder vergisst, nämlich im Rausch, im Schmerz, in überschwänglicher Heiterkeit oder in seiner eigenen Häuslichkeit, behält *Heraklit* recht:

Die Maske fällt,
es bleibt der Mensch
und alles Heldentum entweicht.

Das Ich ist die Mitte des menschlichen Bewusstseinsfeldes und der Mittelpunkt seiner Selbstwahrnehmung. Es ist gleichsam der Spiegel, in dem er sich zu erkennen vermag. Zwar ist das Ich nicht Herr im eigenen Hause, wie *Freud* einmal bemerkte, sondern lediglich dessen verantwortlicher Mieter, der sich sowohl gegenüber den Ansprüchen der Außenwelt behaupten muss als auch die Kontrolle gegenüber den Forderungen der Untermieter in den unteren Räumen des Unbewussten behalten muss. Gelingt dies dem regulierenden Ich zu wenig oder überhaupt nicht, wird der Mensch krank oder muss entsprechende Maßnahmen ergreifen in Form von körperlichen und seelischen Abwehrmechanismen wie die Flucht in Neurosen und Psychosen oder durch Bewusstmachen der tieferen Ursachen und deren korrekte Verarbeitung durch Beseitigung oder durch deren Kompensation und Sublimation auf einer anderen Erlebnisebene.

Das Ich ist ein stabilisierender Faktor, der das seelische Ganze zusammenhält. Seine Festigkeit hängt ab von der Veranlagung, von der Fremderziehung, von der Selbsterziehung und von der Selbstbestimmung. Das Ich sollte sein wie ein Leuchtturm in der Brandung des Meeres, wegweisend, gefestigt und überzeugend als Orientierungshilfe in den Irrungen und Wirrungen des Lebens. Ein starkes Ich macht entschlossen, belastbar, ausdauernd und gefestigt. Es wirkt selbstsicher, überzeugend und lässt sich nicht fremdbestimmen. Daher wirkt es manchmal auch eigensinnig und schwer beeinflussbar. Ist das Ich aber schwach, fehlt es ihm an Durchsetzungskraft und Widerstandsfähigkeit. Es wirkt verunsichert, leicht beeinflussbar und stimmungsabhängig. Leicht wird es zum Spielball unkontrollierter Lüste und Süchte.

Dem Ich-Faktor kommt die Aufgabe der Selbstbehauptung und der Selbstdurchsetzung zu. Eine wichtige Funktion des Ichs ist die Regulierung und Vermittlung zwischen polaren Gegensätzen wie Subjekt und Objekt, Lustprinzip und Realitätsprinzip, Innenwelt und Außenwelt. Das eigene Ich schlägt die Brücke zwischen dem Entweder – oder und dem Sowohl – als auch. Daraus resultiert der Grad der Anpassung an die Um- und Mitwelt.

Das Ich wird häufig auch mit dem lateinischen Wort *Ego* bezeichnet. Damit ist das vorwiegend auf sich selbst bezogene Ich gemeint, das auch als das *»niedere Ich«* bezeichnet wird. Dieses ist empfindlich und leicht verletzlich. Es ist eigenwillig und auf das bedacht, was ihm nützlich und dienlich ist. Weil es in seiner Unsicherheit auf die Anerkennung durch die Umwelt angewiesen ist, stellt es sich gerne in den Vordergrund, um beachtet zu werden und zur Geltung zu kommen. Von Egoismus sprechen wir, wenn das eigene Ich allzu sehr in den Mittelpunkt von Eigeninteressen gerückt und alles zu sehr auf sein kleines Ich bezogen wird. Es gibt zwar einen gesunden Egoismus, wenn er dem Selbstvertrauen und dem Selbstwertgefühl förderlich ist und sich auch mit einer guten Portion Altruismus verträgt. Dagegen geht es beim ungesunden Egoismus um übertriebene Macht-Ansprüche, die rücksichtslos durchgesetzt werden. Der selbstsüchtige Egoismus ist möglichst auf seinen eigenen Gewinn und Vorteil bedacht. Wer stets seine eigenen Interessen in den Vordergrund stellt und nur an sich denkt, gilt als Egomane, also als ein Mensch, der geradezu süchtig ist, sich als den Mittelpunkt der Welt zu sehen und alles Geschehene immer nur einseitig vom eigenen Ich aus zu bewerten und zu beurteilen. Dies kann zu zwei gefährlichen Ich-Auswüchsen führen, nämlich einerseits zum aufgeblasenen, inflationären Ich, das mehr Schein als Sein enthält. Andererseits kann es zu einer Ich-Panzerung kommen oder zu dem, was der Psychologe *Leopold Szondi* den »Eisenbeton-Faktor« der Seele genannt hat, der nichts an sich herankommen lässt, was der narzisstischen Selbstbezogenheit in die Quere kommt.

Das Ich wird nur durch Abgrenzung gegenüber dem Du seiner selbst bewusst. Doch ein Mensch, der nur auf sein Ich fixiert oder befangen ist, wird asozial. Der Mensch braucht Du- und Wir-Beziehungen, um emotional und mental seelisch gesund zu bleiben. Der Philosoph und Theologe *Wolfgang G. Essner* hält diese auch für notwendig, um das individuelle, kollektive und mystische Bewusstsein weiterzuentwickeln. (18)

Das Ich-Bewusstsein ist wie ein Licht, das unseren Lebensraum erhellt. Dies ist nicht nur ein Hauptmerkmal des Tag- und Wachbewusstseins. Es kann sogar in einem Tagtraum, in einem Phantasietraum oder in einem luziden Traumerlebnis, bei dem wir uns klar bewusst sind, dass wir träumen, der Fall sein. Die Kontinuität des eigenen Ich-

Bewusstseins bleibt sogar bei einem Nahtod-Erlebnis und in einem vom grobstofflichen Körper losgelösten Zustand voll erhalten. Ob wir uns im eigenen Körper aufhalten oder zeitweise außer ihm, spielt keine Rolle, wie die zahlreichen Berichte von klinisch tot gewesenen und sterbenden Personen beweisen. Das eigene Ich muss als die häufigste Leidensursache von uns Menschen bezeichnet werden, wie es in der folgenden Meditation, die ich vor vielen Jahren bei einer Winterwanderung in den Bergen wie von oben zugespielt bekam, zum Ausdruck kommt:

Wann immer du leidest, ich versichere dir,
es ist stets dein Ich, das leidet.
Dein Ich ist es, das enttäuscht ist.
Dein Ich ist es, das sich betrogen und belogen fühlt.
Dein Ich ist es, das sich unverstanden und unbeachtet glaubt.

Sobald du dein Ich aufgibst und nicht mehr begehrst,
nichts mehr verlangst, um nichts mehr bittest,
hört dein Leiden auf.

Glaube nicht, dass dein Leben dann leer und sinnlos werde.

Im Gegenteil! Du wirst freudig überrascht sein
wie viel Schönes unerwartet dich beglückt,
wie viel Zuneigung du ungebeten empfängst,
wie viel Liebe dir ungerufen zukommt.

Du wirst nichts mehr als selbstverständlich hinnehmen,
weil du nichts mehr erwartest.
Und was dir begegnet, nimmst du dankbar hin
wie ein Wunder, das dir geschieht.

Wenn du dein Ich aufgibst, eröffnet sich erst die Welt,
und dein Blick tut sich auf für das,
Was hinter den Dingen verborgen ist.
So erfährst du den Reichtum und das Glück deines Daseins
wie nie zuvor.

Weil du nichts verlangst, hast du alles, was du brauchst.
Weil du nichts erhoffst, bleibt dir jede Enttäuschung erspart.
Du entbehrst nichts, weil du nichts begehrst,
und weil du genügsam bist, hast du von allem genug.

So gibst du den anderen ständig aus deinem Überfluss
und lebst glücklich in deiner Wunschlosigkeit.

Das Selbst-Bewusstsein

Die Seele umschließt in sich alles.
Wer seine Seele kennt, kennt alle Dinge.
Wer aber unwissend um seine Seele ist,
der bleibt unwissend in allen Dingen,
er muss wiederkommen, bis er wissend wird.
SOKRATES

Das Selbstbewusstsein befähigt den Menschen, über sich selber nachzudenken und sich selbst zum Gegenstand seiner Gedanken zu machen. Mit seinem Bewusstsein ist der Menschen befähigt, sich auf sich selbst zu besinnen. Dabei geht es um das Wissen und Erkennen seines eigenen Seins, um dessen Wesen und Werden, um das Bewusstwerden des selbstständigen Wirkens und Waltens in diesem aktuellen Erdenleben. Es bezieht sich auf das subjektive Wahrnehmen der eigenen Persönlichkeit, mit dem sich der Einzelmensch von seinen Mitmenschen unterscheidet. Das Selbst ist das erweiterte Ich und umfasst die ganze Persönlichkeit. Im psychologischen Sinne ist das Selbst mehr als das Ich. Es ist die Summe aller bewussten und unbewussten Seelenschichten. In der analytischen Psychologie von C. G. Jung bedeutet das Selbst die Gesamtheit der Psyche mit all ihren bewussten und unbewussten Inhalten. Es entspricht dem »Gesamtumfang aller psychischen Phänomene im Menschen, welcher die Einheit und Ganzheit der Gesamtpersönlichkeit darstellt«. (19)

Das Selbst ist das, was der Mensch in seiner gegenwärtigen Inkarnation zur vollen Entwicklung bringen soll. Der Sinn dieser *Individuation* ist der lebenslange psychische Prozess der Selbstwerdung, deren Ziel die Verwirklichung der angetretenen Lebens- und Existenzmöglichkeiten ist, die allein durch den Tod begrenzt sind. Das Selbst ist also nicht das Vollkommene, sondern das Vollständige der Psyche, indem es deren Lichtseiten und Schattenseiten in sich vereint. Das chinesischen Yin-Yang-Zeichen ist ein treffendes Symbol dafür. Es ist das Gesamtbild des Seelischen im psychologischen Sinne, nämlich sowohl das Zentrum wie auch der ganze Umkreis der Individualität mit all seinen bewussten und unbewussten Eigenheiten, die sich mit der Zeit aus der Selbsterfahrung ergeben. Der Weg hierzu wird in der analytischen Psychologie *Individuation*, also Selbstwerdung und Selbstverwirklichung, genannt. Es ist der Weg zur psychischen Ganzheit, symbolisch dargestellt als runde Kugel, als »Stein der Weisen« oder als Mandala-Figur. (20)

Das Selbst umfasst sowohl unsere positive Lichtseite als auch unsere negative Schattenseite. Deshalb ist die ehrliche Selbsterkenntnis ein recht schwieriges Unterfangen. So war *C. G. Jung* der Ansicht, »dass man nichts schwerer erträgt als sich selbst«, und der Schriftsteller *Elias Canetti* (1905-1994) gelangte zur Einsicht: »Wie leicht sich das sagt, sich selber erkennen; wie sehr man erschrickt, wenn es wirklich geschieht.«

Während das Ich die eigene Person meint, gilt das Selbst als die gewordene Persönlichkeit. Das Ich bezieht sich auf die alltäglichen Selbstwahrnehmungen, das Selbst aber auf die Ganzheit der eigenen Persönlichkeit. Daher ist das Selbst weit mehr als das, was wir durch unsere Erfahrung von uns selbst wissen können oder zu wissen glauben. Dies ist nur ein sehr bescheidener Teil dessen, was wir sind. Das Selbst ist die innere Ganzheit unseres körperlichen, seelischen und geistigen Seins, das wir nur zum Teil wahrnehmen können, weil uns vieles unbewusst bleibt. Denken wir an all das Vergessene, an das wir uns nicht mehr erinnern, oder an das Verdrängte, das wir nicht wahrhaben wollen; oder denken wir an jene Fähigkeiten, Begabungen und Talente, die wir unentdeckt in uns tragen, weil wir sie bisher nicht entwickelt und nicht verwirklicht haben. Es geht hier um das »Erkenne dich selbst«, das schon im alten Griechenland als Aufforderung über dem Eingangstor zum Apollo-Tempel von Delphi stand.

Indem das Ich mit seinem beschränkten Wachbewusstsein wie ein kleiner Punkt in der Mitte eines Kreises steht für das Wenige, was ich von mir selber weiß, umschließt das Selbst als Umkreis auch all das, was ich von mir nicht weiß. Der mittelalterliche Mystiker *Angelus Silesius* (1624-1677) hat hierfür ein anschauliches Bild gefunden:

Ich weiß nicht, was ich bin;
ich bin nicht, was ich weiß:
ein Ding und nit ein Ding,
ein Tüpfchen und ein Kreis.

Ein Lehrer befahl seinem Schüler: »Geh in dich!« Dieser gab zurück: »Das ist mir zu weit.« Es ist tatsächlich nicht leicht, zu seinem Selbst zu kommen. Dies verlangt ein hohes Maß an selbstkritischer Ehrlichkeit. Daher meinte *C. G. Jung* einmal: »Es ist leichter, zum Mars vorzudringen als zu sich selbst.«

Die Qualität des Selbstbewusstseins eines Menschen zeigt sich darin, wie weit er seine Mitte und sein ausgewogenes inneres Gleichgewicht gefunden hat, das in der östlichen Medizin »Hara« oder die »Mitte des Menschen« genannt wird. Der deutsche Psychotherapeut *Karlfried Dürckheim* (1896-1988) hat drei Arten von Selbstbewusstsein beschrieben, nämlich das Selbst-Kraftbewusstsein, das Selbst-Wertbewusstsein und das Selbst-Wir-Bewusstsein.

Das *Selbst-Kraftbewusstsein* verleiht dem Menschen Mut, Zuversicht und die Gewissheit, dass er allen Anforderungen des Lebens gewachsen ist. Er lebt nach dem Grundsatz: »Was mich nicht umbringt, macht mich stärker.« (Nietzsche). Das *Selbst-Wertbewusstsein* gibt dem Einzelnen das Gefühl, einen eigenen Daseinswert zu haben, der die Welt bereichert. Das *Selbst-Wir-Bewusstsein* schließlich verleiht ihm die Sicherheit, in einer mitmenschlichen Gemeinschaft angenommen und aufgehoben zu sein. Dieses Wissen um das Dazugehören lässt ihn spüren, nicht ein Fremder unter Fremden zu sein. Auch gewährt es ihm die Gewissheit vom Einseins mit sich und der Welt. (21)

Diese Einheit und Ganzheit wird begründet durch die Tatsache, dass alle Geschöpfe aus der gleichen göttlichen Ur-Einheit hervorgegangen sind und eines Tages wieder in diese Alleinheit zurückkehren werden, ohne dass ein Teil davon verloren geht. Eine ewige Vernichtung oder eine ewige Verdammnis kann es deshalb nicht geben. Einst werden wir erkennen, dass die eigentliche Wirklichkeit alles übertrifft, was wir bisher für wahr und wichtig gehalten haben. Dies wird der Zustand des »kosmischen Bewusstseins« sein. Der Weg zu diesem Bewusstseinsgrad ist der Weg nach innen, wie ihn die Mystiker aller Zeiten gegangen sind. Der deutsche Schriftsteller und Maler *Ernst Lothar Hoffmann* (1898-1985), der im Jahr 1928 in Ceylon als buddhistischer Mönch den Namen *Lama Anagarika Govinda* erhalten hat, ist der Verfasser des Buches »Der Weg der weißen Wolken. Erlebnisse eines buddhistischen Pilgers in Tibet.« (22) Nach ihm besteht der Schlüssel zur Weisheit und Mystik »im Verstehen der Beziehung des Einzelnen zum Universum, in der Wahrnehmung der Einheit in der Vielheit des Geistes in der Materie, des Sakralen im Säkularen und der Rolle des Individualbewusstseins innerhalb des kosmischen Bewusstseins«. (23)

Oft wird zwischen dem *äußeren Selbst* im psychologischen Sinne, als Gesamtheit der Persönlichkeit, und dem *inneren Selbst* im spirituellen Sinne unterschieden. Vom »Inneren Selbst« hat der mittelalterliche Mystiker und Dominikanermönch *Meister Eckhart* (1260-1328) geschrieben: »Unser inneres Selbst existiert nicht in Zeit und Raum, sondern ausschließlich in der Ewigkeit.« (24) Im Hinduismus und Buddhismus wird das »höhere Selbst« gleichgesetzt mit dem göttlichen Bewusstsein oder mit der Buddha-Natur. »Sie ist das Wissen hinter allen Erfahrungen, das ewige Ich-Bin des reinen Bewusstseins. Wer sein wahres Selbst findet, sein wahres Wesen, ist erleuchtet und befreit von allen Vergänglichkeiten.« (25)

Das *höhere Selbst* überragt das niedere Ich-Bewusstsein bei Weitem. In seinem Wirkungsbereich werden Widersprüche aufgelöst und Gegensätze gleichen sich aus, Vorurteile werden überwunden und Irrtümer werden ausgeräumt. Das Wissen um die eigene Individualität aber bleibt bestehen. (26) Mit diesem erweiterten Bewusstsein können wir uns auch an frühere Existenzen erinnern. Dieses Existenzbewusstsein verleiht uns die Gewissheit, das unser Dasein weit über die Gegenwart hinausreicht, und es lässt uns erahnen, dass wir seit vielen Jahrhunderten und Jahrtausenden da sind. Wem dies einmal so richtig bewusst wird, der nimmt das gegenwärtige Leben nicht für einmalig und einzigartig, weil er weiß, es ist nur eines von vielen. Diesen Gedanken hat *Friedrich Rückert* in nachfolgendes Gedicht gefasst:

Je weiter du wirst aufwärts gehn,
Dein Blick wird immer allgemeiner,
Stets einen größeren Teil wirst du vom Ganzen sehn;
Doch alles Einzelne wird immer kleiner.

Das Geist-Bewusstsein

Wer bei sich selbst stehen bleibt,
kommt nicht weit.
Aufregend wird das Leben
erst dann, wenn wir uns herausrufen
lassen über eigene Grenzen hinweg.

Franz Kamphaus

Während das ich-zentrierte *Ego* in jedem Erdenleben neu aufgebaut wird, bleibt das *Geistbewusstsein* aufgrund seiner spirituellen Natur über den Tod hinaus erhalten. Was also wiedergeboren wird und in einem neuen Leben weiterbesteht, ist nicht das Ego der Vitalseele, sondern die Geistseele. (27) Der Geist ist die eigentliche Quelle unseres Bewusstseins. Er besitzt die Fähigkeit, sich als geistiges Wesen zu erkennen, selber bewusst zu werden. Das Geistbewusstsein entsteht nicht in jedem Erdenleben neu, noch erlischt es am Ende des Lebens, sondern es bleibt außerhalb von Geburt und Tod erhalten. Auch unterliegt es nicht der körperlichen Veränderung. Obwohl in uns stündlich rund 500 000 Körperzellen abgebaut und erneuert werden und die gesamte Substanz unseres Körpers in wenigen Jahren vollständig ersetzt wird, bleibt unser Geist-Bewusstsein davon unberührt. Aufgrund der zahlreichen Nahtod-Erlebnisse und der bisher bekannt gewordenen Nachtod-Erfahrungen kann angenommen werden, dass unser geistiges

Bewusstsein sowohl in einem außerkörperlichen Zustand als auch in der jenseitigen Welt weiterbesteht. Es scheint tatsächlich diesseits und jenseits der Todesschwelle einen ungebrochenen Bewusstseinszustand zu geben, so dass wir berechtigt sind, von einem Bewusstseins-Kontinuum zu sprechen. (28) Wie die vielen Nachtod-Erlebnisse beweisen, können wir selbst bei den Verstorbenen damit rechnen, dass ihr persönliches Geist-Bewusstsein auch in den Jenseitswelten erhalten bleibt.

Der Mensch ist das einzige Lebewesen hier auf unserer Erde, das geistig tätig sein kann. Daraus folgt, dass er ein geistbegabtes Wesen ist, das neben seinem grobstofflichen Körper und seiner feinstofflichen Vitalseele auch eine unstoffliche Geistseele besitzt. Er ist demnach ein Wesen mit geistigen Fähigkeiten und mit einem spirituellen Bewusstsein. Daher ist er ein Wesen ganz eigenständiger Natur, das in seinem Entstehen und Bestehen unabhängig ist von jeder materiellen Form. So kann jeder Mensch von sich sagen: Ich bin ein geistiges Wesen, denn ich bin geistig tätig. Durch seine Geistbegabung vermag er die Einheit im Vielen, das Gemeinsame im Gegensätzlichen, das Allgemeine im Besonderen, das Verbindende im Getrennten und die Ursache in der Wirkung zu erkennen. Dieses dreidimensionale Menschenbild entspricht dem christlichen *Spiritualismus*, wie dies vom englischen Journalisten und Verleger *Maurice Barbanell* (1902-1981) auf Grund seiner jahrzehntelangen Tätigkeit als Tieftrancemedium für die jenseitige Intelligenz »Silberbirke« in seinem Buch »Was ist Spiritualismus?« beschrieben wurde. (29)

Der Begriff Spiritualismus wird abgeleitet vom lateinischen Wort »spiritus« für Geist, Geistseele und wird stets verbunden mit dem Bewusstsein, das völlig unabhängig von jeder Hirntätigkeit besteht und auch nicht zu verwechseln ist mit der menschlichen Denkfähigkeit oder Intelligenz, die zum Teil hirnabhängig ist.

Unter Spiritualität ist die bewusste Hinwendung des Menschen zu geistigen Werten und zu einem vergeistigten Weltbild gemeint. Dies kann mit Religion, aber nicht Konfession gleichgesetzt werden. Es kann ein Mensch religiös sein, ohne einem bestimmten konfessionellen Bekenntnis anzugehören.

Mithilfe unseres geistigen Bewusstseins sind wir Menschen in der Lage, über unser geistiges Wesen nachzudenken, aber auch über unser irdisches Dasein hinaus in die Vergangenheit und in die Zukunft zu denken. Dadurch können wir unser Bewusstseinsfeld nach beiden Seiten hin über Raum und Zeit enorm ausweiten. Das Tier hat diese Freiheit des Denkens nicht. Es kann wohl Schmerzen empfinden, doch leiden tut es darunter nicht, denn das Leiden ist das bewusste Wissen um den Schmerz. Deshalb schrieb *Bertolt Brecht* (1998-1956): »Wenn einer lebt wie ein Hund und weiß, dass er lebt wie ein Hund; und wenn einer leidet wie ein Hund und weiß, dass er leidet wie ein Hund; und wenn einer stirbt wie ein Hund und weiß, dass er stirbt wie ein Hund: das ist ein Mensch.« Einzig der Mensch kann sich noch sehr lange an einen körperlichen oder seelischen Schmerz erinnern. So schrieb *Wilhelm Busch* einmal: »Gehabte Schmerzen hab ich gern.« Von geistigen Schmerzen spricht eigentlich niemand.

Das spirituelle Bewusstsein besteht auch in der Fähigkeit, das Wahre, das Gute und das Schöne zu denken und zu erkennen; denn was wahr ist, ist auch schön, was schön ist, ist auch gut. Diese höchste und edelste Form des menschlichen Denkens und Wollens für andere nennen wir Liebe. Zu den spirituellen Fähigkeiten gehören außerdem das gegenstandsfreie und sinnesunabhängige Überlegen, das Begreifen historischer Zusammenhänge, das Bilden allgemeiner Begriffe, das Denken in Symbolen, die Fähigkeit, logische Schlussfolgerungen zu ziehen, das Streben nach geistigen Werten wie Friede, Güte und Harmonie oder die Vorstellung von geistigen Welten und Wesenheiten, worauf der religiöse Glaube beruht. Wir können abstrakt und logisch denken, wir können Wesentliches vom Nebensächlichen unterscheiden, wir haben einen freien Willen und können Schlussfolgerungen ziehen. Dies alles sind geistige Tätigkeiten, die das Tier nicht kennt.

Zum Wesen des Geistes gehört auch seine Entscheidungsfreiheit. Deshalb konnte der Dichter *Friedrich Schiller* in seinen Aphorismen beteuern: »Der Mensch ist frei geschaffen, ist frei. Und würd' er in Ketten geboren.« Sobald sich der Mensch all dieser Möglichkeiten bewusst wird, erlangt er ein höheres geistiges Bewusstsein, das ihn begreifen lässt, dass er von geistiger Herkunft ist. Das Geist-Bewusstsein lässt uns verstehen, dass wir unserem wahren Wesen nach von rein geistiger Abkunft sind, dass unser Ursprungsland nicht die Erde, sondern der Himmel ist, dass wir älter sind als jede Materie – und unsere wahre Heimat die geistige Welt ist. Dies macht unsere einzigartige Stellung im Universum aus. Es kann nicht so sein, wie der französische Jesuit und Paläontologe *Pierre Teilhard de Chardin* (1881-1955) noch meinte, dass der menschliche Geist sich auf dem Weg der Evolution aus der Erdmaterie entwickelt habe und alle Materie den Keim des Lebens und des Bewusstseins in sich trage, weil die Materie nach dem biblischen Schöpfungsbericht vor dem menschlichen Geist schon bestanden habe. (30)

Unser Bewusstsein ist im körperfreien Zustand, wie es bei einem Nahtod-Erlebnis oder in einer außerkörperlichen Astralwanderung erlebt wird, viel freier und klarer, als wenn es in Abhängigkeit mit dem Körper erfahren wird. Daran können wir erkennen, dass unser Geistbewusstsein nicht von unserem Körper abhängig ist. Nur aus dieser Sicht begreifen wir unsere geistige Wesenheit. Die höchste geistige Fähigkeit, die wir Menschen besitzen, ist das Erkennen und Wollen des Guten. Dies ist der eigentliche Sinn jener geistigen Absicht, die wir *Liebe* nennen. Wer diese lebt, ist auf dem besten Weg nach Hause.

Die Reichweite des Geist-Bewusstseins wird begrenzt durch unsere gedankliche Vorstellungskraft. Was wir uns nicht vorstellen können, hat für uns keinerlei Realität. Durch unsere eingeschränkten Vorstellungen schränken wir uns selber ein. In Wirklichkeit sind wir als geistbegabte Wesen viel mächtiger, als wir meinen. Bekannt ist die Aussage des amerikanischen Philosophen und Schriftstellers *Robert Anton Wilson* (1932-2007): »Wir alle sind Riesen, die sich angewöhnt haben, als Zwerge herumzulaufen.« Bei erstaunlich vielen Menschen ist das Geistbewusstsein wenig entwickelt. Sie sind derart in ihrem Alltagsbewusstsein gefangen, dass sie sich kaum jemals fragen, woher sie kommen, wohin sie gehen und wozu sie auf der Erde leben. (31) Während die geistig erwachten Menschen jenen Bewusstseinszustand erreicht haben, der in der Esoterik das Wort »Einweihung« verdient, nämlich das hohe Geistbewusstsein jener, denen es vergönnt ist, »auf der höchsten göttlichen Ebene bewusst zu werden«. (32)

Der Geist ist das schöpferische Prinzip, aus dem alles Gewordene hervorgegangen ist und alles Bestehende seinen Bestand hat. So lässt sich sagen: Am Anfang war der Geist. Er ist der Anfang von allem. Wenn es zu Beginn des Johannes-Evangeliums heißt: »Am Anfang war das Wort« (Jh 1,1) bedeutet dies: Am Anfang war der schöpferische Gedanke, der seinen Ausdruck im Wort »Es werde!« fand. Dass letzten Endes alles aus unseren Gedanken hervorgeht und alles, was daraus folgt, durch unser Denken bewirkt wird, beschreibt der »Wahrheitspfad« in den indischen »Upanishaden« mit folgenden Worten:

Vom Geiste gehen die Dinge aus,
sie sind geistgeboren, gedankengefügt:
Wer bösgesinnten Geistes spricht,
wer schlechtgesinnten Geistes wirkt,
dem folgt notwendig Leiden nach,
gleich wie das Rad dem Hufe folgt.

Vom Geiste gehen alle Dinge aus,
sie sind geistgeboren, gedankengefügt:
Wer gutgesinnten Geistes spricht,
wer wohlgesinnten Geistes wirkt,
dem folgt notwendig Freude nach
dem untrennbaren Schatten gleich.

Die menschliche Denkfähigkeit ist der beste Beweis, dass wir Menschen geistbegabte Geschöpfe sind. In den indischen Schriften des »Dhammapada« ist zu lesen: »Alles, was wir sind, ist das Resultat dessen, was wir gedacht haben; alles ist auf unseren Gedanken gegründet, alles besteht aus unseren Gedanken und deren Folgen.« (33) Mit unserer Gedankenkraft schaffen wir Tatsachen. Wollen wir die Wirklichkeit verändern, müssen wir unser Denken ändern. Wenn sich der Mensch von der Natur entfremdet, wird er selber ein Fremder in der Natur. Will er die Natur wieder in Ordnung bringen, muss er zuerst sich selber wieder den kosmischen Gesetzen unterordnen. (34)

Unser Geist-Bewusstsein kann verschiedene Ausdrucksformen annehmen. Da ist zunächst die *Intuition* zu nennen, die als alternative

Form des Erkennens uns aus unseren seelischen Tiefenschichten eine Einsicht zuführt, die uns die innere Gewissheit gibt, dass etwas so ist und anders nicht sein kann, ohne dass wir dafür logische Beweise haben. Dagegen ist die *Illumination,* auch Erleuchtung genannt, eine Erkenntnis höherer Ordnung, die uns in einem außergewöhnlichen Bewusstseinszustand unerwartet wie ein Blitz aus heiterem Himmel zukommt, und deren Quelle die spirituelle Welt ist.

Da Geist stets mit Bewusstsein einhergeht, darf angenommen werden, dass es auch ein allumfassendes Bewusstsein gibt, das unverändert, unteilbar und unsterblich ist. In der östlichen Philosophie des Vedanta wird diese Einheit ausgedrückt mit der Formel »Tat tvam asi« (»Das bist du«), im Sinne von: Du und ich und die ganze Welt sind eins. Dieser Gedanke, dass alles mit allem verbunden ist, begegnet uns in der modernen Lehre des Holismus. (35) Dieser Gedanke findet sich auch in einem Gedicht von *Rose Ausländer*:

Die Seele der Dinge
lässt mich ahnen
die Eigenheiten
unendlicher Welten.

Beklommen
such ich das Antlitz
eines jeden Dinges
und finde in jedem
ein Mysterium.

Geheimnisse reden zu mir
eine lebendige Sprache.
Ich höre das Herz des Himmels
pochen in meinem Herzen.

Zum menschlichen Geistbewusstsein gehört auch das erweiterte globale, planetare und kosmische Bewusstsein. Das *globale Bewusstsein* greift heute auf das erwachende ökologische Denken über, dem immer mehr Menschen zustimmen. Ein eindrückliches Beispiel für diesen beginnenden Bewusstseinswandel finden wir in der Rede, die dem Indianerhäuptling *Noah Seattle* (1786-1866) zugeschrieben wird. Im Jahr 1855 soll er vor dem amerikanischen Präsidenten *Franklin Pierce,* der verlangte, dass der Stamm der Duwamish-Indianer ihr Land den weißen Siedlern zum Kauf anbieten sollte, seine ablehnende Haltung mit folgenden Worten begründet haben: »Wie kann man den Himmel kaufen oder verkaufen – oder die Wärme der Erde? Wenn wir die Frische der Luft und das Glitzern des Wassers nicht unser eigen nennen, wie könnt ihr sie von uns abkaufen? Jeder Teil dieses Landes ist meinem Volk heilig, jede grüne Tannennadel, jeder sandige Strand, jeder Nebel in den dunklen Wäldern, jede Lichtung, jedes summende Insekt ist heilig in den Gedanken und Erfahrungen meines Volkes. Wir sind Teil der Erde, und sie ist ein Teil von uns. Die duftenden Blumen sind unsere Schwestern; die Rehe, das Pferd, der große Adler – sie sind unsere Brüder. Die felsigen Höhen, die saftigen Wiesen, die Körperwärme des Ponys – und die des Menschen – sie alle gehören zur gleichen Familie. Wie können wir dem weißen Mann diese Dinge verkaufen? Wie könnt ihr sie kaufen? … Denn eines wissen wir: Unser Gott ist derselbe Gott wie euer Gott. Diese Erde ist ihm heilig. Selbst der weiße Mann und der rote Mann kann der gemeinsamen Bestimmung nicht entgehen. Vielleicht sind wir doch – Brüder. Wir werden sehen.« (36)

In unserer Zeit hat uns das erstarkende Umweltbewusstsein auf sichtbare und bedrohliche Folgen in der Natur aufmerksam gemacht. Wir sprechen heute von globaler Klimaveränderung, von Erderwärmung, vom Treibhauseffekt und vom Auftauen des Thermafrosts. Alles Schäden, die vermutlich von Menschen verursacht werden. Deren Folgen treten schon heute zutage im Abschmelzen der Gletscher, im Aussterben vieler Pflanzen- und Tierarten, im gestörten Kreislauf des Wassers als Folge der Vernichtung tropischer Regenwälder, die bisher große Mengen des gefährlichen Kohlendioxyds binden konnten. Hinzu kommen extreme Trockenheiten und Überschwemmungen in vielen Ländern. Zahlreiche Küstengebiete sind vom Ansteigen des Meeresspiegels betroffen, und weite Landgebiete und Inseln werden unbewohnbar.

Das erweiterte globale Umdenken muss sich langsam zum planetaren und zum kosmischen Bewusstsein entwickeln. Während das globale Bewusstsein alle Menschen auf unserem Erd-Planeten verbindet, wird mit der Zeit auf Grund der immer stärker werdenden Weltraumforschung auch ein *planetares Bewusstsein* entstehen. Der international bekannte ungarische Bewusstseinsforscher *Ervin Laszlo* (*1932) vertritt in seinem Buch »Der Quantensprung im globalen Gedächtnis« die Auffassung, dass sich das planetare Bewusstsein der Menschheit in den kommenden Jahrzehnten wandeln und ausweiten wird, weil wir uns aufgrund der neuesten Erkenntnisse in Physik und Kosmologie einem veränderten Weltbild zu stellen haben. Er meint, dass es in den kommende Jahren und Jahrzehnten auf allen Ebenen unseres Daseins zu einem deutlichen Paradigmawechsel kommen wird. (37)

Das *kosmische Bewusstsein* schließlich entsteht aus der Erkenntnis, dass wir von unserer Herkunft her eigentlich Kinder des Kosmos sind. Körperlich sind wir gebildet aus Sternenstaub. (38) *Wolfgang Esser* zitiert das Bekenntnis eines Bekannten, der über sein kosmisches Bewusstseins schrieb: »Ich erkannte, dass ich zum Universum gehörte und wo mein Platz darin war. Ich sah, wie wesentlich und gleichzeitig wie nichtig und unbedeutend ich darin war, aber auch wie wichtig.« (39) Was wir im weitesten Sinn als Kosmos bezeichnen, ist nicht nur die Sternenwelt, sondern auch unsere übersinnliche Gefühls- und Gedankenwelt, die das ganze Weltall erfüllt und in eine entsprechende Schwingung zu versetzen vermag. Ein hoher Bewusstseinszustand, den unsere Geistseele erreichen kann, gehört zum kosmische Bewusstsein. (40)

Wie alles mit allem kosmisch zusammenhängt, äußert sich in folgenden esoterischen Merksätzen:

- Wer einen Grashalm bricht, der rüttelt am Universum.
- Pflücke eine Blume auf der Erde, und du bewegst die entferntesten Sternenwelten.
- Man kann den ganzen Kosmos in einem Sandkorn finden, wenn man nur danach zu schauen weiß.

Das materialistische Weltbild, dem sich die Naturwissenschaften lange Zeit verpflichtet glaubten, wird heute immer mehr von einem spirituellen Weltbild abgelöst, das der englische Physiker und Astronom *Sir James Jeans* (1877-1946) schon vor hundert Jahren voraussah, als er schrieb: »Das Weltall sieht allmählich mehr wie ein großer Gedanke als wie eine große Maschine aus.« (41) Durch unsere Geisteskräfte sind wir Menschen auch in der Lage, mit Wesenheiten außerhalb unserer irdischen Welt in Kontakt zu treten, nämlich mit der jenseitigen Geisterwelt, mit unseren Verstorbenen, mit den Engelwelten, mit jenen, die wir die Himmelsbewohner nennen, aber auch mit jenen, die noch in den Schatten- und Dunkelwelten darauf warten, den Weg ins Licht zu finden, sowie mit jenen, die über die geistigen Aufstiegsstufen unterwegs sind zu ihrer wahren Heimat. Wem dies wirklich bewusst ist, der wird mit *Paul Klee* bekennen können: »Diesseitig bin ich gar nicht fassbar. Denn ich wohne grad so gut bei den Toten wie bei den Ungeborenen. Etwas näher dem Herzen der Schöpfung als üblich. Und noch lange nicht nahe genug.« Diese Worte schmücken die Grabplatte des Malers auf dem Friedhof von Ostermundigen bei Bern.

Weil unser Geist-Bewusstsein nicht hirnabhängig und auch nicht körpergebunden ist, geht es beim Tod nicht verloren, sondern bleibt auch im Jenseits unverändert weiterbestehen. (42) Es ist wie ein Strahl des göttlichen Lichtes, das in jedem seiner Geschöpfe hell oder schwach leuchtet, je nach dem Grad seines *geistigen Bewusstseins.* Deshalb mag es sinnvoll sein, jedem Lebewesen im Vorübergehen mit dem stillen Gedanken zu begegnen: »Ich grüße das göttliche Licht in dir!« Mit unserer geistigen Erkenntnisfähigkeit schaffen wir ein geistiges Bewusstsein, das wir als unser Geist-Ich oder unser »höheres Selbst« bezeichnen können. (43)

In medizinischen Kreisen ist heute viel die Rede vom *außerkörperlichen Bewusstsein* bei einem Nahtod-Erlebnis. Der holländische Kardiologe und Bewusstseinsforscher *Pim van Lommel* erwähnt eine Statistik, wonach etwa 4% der Gesamtbevölkerung in der westlichen Welt eine Nachtod-Erfahrung erlebt haben. Er schätzt die Anzahl der Menschen mit einem solchen Erlebnis in Deutschland auf rund drei Millionen, auf zwanzig Millionen in ganz Europa und auf etwa neun

Millionen in den USA. (44) Dieses Phänomen ist nur verstehbar, wenn beim Menschen klar die *Vitalseele* von der *Geistseele* unterschieden und erkannt wird, dass unser Geist-Bewusstsein nicht hirnabhängig ist. Im todesnahen Zustand infolge eines plötzlichen Herzstillstandes, eines Hirnschlags, eines Atemstillstandes, eines Schockzustandes bei einem Unfall oder bei einer schweren Erkrankung kann es vorkommen, dass sich die Geistseele vom immer noch lebenden Körper vorübergehend trennt und sich bei vollem Bewusstsein in einem außerkörperlichen Zustand befindet. Die Berichte über Nahtod-Erfahrungen nehmen zu, je mehr es der Medizin gelingt, Menschen in Todesnähe durch Wiederbelebungsversuche ins Leben zurückzurufen. Hinzu kommt, dass immer mehr Betroffene den Mut haben, über ihre Erlebnisse zu berichten, weil sie die Angst vor dem Tod verloren haben und auch nicht mehr befürchten müssen, von ihrer Umwelt nicht ernst genommen zu werden.

In unserem kontinuierlichen Bewusstsein sind all die vielen wichtigen Ereignisse aus früheren Erdenleben in einem transzendenten Energiefeld gespeichert. Was unser Ich-Bewusstsein als Erinnerung wahrnimmt, ist nur ein Teilaspekt jener gesamten Informationssumme, die unabhängig von Raum und Zeit uns durch alle Daseinsformen begleitet. Deshalb haben Menschen, die sich an frühere Erdenleben erinnern können, von nun an auch ein erweitertes *Reinkarnations-Bewusstsein.* Sie sind sich bewusst, dass sie nicht zum ersten Mal hier sind. Ein älterer Mann verriet mir einmal: »Wissen Sie, ich lebe nicht zum ersten Mal.« So lebt manch einer durch seine Erinnerungen in mehreren Welten, wie ein Schauspieler, der sich an seine früher gespielten Rollen auf vielen Bühnenauftritten erinnert.

Der höchste Grad des Geist-Bewusstseins, den ein Mensch erstreben und erreichen kann, ist wohl das *spirituelle Bewusstsein.* Solange wir Menschen hier auf Erden auf der Suche nach unserem wahren Selbst sind, werden wir wohl nur jene Antwort finden, zu der sich der lutherische Theologe *Dietrich Bonhoeffer* (1906-1945), der wegen seines Widerstandes gegen das NS-Regime im Wehrmachtsgefängnis in Berlin-Tegel hingerichtet wurde, gläubig bekannte:

Wer bin ich? Der oder jener?
Bin ich denn heute dieser und morgen ein anderer?
Bin ich beides zugleich? Vor Menschen ein Heuchler
und vor mir selbst ein verächtlich wehleidiger Schwächling?
Oder gleicht, was in mir noch ist, dem geschlagenen Heer,
das in Unordnung weicht vor schon gewonnenem Sieg?

Wer bin ich? Einsames Fragen treibt mit mir Spott.
Wer ich auch bin, Du kennst mich, Dein bin ich, o Gott! (45)

9.

Der vorgegebene Lebensplan

Das Leben ist wie ein Teppich,
der vor uns ausgerollt wird.
Sein Muster ist längst gewoben,
Nur kennen wir es noch nicht.
GUSTAV MEYRINK

Der Mensch kommt nicht als unbeschriebenes Blatt oder als leere Schreibtafel zur Welt, sondern mit einem Lebensprogramm, das ihm im Rahmen des allgemeinen Schöpfungs- und Erlösungsplanes zugewiesen wird. Dieses bestimmt das Schicksal eines jeden Menschen von Anfang an und enthält Hinweise auf seine persönliche Lebensführung. (1) Jeder von uns kommt also mit einem vorgegebenen Lebensplan zur Welt. Dieser wird schon vor seiner Menschwerdung im Jenseits von zuständigen und kundigen Engelwesen, Geistführern, Begleitgeistern und Hütern des Karma vorbereitet und festgelegt. Es handelt sich dabei um den individuellen Entwicklungs- und Heilsplan, der jedem Menschenleben von Anfang an mitgegeben wird. In diesem Lebensplan sind die wichtigsten zielführenden Vorkommnisse des Lebens vorgesehen. (2)

Wenn eine Frau schwanger geworden ist, wird dies in der Jenseitswelt wahrgenommen. Es wird dort bekannt, wer die Eltern des Kindes sind, wie dessen biologische Ausstattung beschaffen ist, welcher Art dessen Veranlagungen sind, welchem Geschlecht und welchem Konstitutionstypus es angehört und welche Fähigkeiten und Eigenschaften seine Vitalseele zugeteilt bekommt. Alsbald wird von zuständigen Geistern für die inkarnationsbereite Geistseele ein passender Plan entworfen. In diesem werden sowohl die natürlichen Lebensbedingungen als auch die pränatalen Entwicklungsumstände des noch ungeborenen Kindes berücksichtigt. Vorgesehen werden auch Ort und Zeit der Geburt. Auch dessen Um- und Mitwelt, in die es hineingestellt wird, und die entscheidenden Lebensstationen, an denen es zu gegebener Zeit vorübergehen wird, werden in diesem individuellen Lebens- und Schicksalsplan festgelegt. So ist es verständlich, dass die wichtigsten Lebensdaten gleich einer geprägten Signatur im Geburtshoroskop des Neugeborenen sichtbar werden können, sofern die richtigen Zeitangaben wirklich stimmen.

Dabei fällt mir auf, dass diese Prägung nicht durch den Geburtsmoment und durch die entsprechenden Planetenkonstellationen ausgelöst wird, denn die charakterliche Eigenart des Menschen ist bereits vor seiner Geburt weitgehend vorgegeben. Vielmehr scheint es so zu sein, dass nicht die messbare Zeit, *Chronos* genannt, für die kosmische Prägung im Augenblick der Geburt maßgebend ist, sondern dass der qualitativ richtige und vorprogrammierte Zeitpunkt, *Kairos* genannt, als Geburtsauslöser zu gelten hat. Demzufolge sollte beim Erstellen eines persönlichen Horoskops nicht die Zeitangabe der erfolgten Geburt, sondern der Zeitpunkt der Zeugung berücksichtigt werden.

So kommt es auch vor, dass die Geburt eines Kindes ohne äußeres Einwirken um Tage vorgezogen oder hinausgeschoben wird, bis sich die vorgesehene »Qualität der Zeit« auf der kosmischen Weltenuhr eingestellt hat und die Synchronizität zwischen dem, »was oben ist«, und dem, »was unten ist«, entsprechend dem Analogiegesetz des *Hermes Trismegistos* erreicht ist. Dies fällt mir besonders bei Frühgeburten auf, welche sehr häufig die charakterliche Eigenart nicht des theoretisch errechneten Geburtstermins aufweisen, sondern jene der tatsächlich erfolgten Geburt. Als typisches Beispiel nenne ich eine meiner Töchter, die als Frühgeburt zwei Monate zu früh zur Welt kam, so dass sie statt des Tierkreiszeichens Skorpion dem der Jungfrau angehört, und wie ich bestätigen kann, eine »Jungfrau« ist, wie sie im Buche steht. Dies mag ein Grund dafür sein, dass viele astrologische Analysen nicht zutreffen, weil sie auf dem falschen Geburtstermin aufgebaut sind. So wäre erklärbar, warum zahlreiche wissenschaftliche Untersuchungen seit den 1960er Jahren nachgewiesen haben, »dass die überprüfbaren Aussagen der Astrologie statistisch nicht besser zutreffen als willkürliche Behauptungen« (3) und reine Zufallsergebnisse.

Der dem Kind mitgegebene Lebens- und Schicksalsplan kann mit einem Fahrplan oder Reiseplan verglichen werden. Ähnlich wie bei einer Zugfahrt sind die Reisenden lediglich frei in der Wahl des Zuges, in den sie einsteigen wollen. Danach sind sie nicht mehr frei, was die Abfahrtszeiten, die Haltezeiten an den Zwischenstationen und die Ankunftszeiten am Reiseziel betrifft, denn diese sind bereits eingeplant. Auch die Zugreihung, das Zugpersonal, die Fahrgeschwindigkeiten und die Fahrstrecken sind vornherein festgelegt. Selbst die Mitreisenden können wir nicht selber auswählen. Frei sind wir aber, wie wir uns diesen gegenüber verhalten und ihnen begegnen wollen. *C. G. Jung* hat diesen Seelenplan mit einem Drehbuch verglichen, als er in einem Interview bemerkte: »Es hat den Anschein, als ob jeder von uns nach einem Drehbuch lebt, das schon geschrieben ist.« (4) Aus diesem Grund ist es möglich, dass Hellsichtige oder medial Begabte einem Menschen auf Jahre und Jahrzehnte wichtige Vorkommnisse voraussagen können, wie es mir selber geschehen ist, oder dass gewisse Ereignisse mir angekündigt wurden, ehe sie erst viel später fällig wurden, wie ich mehrfach erfahren durfte.

Bei diesem Lebensplan handelt es sich tatsächlich um eine Art geistiges Drehbuch, in dem die wichtigsten Abschnitte des Lebensfilms bereits eingeplant sind. Es bleibt meist nur ein begrenzter Spielraum für die eigene Selbstbestimmung offen. So werden die Existenzmöglichkeiten und die Lebensumstände vorgesehen, die zeitlichen und örtlichen Ereignisse und schicksalsbestimmenden Begegnungen werden mitberücksichtigt. Selbst die zugemessene Lebensdauer ist im persönlichen Schicksalsplan vorbestimmt. Freilich wird dieser Termin nicht immer eingehalten, weil viele Menschen durch ihre unnatürliche und riskante Lebens- und Verhaltensweise die ihnen zugeteilte Lebenszeit abkürzen, so dass man den Eindruck bekommen kann, der normale Tod sei heute fast ausgestorben. Umgekehrt kann ein vernünftiger

Mensch durch seine kluge Lebensführung eine Verlängerung seiner Daseinsfrist geschenkt bekommen, sofern sich sein Leben für ihn oder für andere als sinnvoll erweist.

Das menschliche Leben ist auch immer wieder mit einem Schauspiel verglichen worden, in dem jedem Spieler eine geeignete Rolle zugedacht wird, an die er sich auf der »Bühne des Lebens« zu halten hat. Am Ende der Aufführung wird jeder Schauspieler nicht nach dem beurteilt, was er gespielt hat, sondern *wie* er gespielt hat. So ist es auch im wahren Leben. In der Wahl seiner Rolle ist jeder Schauspieler im Rahmen seiner Möglichkeiten frei. Hat er sich einmal entschieden, wird von ihm erwartet, dass er seine Rolle so spielt, wie sie vorgesehen ist.

Bereits im Alten Testament gibt es klare Hinweise für das Vorhandensein eines solchen Lebensplans, der jedem Menschen bei seiner Geburt mitgegeben wird. So heißt es beim Propheten *Jeremias*: »Der Herr sagte zu mir: Schon ehe ich dich ins Leben rief, hatte ich einen Plan mit dir.« (Jer 1,4-5) Und in den Psalmen lesen wir: »Du sahst mich schon fertig, als ich noch ungeformt war. Im Voraus hast du alles aufgeschrieben; jeder meiner Tage war schon vorgezeichnet, noch ehe der erste begann.« (Ps 139,16)

Rudolf Steiner vertrat aufgrund seiner Erkenntnisse höherer Welten in seinen anthroposophischen Schriften die Ansicht, dass die Auswahl der Eltern bereits vor der physischen Befruchtung in der jenseitigen Welt stattfindet. Er schreibt: »Da beginnt schon das zu wirken, was aus der geistigen Welt heruntersteigt. Das Zusammengeführtwerden von Mann und Frau wird von der geistigen Welt mitbestimmt.« (5)

Die von ihm begründete Anthroposophie lehrt, dass der Eintritt der Geistseele in den menschlichen Erbstrom einer bestimmten Familie nicht zufällig geschieht. »Die herannahende Seele hat schon vorher eine Beziehung zu der betreffenden Erblinie aufgenommen; sie sucht sich die für sie geeigneten Bedingungen und ist in der ›Wahl ihrer Eltern‹ von tiefer Schicksalsweisheit beraten.« (6) Nach medial empfangenen Jenseitsberichten wird für jede Geistseele, bevor sie sich auf den Weg zu einem neuen Erdenleben macht, das geeignete Elternpaar mit seinem Erbgut ausgewählt, werden Ort und Zeit der Geburt festgelegt. Auch die nähere Um- und Mitwelt gehört dazu und die wichtigsten Lebensbedingungen, die notwendig sind, damit der neue Erdenbürger die notwendige Gelegenheit bekommt, sich geistig aufwärts zu entwickeln. Dies wird uns auch von der Geisteswelt bestätigt, heißt es doch in einer medialen Botschaft, dass die Menschenseele vor deren Wiedergeburt darüber unterrichtet wird, dass sie im neuen Erdenleben sich erneut verbessern soll und neue Lernaufgaben übertragen bekommt, damit sie sich in neuen Proben und Prüfungen bewähren kann, um dadurch ihren geistigen Aufstieg zu beschleunigen. (7)

Wichtig ist, einzusehen, dass im Jenseits von den geistigen Führerengeln kein Druck oder Zwang ausgeübt wird, wenn sich eine Geistseele entschließt, wieder Mensch zu werden. Man lässt ihr die freie Auswahl innerhalb begrenzter Möglichkeiten. Daher nehmen die esoterischen Lehren wie Theosophie und Anthroposophie an, dass jedes Menschenleben nicht nach dem Zufallsprinzip abläuft, was sehr ungerecht wäre, sondern vorprogrammiert ist. Dass dem so ist, beweisen hellsichtige Medien, die imstande sind, zukünftige Ereignisse im Leben eines Menschen richtig vorauszusagen, weil diese als Möglichkeiten auf einer höheren Ebene bereits vorgesehen sind. Die zukunftsweisenden Wahrträume, die später tatsächlich in Erfüllung gehen können, zwingen uns auch zu dieser Annahme.

Um diese Tatsache zu erklären, bieten sich uns zwei Denkmodelle an. Das eine entspricht einem religiösen Weltbild, das eine höhere geistige Macht annimmt, welche die irdischen Geschicke der Menschen lenkt und dafür sorgt, dass kein Haar von unserem Haupte fällt, ohne dass es Gott will oder zulässt (Mt 10,30). Das andere weist darauf hin, dass alles in der Welt nach vorbestimmten geistigen Gesetzen abläuft, die seit Anfang der Schöpfung über alles und jeden herrschten, damit nichts dem Zufall überlassen bleibt. (8) Aufgrund der Bilanzierung des vorangegangenen Erdenlebens und unter Berücksichtigung früherer Versäumnisse und Belastungen, aber auch anhand der erzielten geistigen Fortschritte werden für das neue

Leben bestimmte Rahmenbedingungen geplant und vorgeschlagen, welche die aufsteigende Geistseele frei wählen kann.« (9) Dieser mitgegebene Rahmenplan sieht auch die Aufgaben vor, die der Mensch in seinem Leben zu erfüllen hat. Der Nahtod-Forscher *Christopher Coppes* ist der Meinung: »Anscheinend haben wir eine Aufgabe, zu der wir uns noch vor unserer Geburt bereit erklärt haben.« (10) Der vorgesehene Lebensplan enthält auch den Zeitrahmen für die naturgegebene Lebensdauer sowie für die uns zugeteilten Existenzmöglichkeiten mit ihren vorprogrammierten Chancen und Erschwernissen für das neugewählte Erdenleben. Was wir aber aus diesen Gegebenheiten im Leben bewirken oder vernachlässigen, das liegt weitgehend in unserem freien Ermessen. Wenn ein Mensch durch eigenes Verschulden oder aus Überdruss sich das Leben nimmt, muss er im nächsten Leben dort fortfahren, wo er sein letztes Leben vorzeitig abgebrochen hat.

Um der Geistseele den Einstieg in ihr neues Leben zu erleichtern, gewährt man ihr das vorübergehende Vergessen ihres Lebensplanes. Dessen Vorauswissen würde sie ihrer Wahlfreiheit berauben. Viele Menschen werden sagen, dass sie von einer derartigen Vorausplanung gar nichts wissen und sich deshalb auch nicht daran halten können. Hierzu wird von jenseitigen Lehrern erklärt, dass bei der Geburt eines Kindes der »Schleier des Vergessens« über sein Gesicht geworfen wird, damit es nicht durch ein Vorauswissen in seiner Entscheidungsfreiheit beeinträchtigt wird. Der Dichter *Manfred Kyber* widmete diesem Gedanken folgende Verse:

Nieder stieg ich zu vergessen,
was ich einst im Licht besaß,
und doch nie bewusst besessen,
weil ich es noch nie vergaß.

Durch Vergessnes muss ich dringen,
selber muss ich, geistgeweiht,
in Erinnerungen erringen
meines Wesens Wesenheit.

Graben muss ich Grabeshügel,
sterben lassen, was erstarb,
bis der Freiheit Flammenflügel
sich mein eignes Ich erwarb.

Bis die Worte in mir reden,
die ich unbewusst gewusst,
bis in mir der Garten Eden
mein wird in der eignen Brust.

Das programmierte Schicksalsgeflecht

Es hat keinen Sinn, mit seinem zugeteilten Schicksal zu hadern, denn dieses ist der Weg, der für unser Erdenleben vorgezeichnet ist. Wer sein Leben nicht dem zufälligen »Geworfensein ins Dasein« verdanken will, wie dies im 20. Jahrhundert der philosophische Existenzialismus gemeint hat, der kann eine Programmierung durch überirdische Wesen durchaus annehmen. (11) Schon die alten Griechen und Römer stellten sich vor, dass geheimnisvolle Schicksalsmächte, je nach Verdienst oder Schuld, das Leben der Menschen bestimmen. Diese wurden als die wohlwollenden *Eumeniden*, die rachesüchtigen *Furien*, die zornigen *Erinnyen* oder die gnädigen *Parzen* beschrieben. In der germanischen Mythologie kennt man die Nornen als Schicksalsgöttinnen, nämlich *Urd*, welche die Vergangenheit kennt, *Verdandi,* die Gestalterin der Gegenwart, und *Skuld,* die um die Zukunft weiß. Nach der Edda wohnen diese drei Schwestern am Wurzelstock des Lebensbaums Yggdrasil, wo der Quell des Lebens entspringt.

Wir werden schon zu Beginn unseres Erdenlebens mit ganz bestimmten Erkennungszeichen ausgestattet, die uns als einmalige Individuen ausweisen und uns ein Leben lang begleiten. Solche Merkzeichen in unserer Biographie, die uns unverändert anhaften, sind beispielsweise das Geburtsdatum, unser persönlicher Eigenname, unser Pass oder Identitätsausweis. Interessant ist, dass sich aus der astrologischen Prägung bei unserer Geburt, aus den Handlinien und aus unseren Lebens-

und Namenszahlen sogar die individuelle Eigenart, unser Charakter und unser Lebensverlauf ableiten und erkennen lässt. (12-14)

In religiösen Kreisen meint man oft, für die Schicksalsfügungen den unerforschlichen Ratschluss Gottes und die göttliche Vorsehung verantwortlich machen zu können. Niemand kann dies mit Gewissheit behaupten. Die psychologischen Wissenschaften unserer Zeit dagegen bezeichnen sowohl vererbte Eigenschaften als auch frühkindliche Prägungen als die wichtigsten Ursachen für das spätere Lebensschicksal des Menschen. Besonders dramatisch ins Gewicht fallen dabei tragische Ereignisse und traumatische Erlebnisse in Kindheit und Jugend.

Nach der Lehre des Geistchristentums und seinen medialen Jenseitsbelehrungen wird die Geistseele nicht in ein neues Leben hineingezwungen. Sie nimmt in der Regel das neue Erdenleben auch nicht auf sich, weil sie dadurch Lust und Vergnügen erleben will, sondern weil sie dessen Notwendigkeit einsieht, um in ihrer spirituellen Entwicklung weiterzukommen. Sie hat aber die Möglichkeit, den ihr vorgelegten Lebensplan anzunehmen oder abzulehnen. Dieser enthält notwendige Aufgaben und Aufträge für das kommende Erdendasein. Gelingt es dem Menschen nicht, diese zur Zufriedenheit der geistigen Welt zu erfüllen, werden ihm diese in einem nächsten Leben in gleicher oder ähnlicher Form neu auferlegt.

Nach der östlichen Karma-Lehre ist das Schicksal entweder dem Menschen als Lebensaufgabe zugeteilt oder durch das eigene Vorleben selbst verursacht. Es ist insofern selbstverschuldet, als es die Folgen der eigenen Taten in einem früheren Leben sind. So gesehen ist jeder Mensch wahrhaftig der »Schmied seines Glückes«, wie es in einer Dichtung von *Gottfried Keller* (1819-1890) heißt. Ein schweres Schicksal muss jedoch nicht als »Strafe Gottes« gesehen werden, sondern eher als Lektion und Lerngelegenheit. Es kann eine Seele aber auch freiwillig ein leidvolles Schicksal auf sich nehmen, um ihren geistigen Fortschritt und Aufstieg zu beschleunigen.

Es kommt vor, dass medial veranlagte und hellsichtige Menschen in unser Lebensprogramm eine begrenze Einsicht gewinnen und zutreffende Voraussagen machen können für unsere Gegenwart und Zukunft. Dies ist deshalb möglich, weil im vorgelegten Lebensplan bestimmte Ereignisse einprogrammiert sind, die sich erst im späteren Leben auswirken können. Damit wir Menschen auf unserem Erdenweg nicht völlig im Dunkeln tappen, sind uns innerseelische Leitlinien für den vorgezeichneten Lebensweg gegeben, und zwar in Form des eigenen Gewissens, von dem *Goethe* in seinem »Faust« zu sagen wusste: »Ein guter Mensch in seinem dunklen Drange, ist sich des rechten Weges wohl bewusst.« Die Geistseele erhält dazu Ratschläge und Entscheidungshilfen von ihrem persönlichen Schutzengel und weiteren hohen Geistwesen.

Hat sich die Geistseele für eine wiederholte Inkarnation entschieden, wird ihr geplantes Leben auf den Weg gebracht. Diese Situation hat der deutsche Schriftteller *Max Hayek* (1882-1944), der kurz vor dem Ende des Zweiten Weltkrieges im NS-Konzentrationslager Auschwitz-Birkenau ermordet wurde, mit folgenden Dichterworten beschrieben:

Ehe ich in dieses Erdenleben kam,
ward mir gezeigt, wie ich es leben würde.
Da ward die Kümmernis, da war der Gram,
da war das Elend und die Leidensbürde.
Da war das Laster, das mich packen sollte,
da war der Irrtum, der gefangennahm,
da war der schnelle Zorn, in dem ich grollte,
da waren Hass und Hochmut, Stolz und Scham.

Doch da waren auch die Freuden jener Tage,
die voller Licht und schöner Träume sind,
wo Klage nicht mehr ist und nicht mehr Plage
und überall der Quell der Gaben rinnt;

Wo Liebe dem, der noch im Erdenkleid gebunden,
die Seligkeit des Losgelösten schenkt,
wo sich der Mensch der Menschenpein entwunden,
als Auserwählter hoher Geister denkt.

Mir ward gezeigt das Schlechte und das Gute,
mir ward gezeigt die Fülle meiner Mängel,
mir ward gezeigt die Wunde, draus ich blute,
mir ward gezeigt die Helfertat der Engel.

Und als ich so mein künftig Leben schaute,
da hört' ein Wesen ich die Frage tun:
Ob dies zu leben ich mich getraute,
denn der Entscheidung Stunde schlüge nun!

Und ich ermaß noch einmal alles Schlimme:
»Dies ist das Leben, das ich leben will«,
gab ich zur Antwort mit entschlossner Stimme
und nahm auf mich mein neues Schicksal still.

So ward geboren ich in diese Welt,
ja, so war's, als ich ins neue Leben trat.
Ich klage nicht, wenn's oft mir nicht gefällt,
denn ungeboren hab' ich es bejaht. (15)

Es handelt sich hier um den persönlichen Lebens- und Entwicklungsplan, der auf die Bedürfnisse und Möglichkeiten jeder aufsteigenden Einzelseele angepasst ist. Dabei wird zunächst der Weg berücksichtigt, der von dieser in früheren Inkarnationen zurückgelegt wurde. Entscheidend ist auch, welche Erfahrungen im Guten wie im Schlechten bisher gemacht wurden, was daraus gelernt wurde und was in der Zukunft noch zu lernen ist. Auch werden jeder Geistseele für das bevorstehende neue Leben persönliche Verpflichtungen zugewiesen, die ihr Lebensthema bilden. Diese sollen dazu dienen, bestehende Mängel aus früheren Inkarnationen zu beheben, Ungleichheiten zu vermeiden, Versäumnisse nachzuholen, Ungerechtigkeiten wiedergutzumachen und neue Erfahrungen und Erkenntnisse zu erwerben, die der geistigen Entwicklung förderlich sind.

In dem aufgegebenen Plan des Lebens sind nicht nur helle Sonnenstunden vorgesehen, sondern auch dunkle Zeiten, in denen wir innerlich wachsen und uns bewähren können. So manches, was im Verlauf des Lebens uns zunächst wie zufällig erscheinen mag, erweist sich später als sinnvoller Wink des Schicksals, als Fügung von oben und als Weichenstellung einer höheren Regie. Man braucht bloß bei Menschen in einer gelungenen Partnerschaft nachzufragen: »Wie habt ihr euch gefunden?« und man stößt nicht selten auf scheinbar zufällige Vorkommnisse, die sich nachträglich als schicksalshafte Fügungen erwiesen haben. So bewahrheitet sich bei diesen Wahlhandlungen häufig das Sprichwort: »Der Mensch glaubt zu schieben, doch er wird geschoben.«

Der Seelenplan gleicht einer Landkarte, auf der die Wegstrecken zu unserem Lebensziel bereits eingetragen sind. Diese setzen sich aus hellen und dunklen Etappen zusammen, doch beide gehören zusammen und bilden ein Ganzes. Wenn etwas nicht so gelingt, wie wir es uns vorgenommen haben, heißt dies nicht, dass wir versagt haben, sondern eher, dass wir bei einem Pferderennen auf den falschen Reiter gesetzt haben. Enttäuschungen sind oft genug nur die Folgen von Fremd- und Selbsttäuschungen, für die wir eigentlich dankbar sein müssten. Im Nachhinein erweist sich mancher Unglücksfall als Glücksfall.

Wir dürfen davon ausgehen, dass unsere Erde eine Lernschule für die ganze Menschheit ist. Wer sich hier freiwillig zur Ausbildung anmeldet, von dem wird erwartet, dass er dem vorgelegten Studienprogramm mit seinen Lektionen, Lernaufgaben und Prüfungen zustimmt und sich an die vorgegebenen Studienregeln hält, damit das angestrebte Lernziel erreicht werden kann. Jedenfalls ist diese Schulzeit nicht mit einem Ferienlager oder mit einem Erholungsaufenthalt zu vergleichen. Desgleichen ist das menschliche Erdenleben so eingerichtet, dass jeder Lernwillige auf seiner ihm zugeteilten Lernstufe vorankommen kann. Von den erzielten Lernfortschritten hängt jeder weitere Aufstieg in der geistigen Stufenleiter ab. So gleicht jedes Menschenleben einer Lernklasse, die zu bestehen ist. Wem dies nicht gelingt, der bekommt in einem wiederholten Erdenleben die Gelegenheit, seine Lernlücken aufzufüllen.

Je höher die Geistseele aufsteigt von Klasse zu Klasse desto anspruchsvoller werden die geistigen Lernanforderungen und die gestellten Lebensaufgaben auf den verschiedenen Lernstufen. Daran lässt sich auch der derzeitige Entwicklungsstand ermessen. Es ist, wie *Thorwald Dethlefsen* in seinem Buch »Das Erlebnis der Wiedergeburt« schreibt: »Die Summe aller Inkarnationen bildet unsere Lerngeschichte.« (16) Wichtig ist, dass wir den Sinn der wiederholten Erdenleben erkennen. Dies setzt voraus, dass wir die Notwendigkeit der wiederholten Leben erkennen und anerkennen. Deshalb heißt es: »Wer nach dem Sinn sucht, findet zuerst die Schuld. Akzeptiert er die Schuld, offenbart sich ihm der Sinn.« (17)

Durch Botschafter aus der geistigen Welt werden wir immer wieder belehrt, dass wir auf unserem Lebensweg von hilfreichen Schutz- und Wächterengeln begleitet werden. So heißt es in einer Jenseitsbotschaft, jedem Menschen würden für seinen irdischen Lebensweg abwechslungsweise Begleitengel, Schutzengel, Wächterengel und Führerengel zugeteilt, die ihn führen und leiten sollen. Sofern er dies zulässt und sich deren Hilfen anvertraut, kann er auf deren Beistand zählen. Wenn er sich aber nicht mit ihnen anfreundet, wenn er ihre Anwesenheit leugnet oder auf ihren Beistand verzichtet, ziehen sie sich zurück und müssen oft tatenlos zusehen, wie ihr Schützling sich ins Verderben stürzt. Es liegt an uns, ob wir deren Begleitschutz annehmen wollen und täglich darum bitten, oder ob wir eigenwillig und eigensinnig darauf verzichten. (18)

Der Sinn des Lebensplanes ist es demnach, jeden einzelnen Menschen seinem endgültigen Lebensziel zuzuführen, das darin besteht, dass er wieder das werde, was er ehemals in der paradiesischen Himmelswelt war, nämlich ein lichtvolles Wesen in der Gemeinschaft der seligen und heiligen Geister in der göttlichen Welt. Der jenseitige Dichter *Ephides,* dessen Gedichte von der Schriftstellerin *Hella Zahrada* auf medialem Weg empfangen wurden, deutet diese Lebens- und Schicksalsplanung auf folgende Weise an: (19)

Indes ihr tastend eure Füße setzt im Ungewissen,
ist euer Erdenschicksals Bild schon längst umrissen,

nur Licht und Schatten füget ihr noch ein.
Ihr geht den vorgeschrieb'nen Weg, ob willig, ob gezwungen
und eure Freiheit ist, dass ihr um ihn gerungen,
bevor ihr niederstiegt ins Erdensein.

Wahlverwandte Familienstrukturen

Hat das Schicksal die Hand im Spiel,
braucht man niemanden zu suchen,
sondern man wird von ihm gefunden.
CHRISTA SCHYBOLL

Schicksalsgegebene familiäre Verbindungen in diesem Leben können uns nicht bloß auf eine gemeinsame Zukunft, sondern auch auf eine gemeinsame Vergangenheit hinweisen. Unter diesem Gesichtspunkt sind viele Bindungen und Trennungen zu verstehen. Der österreichische Arzt *Jakob Moreno* (1889-1974) hat anfangs des vergangenen Jahrhunderts eine psychologische Methode entwickelt, die er »Psychodrama« nannte. Mithilfe des stellvertretenden Rollenspiels gelang es ihm, konfliktreiche Familienstrukturen aufzudecken und zu heilen. In neuerer Zeit wurde dieses Vorgehen von mehreren Psychotherapeuten zum Verfahren der »Familien-Aufstellung« erweitert. Mit dieser ist es möglich, unbewusste Beziehungskonflikte und störende Beziehungsmuster innerhalb von Familien, deren Ursachen häufig in die frühe Kindheit zurückreichen, bewusst zu machen und richtig zu verarbeiten. (20)

In ähnlicher Weise ist es möglich, durch die Rückführung von Menschen in frühere Existenzen deren gegenwärtige familiären Konstellationen und Krisensituationen als Folgeerscheinungen von Bindungen und Abhängigkeiten aus früheren Leben zu verstehen. Es hat sich immer wieder bestätigt, dass sich Mitglieder einer Familie oder Sippe schon in längst vergangenen Leben gekannt haben und voneinander wussten. Dabei zeigte sich, dass deren heutige Beziehungen zueinander bereits in vorausgegangenen Menschenleben vorgeprägt oder vorgeplant waren. Unser Bedürfnis nach familiärer Zugehörigkeit und

Gemeinsamkeit wird bei der Lebensplanung berücksichtigt und kann in alten Bekanntschaften begründet sein. So könnte auch die Aussage des Seelenforschers *C. G. Jung* verstanden werden, der in seinen Lebenserinnerungen erklärt: »Ich habe sehr stark das Gefühl, dass ich unter dem Einfluss von Dingen oder Fragen stehe, die von meinen Eltern und Großeltern und den weiteren Ahnen unvollendet und unbeantwortet gelassen wurden. Es hat oft den Anschein, als läge ein unpersönliches Karma in einer Familie, welches von den Eltern auf die Kinder übergeht.« (21) Seine Schülerin, die Psychologin *Cornelia Brunner*, ergänzt hierzu: »Wir haben Grund zu der Annahme, dass sich Linien der Ahnen und der früheren Inkarnationen kreuzen, da man in Familien hineinverkörpert wird, mit denen man früheres Karma zu erfüllen oder zu lösen hat.« (22)

So können sich in einer Seelenfamilie mehrere Seelengeschwister und Seelenverwandte zusammenfinden, die schon in früheren Zeiten eine Schicksalsgemeinschaft gebildet haben. (23) Familienstrukturen sind dann wahlverwandt zu nennen, wenn sie auf karmisch bedingte Gemeinsamkeiten oder Ähnlichkeiten zurückzuführen sind. Diese Verbindungen sollen dazu führen, bestimmte Lebensaufgaben gemeinsam zu lösen oder Leidensprozesse vereint durchzustehen, um dadurch wechselseitige Hilfsbereitschaft, gegenseitiges Mitgefühl und Mitverantwortung zu übernehmen. So mag es kein Zufall sein, wenn wir uns im Verlauf des Lebens mit anderen Menschen anfreunden, um mit ihnen unser Leben zu teilen, indem wir uns einander nahe fühlen und anvertrauen. Es kann gut sein, dass derartige Beziehungen aus früheren Leben stammen. So fand die amerikanische Psychologieprofessorin *Helen Wambach* in ihren zahlreichen Rückführungsexperimenten, dass mehr als Dreiviertel von ihnen erklärten, ihre Eltern, Geschwister, Verwandte, Geliebte und Ehepartner bereits in früheren Leben gekannt zu haben.

So bestätigte eine Frau: »Meine Mutter war in einem früheren Leben meine Mutter, aber sie war in einem anderen Leben auch mein Kind. Ehe ich geboren wurde, sagten mir meine Kinder, dass sie meine Kinder werden wollten. Ich kannte sie nicht nur aus früheren Leben, sondern auch aus der Zeit zwischen den Leben.« Eine andere Person erinnerte sich: »Ich kannte meine Mutter, und ich wusste, dass ich sie ausgesucht hatte, weil wir etwas noch zu beenden hatten, was wir miteinander zu erledigen hatten.« Bei einer anderen Rückführung erfuhr eine Versuchsperson, dass sie und ihr jetziger Vater in einem früheren Leben Zwillingsbrüder waren, die einander sehr nahestanden. Oft besteht eine schicksalshafte Notwendigkeit, dass Menschen wiederholt zusammenkommen, bis sie ihren gemeinsamen Auftrag erfüllt haben. So bestätigte eine zurückgeführte Versuchsperson: »Ich kannte meine Mutter nicht, aber ich kannte meinen Vater. Es schien mir, als sei ich mit meinem Vater uneins gewesen wegen der Wahl seiner Frau, bis er mir erklärte, wie sehr sie uns brauchte.«

Helen Wambach stellte zusammenfassend fest: »Meine Versuchspersonen erzählten alle die gleiche Geschichte. Wir kommen zurück mit den gleichen Seelen, aber in anderen Beziehungen. Wir leben wieder, nicht nur mit jenen, die wir lieben, sondern auch mit jenen, die wir hassen und fürchten. Erst wenn wir nur noch Mitgefühl und Zuneigung empfinden, werden wir davon befreit, immer und immer wieder mit den gleichen Geistern leben zu müssen, die ebenso gezwungen sind, mit uns zu leben.« (24)

Viele menschliche Begegnungen sind Wiederbegegnungen, weil wir mit jenen, die wir in diesem Leben begegnen, schon früher in mancherlei Hinsicht in Freud und Leid, in Gefallen oder Missfallen, in Zuneigung und Abneigung verbunden waren. Der Psychiater *Jim B. Tucker* von der Universität Virginia fand bei rund tausend zurückgeführten Patienten 20%, die in der gleichen Familie wiedergeboren wurden, und 6%, die in demselben Milieu zur Welt kamen. Etwa 10% wählten in diesem Leben eine Frau als Mutter, die sie bereits in einem früheren Leben gekannt hatten. Immerhin rund die Hälfte der Neugeborenen kamen in ihrem jüngsten Leben in Familien, die sie früher nicht kannten. (25)

Besonders häufig wiederholen sich die Eltern-Kind-Beziehungen. Mit der vorgeburtlichen Auswahl der Eltern werden auf dem Wege der biologischen Vererbung nicht nur Anlagen, Neigungen und Talente auf deren Nachkommen weitergegeben, sondern auch schicksalshafte

Verbindungen und Beziehungen über mehrere Generationen hinweg. Auch fällt auf, dass frühverstorbene Kinder häufig schon nach kurzer Zeit in der ehemaligen Familie wiedergeboren werden, weil sie offenbar schicksalsmäßig zusammengehören. (26)

Zahlreiche Rückführungen in frühere Leben lassen immer wieder erkennen, dass sich Menschen, die im jetzigen Leben durch Familienbande oder Freundschaften eng verbunden sind, bereits in früheren Leben gekannt haben. Der Psychologe *Trutz Hardo* ist überzeugt: »Wir neigen dazu, Beziehungen von früher in unser heutiges Leben hinüberzunehmen.« (27)

Es ist also nicht so, dass die Eltern sich ein bestimmtes Kind wünschen können, sondern dass ihnen durch die Jenseitswelt eine bestimmte Geistseele zugeführt wird. Daher konnte der libanesische Dichter *Khalil Gibran* (1883-1931) behaupten:

Deine Kinder sind nicht deine Kinder.
Sie sind die Söhne und Töchter der Sehnsucht
des Lebens nach sich selbst.
Sie kommen durch dich, aber nicht von dir
und obwohl sie bei dir sind, gehören sie dir nicht.

Du kannst ihnen deine Liebe geben, aber nicht deine Gedanken;
denn sie haben ihre eigenen Gedanken.
Du kann ihrem Körper ein Heim geben, aber nicht ihrer Seele,
denn ihre Seele wohnt im Haus von morgen,
das du nicht besuchen kannst, nicht einmal in deinen Träumen.

Du kannst versuchen, ihnen gleich zu sein, aber nicht,
sie dir gleich zu machen,
denn das Leben schreitet nicht rückwärts
und verweilt nicht beim Gestern.
Du bist der Bogen, von dem deine Kinder
als lebendige Pfeile abgeschickt werden.
Lass deine Bogenrundung in der Hand des Schützen Freude bedeuten!
(28)

Es werden den ausgewählten Eltern mit einem Kind auch Aufgaben zugewiesen, die ihnen zum geistigen Wachstum verhelfen können. Dies gilt ganz besonders für Mütter und Väter, deren Kind ein Sorgenkind ist, das besonderer Zuneigung und Zuwendung bedarf. So geschieht die Einverleibung einer Geistseele nicht zufällig oder willkürlich, sondern nach einem in der geistigen Welt festgelegten Lebens- und Entwicklungsplan. Das Elternpaar und die Geschwister werden von geistigen Planern sorgfältig ausgewählt, und zwar »bezogen auf die zu erwartenden geistig-seelischen und körperlichen Eigenschaften des werdenden Menschen und auch bezogen auf die zu erwartende soziale Umwelt im Elternhaus«. (29) Dass dem so ist, konnte der Psychologe *Wayne Dyer* (1940-2015) durch zahlreiche Aussagen von kleinen Kindern belegen, die sich an ihr früheres Leben erinnerten. (30)

Familiäre Beziehungsmuster können sich in verschiedenen Variationen und Kombinationen über mehrere Generationen fortsetzen, so dass man von Gruppenschicksalen und Seelengemeinschaften sprechen kann. Dies sollten sich besonders jene Menschen bewusst machen, die in ihrem gegenwärtigen Leben keine gute Beziehung haben zu ihren Eltern, diese sogar ablehnen oder von ihnen abgelehnt werden und darunter leiden. Es mag ihnen helfen, wenn sie daran denken, dass sie diese vielleicht in ihrer Vorgeschichte gewählt und zu ihnen Ja gesagt haben.

Die hellsichtige Mystikerin *Flower A. Newhouse* (1909-1994) wurde von ihrem jenseitigen Geistführer dahin belehrt, dass jede herabsteigende Seele, die einen bestimmten geistigen Entwicklungsgrad erreicht hat, für ihre nächste Inkarnation ihre Eltern selber aussuchen kann. Oft geschieht dies geraume Zeit vor der Empfängnis. Die Geistseele wartet in der Nähe der mütterlichen Aura so lange, bis sie vom kindlichen Körper im Mutterleib Besitz nehmen kann. (31)

Ähnliches kann auch bei manchen Geschwistern beobachtet werden. Obwohl sie erbmäßig aus der gleichen Familie stammen und im gleichen Elternhaus aufgewachsen sind, haben sie ihr Heu häufig nicht auf der gleichen Bühne. Sie sind in ihrer Wesensart grundverschieden, haben unterschiedliche Gesinnungen und verstehen sich aus diesem

Grunde schlecht. Dies mag daher kommen, dass sie zwar blutsverwandt und erbverwandt, aber gar nicht geistesverwandt sind. Von ihrer geistigen Herkunft her sind sie sich offensichtlich auch nicht näher bekannt. Umgekehrt kommt es vor, dass zwei bis dahin fremde Menschen von ihrer ersten Begegnung an bei sich eine seltsame Seelenverwandtschaft in ihrem Denken und Empfinden feststellen, als wären sie Geschwister. Es ist denkbar, dass diese nicht genetisch, wohl aber geistig einander wesensverwandt sind und sich bereits seit vielen Erdenleben kennen und begleiten. In seltenen Fällen begegnen sich sogar Dualseelen, die seit jeher zusammengehören, aber für lange Zeit getrennte Wege gingen. (32)

In den Lebensplan eines einzelnen Menschen sind häufig auch die Lebensläufe anderer seelenverwandter Mitmenschen eingebunden, so dass man geradezu von einem gemeinsamen Familien- und Schicksalsplan sprechen kann, der über längere Zeit ganze Familien und Generationen zusammenhält und in den viele schicksalsverwandte Seelen einbezogen sind, weil sie miteinander zu lernen oder zu leiden haben. So entsteht oft ein weitverzweigtes Beziehungsnetz für einen ganzen Familienclan. Dies wird uns von der Jenseitswelt bestätigt, indem darauf hingedeutet wird, dass es sehr viele solcher geistiger Schicksalspläne gibt, in denen diese Zusammengehörigkeit vorgezeichnet ist. Sie dienen nur der einen Absicht, nämlich dem geistigen Aufstieg nicht bloß eines einzelnen Menschen, sondern einer ganzen Menschengruppe. Deshalb kann eine Geistseele sich für das nächste Leben mit anderen Geistseelen verbinden, die ihr Erdendasein erleichtern, bereichern und begünstigen. (33)

So müssen die gegenwärtigen Lebensumstände eines Menschen vielfach als die Folgen von Bindungen und Beziehungen aus einem früheren Leben verstanden werden. Kennen wir diese nicht, können wir leicht einem Mitmenschen Unrecht tun. Daher rät uns das Weisheitsbuch »Der Fakir«: »Verletze, hasse oder behandle nie jemanden schlecht, denn du könntest gerade die Seele treffen, die deinem Herzen am nächsten steht, die du aber in diesem Leben nicht erkennst, weil sie in einem dir unbekannten Körper steckt.« (34) Viele Begegnungen in diesem Leben sind Wiederbegegnungen aus früheren Leben. Daher stehen wir in gegenseitiger Verantwortung miteinander und füreinander. Der Schriftsteller *K. O. Schmidt* nennt in seinem Buch »Wir leben nicht nur einmal« fünf Zonen, die unser ganzes menschliches Dasein umgreifen und uns als eine einzige große Menschheitsfamilie verstehen lassen, nämlich:

1. Die Zone der Innenwelt, welche den engsten Familienkreis mit seinen Angehörigen umfasst.
2. Die Zone der weiteren personalen Mitwelt, in die Bekannte und Verwandte, Nachbarn und Mitbewohner, Mitarbeiter, Kollegen und Kameraden eingebunden sind.
3. Die Zone der Umwelt, an der jeder Einzelne an seiner Wohnortsgemeinschaft, an der Landschaft und an der ihn umgebenden Tier- und Pflanzenwelt teilnehmen kann.
4. Die Zone der sozialen Gemeinschaft, welche die Zugehörigkeit zu einer Volksgruppe, zu einer Nation und Konfession begründet.
5. Die Zone der planetaren Schicksalsgemeinschaft, deren Mitglieder gemeinsam auf dem Rückweg in die geistige Heimat sind. (35)

Menschen, die in früheren Leben schicksalshaft verbunden waren, sei es in Zuneigung und Freundschaft, sei es in Abneigung und Feindschaft, kommen auch in Zukunft oft nicht wieder so leicht voneinander los. So kann es geschehen, dass sie sich in einem neuen Leben zur gleichen Zeit und am gleichen Ort wiederbegegnen, um fortzusetzen oder zu beenden und zu vollenden, was sie einst zusammenführte.

Helen Weambach hörte bei vielen Rückführungen von ihren Klienten immer wieder die gleichen Geschichten: »Wir kommen zurück, mit den gleichen Seelen, aber in anderen Beziehungen. Wir leben wieder, nicht nur mit jenen, die wir lieben, sondern auch mit jenen, die wir gehasst und gefürchtet haben. Erst, wenn wir nur noch Mitgefühl und Zuneigung empfinden, werden wir davon befreit, immer wieder und wieder mit den gleichen Geistern leben zu müssen, die ebenso gezwungen sind, mit uns zu leben.« (36) Aus dieser Sicht bilden wir eine große Weg- und Wandergemeinschaft, die zum gleichen gemeinsamen Ziel unterwegs ist, das wir die ewige Heimat nennen. Es wird zwar noch lange dauern, bis wir dieses ferne Ziel erreicht haben, doch bilden unsere verschiedenen Erdenleben die größeren oder kleineren Etappen hierzu. Je bewusster ein Mensch lebt, umso mehr kann er für sich und für andere zum Mitgestalter des Lebensschicksals werden.

Derartige Verflechtungen lassen sich manchmal über mehrere Inkarnationen und Generationen zurückverfolgen, so dass man den Eindruck bekommt, mancher Mensch sei über mehrere Erdenleben mit den gleichen Problemen, mit den gleichen Sorgen und Ängsten behaftet und vor die gleichen Aufgaben gestellt wie eh und je. Zahlreiche Wiedergeborene kommen mit dem Auftrag in ein neues Leben, um fortzusetzen, was sie in einem früheren Leben unerledigt zurückgelassen haben. Es scheint, die größte Anzahl der gegenwärtigen Menschheit bestehe aus Repetenten, welche die nicht bestandenen Klassen und Lektionen in der Erdenschule wiederholen müssen und immer noch nicht begriffen haben, was zu lernen ist. So kann es auch vorkommen, dass ganze Familien und Sippen in einen kollektiven Lebensplan einbezogen sind, so dass nicht nur Einzelpersonen, sondern ganze Menschengruppen und Bevölkerungsschichten, ganze Völker und Nationen ein gemeinsames Schicksal erfahren. So kommt es zu Schicksalsverflechtungen, die oft über mehrere Generationen andauern. (37)

Wir mögen unser Lebensschicksal untätig erleiden oder tätig gestalten. Der Unwissende glaubt, Schicksal sei gewaltsame Fügung, der Wissende weiß, dass es vielmehr Forderungen an uns stellt, die zu bewältigen sind. Dies macht den Unterschied zwischen Zwangsschicksal und Freiheitsschicksal aus, dass der eine Mensch sein Schicksal passiv erduldet und erleidet, der andere versucht, selber sein Schicksal in die Hand zu nehmen, um es mitzugestalten, indem er sich höherer Führung anvertraut. (38) Deshalb konnte der Königsberger Philosoph *Immanuel Kant* (1724-1804) schreiben: »Der Ziellose erleidet sein Schicksal – Der Zielbewusste gestaltet es.« Dies gilt für unsere Ausgangsposition bei der Geburt sowie für die Lebensumstände, in die wir hineingeboren werden, und nicht zuletzt für die familiären Bindungen, die wir angetreten haben. Diese Familienstrukturen spricht der Dichter *Christian Morgenstern* an, indem er schreibt:

Die in Liebe dir verbunden,
werden immer um dich bleiben,
werden klein und große Runden
Treugesellt mit dir beschreiben.

Und sie werden an dir bauen,
unverwandt, wie du an ihnen,
Und, erwacht zu *einem* Schauen,
werdet ihr wetteifernd dienen.

Geschlechtswechsel durch Wiedergeburt

Ich liebe meines Wesens Dunkelstunden,
in welchen meine Sinne sich vertiefen;
in ihnen hab' ich, wie in alten Briefen,
mein täglich Leben schon gelebt gefunden
und wie Legende weit und überwunden.

R. M. Rilke

Ob ein Mensch als Frau, als Mann oder als Mischwesen in der Welt lebt, hängt von den Varianten der menschlichen Natur ab. Diese sind vorgesehen im ausgewählten Lebensplan, der schon vorgeburtlich festgelegt wurde, und daher zu akzeptieren ist. So ist auch die sexuelle Orientierung im Lebensprogramm wie jede andere Veranlagung zu gutem oder zu schlechtem Gebrauch vorgegeben. Während unserer verschiedenen Erdenleben sind wir mit unserem Körperfahrzeug in der Regel entweder auf der weiblichen oder auf der männlichen Schiene unterwegs. Diese Alternative tragen wir zum Teil unbewusst und nur halb gelebt in uns. Um auch die andere Variante zu verwirklichen, ist ein Seitenwechsel im Verlauf mehrerer Inkarnationen durchaus denkbar. Wir können dies vergleichen mit einem Schauspieler, der zur Vervollkommnung seiner Kunst bald eine weibliche, bald eine männliche Rolle übernimmt.

Grundsätzlich ist zu sagen, dass die *Geistseele* von Natur aus keinem Geschlecht angehört. Daher trägt sie in sich keine X- und Y-Chromosomen. Sie ist asexuell und geschlechtsneutral, weil sie körperfrei zu existieren vermag. Von der *Vitalseele* dagegen lässt sich sagen, sie sei doppelgeschlechtlich veranlagt, denn sie trägt von ihrer evolutionären Entwicklung her maskuline und feminine Eigenschaften in sich. Diese Doppelgeschlechtlichkeit hat *Platon* in seinem Mythos vom *Androgyn* darzustellen versucht, indem er in seinem Dialog »Das Gastmahl« den Komödiendichter *Aristophanes* erzählen lässt, dass den Menschenwesen ursprünglich eine Kugelgestalt eigen war, ausgestattet mit vier Händen, vier Füßen und zwei Gesichtern. Ein Teil dieser Geschöpfe wollte den Himmel erstürmen und die Götter entmachten, doch ihr Vorhaben misslang. Zur Strafe hat der Göttervater *Zeus* diese mit einem Schwert in zwei Teile zerteilt, in eine männliche und eine weibliche Hälfte, und sie auf die Erde geschickt, damit sie versuchen, ihre ursprüngliche Ganzheit wiederherzustellen. Da, wo die Wunde klaffte, entstand der Eros mit seinem begehrenden Verlangen, sich wieder zu einem Ganzen zu vereinen. (39)

Während die Geistseele als körperloses Wesen keinem bestimmten Geschlecht angehört, ist die *Vitalseele,* die an den lebenden Körper gebunden ist, durch dessen genetische Veranlagung geschlechtlich vorbestimmt. Indem wir also klar zwischen Geistseele und Vitalseele unterscheiden, können wir verstehen, dass wir als Menschen einer doppelten Natur angehören, so dass *Goethe* seinen »Doktor Faust« sprechen lässt:

Zwei Seelen wohnen, ach! in meiner Brust,
die eine will sich von der anderen trennen:
Die eine hält, in derber Liebeslust
Sich an die Welt mit klammernden Organen,
Die andere hebt gewaltsam sich vom Dust
Zu den Gefilden hoher Ahnen.

Hätten wir nur ein einziges Leben hier auf Erden, würden wir dieses wohl nur einseitig und halbherzig leben. Die andere Seite bliebe uns fremd und in uns ungelebt und ungeliebt. Nach der analytischen Psychologie von *C. G. Jung* ist unsere Seele doppelgeschlechtlich angelegt als Animus und Anima. Dabei wird deren dominante Seite nach außen manifest gelebt und kommt zur Geltung, während die Gegenseite latent im Hintergrund unerfahren bleibt, um in einem nächsten Leben die Rollen zu tauschen. (40) Weil die menschliche Seele sich nach Ganzwerdung seht, sucht sie die Abwechslung im Rollentausch. Müsste diese stets die gleiche bleiben, ergäbe sich daraus ein Ungleichgewicht und eine Halbheit an Erfahrungen und Erkenntnissen. Die Frau erlebt ihre Weiblichkeit ganz anders als der Mann seine Männlichkeit. So ist es naheliegend anzunehmen, dass es bei der Vielzahl der wiederholten Erdenleben zu einem Wechsel der Geschlechterrolle kommen muss.

Die Erfahrung zeigt aber, dass es beim Wechsel des Geschlechtes keine feste Regel gibt. Einige behaupten zwar, dieser finde alle sieben Inkarnationen statt, andere halten einen Rollentausch nur bei Gelegenheit für angezeigt. *Rudolf Steiner* nimmt an, dass bei jeder erneuten Menschwerdung ein Geschlechterwechsel stattfindet, während in Ausnahmefällen das gleiche Geschlecht bis zu sieben Inkarnationen beibehalten wird. (41) Die Mehrzahl der Rückführungen in frühere Leben weist darauf hin, dass ein Wechsel des biologischen Geschlechts nicht bei jeder Menschwerdung erfolgt, sondern dass dieses über mehrere Erdenleben beibehalten wird. Erst wenn die Lernerfahrungen in der einen Variante gesättigt sind, drängt es die Vitalseele zu der anderen Lebensform. Der englische Ägyptologe *Thomas Edward Lawrence* (1888-1935) hat in seinem aus dem Jenseits medial übermittelten »Tagebuch von drüben« zum Wechsel des Geschlechts Folgendes kundgetan: »Wie man weiß, sind Männer und Frauen die notwendigen Polaritäten und die zwei Seiten der Schöpfung. Der Mensch würde ein traurig-einseitiges, armseliges Wesen sein, hätte er nur Erfahrungen in derselben geschlechtlichen Form sammeln können. Wir müssen durch eigene Anschauungen lernen, wie die andere Seite der Schöpfung lebt; die Kräfte und Fähigkeiten der Frau sind denen des Mannes gleichgestellt. Die Umkehr des Geschlechts kann manchmal ein mächtiges Agens bilden, um ein Lebensmuster zu verändern und einem Menschen die Chance zu geben, eine unheilvolle Abfolge von Ereignissen durchbrechen zu können, was sich für ihn ohne diesen Wandel als zu schwer erwiesen hätte.« (42)

So führt die Reinkarnation zur Gleichberechtigung der Geschlechter, indem bei den aufeinander folgenden Inkarnationen bald eine weibliche, bald eine männliche Rolle zum Zuge kommt. Auch für die Forderung nach Anerkennung des »dritten Geschlechts« und für das Gefühl zahlreicher Menschen, im falschen Körper geboren zu sein (43), könnte die Idee vom Geschlechterwechsel im Verlauf von Wiedergeburten einen Erklärungsgrund liefern.

Es kommt tatsächlich immer wieder vor, dass Kinder, die sich an ein früheres Leben erinnern, angeben, dass sie damals anders geheißen haben, bei anderen Eltern lebten und nicht ein Knabe, sondern ein Mädchen oder das polare Gegenteil gewesen sind. (44) Von den 750 Versuchspersonen, die *Helen Wambach* in ein früheres Leben zurückführte, entschieden sich 48% dafür, in ihrem gegenwärtigen Erdenleben eine Frau zu sein, und nahezu ein Drittel von diesen erklärte, der Hauptgrund dafür sei gewesen, als Frau Kinder bekommen zu können. Die männlichen Versuchspersonen betonten am häufigsten die dominierende Rolle, die unsere Gesellschaft dem Mann nach wie vor zuweist. Auf die Frage, warum sie in diesem Leben als Mann oder als Frau zur Welt kommen wollten, antwortete eine Anzahl von zurückgeführten Personen: »Ich habe mein Geschlecht nicht selbst gewählt, und wenn ich es getan hätte, dann würde ich mich dafür entschieden haben, ein Junge zu sein, um der Familie eine Freude zu machen.« – »Ich entschloss mich, ein Mann zu werden, um Bleibendes bauen zu können, Häuser und so weiter.« – »Ich entschied mich dafür, eine Frau zu werden, weil ich fühlte, dass es für eine Frau leichter sein würde, den Menschen zu helfen. Viele würden Hilfe leichter von einer Frau annehmen als von einem Mann.«

Andere Gründe für ihre Geschlechterwahl waren: »Weil die Frau liebevoller, ausdrucksvoller und mehr im Einklang mit sich selber ist als ein Mann«. Oder: »Weil die Rolle der Frau die einzige Gelegenheit bietet, so zu sein, wie ich sein wollte.« Aber auch: »Weil ich im vorigen Leben ein Mann war.« – »Es gefiel mir, dass ich dieses Mal ein Mann sein sollte. Ich hatte im unmittelbar zurückliegenden Leben das andere Geschlecht und führte ein elendes Leben.« – »Ich entschloss mich daher, ein Mann zu werden, weil es für einen Mann leichter ist, an den wissenschaftlichen Bemühungen teilzunehmen, und ich wollte in dieser Lebenszeit ein Teil der wissenschaftlichen Revolution des zwanzigsten Jahrhunderts sein.« – »Ich entschied mich um meiner jetzigen Frau willen, ein Mann zu werden, um ihr bei der Lösung eines Problems zu helfen.« (45)

Nach dem Zweiten Weltkrieg verfasste der Russland-Heimkehrer *Herbert Engel* aufgrund seiner visionären Jenseitsschau und seiner astralen Wanderungen durch die Jenseitswelten sein Buch »Der Sphärenwanderer«. Dort schreibt er, es sei einleuchtend, dass ein Mensch, der auf der Erde mehrheitlich männliche Erfahrungen machte, zum Ausgleich nach vielen Inkarnationen als Frau wiederkehren wird. Ebenso würde es Frauen ergehen, die sich allzu sehr vermännlicht haben (46) und daher in einem nächsten Leben mit männlichem Geschlecht geboren werden. In gleicher Weise bestätigte der Jenseitslehrer *Emanuel* die Erfahrung, dass ein Geistwesen während seiner irdischen Verkörperung jenes Geschlecht haben wird, das seinem Streben nach Weiterentwicklung entspricht. »Sucht der Geist sich nach jeder Richtung hin zu entwickeln und auszubilden, ist es ihm möglich, das Menschenkleid des Mannes oder der Frau zu wählen, um die ihm fehlenden Eigenschaften leichter zu erringen oder schon vorhandene zu stärken.« (47)

Wie die Rückführungsexperimente vermuten lassen, wird dem Wunsch und der Entscheidungsfreiheit der einzelnen Geistseelen eine erhebliches Maß an Selbstbestimmung eingeräumt. Dies gilt offenbar auch für die Wahl des Geschlechts. Allerdings spielen dabei auch die Erfahrungen aus unseren früheren Leben eine entscheidende Rolle. So schreibt der hellsichtige Theosoph *Erhard Bäzner* (1887-1963): »Solange der Mensch die Stufe des erwachten Gottmenschen noch nicht erreicht hat, verkörpert sich die Seele abwechselnd in männlichen und weiblichen Körpern. Dadurch werden im Verlauf vieler Erdenleben die weiblichen und männlichen Tugenden und Eigenschaften entfaltet und vervollkommnet. Hat der Mann im Laufe eines oder mehrerer Leben das weibliche Ideal durch seine große Liebe zur Frau in sich so geweckt und gestärkt, dass sein ganzes Wesen ihr zuneigt, dann wird er sich in einem weiblichen Körper wiederverkörpern. Ebenso wird sich die Frau, die im Manne ihr Ideal erblickt, in späteren Erdenleben einen männlichen Körper wählen. Jeder tiefe Wunsch und jeder lebendige Gedanke zum anderen Geschlecht, wie auch jede Missachtung und Abneigung gegen dieses wirken sich im Lauf der Verkörperungen aus. Der Wechsel des Geschlechts schafft auch für alle Vergehen am anderen Geschlecht einen Ausgleich. Jeder wird das dem anderen zugefügte Leid in einem späteren Dasein an sich selbst erdulden müssen.« (48) Dieser Ansicht ist auch der amerikanische Schriftteller *Richard Bach*, der das Buch »Die Möwe Jonathan« geschrieben hat, in dem es heißt:

Jeder Mensch,
alle Ereignisse in deinem Leben
sind da, weil du selbst sie angezogen hast.
Was du damit anfängst, ist deine Sache.

Das karmische Beziehungsgeflecht

Jedes Band, das noch so leise
Die Geister aneinander reiht,
Wirkt fort auf seine stillen Weise
Durch unberechenbare Zeit.

August von Platen

Unter karmischen Beziehungen sind Verbindungen mit Menschen zu verstehen, die wir bereits in früheren Leben gekannt haben und mit denen wir in irgendeiner Form zu tun hatten. Deren Zusammenführung geschieht häufig durch das Gesetz des Karma. Das Karma-Gesetz ist an sich neutral. Es bewertet nicht, es urteilt nicht. Es besagt lediglich, dass jede Tat die ihr entsprechende Wirkung nach sich zieht. Wenn ein Kind den Kopf an einer Tischkante anschlägt, ist es nicht der »böse Tisch«, der ihm zur Strafe Schmerzen verursacht, sondern dies ist seiner Unvorsichtigkeit zuzuschreiben. Die Schriftstellerin *H. K. Challoner* bringt folgenden Vergleich: »Wenn du deine Finger verbrennst, denke nicht, dass es irgendein Gott ist, der dich dafür straft. Es liegt an der Natur des Feuers, dass es brennt.« (49)

So werden wir nicht von Gott für unsere Taten belohnt oder bestraft, sondern wir belohnen oder bestrafen uns selbst durch die Folgen unserer eigenen Handlungen. Es ist nicht Gott oder eine unpersönliche Schicksalsgewalt, die dafür sorgt, dass unser Tun belohnt oder bestraft wird, sondern wir sind es immer selbst durch die Rückwirkung unseres Tuns. So schreibt der Theosoph *Christmas Humphreys* (1901-1983): »Der Mensch wird durch seine Sünden bestraft, nicht für sie.« (50)

Die *östliche* Karma-Lehre erklärt sich durch die beiden Begriffe Dharma und Karma. Unter dem *Dharma* ist das Gesetz von Recht und Gerechtigkeit gemeint – und zwar das rechtschaffene Handeln als Erfüllung auferlegter Pflichten. Beim Menschen handelt es sich um hygienische, soziale, moralische, ethische und religiöse Pflichten sich selbst und anderen gegenüber, deren Befolgung oder Nichtbefolgung sich automatisch auswirkt. Die *westliche* Dharma-Lehre steht unter dem Gesetz von Ursache und Wirkung, wonach jede Handlung die ihr entsprechende Folge nach sich zieht, so wie Saat und Ernte, wie Aktion und Reaktion. Das Karma-Gesetz ist ein Naturgesetz, das selbstständig wirkt wie die Schwerkraft oder die Anziehungskraft.

Wir schmieden selber die Ketten, die uns fesseln; wir errichten die Schranken selber, die uns beengen; wir verursachen die Schmerzen selber, die uns plagen; wir ziehen selber die Verhältnisse herbei, an denen wir lernen können oder leiden müssen. Vereinfacht lässt sich sagen: Dharma sind die Lebensaufgaben, die uns gestellt sind, Karma sind die Aufgaben des Lebens, die wir noch nicht gelöst haben. So lehrt uns der gegenwärtige *Dalai Lama*: »Verlassen wir den Weg des Dharma, lässt dies Karma entstehen.« (51)

Es gibt an sich kein gutes oder schlechtes Karma. Es ist die gute oder schlechte Absicht, die unserem Handeln eine positive oder negative Prägung verleiht. Als Absicht ist der Beweggrund, das Motiv und die Zielvorstellung des Handelns zu verstehen. Diese bestimmen, ob unsere Tat gutes oder schlechtes Karma schafft. Was wir in guter Absicht tun, sei es bewusst oder unbewusst, schafft gutes Karma. Was wir in böser Absicht tun, sei es bewusst oder unbewusst, schafft schlechtes

Karma. Verbinden wir unser Handeln mit keinerlei Absichten, lösen wir weder gutes noch schlechtes Karma aus, weil das Karma-Gesetz an sich wertneutral ist. Wollen wir ein schlechtes Karma abbauen und in gutes Karma umwandeln, geschieht dies nach dem Wandlungsgesetz durch die Wiedergutmachung. Einsicht und Reue allein genügen nicht.

Das Karma-Gesetz ist nicht an Raum und Zeit gebunden. Die Ursache einer Handlung und deren Folgen müssen örtlich und zeitlich nicht zusammenfallen. Es kann sich eine Tat in diesem Leben, in einem späteren Leben oder in einem Dasein zwischen den Leben im Jenseits auswirken. Dies ist nur zu verstehen, wenn wir die Karma-Lehre mit der Lehre von den wiederholten Erdenleben verbinden. Unter dieser Voraussetzung lassen sich zwölf Arten von Karma unterscheiden:

1. Das Ur-Karma, das vor der Entstehung der materiellen Welt im himmlischen Paradies durch den Ungehorsam einer großen Anzahl von Engeln entstanden ist.

2. Das Menschheitskarma, das alle auf Erden inkarnierten Geistseelen als Folge ihres Falls in die Gottferne zu tragen haben.

3. Das Gesamtkarma als Summe aller guten und schlechten Handlungen, die wir im Verlauf der bisherigen Erdenleben getätigt haben.

4. Das Teilkarma, das jedem Menschen als Aufgabe für das gegenwärtige Leben mitgegeben wurde.

5. Das latente Karma, das erst in einem späteren Leben zur Auswirkung kommen wird. Es gleicht der Saat, die noch nicht aufgegangen ist.

6. Das aktive Karma, das im jetzigen Leben zum Tragen kommt. Es verursacht das gegenwärtige Lebensschicksal.

7. Das persönliche Karma, das jeder einzelne Mensch für sich allein zu verantworten und zu ertragen hat.

8. Das Gemeinschaftskarma, in welchem ganze Familien, Sippen, Völker und Nationen vernetzt und in ein Gruppenschicksal verbunden sind.

9. Das universelle Karma, das wir in allen unseren Existenzen im Diesseits und im Jenseits angehäuft haben.

10. Das Vergangenheitskarma, dessen Wirkungen sich in früheren Leben bemerkbar gemacht haben und ganz oder zum Teil abgetragen wurden.

11. Das Gegenwartskarma, das im gegenwärtigen Erdenleben verursacht wurde und sich auch in diesem Leben auswirkt.

12. Das Zukunftskarma als Folge früherer Handlungen, das erst in einem der nachfolgenden Leben zur Geltung kommen wird.

Unser Handeln und dessen Folgen sind nicht isoliert auf unsere Person bezogen zu betrachten. Sehr häufig hat es auch Auswirkungen auf unsere personale Mitwelt und Umwelt. Dies geschieht aufgrund einer Tendenz in der gesamten Natur, die auf Ausgleich und Gleichgewicht bedacht ist und Harmonie zum Ziel hat. Deshalb wird das Karma-Gesetz auch das *Gesetz des Ausgleichs* genannt. Auf allen Ebenen des Seins kann dies geschehen durch Zufuhr oder Abfuhr von Energie, bis der Energieausgleich erreicht ist. In der Physik sprechen wir von Entropie, im sozialen Umfeld von Gleichstellung und Gleichberechtigung, im emotionalen und mentalen Bereich von der Wiederherstellung der Harmonie und in spirituellen Sphären von der ausgleichenden Gerechtigkeit.

Zu den schlimmsten mentalen Giften zählen die negativen Gedanken von Neid, Missgunst, Eifersucht, Verleumdung, übler Nachrede und Hass mit seinen Verwünschungen und Verfluchungen. Sie vernichten das friedvolle Gedeihen von Zufriedenheit und Wohlwollen in unseren mitmenschlichen Beziehungen. Besonders gefährlich ist das nachtragende Denken, das jedem Verzeihen und Versöhnen im Wege steht. All dies schafft böses Karma, das weiterwirkt, bis es durch gegenteilige Gedanken aufgehoben wird. Wenn laut der Bibel *Jesus* gesagt hat, es gebe eine Sünde wider den Geist, die weder im Diesseits noch im Jenseits vergeben werde (Mt 12,31), ist damit wohl der Geist der Unversöhnlichkeit gemeint, der keinerlei Wiedergutmachung zulässt.

Wenn ein Mensch in seinem jetzigen Leben viel zu leiden hat, ist dies nicht immer die Folge oder gar Strafe für ein fehlerhaftes Verhalten seinerseits in diesem oder in einem früheren Leben. Es kann auch sein, dass er dies freiwillig oder stellvertretend für andere auf sich genommen hat, um auf diesem Weg in seiner geistigen Entwicklung schneller voranzukommen. Es können auch Krankheiten, Unfälle und schwere Schicksalsschläge wie notwendige Weichenstellungen zu einer heilsbringenden Lebenswende führen, die einen Menschen auf den rechten Weg bringen.

So ist auch die Wahl der Familie, in die ein Kind hineingeboren wird, oft karmisch bedingt. Dies gilt besonders bei der Auswahl der zukünftigen Eltern. Der amerikanische Psychologe *Michael Newton* schreibt in seinen karmischen Fallstudien: »Die Vorstellung, dass wir alle freiwillig bereit waren, Kinder eines bestimmten Elternpaares zu werden, bevor wir in ein neues Leben kamen, ist für einige schwer zu akzeptieren. Obwohl die meisten Menschen von ihren Eltern Liebe und Geborgenheit erlebt haben, gibt es auch solche, die unerfreuliche und schmerzliche Erinnerungen an diejenigen haben, die ihnen nahe standen und hätten deshalb Schutz bieten sollen, dies jedoch nicht getan haben. Wir wachsen auf mit der Vorstellung, dass wir die Opfer biologischer Eltern und Familienmitglieder sind, deren Eigenart wir erbten, ohne dabei ein Mitspracherecht gehabt zu haben. Diese Annahme ist falsch. Es gibt karmische Gründe dafür, dass wir als Kinder in der Umgebung bestimmter Personen aufwachsen, genauso wie andere Menschen vorgesehen sind, im Erwachsenenalter in unserer Nähe zu sein oder uns zu begegnen.« (52)

Schwerwiegende karmische Verflechtungen und Belastungen in einer Familie haben ihre Ursachen oft in einem vorangegangenen Leben, in dem schmerzliche Konflikte, Spannungen und Trennungen zu leidvollen Erfahrungen führten. Damit wurden die Voraussetzungen geschaffen, um sich in einem späteren Leben erneut zu begegnen. Es sind mir in meiner langjährigen psychologischen Beratertätigkeit immer wieder Menschen begegnet, in deren Familien viel Streit und Unversöhnlichkeit herrschte, wo erwachsene Söhne oder Töchter an ihren Eltern wortlos vorübergingen und den Umgang mit ihnen vermieden, weil sie ihnen irgendeine frühere Schuld zuwiesen. Manchmal gelang es mir, diese wieder umzustimmen. In anderen Fällen gab ich ihnen das trostreiche Gedicht der deutschen Schriftstellerin *Rosemarie Neie* mit, damit es eine Brücke des Friedens baue.

Ob du später mir verzeihst,
wenn du weißt,
wie ich an dir fehlte, Kind.
Ob du im Verstehen reifst
und begreifst,
dass wir alle schuldig sind.
Ob du dann die Mauer brichst
und zu mir sprichst?
Wir sind uns nah!
Irgendwann einmal, mein Kind,
ist die Stunde da.

Die karmische Verbindung mit Seelengefährten, mit denen wir gemeinsame Aufgaben zu lösen haben, bildet ein weit verzweigtes Beziehungsgeflecht, das die Ursachen aus früheren Leben mit den Auswirkungen im gegenwärtigen oder zukünftigen Leben verbindet. Dies kann sich auch förderlich für die gegenseitige geistige Entwicklung der Partner auswirken. Dies gilt vor allem für karmisch bedingte Partnerschaften, die nicht leichtherzig durch Trennung und Scheidung gelöst werden sollten, sondern manchmal mit schwerem Herzen durchgestanden werden müssen, bis sie endgültig erlöst werden können. (53) Es ist notwendig, solche unerfreulichen Beziehungen in gegenseitiger Toleranz auf sich zu nehmen und daraus zu lernen, um diesen ungeliebten karmischen Ballast endgültig loszuwerden, statt ihn ins Jenseits und in ein nächstes Erdenleben weiter zu schleppen. Jedes Familiendrama schafft auch ein Familienkarma, dessen unerledigte

Beziehungslasten von Leben zu Leben gleich einer spirituellen DNA weitergetragen werden. (54)

Selbst wenn eine Scheidung unausweichlich ist, muss diese nicht immer ein Scheitern bedeuten. Vielleicht war deren begrenzte Zeit im Lebensplan als Lernaufgabe so vorgesehen. Entscheidend wichtig ist dabei die Aussöhnung und Wiedergutmachung, damit karmische Erschwernisse abgetragen werden können. Es genügt nicht, für begangenen Fehler und Sünden bloß auf die göttliche Gnade der Vergebung zu vertrauen. Der evangelische Theologe *Till A. Mohr* gibt uns zu bedenken: »Wir können uns also in keinem Fall mit Berufung auf die göttliche Gnade um die Wiedergutmachung drücken. Wer in diesem Leben nicht wieder gutgemacht hat, wird es nach diesem Leben tun müssen, wenn Gott ihm dafür in seiner Gnade eine neue Möglichkeit auf Erden einräumt.« (55)

Und in einer spirituellen Jenseitsbotschaft wird versichert: »Es ist ein Gunsterweis von Gott, dass er dem Menschen immer in neuen Erdenleben die Möglichkeit gibt, das wiedergutzumachen, was er gefehlt hat«. (56) Wesentlich ist hierzu auch die bessere Einsicht. Diese muss jeder Versöhnung vorausgehen. Auch das schlechte Gewissen und ein Sündenbekenntnis allein genügen nicht. Weder priesterliche Lossprechung noch Nachlass und Ablass vermögen uns von eigener Schuld zu befreien oder diese ungeschehen zu machen. Die Wiedergutmachung gelingt häufig nicht im gegenwärtigen Leben, weil sich die hierzu passende Gelegenheit weder im Diesseits noch im Jenseits schnell einstellen kann. Also muss diese auf ein künftiges Erdenleben verschoben werden. Das *Geistchristentum* lehrt uns: »Dazu wird zunächst – meist zusammen mit dem Betroffenen – ein neues Erdenleben geplant, in dem versucht wird, spezielle Aufgaben vorzugeben, an denen die Seele entsprechend lernen kann und bei denen man hofft, dass der Lernerfolg nicht ausbleibt. Dieser Prozess kann sehr lange dauern, denn es ist nicht ausgeschlossen, dass auch bei sorgfältiger Planung im neuen Erdenleben nicht nur der Lernerfolg ausbleibt, sondern auch noch neue Vergehen erfolgen, welche die Schuldenlast erhöhen statt sie abzubauen.« (57)

Wollen wir uns dereinst mit unseren ehemaligen Gegnern und Widersachern aussöhnen, können wir diesen nur dort begegnen, wo wir sie hinwünschen. Gönnen wir ihnen den himmlischen Frieden, werden wir sie in himmlischen Höhen wiedersehen; wünschen wir sie dagegen in die Hölle, müssen wir sie dort aufsuchen. Vergeltung statt Vergebung schafft negatives Karma, indem es Gedanken der Abneigung und des Widerstandes hervorruft. Dagegen erzeugen Versöhnung und Verzeihen positives Karma. Durch gute Taten lässt sich schlechtes Karma vermeiden oder abbauen, durch schlechte Taten verunmöglichen oder vernichten wir gutes Karma. Was wir negatives Karma nennen, sind falsche und fehlgeleitete Gedanken, Gefühle und Absichten, die ins Gegenteil verwandelt positives Karma nach sich ziehen. Was negatives Karma auflösen kann, verlangt Lieben statt Hassen, Wohlwollen statt Übelwollen, Zuneigung statt Abneigung, Versöhnung statt Unfrieden, Verzeihen statt Nachtragen.

Da die meisten der von uns verursachten Geschehnisse ihren Anfang im Denken nehmen, sind die Gedanken die großen Verursacher von Karma. Um schlechtes Karma möglichst zu vermeiden, ist es sehr wichtig, was und wie wir denken. Hierzu ist eine bewusste Gedankenkontrolle erforderlich. Unsere Gedankenströme folgen gewohnheitsmäßig bestimmten Fließrichtungen, die immer tiefere Bahnen und Kanäle graben und zu hartnäckigen Denkgewohnheiten führen. Es ist erstaunlich, wie derartige Denkmuster unsere Gesinnung und unser Verhalten beeinflussen können, ohne dass wir uns dessen immer bewusst sind. Der französische Schriftsteller *Maurice Maeterlinck* (1862-1949) formulierte es so: »Nichts stößt uns zu, was nicht derselben Art ist, wie unser Denken. Sogar die am wenigsten erwarteten Launen des Schicksals nehmen mit der Zeit die Form unserer Gedanken an.« Gedanken sind Energien, mit denen wir unser mentales Denkvermögen unterhalten. Alles, was wir an Gedankennahrung uns zuführen, ernährt auf seine Weise unsere Seele. Daher ist es entscheidend, was wir zur täglichen Lektüre uns angewöhnen und womit wir durch die Nachrichten- und Bilderflut von Presse, Fernsehen und über digitale Kanäle unsere Seele füttern.

Das Karma-Gesetz ist eine Art geistiges Lernprogramm, das uns in jedem neuen Leben vor jene Lektionen und Aufgaben stellt, die wir in unseren Vorleben noch nicht gelernt haben. Unsere heutigen Schwierigkeiten sind zumeist die ungelösten Probleme von gestern und die nicht bewältigten Aufgaben aus einem früheren Leben. Der jenseitige Meister *White Eagle* lehrte seine Schüler: »Jedes überwundene Teilstück eures Karmas ist eine erlernte Lektion…. Habt ihr die Lektion nicht gelernt und seid ihr dem Karma ausgewichen, dann ist es lediglich aufgeschoben. Ihr werdet mit denselben Schwierigkeiten immer und immer wieder konfrontiert, bis die Lektion gelernt ist.« (58)

Zu den wichtigsten Lernaufgaben, vor die wir im Leben gestellt werden, gehört die folgende Doppellektion: Altes negatives Karma abbauen, kein neues unangenehmes Karma sich aufladen. Dies kann erreicht werden, indem wir

- Allen alles vergeben und verzeihen, die uns je in irgendeiner Form verletzt haben.
- Keine bösartigen Rachegedanken zulassen.
- Niemandem etwas Belastendes nachtragen.
- Jeden Zorn und Groll, jede Wut und Bitterkeit loslassen.
- Missverständnisse aufklären und Falschaussagen richtigstellen.
- Unrecht vermeiden und Ungerechtigkeiten aufheben.
- Verworrene mitmenschliche Beziehungen entflechten und klären.
- Einverstanden sein zur Versöhnung in friedlicher Absicht.
- Bereit sein, enstandenen Schaden zu beheben und wiedergutzumachen.
- Versuchen, in allem Frieden und Harmonie zu fördern.

Statt von unpersönlichen Schicksalsmächten wie Fatum, Kismet oder Fortuna zu sprechen, nehmen die esoterischen Wissenschaften der Theosophie und Anthroposophie an, es seien in der geistigen Welt die »Herren des Karma« zuständig. Es sind dies hochstehende jenseitige Wesenheiten, die den gesamten karmischen Hintergrund einer Geistseele kennen und die Geschicke zum Wohl der Menschen lenken. (59) Auch in der Lebensrückschau nach dem Tod erkennt die Seele, was an karmischen Aufgaben oder Belastungen bloß aufgeschoben, aber nicht aufgehoben ist. Daraus entstehen für ein nächstes Erdenleben neue Aufgaben, neue Bindungen und Verpflichtungen, oft auch neue Abhängigkeiten, die wir zu lösen haben. Was wir unser Karma nennen, ist stets selbst verursacht und muss von uns selbst ausgeglichen, behoben und wiedergutgemacht werden.

Der deutsche Schriftsteller *Ludwig Ruge* (1812-1897) wusste um dieses karmische Gesetz, als er schrieb:

Wir wissen, dass ein ehern Schicksal waltet
Das unaufhaltsam alles lenkt und wägt;
Doch ist der Mensch es selbst, der es gestaltet
Und in sich seines Schicksals Sterne trägt.

Wir sind es selber, die das wenden,
durch unseren Willen und durch unsere Tat;
Wir säen aus mit unseren eigenen Händen
und ernten ein die Früchte unserer Saat.

10.

Leben in feinstofflichen Welten

Jetzt bin ich leicht,
jetzt fliege ich,
jetzt sehe ich mich unter mir,
jetzt tanzt ein Gott durch mich.
FRIEDRICH NIETZSCHE

Neben der grobstofflichen Welt, die wir Menschen hier auf unserer Erde bewohnen, gibt es noch eine benachbarte feinstoffliche Welt. Diese ist ebenso real wie unsere irdische Daseinsebene, nur ist sie weniger materiell. Sie ist hauchartig, fast durchsichtig und von geringerer Dichte. Sie gleicht dem Nebel, der weniger fest ist als Wasser und Eis, obwohl dieser von gleicher Substanz ist, aber eine höhere Schwingung aufweist. Wir nennen diese Welt die *Astralwelt.* Die Bezeichnung »Astral« kommt aus der altgriechischen Philosophie, die der menschlichen Seele eine ähnliche feinstoffliche Beschaffenheit zuschrieb wie der Sternenwelt (gr. *ástron*: Gestirne). Auch die Bewohner dieser astralen Welt dachten sie sich als hauchartige Wesen. Sobald diese auf der Erde zu Menschen werden, umgeben sie sich mit einem grobstofflichen Leib. Nach dem Tod legen sie diesen wieder ab, behalten aber ihre feinstoffliche Gestalt bis zur nächsten Wiedergeburt. Im Mittelalter bekam die Astralseele den Namen »Siderischer Leib« (lat. *sidus*: Sternbild) und im 19. Jahrhundert bürgerte sich hierfür die Bezeichnung »Astralkörper« als Träger der Seele und des Bewusstseins ein. (1)

Die feinstoffliche Astralwelt ist jenen Menschen zugänglich, welche von Natur aus die Fähigkeit des Hellsehens und Hellfühlens besitzen oder bei sich entwickelt haben. Dieser außersinnliche oder übersinnliche Bereich unterscheidet sich von unserer Erdenwelt, die wir mit unseren Sinnen wahrnehmen können, durch die höhere Wellenlänge ihrer Eigenschwingung. Daher ist sie für uns Menschen nicht sichtbar und nicht hörbar. Die astrale Welt besteht aus mehreren Ebenen, denen das Geistbewusstsein gemäß seinem Entwicklungsstand zugänglich ist. Dieser hängt vom inneren Licht ab, das jedes Wesen ausstrahlt. Ist dieses Licht kaum sichtbar, fällt es uns schwer die Dunkelheit zu durchdringen. Daher werden dessen Aufenthaltsorte die tieferen Schichten der astralen Dunkelwelt sein. Ist das innere Licht derart schwach, dass es an den geistigen Widerständen des Unglaubens und des Zweifels trübe Schatten wirft, wird die mittlere Astralschicht der Schattenwelt der Ort ihres vorläufigen Verbleibens sein. Der Seinszustand der vollbewussten Lichtwesen jedoch ist die leuchtende Astralwelt, deren farbige Lichtfluten das Land der reinen Geister erhellt. (2)

Wir können die Astralwelt in eine niedere, mittlere und höhere Sphäre unterteilen. Diese drei astralen Schichten weisen keine scharfen Grenzen auf, sondern es bestehen fließende Übergänge, die von Wächterengeln, auch »Hüter der Schwelle« (3) genannt, kontrolliert werden, und die dafür zu sorgen haben, dass keine unberufenen Wesen diese überschreiten können. Die unterschiedlichen astralen Sphären können auch von lebenden Menschen in außerordentlichen Bewusstseinsstadien vorübergehend besucht werden, wie uns die bekannten Nahtod-Erlebnisse und die außerkörperlichen Reisen von Sphärenwanderern beweisen. So kann die *Astralwelt* als der Erlebnisbereich für vorgeburtliche, außerkörperliche und nachtodliche Bewusstseinszustände bezeichnet werden. (4)

Es kommt verhältnismäßig häufig vor, dass wir während des Schlafens unseren feinstofflichen Astralkörper vorübergehend verlassen und im körperfreien Zustand in der Wohnung herumgehen, uns durch Wände und verschlossene Türen bewegen, wie dies der Basler Biologe *Werner Zurfluh* in seinem Buch »Quellen der Nacht« beschrieben hat. (5) Dass es sich dabei nicht um ein traumhaftes Schlafwandeln handelt, sondern um ein echtes astrales Erlebnis, beweist die Erfahrung, dass wir in diesem außerkörperlichen Zustand die Lichtschalter im Haus nicht betätigen können, weil diese von unseren astralen Händen nicht greifbar sind. Es handelt sich beim Astralkörper tatsächlich um unseren Doppelkörper, der durch ein Astralband mit dem physischen Körper während der ganzen Lebensdauer verbunden bleibt. Dies geht aus der Feststellung hervor, dass Atmung und Herzschlag in beiden Körpern parallel ablaufen. Zwischen der körperlichen und der astralen Ebene scheint eine synchrone Wechselwirkung zu bestehen.

Die Astralwelt wird die außersinnliche oder übersinnliche Welt genannt, weil die Astralwesen, die sich dort aufhalten, keine Sinnesorgane brauchen, um sich zurechtzufinden. So hat der Naturwissenschaftler *Ernst Waelti* bei seinen Astralwanderungen beobachtet, dass er auch bei geschlossenen Augen mit seinem »Dritten Auge« sehen konnte, so dass ihm ein stark verbreitertes Gesichtsfeld zugänglich war und sogar ein Fenster zu vergangenen Leben offen stand. (6) Während wir auf unserer Erde zumeist nur in einer Richtung sehen oder hören, nehmen wir in den Astralsphären mit unserem erweiterten Sinnesspektrum alles rundherum wahr. Die Gegenstände sind durchsichtig, die Farben sind intensiver und deren Helligkeit wird durch unser inneres Licht bestimmt. Was Astralwanderer tatsächlich zu sehen und zu hören bekommen, hängt von ihrem innerseelischen Empfinden und ihrem eigenen Bewusstsein ab. (7)

In der astralen Welt führen deren Bewohner ein Leben, das in mancherlei Hinsicht dem Dasein auf unserer Erde ähnlich ist. Sie haben dort Tätigkeiten und Arbeiten zu verrichten, die der feinstofflichen Ausstattung ihrer Umwelt zugutekommen. So errichten sie Bauten, gestalten Umbauten, pflegen Gärten und Parkanlagen und gehen alltäglichen Verrichtungen nach. Sie besuchen regelmäßig Schulen und Ausbildungsstätten, aber auch religiöse Veranstaltungen und Zusammenkünfte, um ihr spirituelles Wissen zu mehren und dieses bei ihrer nächsten Menschwerdung auf Erden sinnvoll einsetzen zu können. Mancher wissenschaftliche Fortschritt und zahlreiche technische Errungenschaften auf Erden werden in der Astralwelt vorbereitet. So kann es geschehen, dass neue Erfindungen und Entdeckungen zunächst auf der feinstofflichen Astralebene erprobt werden, bevor sie auf der materiellen Ebene ausgeführt werden. Auch künstlerische Werke erfahren auf dem Weg der kreativen Inspiration von »oben her« wertvolle Ideen und Anregungen, was von erfolgreichen Kunstschaffenden immer wieder bestätigt wird.

Die außerirdische Astralwelt

Die astrale Welt außerhalb unserer irdischen Welt ist jene übernatürliche Daseinssphäre, aus der wir kommen, wenn wir uns zu einem erneuten Menschenleben auf Erden bereit erklären. Sie ist zugleich auch jene Schwingungsebene, in die wir nach unserem leiblichen Tod zurückkehren werden. Deshalb ist es wohl angezeigt, uns mit diesem Zwischenzustand näher zu befassen. In der astralen Welt können wir drei unterschiedliche Schwingungsbereiche unterscheiden. Zu den Bewohnern der *höheren* Astralebenen gehören zunächst jene geistigen Lichtwesen, die nie aus den Himmeln herausgefallen sind, aber heute als Boten, Vermittler und Botengänger zwischen der Himmelswelt und der Erdenwelt ihren Dienst tun. Gemeint sind jene jenseitigen Wesen, die wir Engel (gr. *angeloi*: Himmelsboten) nennen.

Außerdem wohnen in den hohen Astralsphären auch die aufgestiegenen »Meister der Weisheit«, in der Theosophie die »älteren Brüder der Menschheit« genannt. Der Theosoph *Charles W. Leadbeater* versteht unter diesen hohen Meistern geistig hochentwickelte Persönlichkeiten, die sich auf unserem Planten Erde zeitweise verkörpern, um als Welten- und Menschheitslehrer in menschlicher Gestalt zu wirken. Er nimmt an, dass aus diesem Grund immer wieder ein beachtlicher Teil dieser Meister sich auf der Erde aufhält. (8) Entsprechend den sieben »Strahlen der Weisheit« nennt er sieben hohe Meister, die sich mit der globalen Lenkung des Weltgeschehens befassen und nur selten in die Geschicke der einzelnen Menschen eingreifen. (9)

Es handelt sich um Wesenheiten, die als Menschheitslehrer freiwillig Menschengestalt annehmen, um ihren inkarnierten Geistgeschwistern helfend und heilend beizustehen. Nach der östlichen Philosophie können es sogar Gottheiten sein, die als Manifestationen des Göttlichen zur Menschenwelt herniedersteigen, um als Verkünder der Wahrheit das Gute zu mehren und das Schlechte zu mindern. In Ost und West werden sie als Avatare, Heilige, Propheten und Gottgesandte verehrt. (10) Unter den Bewohnern der höheren Astralwelt finden sich auch aufgestiegene Geistseelen, die es an sich nicht mehr nötig haben, wiedergeboren zu werden. Von diesen wird nach den Worten *Buddhas* erwartet, dass sie noch mindestens dreimal freiwillig Mensch werden, um jene zu begleiten und zu belehren, die noch auf dem Weg nach oben sind. Es ist durchaus denkbar, dass große Menschheitslehrer, die in der Gestalt von Zarathustra, Pythagoras, Sokrates, Platon, Aristoteles, Laotse, Buddha und Konfuzius in vorchristlicher Zeit innerhalb weniger Jahrhunderte auf Erden lebten und auf die geistige Entwicklung der gesamten Menschheit einen nachhaltigen Einfluss hatten und immer noch haben, solche freiwillig Mensch gewordenen Meister waren. (11)

Auf der *mittleren* Astralebene befinden sich junge und alte Seelen, denen eine Wiedergeburt auf Erden bevorsteht. (12) Zu den *junge Seelen* zählen in der Mehrzahl jene Geistgeschöpfe, die bisher nur wenige Male zur Menschwerdung auf unsere Erde gelangten. Sie stehen noch am Anfang ihres Inkarnationszyklus. Ihre Wiederkehr in irdische Menschenleben erfolgt zumeist in kürzeren Zeitabschnitten und ist von kurzer Dauer. Sie gehören in der mehrstufigen Erdenschule zu den Anfängern, weil sie es in ihrer geistigen Aufwärtsentwicklung noch nicht weit gebracht haben. Entweder haben sie sich auf dem langen Weg der Wiedergeburten viel Zeit gelassen, so dass ihre Aufenthalte in den Warteräumen zwischen den Leben Jahrhunderte, wenn nicht Jahrtausende dauerten; oder sie haben in den Schulklassen auf Erden sich zu wenig angestrengt. Daher haben sie ihre Lektionen nicht gelernt und die Prüfungsaufgaben nicht bestanden, so dass sie nicht befördert werden konnten. Zu diesen gehören wohl jene, die meinten, sie könnten ihr Dasein auf Erden möglichst bei viel Spaß und Vergnügen genießen, ohne sich ernsthaft um ihren geistigen Fortschritt zu bemühen. Weil sie sich genusssüchtig, unternehmungslustig und unerfahren benehmen, geraten sie leicht in Gefahr, sich karmisch neu zu belasten. Erst nach schmerzlichen Erfahrungen in wiederholten Erdenleben werden sie einsichtig genug, um nach geistigem Aufstieg zu streben. Es finden sich unter diesen auch jene jungen Seelen, die sich noch in einer Art Kindergarten oder Vorschule befinden, weil sie größeren Lernansprüchen noch nicht gewachsen sind und solche ihnen nicht zugemutet werden können.

Dagegen sind *alte Seelen* jene zu nennen, die schon viele Male ein Erdenkleid trugen. Daher sind sie bereit, größere Verantwortung auch für andere Menschen zu übernehmen und diese an ihren langen Lebenserfahrungen teilhaben zu lassen. Weil sie oft schon in früheren Leben ein beachtliches Wissen und Können erworben haben, nahm ihre Seelenreife zu. Deshalb fallen sie oft schon in jungen Jahren durch außerordentliche Erkenntnisse und außergewöhnliche Fähigkeiten auf, die sie in einem einzigen Leben niemals hätten erwerben können. Zu ihnen zählen die heute immer wieder auffallenden Wunderkinder in aller Welt. Sie sind ein Hinweis dafür, dass ältere und erfahrene Geistseelen wiedergeboren werden, die ein höheres Wissen aus ihren Vorleben mitbringen. Alte Seelen beweisen im jetzigen Leben ein starkes Interesse an spirituellen Themen. Daher fragen sie vermehrt nach dem Sinn des Lebens und suchen Herkunft und Zukunft des menschlichen Daseins zu ergründen. An schwierigen Lebensbedingungen und Konflikten müssen sie viel weniger leiden als junge Seelen, weil sie diese als gute Gelegenheiten zu ihrem geistigen Wachsen erkennen und wahrnehmen.

In ihrem Wesen und Benehmen sind sie nachdenklich und tiefsinnig, lieben die Ruhe und Stille. Sie gelten meist als typische Einzelgänger, weil sie das Laute und Lärmende meiden. Auch sind sie ernst und schweigsam und halten sich gerne an das Motto: »Wer spricht, weiß nicht; wer weiß, spricht nicht.« Alles Dogmatische und Autoritäre lehnen sie ab, weil es ihre Gedankenfreiheit einschränkt. Aus innerem Bedürfnis möchten sie selbstlos im Dienst ihrer Mitmenschen tätig sein – ratend, lehrend und helfend.

Zur mittleren Astralwelt gehört auch der Bereich der abgeschiedenen Menschenseelen, die sich noch nicht gänzlich von der Erdenwelt lösen konnten und deswegen in erdnahen Zwischenwelten als Totengeister und »Arme Seelen« hilfesuchend und erlösungsbedürftig herumwandern müssen. Hier halten sich auch jene Verstorbenen auf, die noch gar nicht recht gemerkt haben, dass sie gestorben sind oder sich mit ihrem körperlichen Tod noch nicht abgefunden haben. Deshalb halten sie sich noch in der diesseitigen Menschenwelt auf, sie gehen ihren alltäglichen Gewohnheiten und Verrichtungen nach wie eh und je, sie wohnen in ihren verlassenen Häusern und sind erstaunt, dass sie von den Lebenden übersehen und nicht wahrgenommen werden. (13)

Die *untere Astralwelt* ist das Reich der *Naturgeister.* Deren Bewohner sind hauchzarte, fast durchscheinende und daher für uns Menschen unsichtbare Geschöpfe, die sich vorwiegend in der freien Natur aufhalten. Sie wohnen auf Sträuchern und Bäumen, in Auen und Wäldern, auf Hügeln und Bergen, im Wasser und in den Lüften. (14) Naturgeister sind feingliedrige Elementarwesen, die mit ihren für uns unsichtbaren Schwingungsenergien in astralen Zwischenwelten hausen. In Märchen, Sagen und Legenden vieler Völker werden sie als Naturwesen erwähnt und von Hellsichtigen beschrieben als ein buntes Völklein von winzigen Wesen, welche zur Entfaltung und zum Gedeihen der Natur auf der ganzen Erde beitragen. (15)

Diese Naturwesen halten sich mit Vorliebe in der Umgebung von Menschen und Tieren auf und gelten als deren Beschützer. Sie ernähren sich von der Wärme der Sonne, vom Nektar der Blumen, vom Tau der Gräser, vom Atem der Blätter und von der Aura strahlender Mineralien. Sie schweben lautlos in den Lüften, begleitet von Winden und Wolken, schweben und flügeln wie buntfarbige Schmetterlinge über Wiesen und Felder oder huschen wie scheue Schatten durch unsere Wohnungen. Dort erfreuen sie sich an den Düften und Dünsten unserer Küchen, doch fliehen und flüchten sie vor allzu lauten und lärmenden Menschen. (16) Zu den Aufgaben dieser Naturwesen gehören, die natürliche Umwelt, vor allem die Pflanzen und Tiere, zu beschützen sowie das Besitztum der Menschen als Herd-, Haus- und Hofgeister zu bewachen. (17)

Zu diesen Naturgeistern gehören auch die Elementarwesen, welche den Elementen Erde, Wasser, Luft und Feuer zugeordnet sind. Die *Erdgeister* oder Gnomen hausen als Erdmännchen, Heinzelmännchen und Zwergenvolk in Erd- und Wurzelhöhlen und hüten Äcker, Wiesen und Felder. Die *Wassergeister* oder Undinen überwachen Quellen, Brunnen, Bäche, Flüsse und Seen, damit deren Gewässer frisch und sauber bleiben. Die *Luftgeister,* auch Sylphen genannt, sind zuständig für Wind, Wetter und Wolken, indem sie in Gewitterwolken, Regengüssen und Schneegestürm daherkommen. Die *Feuergeister* entzünden Flammen, Gluten und Feuerbrände, manchmal auch zum Schaden der Menschen, Tiere und Gewächse. (18)

In seinem Buch »Der Mann, der mit den Elfen sprach« schildert *Robert O. Crombie* aus eigener jahrzehntelanger Beobachtung, wie Naturgeister dem Menschen helfen könnten, sofern man sie dazu einladen würde. (19) Auf ähnliche Weise schreibt die Schweizer Seherin *Marianne Lüscher,* die sehr naturverbunden und weit abgelegen in ihrer Weidhütte auf 1300 im Diemtigtal im Berner Oberland lebt: »Ich ›sehe‹ die Engel, Feen, Elfen, Devas, Zwerge, Gnome, Kobolde. Sie alle leben neben und unter uns, sie können uns helfen, wenn wir miteinander arbeiten, oder sie können uns auch ein ›Bein‹ stellen, wenn wir gegen sie oder die Natur arbeiten.« (20)

Die *tiefste Ebene* der Astralwelt macht einen düsteren und angsterregenden Eindruck. Hier sind jene Wesen anzutreffen, die ihre Aufgabe im Leben nicht erfüllt und den wahren Sinn des Lebens noch nicht erkannt haben und daher in einem bedauernswerten und leidenden Zustand sind. Die Grenzen und Schranken zwischen den verschiedenen Bereichen der Astralwelt sind unscharf gezogen und gehen fließend ineinander über wie die Farbbänder eines Regenbogens. So grenzt das Sichtbare an das Unsichtbare, das Hörbare an das Unhörbare und das Begreifbare an das Unbegreifbare.

Seid willkommen, ihr Sternenkinder!

Sternenkinder werden jene Wesen genannt, die aus astralen Sternenwelten auf unsere Erde gekommen sind. Nach Angaben hellsichtiger Medien haben sich diese in den vergangenen Jahrzehnten immer zahlreicher auf unserem Planeten verkörpert, und zwar mit dem Auftrag, durch ihr Wesen und Wirken die Schwingungen und das Bewusstsein auf unserer Daseinsebene zu erhöhen und zu verfeinern. Es sind dies zumeist ältere Seelen, deren Aufgabe es ist, mit ihrem spirituellen Wissen dahin zu wirken, dass die Menschheit zu einem besseren und vergeistigteren Selbstbewusstsein erwacht und dabei eine längst fällige und erhoffte Zeitenwende einleitet. So erläuterte der siebenjährige Knabe *Flavio Cabobianco* (geb. 1980 in Argentinien) seiner Mutter: »Ich erinnere mich besser an die Zeit vor meiner Geburt als an die ersten drei Jahre meines Lebens. Mein vorgeburtliches Leben überschaue ich aus allen Blickwinkeln. Meine Sicht hat keine Grenzen, da ich nicht mit physischen Augen sehe. Auf diesem Planeten, der so dicht ist, bin ich zum ersten Mal.«

Ein andermal ließ er seine Mutter wissen: »Ich erzähle dir doch nichts anderes, seit ich drei Jahre alt bin, dass ich eine Seele bin, die mit vielen anderen gekommen ist, um euch in diesem Zeitabschnitt des Planeten Erde zu helfen. Ich bin jetzt auf der Erde, die dicht ist, aber jetzt den Weg ins Geistige beginnt. Um auf die Erde zu gelangen, musste ich durch die Sonne gehen, sonst hätte ich in dieses Planetensystem nicht eindringen können. Dann habe ich mich auf anderen Planeten, die nicht so physisch wie die Erde sind, weiter vorbereitet.«

Bei anderer Gelegenheit erklärte er: »Die Menschheit wird sich jetzt ändern. Die Verbindung zum Geistigen ist viel offener. Die Kinder, die jetzt kommen, werden offener sein für das Spirituelle. Viele Menschen glauben an Gott, aber sie spüren ihn nicht! Andere wiederum glauben nicht, weil sie das nicht annehmen, was die Religionen sagen, aber sie spüren, dass sie ein Teil des Lebens sind, und das Leben kommt von Gott. Wenn alle menschlichen Wesen sich erinnern, dass sie ein Teil Gottes sind, wird dieser Planet nicht mehr so sein wie jetzt.« (21) Einige von diesen neu angekommenen Kinder wollen sich sogar an ein Vorleben in himmlischen Sphären erinnern. Der Psychologe *Wayne Dyer* hat eine größere Anzahl solcher Berichte und Bekenntnisse gesammelt und in einem Buch veröffentlicht. (22)

Gemeinsam ist diesen Kindern der neuen Zeit, dass sie mediale Fähigkeiten haben, oft hellsichtig sind und ein waches Interesse zeigen an parapsychischen und transzendenten Phänomenen. Erkennbar sind diese astralen Zuwanderer an ihrer speziellen Aura, die heller, strahlender und farbiger ist als bei Durchschnittsmenschen. In esoterischen Kreisen werden sie daher mit besonderen Namen wie Indigo-Kinder, Regenbogen-Kinder, Kristall-Kinder, Diamant-Kinder und Delfin-Kinder bedacht.

Indigokinder werden so genannt, weil ihre Aura indigoblau schimmert. Diese Bezeichnung tauchte erstmals in den 1970er Jahren auf, als die hellsichtige *Nancy Ann Tappe* eine deutliche Zunahme von Neugeborenen mit dieser Aura beobachtete. Diese sollen von besonderer psychischer Eigenart sein und gelten als selbstsicher, unternehmungsfreudig, einfallsreich und zugänglich in ihrem Auftreten. Sie scheinen zu wissen, was sie wollen, lassen sich deshalb nicht leicht beeinflussen oder in ihren Ansichten umstimmen. Deshalb gelten sie als schwer belehrbar, eigensinnig und eigenwillig, manchmal auch als rebellisch, nicht selten als verhaltensauffällig und schwer erziehbar. Sie kämpfen gerne gegen veraltete Denkstrukturen an und sind empfänglich für neue, zukunftsoffene Ideen, für die sie sich mit Begeisterung einsetzen können. Indigokinder zeichnen sich aus durch ihr erweitertes Bewusstsein. Sie scheinen ein Wissen mitzubringen, das nicht von dieser Welt ist. Daher ist es nicht einfach, ihre Denkweise zu verstehen. Heute werden sie als Vorboten und Verkünder einer neuen Zeit mit ihren modernen Lebensformen gesehen. (23)

Ähnlich verhalten sich die *Kristallkinder,* deren Namensnennung von der Esoterik-Autorin *Doreen Virtue* stammt. (24) Von den Kristallkindern, die seit den 1990er Jahren vermehrt auftreten sollen, wird gesagt, dass sie ausgesprochen einfühlsam sind und eine wohltuende Ausstrahlung haben, was sich an ihren großen leuchtenden Augen zeigt. Sie sind pflegeleicht, angenehm im Umgang und haben eine hohe emotionale Intelligenz. Da sie sich offen, ehrlich und liebenswürdig geben, gelten sie auch als leicht erziehbar. Sie halten sich gerne in der freien Natur auf und pflegen einen freundlichen Umgang mit Pflanzen und Tieren. Sie setzen sich mit Überzeugung ein für die Ehrfurcht und Erhaltung des Lebens. Alle Lebensformen achten und betrachten sie als ihre sensiblen Mitgeschöpfe. Sie finden Gefallen an *Rilkes* Gebet: »Herr: Wir sind ärmer denn die armen Tiere, / die ihres Todes enden, wenn auch blind / weil wir noch alle ungestorben sind.« Sie erflehen vom Herrn der Schöpfung für jeden Menschen:

Erneuere ihn mit einer reinen Speise,
mit Tau, mit ungetötem Gericht,
mit jenem Leben, das wie Andacht leise
und warm wie Atem aus den Feldern bricht. (25)

Auch freuen sie sich, wenn sie bei den Menschen Frieden stiften und Liebe bringen können. Dadurch verbessern sie die Schwingung unseres Planeten. Im Gegensatz zu den *Indigokindern* verhalten sich diese empfindsamen Wesen ausgesprochen zurückhaltend und stehen nicht gerne im Mittelpunkt. Sie sind zartbesaitet, hellsichtig und hellhörend, sie können, wie man ihnen nachsagt, »das Gras wachsen und die Fliegen husten hören«, auch zählen sie zu den Lichtarbeitern in unserer oft verdunkelten Welt. Daher haben sie Zugang zu höheren Bewusstseinsfeldern und erinnern sich gern an ihre früheren Leben. Kristallkinder pflegen den Kontakt mit ihren Geistführern und Schutzengeln und achten auf ihre Ahnungen und intuitiven Eingebungen. Auch können sie manchmal Einblicke in die höheren Jenseitswelten gewinnen und erfahren von dort wertvolle Hilfen und Belehrungen. (26)

Auch die *Diamantkinder* sind Lichtbringer besonderer Art. Ihre Aura wird beschrieben als leuchtend und durchsichtig wie ein geschliffenes Juwel. Sie treten bescheiden auf und passen sich gerne der Umwelt an. Auch wollen sie nicht im Vordergrund stehen. Gegenüber ihren Mitmenschen verhalten sie sich liebenswürdig, wohlwollend und zugänglich. Sie besitzen ein reichhaltiges Wissen, das sie gerne an andere weitergeben. Auch lassen sie sich von ihrem starken Gemeinschaftssinn leiten und setzen sich deswegen für soziale Gerechtigkeit unter den Menschen ein. Ihnen ist ein starkes Bedürfnis eigen, anderen zu helfen. Sie empfinden eine seltsame Sehnsucht nach ihrem geistigen Herkunftsland und fühlen sich eher fremd und wenig verankert auf der irdischen Ebene. (27)

Die *Delfinkinder* gelten als Lichtbringer der neueren Generation. Sie sind Lichtwesen, denn ihre Aura erstrahlt im hellen Licht. Sie sind stets gut gelaunt, heiter und von fröhlichem Gemüt. Daher vermitteln sie nach außen Lebensfreude und solides Selbstvertrauen. Ihre optimistische Denkweise strahlt positive Gesinnung und Zuversicht aus. Auch sind sie vielseitig talentiert und interessiert, facettenreich in ihren Ideen und Gedankeneinfällen, immer offen und ehrlich. Man sagt, sie seien erkennbar an ihrem klaren Blick, an ihrer vorgewölbten Stirn und an ihrem fröhlichen Lachen. Da sie voller Energie sind, ermüden sie nicht schnell und erholen sich rasch wieder. Auch brauchen sie wenig Schlaf. Ihre Aufgabe ist es, veraltete Denkstrukturen aufzulösen, neue Gesichtspunkte vorzuschlagen und neue Denkmodelle bei den Menschen einzuführen.

Als gemeinsames Merkmal ist diesen bei uns angekommenen Lichtkindern eine hohe Sensibilität und Sensitivität zuzuschreiben. Körperlich gelten sie als leicht erregbar. Sie haben ein feines Gespür für jede Art von Wechsel und Schwankungen der Umweltverhältnisse wie des Luftdrucks oder der Temperatur und spüren den Einfluss der Neumond- und Vollmondphasen, der bei ihnen schlaflose Nächte verursacht. Desgleichen reagieren sie empfindsam auf alle Strahlungen wie Erdstrahlen, Elektrosmog, elektromagnetische Wellen von Radio, Fernsehen und Mobilfunk, vor allem in geschlossenen Räumen. Ihre verfeinerte Wahrnehmung macht sie auch empfindsam für seelische Gemütszustände anderer Menschen, in die sie sich leicht einfühlen können. Ihr Geist beweist viel ästhetisches und ethisches Verständnis. Weil sie hohe Ansprüche an sich und andere stellen, neigen sie zum Perfektionismus, weshalb sie sich und andere leicht überfordern können.

Alle diese Lichtwesen, die aus Lichtwelten im Auftrag eines geistigen Entwicklungsprogramms bei uns inkarnieren, können als *Lichtarbei-*

ter bezeichnet werden, deren Aufgabe es ist, mehr Licht auf die dunkle Erde zu bringen, um dadurch die niederen Schwingungen und Gesinnungen der Menschen zu erhöhen. Dadurch soll ein neuer Entwicklungsschub eingeleitet werden. Wir können dazu beitragen, indem wir diese Sternenkinder bei uns willkommen heißen, uns mit ihnen anfreunden und bereit sind, von ihnen zu lernen und uns ihrem Wesen immer mehr und immer wieder neu anzugleichen.

In diesem Sinne will der deutsche Schriftsteller *Will Vesper* (1882-1962) den Gedanken der wiederholten Leben verstanden wissen, wenn er schreibt:

Einmal – wehre den Tränen -
werden wir wiederkehren!
Nicht im nächsten
und auch nicht im zweiten Sommer …
Aber einmal, wir glauben es,
wendet zum Anfang der Bogen.
Alles kehrt wieder,
wenn es durch Ewigkeiten
Hingewandert und sich erfrischt.

Akasha, das spirituelle Weltgedächtnis

Es kann die Spur von meinen Erdentagen
nicht in Äonen untergehn.
GOETHE / FAUST

Der Begriff »Akasha« kommt sowohl in der östlichen Philosophie des Hinduismus und Buddhismus als auch in der antiken Literatur der Griechen vor. In der alten indischen Sanskrit-Sprache bedeutet es den unbegrenzten Raum, in dem sämtliche Geschehnisse, die sich je ereignet haben, die gegenwärtig geschehen und in der Zukunft geschehen werden, gespeichert sind. Es handelt sich um eine Art universellen Datenspeicher für alle wichtigen Ereignisse im Leben des Einzelnen wie auch der gesamten Menschheitsgeschichte. Wir können es als das *allgemeine Weltgedächtnis* bezeichnen. Als solches finden wir diesem Begriff im Altertum in den Schriften des griechischen Philosophen *Plotin* (um 203-269 n. Chr.), im Mittelalter bei *Paracelsus* (1493-1541) und bei *Agrippa von Nettesheim* (1486-1535), in der Neuzeit bei *Eliphas Lévi* (1810-1875) und *Eduard von Hartmann* (1842-1906). *Helena Petrovna Blavatsky* (1831-1891), die Begründerin der Theosophie, beschreibt die Akasha-Chronik in ihrem Buch »Isis entschleiert« als die astrale Aufzeichnung auf metaphysischen Tafeln »von allem, was war, ist und je sein wird«. (28)

Rudolf Steiner hat in seiner Anthroposophie die Akasha-Chronik als eine »Geschichte der Seele« oder als »die Summe verdichteter Erinnerungen der Menschheit« einschließlich der Erinnerungen an frühere Leben beschrieben. Er nannte sie die »Geschichte der Seele«. (29) In der heutigen Philosophie bezeichnen wir die Akasha-Chronik als ein spirituelles Energiefeld. Hier kommt der physikalische Lehrsatz zur Anwendung: Wo Energien fließen, da baut sich ein Kraftfeld auf. Bei all unserem Tun setzen wir Energien um. Dadurch kommt es zu einem Energiefluss, und dieser lässt Energiefelder entstehen. Demnach ist anzunehmen, dass durch unser Tun in Gedanken, Worten und Werken fortwährend Kraftfelder aufgebaut werden, die diese Informationen speichern. Die Akasha-Chronik ist zu vergleichen mit einem Fahrtenschreiber, in dem fortlaufend aufgezeichnet wird, was sich auf der Fahrt ereignet. Weil nach einem physikalischen Gesetz Energie nicht vernichtet, sondern nur umgewandelt werden kann, folgt daraus, dass in diesem Gedächtnisspeicher weder etwas vergessen noch etwas verloren geht.

So schreibt die Akasha-Forscherin *Monika Muranyi*: »Die Akasha-Chronik ist also nicht nur eine ›Akte‹ darüber, wie oft ihr hier gewesen seid, sondern es ist dort vielmehr verzeichnet, wie viel spirituelles Wissen und Lebenserfahrung ihr im Laufe all eurer Aufenthalte auf dem Planeten Erde erweckt habt. Die Akasha ist eine heilige Bibliothek, die ihr mitnehmt, in jedem Leben dabei habt und auch ins nächste Leben mitnehmt. Sooft ihr auf unseren Planeten kommt und geht, kommen weitere ›Einträge‹ dazu; die Akasha hilft dabei mit, das zu entwickeln und zu verändern, wie euer nächstes Leben sein könnte.« (30)

In der Lehre von der Akasha-Chronik kommt auch das Analogie-Gesetz zur Anwendung. Dieses heißt: »Wie im Kleinen, so im Großen.« (31) Zwischen diesen beiden Polen besteht ein akausales Entsprechungsverhältnis. So gleicht die kurze Lebensgeschichte des Einzelwesens der gesamten Entwicklungsgeschichte des Lebendigen in der ganzen Natur. Auf diese Gegebenheit weist das biogenetische Grundgesetz *Ernst Haeckels* hin, wonach die biologische Entwicklung der einzelnen Lebewesen im Kleinen der evolutionären Entfaltung allen Lebens im Großen entspricht. So hängt alles mit allem im ganzen Weltgeschehen zusammen. Daher konnte *Kant* von sich sagen: »Zwei Dinge erfüllen das Gemüt mit immer neuer und zunehmender Bewunderung und Ehrfurcht, je öfter und anhaltender sich das Nachdenken damit beschäftigt: Der bestirnte Himmel über mir und das moralische Gesetz in mir. Ich sehe sie beide vor mir und verknüpfe sie unmittelbar mit dem Bewusstsein meiner Existenz.« (32) Daraus ist abzuleiten, dass es zwei Arten von Chroniken gibt: Die *persönliche* und die *unpersönliche* Akasha-Chronik.

Die persönliche Akasha-Chronik

Wer nach außen schaut, träumt.
wer nach innen schaut, erwacht.
C. G. Jung

Nach jüdischer und christlicher Überlieferung gibt es in der geistigen Welt ein göttliches Verzeichnis, in dem die Taten der Menschen aufgezeichnet werden. In der Bibel wird dieses das »Buch des Lebens« genannt. (Ps 11,4; 34,16, 66,7, 139,16; Off 3,5; 17,8; 20, 12-15; 22,19), das beim Endgericht geöffnet wird und nach dem alle Menschen beurteilt werden. Auch der griechische Dichter *Euripides* (480-406 v.Chr.) erwähnte die »Schreibtafeln« des Göttervaters Zeus, in denen die wichtigsten Lebensdaten der Menschen aufgeschrieben sind. In unserer Zeit wird von Jenseitsforschern immer wieder von einem »Lebensfilm« berichtet, den die Menschen bei einem Nahtod-Erlebnis zu sehen bekommen. Gemeint ist eine panoramaartige Rückschau auf das ganze Leben. Ähnlich wie in einem Film, der rückwärts läuft, erkennt der Mensch alles Wichtige, das er im Leben gedacht, gesprochen und in Taten umgesetzt hat. (33)

Erklärt werden kann dies nur aufgrund der Informationen, die in der persönlichen Chronik gespeichert sind und bei einer außerordentlichen Erfahrung bewusst werden.

Die persönliche Akasha-Chronik erkennen wir bei der Schau nach innen und bei der Rückschau auf unsere früheren Leben. Dabei geht es um jene Selbstbeurteilung, die wir die eigene moralische Gewissensprüfung nennen können. Es ist dies jene geistige Instanz in uns, die befähigt ist, unser bewusstes und beabsichtigtes Tun nach seinem ethischen Wert als gut oder schlecht, als richtig oder falsch, als gerecht oder ungerecht zu beurteilen. Für die Theologie handelt es sich bei dieser inneren Stimme um die »Stimme Gottes«, für die Psychologie aber um die dem Menschen anerzogenen Normen und Gebote. So lässt sich im Sinne des analytischen Psychologen *C. G. Jung* sagen: »Nicht der Mensch hat ein Gewissen, sondern das Gewissen hält den Menschen, nämlich in der persönlichen Verantwortung.«

Die persönliche Aufzeichnung ist auch in der Karma-Lehre von Bedeutung. Dieses ist nämlich verantwortlich für die Wahl des wiederholten Erdenlebens, wo es darum geht, Verantwortung zu übernehmen für unsere vergangenen Taten und Untaten in früheren Leben und deren Folgen im gegenwärtigen Leben. Indem wir unser Gewissen mit Hilfe unserer persönlichen Akasha-Chronik hinterfragen, lässt sich überlegen, was jetzt zu tun oder zu unterlassen ist, damit nicht neues Karma hinzukommt und altes Karma abgebaut werden kann. Wer in der Lage ist, sich auf dem Weg der Rückführung und der Selbstreflexion einen Zugang zur persönlichen Akasha-Chronik zu verschaffen, der wird schon in diesem Leben, ehe sich dessen Tore im Tode schließen, einen Einblick in seine geistige Vergangenheit erhalten und vermag schon in diesem Leben daraus die notwendigen Schlussfolgerungen zu ziehen. (34)

Ohne Kenntnis der persönlichen Akasha-Chronik wird uns so manches Ereignis in unserem Leben als rätselhaft und manchmal sogar als ungerecht erscheinen. Doch nichts ist dem Zufall überlassen. Alles geschieht nach geistigen Ordnungs- und Entwicklungsgesetzen. So trägt jeder Mensch seine gesamte Vergangenheit auf seinem Akasha-Kontoblatt gespeichert mit sich herum, ohne dass ihm dies bewusst ist. (35) Das ist auch der Grund, warum Hellseher oft persönliche, ja intime Aussagen über unbekannte Menschen machen können. Ebenso ist zu erklären, wieso jenseitige Wesen, insbesondere unsere Begleitengel und Geistführer, wissen können, wie unser Leben geplant ist. Darin mag auch die fromme Lehre vom allsehenden Auge Gottes begründet sein, von dem in den biblischen Psalmen die Rede ist. (Ps 11,4; 34,16; 139,16)

Freilich ist es nur wenigen möglich, mit ihrem Bewusstsein in jene Sphären aufzusteigen, in der die Akasha-Chronik verankert ist. Eine jenseitige Kundgabe weist darauf hin: »Man muss sich in eine bestimmte Schwingungsebene hineinversetzen, um dieselbe Frequenz zu erreichen wie die Akasha-Chronik. Diese Schwingungsebene ist ihr eigener Code. Denn nur Wesen mit entsprechend hoher Entwicklungsstufe haben die Fähigkeit, sich in diese Frequenz einzuklinken und in der Akasha-Chronik zu lesen. In den unteren, grauen oder finsteren Schichten lebende Wesen können das nicht. Es ist erst ab einer bestimmten Entwicklungsstufe mit entsprechend hoher Frequenz möglich.« (36)

Die unpersönliche Akasha-Chronik

Ich war Teil einer Sphäre geworden,
in der das gesammelte Wissen des
ganzen Universums gespeichert war.
BO KATZMANN

Das Medium *Christina* beschreibt die unpersönliche Akasha-Chronik mit folgenden Worten: »Es gibt da so eine feinstoffliche Ebene, auf der sämtliche Informationen abgespeichert sind. Jeder Gedanke, der je von jemandem gedacht worden ist; jedes Gefühl, das je von jemandem empfunden worden ist; jedes Wort, das je in irgendeiner Sprache gesprochen worden ist, also sämtliche Geschichtsereignisse aus sämtlichen Dimensionen des Universums – das alles ist in energetischer Form in einer gigantischen Wissensbibliothek gespeichert.« (37)

Nebst dem individuellen Datenspeicher in jedem Menschen ist ein unpersönliches Kraftfeld im Universum anzunehmen, in dem die wichtigsten Daten der gesamten Menschheitsgeschichte aufgezeichnet sind. In dieser unpersönlichen Akasha-Chronik werden alle wichtigen Weltereignisse wie in einem Universal-Lexikon niedergelegt oder können wie auf dem Bildschirm der Weltgeschichte einsehbar erscheinen. In dieser nicht lokalisierbaren Dokumentationszentrale sollen, wie in einer universellen Bibliothek und Videothek, die wichtigsten Ereignisse und Geschehnisse seit der Entstehung der Welt aufbewahrt sein und zum Studium in den jenseitigen »Hallen des Lernens« zur Verfügung stehen. Dieser kosmische Wissensspeicher verfügt über die wichtigsten Daten der Vergangenheit, der Gegenwart und der geplanten Zukunft, die in Wahrheit eine Einheit und Ganzheit bilden. Die Seherin *Flower A. Newhouse* hält die Akasha-Chronik deshalb für den Gedächtnisspeicher der ganzen Natur. (38) Nach *Rudolf Steiner* handelt es sich bei der unpersönlichen Akasha-Chronik um ein hochdimensioniertes Energiefeld außerhalb von Raum und Zeit, in dem das gesamte Wissen von allen Geschehnissen bis zurück in die prähistorische Frühzeit der Menschheit aufgezeichnet sind. (39)

In der Akasha-Chronik ist nicht nur Vergangenes und Gegenwärtiges einsehbar, sondern auch die programmierte Zukunft. Deshalb ist es möglich, dass in einem höheren Schwingungsfeld bereits Ereignisse vorgeplant sind, die vielleicht auf unserer irdischen Ebene nie Wirklichkeit werden. Auf diese Weise können medial begabte Menschen wie Propheten, Visionäre, Seher und Wahrsager ein zukünftiges Geschehen als Möglichkeit voraussagen, das nie eingetroffen ist, weil sich die hierfür maßgebenden Verhältnisse auf Erden kurzfristig verändert haben. Zu vergleichen ist dies mit einer Filmszene, die in einem Fernsehstudio aufgenommen und auf einer Diskette oder Video-Kassette abgespeichert ist, aber nie abgespielt und gesendet wird. So ist das Ausbleiben von gewissen Schreckensszenen zu erklären, die von

Hellsehern und Zukunftspropheten in der Vergangenheit angekündigt wurden.

Was die voraussehbare Zukunft der Menschheit betrifft, sorgen jenseitige Wächterengel dafür, dass nicht alles Wissen preisgegeben wird, sondern nur das, was den Menschen zuträglich ist. (40) Daher kann die Akasha-Chronik als eine ganzheitliche, allumfassende und zeitlose Informationsquelle verstanden werden. So erkennen wir, dass der ganze Kosmos von einem astralen und mentalen Informationsfeld umspannt ist, in dem alles registriert und aufgezeichnet wird, was sich darin ereignet hat und in dem alles miteinander verbunden und verwoben ist. Dies ist die Einsicht des modernen Holismus. (41)

Heimkehr statt ewige Wiederkehr

Wer nicht will, wird nicht zunichte,
kehrt ständig wieder heim.
Frisch herauf zum alten Lichte
dringt der neue Lebenskeim.

Wilhelm Busch

Nach Teilen der östlichen Philosophie ist die gesamte Welt einem ewigen Kreislauf von Werden, Vergehen und Wiedererstehen unterworfen. Man spricht von den »Tagen und Nächten Brahmas« und glaubt, dass die ewige Gottheit jeder periodisch erfolgten Weltennacht jedes Mal ein neues Universum folgen lässt. Für diesen anfanglosen und endlosen Lauf der Welt, für diesen immerwährenden Zyklus von Geburt, Tod und Wiedergeburt steht im Sanskrit der Begriff *»Samsara«*, was so viel heißt wie »beständiges Wandern«. Begründet wird diese Ansicht durch die Annahme einer endlosen Aufeinanderfolge von Ursache und Wirkung, die wiederum zur Ursache weiterer Wirkungen wird. (42) Ein uraltes Symbol für diese ewige Wiederkehr ist das Rad oder der geflügelte Drache *Oroboros*, der sich selbst in den Schwanz beißt.

In einem indischen Mythos aus dem 3. vorchristlichen Jahrtausend, der in der Bhagavad Gita erzählt wird, soll der göttliche Weltenbauer

Vishnu, Symbol für das erhaltende Schöpfungsprinzip, zehnmal zur Erde abgestiegen sein, um unseren Planeten vor seinem Untergang zu retten – und zwar erstmals als Fisch im Weltenmeer, zum zweiten Mal als Reptil zwischen Wasser und Land, anschließend als Landschildkröte und zuletzt als Säugetier in der Gestalt eines Riesenebers. Danach als Löwe, zum sechsten Mal als zwergenhaftes Naturwesen und ein siebtes Mal als Krieger; dann als menschliches Geschöpf und schließlich in der zehnten Inkarnation als gottähnlicher Mensch. (43) Es gibt zahlreiche weitere Mythologien, welche eine ewige Wiederkehr des Kosmos in wechselnden Zyklen begründen wollen. (44) Auch die Theosophie nimmt die Existenz mehrerer Welten an, »die von Ewigkeit zu Ewigkeit in abwechselnder Integration und Desintegration« aufeinander folgen. (45)

Auf der physikalischen Ebene vertritt der russische Kosmologe *Andrei D. Linde*, einer der Begründer der Inflationstheorie, die Ansicht, dass unser Weltall sich ständig neu erschafft, indem es sich fortwährend erneuert. (46) Unterstützt wird diese These neuerdings durch den britischen Astronomie-Professor an der Universität Cambridge *Martin Rees*, der in seiner »Geschichte des Universums« die Existenz von Multiversen vermutet. In seiner »Viele-Welten-Theorie« geht er von einer »ewigen kosmischen Inflation« aus, die ständig neue Universen entstehen lässt. (47) Erklärt wird diese Theorie durch das physikalische Gesetz von der Erhaltung der Energie, das besagt, dass Energie weder erzeugt noch vernichtet, sondern lediglich umgewandelt wird. Deshalb muss dessen Gesamtmenge in einem geschlossenen System, wie es unser Weltall ist, stets konstant bleiben.

Eine andere Begründung brachte schon im griechischen Altertum *Pythagoras* vor. Er sprach in seiner Lehre von der Wiederkehr aller Dinge davon, dass die unsterbliche Seele des Menschen in unzähligen Verkörperungen zur Erde niedersteigt, weil in unaufhörlichen Umläufen alles wieder neu wird und auch alles Beseelte wiederkommt. Dabei mag er an die zyklische Wiederholung bestimmter Planetenkonstellationen gedacht haben. (48) Diesem ähnlich findet sich in *Platons* Dialog »Menon« die Vorstellung, dass die Seele des Menschen sich auf einer ewigen Wanderschaft durch alle weltlichen Erscheinungen befindet. Der griechische Philosoph *Parmenides* (um 520-460 v. Chr.) vertrat in seiner Schrift »Über die Natur« die Ansicht, das Seiende sei das Nichtgewordene. Daher hielt er dessen Veränderung oder Zerstörung für unmöglich. Einzig die ständige Wiederholung des Gleichen war für ihn denkbar. In seinem Werk »Aion« begründete *Heraklit* die ewige Wiederkehr mit der Tatsache, dass jedes Vorher ein Nachher und jedes Nachher ein Vorher und jeder Augenblick einen Anfang und ein Ende hat, aber nicht festzuhalten ist. Im alten Griechenland waren auch die Stoiker der Meinung, dass nach jedem globalen Weltenbrand, der sich von Zeit zu Zeit ereignen soll, die Welt wieder neu entsteht. (49)

Im Mittelalter entstanden mehrere sagenhafte Erzählungen vom »ruhelosen Wanderer«, in denen der Gedanke an die ewige Wiederkehr sinnbildlich dargestellt wird. Die jüdische Legende von *Ahasver* entstand in verschiedenen Deutungen vermutlich im 13. Jahrhundert und wurde bald in ganz Europa bekannt. Nach dieser Volkssage wollte *Jesus*, als er mit seinem schweren Kreuz von römischen Soldaten durch die heutige »Via dolorosa« zum Kalvarienberg getrieben wurde, sich ermüdet und erschöpft vor dem Haus eines jüdischen Schumachers namens *Ahasver* ausruhen. Doch dieser verweigerte ihm den Rastplatz und jagte ihn davon. Danach soll Jesus diesen Mann angesehen und ihm vorausgesagt haben, von nun an werde er nirgends auf der Welt Rast noch Ruhe finden und müsse ewig durch alle Zeiten und Länder weiterwandern bis zum Jüngsten Tag.

Auch nach der orientalischen Legende vom »Ewigen Juden«, wie sie *Friedrich Rückert* erzählt, kam *Chidr*, der »ewige Pilger«, in eine Stadt, deren Bewohner auf seine Frage, wie lange diese Stadt schon bestehe, antworteten: »Sie steht seit Ewigkeit an diesem Platz und wird ebenso lange hier weiterbestehen.« »Aber nach fünfhundert Jahren kam ich desselben Weges«, sagt der fremde Wanderer, der nun keine Spur dieser ehemaligen Stadt mehr findet, sondern nur Ackerland, das nach der Auskunft eines pflügenden Bauern seit Ewigkeit besteht… Nach abermals fünfhundert Jahren fand sich *Chidr* an der gleichen Stelle am Ufer eines Meeres wieder. Auf seine Frage, seit wann hier das Land vom Meer überflutet sei, antwortete ein Fischer, dass dies immer schon so gewesen sei und wohl immer so bleiben werde... Wiederum nach fünfhundert Jahren fand er an der gleichen Stelle einen Wald und bei seiner erneuten Wiederkehr abermals eine Stadt – und jedes Mal hielten die Einwohner diesen Zustand für unverändert und ewig.« (50)

In neuerer Zeit ist der Gedanke von der ewigen Wiederkehr oder ewigen Wiederkunft auch von *Friedrich Nietzsche* bearbeitet worden, und zwar in seiner Schrift »Die fröhliche Wissenschaft« und in seinem Buch »Also sprach Zarathustra«. So schreibt er: »Wie, wenn dir eines Tages oder Nachts ein Dämon in deine einsamste Einsamkeit nachschliche und dir sagte: ›Dieses Leben, wie du es jetzt lebst und gelebt hast, wirst du noch einmal und noch unzählige Male leben müssen, und es wird nichts Neues daraus sein, sondern jeder Schmerz und jede Lust und jeder Gedanke und Seufzer und alles unsäglich Kleine und Große deines Lebens muss dir wiederkommen, und alles in derselben Reih und Folge und ebenso diese Spinne und dieses Mondlicht zwischen den Bäumen, und ebenso dieser Augenblick und ich selber. Die ewige Sanduhr des Daseins wird immer wieder umgedreht – und du mit ihr, Stäubchen vom Staub!‹ « (51)

Dieser ewige Kreislauf von Geburt, Tod und Wiedergeburt taucht in seinem Buch »Also sprach Zarathustra« erneut auf, so im Abschnitt »Der Genesende«, wo zu lesen ist: »Alles geht, alles kommt zurück; ewig rollt das Rad des Seins. Alles stirbt, alles blüht wieder auf, ewig läuft das Jahr des Seins. Alles bricht, alles wird neu gefügt; ewig baut sich das gleiche Haus des Seins. Alles scheidet, alles grüßt sich wieder; ewig bleibt sich treu der Ring des Seins. In jedem Nun beginnt das Sein; um jedes Hier rollt sich die Kugel dort. Die Mitte ist überall, krumm ist der Pfad der Ewigkeit.« (52)

Man kann sich fragen: Nimmt denn dieses Auf und Ab, dieses Hin und Her, dieses ständige Kommen und Gehen und Wiederkommen in alle Ewigkeit kein Ende? Sind wir Menschen geboren, um wie ein Hamster in seinem Tretrad auf immer gefangen zu sein? Gleichen wir dem sagenhaften *Sisyphos*, der von den Göttern dazu verdammt ist, bis in alle Ewigkeit einen schweren Stein zum Gipfel eines Berges hinaufzurollen, der ihm kurz vor dem Ziel wieder entgleitet und zu Tale stürzt, wo für ihn das gleiche Bemühen von neuem beginnt. (53) Einmal muss doch das Ende aller Mühsal sein. Diese Mythen sind Symbole für die wiederholten Erdenleben der Menschenseele, die so lange neugeboren wird, bis sie wieder ihr himmlisches Heimatrecht zurückerhalten hat.

Eine ewige Wiederkehr im materiellen Sinne kann es schon deshalb nicht geben, weil es die Materie an sich gar nicht gibt, denn diese ist, wie die moderne Physik erkannt hat, lediglich eine vorübergehende Erscheinungsform der Energie. (54) Der berühmte Physiker *Max Planck* (1858-1947) bestätigte schon im Jahr 1930 auf einem Gelehrtenkongress in Florenz, dass es die Materie an sich gar nicht geben könne. Er versicherte seinen Zuhörern: »Da es im ganzen Weltall weder eine intelligente noch eine ewige Kraft gibt – es ist der Menschheit nie gelungen, das heiß ersehnte Perpetuum mobile, nämlich eine Maschine, die einmal in Gang gesetzt ohne weitere Energiezufuhr in Bewegung bleibt, zu erfinden –, so müssen wir hinter dieser Kraft einen bewussten intelligenten Geist annehmen.« Diesen Geist als ersten Beweggrund bezeichnete er als den Beginn aller Materie, und nannte ihn schlicht und einfach Gott. (55)

Heute wissen wir, dass der Urgrund allen Seins nicht die Materie ist, sondern der Geist. Eine Wiederkehr der Geistseele durch Wiedergeburten wird es nur so lange geben, bis alle gefallenen Geistwesen auf dem Weg der Wiederkunft wieder in ihre geistige Urheimat zurückgekehrt sind. Ein schönes Zeugnis für diese Wiederkehr im Geiste hat *Goethe* seinem Sekretär *Eckermann* anvertraut, als er ihm im Jahr 1824 in einem Gespräch gestand: »Ich habe die feste Überzeugung, dass unser Geist ein Wesen ist ganz unzerstörbarer Natur; es ist ein Fortwirkendes von Ewigkeit zu Ewigkeit. Es ist der Sonne gleich, die bloß unseren Augen unterzugehen scheint, die aber eigentlich nie untergeht, sondern unaufhörlich fortleuchtet.« (56) Die moderne Astrophysik anerkennt, dass unser Universum endlich ist. Auch im ganzen Weltall gibt es Geburt und Tod. Sonnen entstehen und vergehen. So wie unser Kosmos vor 13,8 Milliarden Jahren im Urknall seinen materiellen Anfang nahm, so wird er auch einmal enden, denn alles scheint wie ein Uhrwerk abzulaufen. Bestritten wird die Urknalltheorie nur von jenen, die behaupten, das Weltall bestehe seit jeher aus eigener Kraft und sei imstande, sich von Zeit zu Zeit eigenmächtig zu erneuern, was freilich dem Entropiegesetz widerspricht.

Zum künftigen Schicksal unseres Kosmos kann man sich mehrere Szenarien denken. Die eine Möglichkeit könnte darin bestehen, dass unsere Planet Erde und ihr Begleiter, der Mond, sich einander immer mehr annähern werden, weil ihre beiden Gewichte auf Grund der häufigen Einschläge von Meteoren, Meteoriten, Kometen und Weltraum-Schrott auf ihren Oberflächen immer größer werden. Daher wird auch ihre gegenseitige Anziehungskraft immer stärker werden. Mit der Zeit werden unsere Meere über alle Ufer treten und alles Land überschwemmen und alles Leben in den Wassern ertrinken lassen.

Die andere denkbare Möglichkeit besteht darin, dass unsere licht- und wärmespendende Sonne allmählich ihre Kraft verlieren wird. Unsere Astronomen und Astrophysiker rechnen damit, dass unser Tagesgestirn sich in etwa fünf Milliarden Jahren wegen Überalterung zu einem roten Riesenstern aufblähen wird, wobei sie mit Sicherheit unseren Erdplaneten verschlingen wird. Also ist auch aus diesem Grund an einen unbegrenzten Aufenthalt auf unserer Erde nicht zu denken. Eine weitere Möglichkeit besteht darin, dass unser Weltall sich mit immer größerer Geschwindigkeit ausdehnt, deshalb zunehmend an materieller Dichte verliert, bis es schließlich beim Erreichen der Lichtgeschwindigkeit verglüht und verstrahlt, wobei sich alles Materielle in reine Energie umwandeln wird. (57)

Es könnte auch das Gegenteil eintreffen, nämlich dann, wenn die zentrale Anziehungskraft des Kosmos ständig zunimmt und deren Fliehgeschwindigkeit entgegenwirkt, so dass alle Materie wieder in den anfänglichen Zustand unmittelbar vor dem Urknall zurückgezogen wird und schließlich in einem riesigen schwarzen Loch verschwindet, um erneut in reine Energie umgewandelt zu werden, wobei der ganze Zyklus der Weltentstehung erneut einsetzen kann. Der Kreislauf der Wiedergeburten wird erst dann aufhören, wenn alle aufsteigenden Geistseelen aus der Gottferne wieder heimgekehrt sind. Dann wird auch unsere kleine Erde als Lernschule der Menschheit ausgedient haben und überflüssig geworden sein. Bis die gesamte materielle Welt sich wieder in geistige Energie zurückverwandelt hat und der letzte der gefallenen Geister wieder zurückgekehrt ist in seine geistige Urheimat, damit alle wieder eins werden (Jh 17,11) und der kosmische Lebensplan sich erfüllt hat (58), dürfte es noch seine geraume Zeit dauern.

Letzten Endes kehren wir zurück zu dem Zustand, von dem wir einst ausgegangen sind. (59) Dies ist nicht ein ewiges Todsein, wie manche glauben mögen, sondern ein ewiges Lebendigsein auf einer anderen Daseinsebene. Hier kann der Begriff des *anthropischen Prinzips* (gr. *anthropos*: der Mensch; lat. *principium*: Ursprung, Ursache, Absicht) ins Spiel gebracht werden. Dessen philosophische Variante befasst sich mit der Frage nach Grund, Ziel und Absicht des Menschen in unserer Welt. Die Antwort kann nur lauten: Die Menschwerdung auf Erden hat zum Ziel, der großen Anzahl von gefallenen Engeln die Möglichkeit zu geben, sich über viele Erdenleben aus der selbstverschuldeten Finsternis wieder zurück ins geistige Licht zu entwickeln, denn wir sind von unserer geistigen Herkunft her reine Lichtwesen. (60)

In diesem Sinne ist der Mensch zwar nicht die Krone der Schöpfung, aber immerhin die Spitze der Evolution auf Erden. Wir können nur staunen, welch riesiger Aufwand an Raum und Zeit notwendig war, bis geistige Wesen in menschlicher Gestalt in die Lernschule unseres Planeten Erde eintreten konnten, um sich wieder in jenen reinen geistigen Zustand zurück zu entwickeln, den sie einst verloren hatten. Diese Entwicklung vollzieht sich nicht in einem ewigen Kreislauf in immer gleichen Bahnen, sondern auf einer sich aufwärts windenden und himmelwärts strebenden Spirale unserer geistigen Heimat zu. *Karl Otto Schmidt* schreibt hierzu: »Wir sind ›Weltenwanderer‹, die aus den Tiefen der Vergangenheit über den flüchtigen Augenblick der Gegenwart hinweg in eine unbekannte Zukunft reisen, sozusagen von Leben zu Leben durch die Jahrtausende wandernd – nicht in einem ewig sich wiederholenden Kreislauf, sondern in einer spiraligen Bahn, die im Lauf der Zeitreise durch den ganzen Kosmos und zu immer höheren Entwicklungsstufen zu führen scheint.« (61)

Auch unser Geist kehrt zurück zu seinem Ursprung, denn er ist unzerstörbar und daher unsterblich. Aus diesem Grund verbindet er sich wieder mit jenem ewigen Geist, aus dem er hervorgegangen und ausgegangen ist. (62) Wir gehen also fort, um wiederzukommen, und zwar so lange, bis wir unsere Lernschule auf Erden erfolgreich beendet und alle Aufgaben und Prüfungen bestanden haben. Dann stehen uns die Tore offen zum Übertritt an die himmlischen Hochschulen, wo unser geistiger Aufstieg fortgesetzt werden kann. Letzten Endes läuft alles auf ein einziges Ziel hinaus – und das heißt nicht ewige Wiederkehr, sondern ewige *Heimkehr.* So können wir mit den Worten *Rudolf Steiners* erkennen und bekennen: »Nicht nur der Mensch strebt, solang er lebt, es strebt jedes Wesen, die ganze Natur strebt, das ganze Universum strebt von Vollkommenheitsstufe zu Vollkommenheitsstufe.«

Nach dem Gesetz der *Entropie* (gr. *en*: hin, zu, *trope*: Wendung; Hinwendung) wendet sich jeder labile Energiezustand erneut seinem stabilen Anfangszustand zu, um dort zur Ruhe zu kommen. Da alles Energie ist, gilt dies für jede Form vom Energie, nicht nur für die physikalische und emotionale, sondern auch für die spirituelle Energie, welche durch die fortschreitende Vergeistigung zur Substanz unseres wahren Wesens wird.

Im Buddhismus ist als Endziel alles Werdens und Vergehens das *Nirvana* gedacht, was wörtlich das Erlöschen und Vergehen bedeutet. In diesem Sinne heißt Nirvana nicht das Nichts, sondern das Aufgehen in allem. Dies bedingt das Loslassen von allen Bindungen und Abhängigkeiten und damit das Aussteigen aus dem Kreislauf der Wiedergeburten. Es ist zu vergleichen dem einzelnen Wassertropfen, der seine Eigenexistenz aufgibt, sobald er sich mit dem Meer vereint. Dieses Bild trifft zu für die *Vitalseele* aller Lebewesen.

Nach der westlichen Reinkarnationslehre ist das Ziel der individuellen *Geistseele* ihre Heimkehr in die göttliche All-Einheit, die das Paradies oder der Himmel genannt wird. (63) Bildlich gesprochen, wird das erleuchtete Wesen in die Gemeinschaft aller Lichtwesen aufgenommen. Die Wiedergeburt in ein neues Menschenleben ist dann nicht mehr notwendig. Unsere geistige Heimat wird daher die Einkehr in die Engelwelten sein, die wir beim präkosmischen Geisterfall vor Jahrmilliarden verloren haben. Nun gelten die Worte des Arztes und Schriftstellers *Hans Munch* (1880-1932):

Nicht wieder wirst du haften an einem Menschenkeim;
Nun bist du in lichten Welten nah dem ew'gen Heim.
Wie du dein Ich verleugnest, verlässet dich das Leid
und von erneuten Geburten bist du nun befreit.

11.

Reinkarnation und Christentum

Die Mauern der Religionen ragen
nicht bis zum Himmel empor.
Die großen Mystiker reichen sich
über sie hinweg die Hände.
Annette Kaiser

Wir stehen gegenwärtig am Beginn eines neuen Zeitalters und damit an einer Zeitenwende. Zahlreiche Zeichen weisen auf einen bevorstehenden Bewusstseinswandel hin, der unser Welt- und Menschenbild nachhaltig verändern wird. Es sind vor allem die modernen Naturwissenschaften, die durch ihre fortschrittlichen Forschungsergebnisse von den Weiten des Weltalls und von den Tiefen der menschlichen Seele unseren Wissenshorizont erweitern werden. Immer offensichtlicher wird es, dass die wahre Wirklichkeit nicht materieller, sondern geistiger Natur ist und unsere spirituelle Heimat nicht die Erde, sondern der Himmel ist. Daraus folgt, dass unsere ferne Zukunft nicht im Diesseits, sondern im Jenseits zu suchen ist. Nun sind die Geisteswissenschaften, vorab Theologie und Philosophie, aufgefordert, neue Denkwege zu finden, die ihnen andere und bessere Einsichten bringen werden, wenn sie weiterhin den Anspruch auf Gültigkeit und Glaubwürdigkeit erheben wollen. Hierzu gehört mit Sicherheit auch die Erkenntnis, dass wir Menschen nicht nur einmal, sondern viele Male auf Erden leben.

Die Lehre von den wiederholten Erdenleben hat in den vergangenen Jahrzehnten einen viel glaubhafteren Einfluss auf die moderne Christenwelt ausgeübt als manche überholten und doktrinären Glaubenslehren, wie sie von den traditionellen und offiziellen Glaubenshütern immer wieder als »unverfälschte« Wahrheiten verkündet werden. Dies hat vermutlich mehr Menschen veranlasst, ihrer angestammten Kirchenzugehörigkeit den Rücken zuzukehren, als die Kirchensteuer. So schreibt der evangelische Theologe *Till A. Mohr*: »Die Kirche sieht sich zunehmend der Situation ausgesetzt, dass nicht nur Menschen, welche die Kirchensteuer sparen wollen, aus der Kirche austreten, sondern dass es auch einen höchst alarmierenden Auszug von Gläubigen gibt, die sich nicht mehr verbieten lassen, selber nachzudenken. Daher kann sie sich weder dem Thema Reinkarnation weiterhin verschließen noch kann sie alle Reinkarnationsgläubige aus der Kirche ausschließen, weil es deren schon zu viele geworden sind.« (1)

Der Glaube an die wiederholten Erdenleben hat in den vergangenen Jahrzehnten in der westlichen Welt in auffallender und erfreulicher Weise deutlich zugenommen, während die Großkirchen in eine deutliche Glaubenskrise geraten sind und leere Kirchenbänke beklagen. Dies wurde von den christlichen Kirchenvertretern zunächst als echte Herausforderung wahrgenommen, um sich diesem fremden Gedankengut zu stellen und dieses abzuwehren.

So wurden bei uns in den Jahren 1970 bis 1990 mehrere kirchliche Veranstaltungen zur Frage der Reinkarnation durchgeführt. Die deutsche Erzdiözese Freiburg i. B. lud im Oktober 1978 zu einer gut besuchten Tagung ein zum Thema: »Die Frage nach der Reinkarnation – neu gestellt.« Im Juni 1985 veranstaltete die Arbeitsgruppe »Neue religiöse Bewegungen« unter dem Patronat des evangelischen Kirchenbundes und der Schweizer Bischofskonferenz ein Weiterbildungs-Seminar unter dem Titel »Die Hoffnung der christlichen Kirchen zur Frage der Reinkarnation« in der Paulus-Akademie in Zürich. Im März 1994 führte das Bistum Basel einen Dekanatsfortbildungskurs durch zum Thema: »Der Glaube an die Auferstehung der Toten und an das ewige Leben in der Auseinandersetzung mit der Idee der Reinkarnation.« Am 16. und 17. März des gleichen Jahres hat die Pfarrgemeinde Hausen am Albis, Zürich, zwei Vortragsabende organisiert. Dabei sprach der heutige römische Kardinal *Kurt Koch* über die Wiedergeburtslehre aus christlicher Sicht und ich als Psychologe hielt das Gegenreferat: »Die wiederholten Erdenleben aus esoterischer Sicht.« Im Jahr 1995 hat der Laien-Theologe *Norbert Bischofberger* seine Dissertation mit dem Titel »Der Reinkarnationsgedanke im Westen und die Sicht der christlichen Eschatologie« an der katholischen Universität in Fribourg eingereicht, in der er bestätigte, dass heute »ein Großteil der konfessionell gebundenen Christen zur Annahme mehrmaliger Erdenleben neigt«. (2) Seither ist es zu diesem Thema an der Kirchenfront merkwürdig ruhig geworden. Dafür haben die einschlägigen Beiträge über Reinkarnation und Wiedergeburt in den Printmedien viel Raum gewonnen, und die Buchveröffentlichungen hierzu haben enorm zugenommen.

Vonseiten der christlichen Theologie wird heute noch vielfach behauptet, in der Bibel stehe nichts von wiederholten Erdenleben, und *Jesus* habe in seinen Gleichnisreden die Reinkarnationslehre nie erwähnt. Damit ist freilich nicht gesagt, ob er diese Lehre gutgeheißen oder verurteilt hat. Jedenfalls gibt es in der Bibel keine Schriftstelle, die darauf hinweisen könnte, dass er diese abgelehnt oder verurteilt hätte. Auch ist nicht eindeutig erwiesen, ob *Jesus* ein Mitglied der Essener-Glaubensgemeinschaft am Toten Meer war, welche die Wiedergeburtslehre vertrat. Weiterhin ist nicht sicher, ob nicht spätere Korrektoren und Redaktoren der biblischen Schriften entsprechende Texte ausgesondert, angepasst, falsch übersetzt oder gar gefälscht haben. (3) Immerhin hat der Reinkarnationsforscher *James Morgan Pryse* bereits um das Jahr 1900 nachgewiesen, dass der Wiedergeburtsgedanke den Autoren der biblischen Schriften nicht fremd war und zahlreiche Textstellen ohne diese Lehre nicht zu erklären sind. (4)

Ob und wieweit es in der Bibel Schrifttexte gibt, die eindeutig für die Reinkarnationslehre sprechen, bleibt offen. Immerhin hat im Jahr 2004 der evangelische Theologe *Till A. Mohr* in einer umfangreichen Forschungsarbeit mit zahlreichen Hinweisen auf das Alte und das Neue Testament belegt, dass in der Heiligen Schrift der Glaube an die wiederholten Menschenleben klar bestätigt wird. Er zeigt mit überzeugender Deutlichkeit, dass die Reinkarnationsidee und die biblische Überlieferung keineswegs miteinander im Widerspruch stehen. Er hat in seinem 648 Seiten starken Werk an mindestens 300 Stellen in zustimmender Weise auf Themen wie Präexistenz, Geisterfall, Inkarnation, Reinkarnation, Karma und Wiedergeburt hingewiesen. Dabei fand er gar keinen triftigen Grund, gegen den Reinkarnationsgedanken anzukämpfen. (5) Auch der anglikanische Theologe *Geddes MacGregor* stimmt mit ihm darin überein, dass es weder im Alten Testament noch im Neuen Testament sichere Hinweise für eine Ablehnung des Wiedergeburtsgedankens gibt. (6)

Wir müssen uns heute nach 2000 Jahren Kirchengeschichte oft mit Wahrscheinlichkeiten zufrieden geben und diese mit ehrlicher Kritik hinterfragen und nicht als unverfälschte Wahrheiten hinnehmen. Jedenfalls waren die christlichen Kirchen bisher klug beraten, dass sie hinsichtlich der Frage der Wiedergeburt keinerlei verbindliche und verpflichtende Beschlüsse fassten. Daher gibt es bis heute keine einzige lehramtliche Entscheidung von oberster Stelle für oder gegen die Wiedergeburtsidee. Jeder Christ ist also frei, daran zu glauben oder nicht. Die kirchliche Glaubensdoktrin hat sich lediglich auf die Aussage festgelegt, dass Gott im Augenblick der Zeugung eines Menschenkindes gleichzeitig (simultan) aus dem Nichts eine unsterbliche Geistseele erschafft. Von dieser Lehre wird die Behauptung von der substanziellen Einheit von Körper und Seele abgeleitet, was dem Gedanken an die wiederholten Menschenleben klar widersprechen würde, falls diese Kirchendoktrin überhaupt stimmt.

Widersprüchliches und Trennendes

Man kann sich auf zwei Arten irren:
Indem man glaubt, was nicht wahr ist,
oder indem man sich weigert zu glauben,
was wahr ist.
SÖREN KIERKEGAARD

Wenn wir die christliche Glaubenslehre mit der Wiedergeburtslehre vergleichen, lassen sich mehrere unterschiedliche Wesensmerkmale feststellen, die sich zu widersprechen scheinen. Nachfolgend seien diese in acht Themenkreise unterteilt und aufgeführt:

1. Die Erschaffung der Geistseele oder ihre Präexistenz

Die christliche Glaubenslehre vertritt seit dem Mittelalter die Ansicht, dass die Geistseele gleichzeitig mit der Zeugung eines Kindes unmittelbar von Gott geschaffen wird. So schreibt *Karl Rahner* in seinem theologischen Lexikon: »Grundsätzlich wird unterstrichen, dass die Seele unmittelbar aus Nichts von Gott erschaffen ist, dass sie daher nicht zur göttlichen Substanz gehört, auch nie ein vorkörperliches Leben führt, dass sie aber umgekehrt als solche auch keinen materiellen Ursprung hat.« (7)

Für die Wiedergeburtstheorie hätte diese Lehre von der Simultanbeseelung schwerwiegende Konsequenzen, denn mit dem Leugnen einer Vorexistenz der Geistseele in der Geistigen Welt wäre weder eine Inkarnation noch eine Reinkarnation denkbar. Die Einverleibung der Geistseele in einen menschlichen Körper setzt deren Präexistenz voraus. Es ist davon auszugehen, dass wir Menschen als geistbegabte Wesen bereits vor dem gegenwärtigen irdischen Leben ein Vorleben in einer anderen Welt hatten, aus der wir in die materielle Welt eingestiegen sind. Bemerkenswert in diesem Zusammenhang ist die Beobachtung hellsichtiger Medien, die bei schwangeren Frauen außerhalb ihres Körpers die Anwesenheit der noch ungeborenen kindlichen Wesenheit in feinstofflicher Gestalt wahrgenommen haben. (8)

Diese theologische Doktrin steht außerdem im krassen Widerspruch zur Präexistenzlehre des *Origenes*, der als einer der hervorragendsten Theologen des Altertums gilt. Obwohl die Reinkarnation in seinem Meisterwerk »De Principiis« nicht prominent erwähnt wird, führt seine Präexistenzlehre dennoch zu folgender Denknotwendigkeit: Wenn die menschliche Geistseele kein Vorleben haben könnte, so gäbe es weder eine Inkarnation noch eine Reinkarnation. (9)

Die Präexistenzlehre nimmt an, dass »die Seelen aller Menschen vor ihrem Eintritt in das irdische Dasein als Einzelseelen von Gott geschaffen wurden. Die Seelen seien dann durch eigene Schuld aus einem vorleiblichen in ein leibliches Dasein abgesunken.« Diese Lehre wurde auf der Bischofsynode von Nicäa im Jahr 325 und auf dem Ökumenischen Konzil von Konstantinopel im Jahr 553 mehr aus politischen, denn aus theologischen Gründen als Irrlehre verurteilt und durfte seither unter Androhung der Exkommunikation nicht mehr öffentlich vertreten werden. Dieser Beschluss beruht auf einem folgenschweren theologischen Fehlurteil, das bis zum heutigen Tag die christliche Glaubenslehre schwer belastet und den Zugang zur Reinkarnationslehre blockiert hat. (10) Als wichtigstes Argument für diese Fehlentscheidung gilt die Behauptung, wenn es die wiederholten Erdenleben tatsächlich gäbe, müsste wir uns daran erinnern können. Die große Anzahl von Rückerinnerungen zahlreicher Menschen an ihre früheren Erdenleben, seien diese spontan oder durch Rückführungen herbeigeführt, beweisen jedoch eindeutig, dass wir Menschen uns an unsere Vorleben erinnern können.

Mit der Verurteilung der *Präexistenzlehre* hat sich die Katholische Kirche seit nahezu 2000 Jahren den Zugang zur abendländischen Reinkarnationslehre verbaut. In der Folge entstanden eine Reihe falscher kirchlicher Lehrmeinungen über die Herkunft der Geistseele und deren Weiterexistieren nach dem Tode, die bis zum heutigen Tag für Verwirrung sorgen. Allerdings wird die Ansicht von den wiederholten Erdenleben heute für immer mehr Menschen, die auf der Suche nach der Wahrheit sind, zur Gewissheit, weil sie viele Fragen über Leben, Tod und Jenseits überzeugend zu erklären weiß, was den kirchentreuen Theologen immer seltener gelingt.

2. Die Leib-Seele-Einheit oder die Dreiheit von Körper, Seele und Geist

Unter dem Begriff »Leib« ist der belebte Körper eines Lebewesens zu verstehen. Solange dieses lebt, bilden dessen Körper zusammen mit der belebenden Vitalseele eine biotische Einheit. Die gilt aber nicht für die Geistseele, denn diese stellt mit dem belebten Körper nur eine lose, vorübergehende Verbindung, aber zu keiner Zeit eine substanzielle Einheit dar.

Nach *Thomas von Aquin* soll der Mensch nicht aus zwei verschiedenen selbstständigen Substanzen zusammengesetzt sein, sondern eine einzige untrennbare Wesenheit darstellen. Diese soll eine untrennbare Einheit bilden, weil diese angeblich gleichzeitig von Gott ins Dasein gerufen wurde. Am Konzil von Vienne (1311-1312) einigten sich die Konzilsväter auf die Formel: »Anima forma corporis – Die Seele ist die Form des Körpers«, die eigentlich aus der aristotelischen Philosophie Griechenlands stammt. (11)

Danach soll die menschliche Natur nicht aus der Seele und dem Körper zusammengesetzt sein, sondern eine substanzielle Einheit bilden. Nach der Meinung des katholischen Philosophen und Parapsychologen *Gebhard Frei* (1905-1967) ist der Gedanke von der substanziellen Einheit von Leib und Seele »ohne Zweifel der stärkste Vernunftsbeweis, den wir vom Boden des katholischen Denkens gegen die Reinkarnation vorbringen können«. (12) Diese theologische Lehre beruht meiner Meinung nach auf einem folgenschweren Irrtum. Hier zeigt sich erneut, wie verhängnisvoll die Verwechslung der Vitalseele mit der Geistseele sein kann, und zwar aus folgender Überlegung: Der feinstoffliche Energiekörper der Vitalseele kann mit dem unstofflichen Leib der Geistseele niemals zu einer wesensgleichen Einheit vereinigt werden, weil beide in ihrem Wesen und von ihrer Herkunft her vollständig verschieden sind. Die Vitalseele verdankt ihr Dasein dem Gesetz der *Evolution*, die Geistseele aber dem Gesetz der *Emanation* aus dem Göttlichen und der *Inkarnation* aus dem Jenseits.

Wenn der evangelische Theologe *Wolfhart Pannenberg* (1928-2014) in seiner Schrift »Was ist der Mensch?« betont: »Es gibt keine, dem Leib gegenüber selbstständige Wirklichkeit »Seele« im Menschen« (13), kann damit nur die Vitalseele gemeint sein, nicht aber die Geistseele. Und wenn der katholische Theologe *Norbert A. Luyten* (1909-1986) in seinem Beitrag »Todesverständnis und Menschenverständnis« behauptet: »Wir dürfen den Körper nie ohne die Seele und die Seele nie ohne den Körper denken« (14), kann sich dies wiederum nur auf die Vitalseele beziehen und nicht auf die Geistseele. Die Lehre von der Leib-Seele-Einheit trifft also nur für die Vitalseele zu, nicht aber für die Geistseele, die unabhängig von jeder Körperlichkeit bestehen kann. Da die Vitalseele den Leib des Menschen belebt, stellt diese für die Dauer des irdischen Lebens mit dem grobstofflichen Körper tatsächlich eine symbiotische Einheit dar. Die inkarnierte Geistseele jedoch bewohnt nur vorübergehend das gemietete Haus des Körpers, das sie nach Ablauf der Mietdauer wieder verlässt, um bei der nächsten Menschwerdung auf Erden ein neues Haus zu beziehen.

Es handelt sich bei der Hypothese von der Leib-Seele-Einheit meiner Ansicht nach um ein veraltetes philosophisch-theologisches Konstrukt ohne realen Hintergrund und ohne Erfahrungsbeweise. Dass es sich dabei nicht um eine substanzielle Einheit handelt, sondern um eine vorübergehende Zweiheit, lässt sich durch die außerkörperlichen Erfahrungen in Zuständen der Trance und Ekstase nachweisen. Es kommt gelegentlich auch vor, dass die vermeintliche Einheit von Körper-Seele während des normalen Schlafzustandes kurzzeitig aufgehoben wird, indem sich der Astralkörper vom organischen Körper entfernt und sich selbstständig bewegen und tätig sein kann. (15)

Was nach dem Tod regelmäßig geschieht, das ist auch im Schlafzustand, aber auch bei einem Nahtod-Erlebnis möglich. (16) Ähnliche Erfahrungen können auch Menschen machen, die aufgrund einer besonderen Begabung fähig sind, spontan ihren grobstofflichen Körper zu verlassen und sich während ihrer Astralwanderungen in der erdnahen Astralwelt aufzuhalten. (17) Stattdessen ist es viel einsichtiger anzunehmen, dass die Vitalseele zusammen mit dem von ihr belebten Körper, den wir Leib nennen, etwas Vordergründiges, Vorübergehendes und Vergängliches ist, während die unsterbliche Geistseele den bleibenden Wesenskern des Menschen ausmacht. Diese Erkenntnis bildet nach *Till A. Mohr* die Grundlegung der christlichen Reinkarnationslehre. (18)

3. Die Ganztod-Theologie oder das unmittelbare Weiterleben nach dem Tod

Aus der unbewiesenen Annahme von der körperlich-seelischen Einheit des Menschen haben evangelische Theologie-Professoren wie *Karl Barth, Rudolf Bultmann, Emil Brunner, Paul Althaus* und *Oscar Cullmann* in den 1960er Jahren die Hypothese vom Ganztod entwickelt, und zwar mit der Behauptung, dass mit dem Körper auch die Seele, also der ganze Mensch, den Tod nicht überleben, weil beide untrennbar zusammengehören. Danach sollen die Seelen der Verstorbenen bewusstlos und empfindungslos in andauerndem Schlafzustand im Grabe ruhen, was heute kaum noch ein Mensch glauben kann. Beide Substanzen würden erst am Jüngsten Tag durch einen unmittelbaren Eingriff Gottes wieder zum Leben erweckt. *Oscar Cullmann* hielt daher den Glauben an ein unmittelbares Weiterleben der Seele nach dem Tod für das »größte Missverständnis des Christentums«. (19)

Die Ansicht von der Grabesruhe kannten bereits die alten Ägypter. Sie nahmen an, dass sich die Verstorbenen in den »Hallen der Bewusstlosigkeit« in einem Dauerschlaf befinden und daher nicht gestört werden dürfen. (20) Von diesen übernahm die jüdische Volksgruppe der Sadduzäer die Vorstellung vom »ewigen Todesschlaf der Verstorbenen« (Pred. 9,5; Ps 90,5), und selbst der Reformator *Martin Luther* (1483-1546) war der Meinung, die Verstorbenen hörten nichts, weil sie schliefen. Diesem Glauben widersprechen allerdings die heute zahlreich nachgewiesenen Nachtod-Kontakte aus aller Welt, welche die Psychologin und Nachtod-Forscherin *Evelyn Elsaesser* gesammelt hat. (21)

Um den logischen Widerspruch in der theologischen Lehre von der Leib-Seele-Einheit zu umgehen, stellten sich die katholischen Theologen *Karl Rahner* und *Ladislaus Boros* vor, dass nach dem Tod die vom

Körper unabhängig gewordene Geistseele des Menschen sich wesensnotwendig aus der Astralmaterie einen Ersatzkörper zulegen müsse, um überhaupt im Jenseits als »neuer Mensch« weiterexistieren zu können, bis die ursprüngliche Leib-Seele-Einheit auf wundersame Weise bei der Auferstehung am Weltenende durch einen göttlichen Eingriff wiederhergestellt werden kann. (22) Die verfehlte Ganztod-Theorie und die unrichtige Ansicht vom Todesschlaf führten zur falsch verstandenen Lehre von der »Auferweckung vom Tode« und damit auch zur Ablehnung der Lehre von den wiederholten Erdenleben.

4. Die christliche Erlösungstheologie oder die Karma-Lehre

Die Lehre von den wiederholten Erdenleben meint nicht bloß die Erlösung der getauften Christen durch *Jesus Christus,* sondern die Befreiung all seiner ehemals gefallenen Geistgeschwister, die sich auf einen der vielen Wege gemacht haben, die heimführen ins göttliche Reich. Der Arzt und Anthroposoph *Walther Bühler* schreibt in diesem Sinne: »Im Grunde genommen hat die Reinkarnationsidee einen tief christlichen Charakter. Lenkt sie doch – ebenso wie das Christentum – die Aufmerksamkeit auf den geistigen Wesenskern eines jeden Menschen, unabhängig von seiner vererbungsbedingten, blutsgebundenen und vergänglichen Körperhülle. Die Tat des Erlösers geschah doch im Sinn eines sich selbst recht verstehenden Christentums für die ganze Menschheit!« (23)

Nachlass im christlichen Sinn heißt nicht Erlass aller zeitlichen Sünden und Sündenstrafen durch die göttliche Barmherzigkeit, welcher durch die Taufe, die Beichte oder durch einen vollkommenen Ablass erworben werden kann. So einfach ist das Himmelreich sicher nicht zu gewinnen. Vielmehr bedeutet die Erlösung die Befreiung der von Gott abgefallenen Geistwesen aus der selbstverschuldeten Gefangenschaft in den Dunkelwelten. *Christus* hat uns durch seine Befreiungstat in dem Sinne erlöst, dass er die Gefängnistore in der Unterwelt weit aufgestoßen und uns den Weg in die geistige Freiheit geöffnet hat. Dadurch hat er uns freilich den langen Rückweg ins himmlische Heimatland nicht erspart. Den müssen wir als Beweis für unseren Gesinnungswandel und unsere Umkehr selber gehen – und zwar durch eigene Anstrengungen während vieler Erdenleben. Es handelt sich also nicht um eine Selbsterlösung-Theorie, sondern um eine Lehre von der Selbstanstrengung und dem ernsten Selbstbemühen.

Hinzu kommt, dass wir nach dem Karma-Gesetz unsere begangenen Übeltaten, die wir als Menschen auf Erden begangen haben, wieder als Menschen auf Erden gutmachen müssen, und zwar, »bis der letzte Heller bezahlt ist« (Mt 5,26). Hierzu bieten die wiederholten Erdenleben eine einzigartige Chance, denn in einem Leben ist dies wohl nicht zu schaffen. (24) Es wäre auch schwer zu verstehen, dass ein einziges und einmaliges Leben entscheidend sein soll für das ewige Schicksal des Menschen. Zu Recht schreibt *Jan Erik Sigdell* in seinem Buch »Reinkarnation. Christentum und das kirchliche Dogma«: »Die Kirche lässt uns glauben, dass wir nur diese einzige Chance hätten: dieses angeblich einmalige Erdenleben. Die wenigen Erdenjahre würden für ›ewige Zeiten‹ entscheidend sein, ob wir in den Himmel kommen oder in die Hölle.« (25) Deshalb ist der Theologe *Geddes MacGregor* der Ansicht: »Das Karma-Gesetz erklärt die Lebensgeschehnisse tiefgreifender und eingehender als jede andere Theorie oder Betrachtungsweise zum Leben.« (26)

Mit dem Philosophen *Gotthold Ephraim Lessing* könnte sich jeder von uns fragen: »Warum sollte ich nicht so oft wiederkommen, als ich neue Kenntnisse, neue Fertigkeiten zu erlangen ich geschickt bin? Bringe ich auf einmal so viel zu Wege, dass es der Mühe wiederzukommen etwa nicht lohnt?« (27) Die Karma-Lehre sagt, dass unsere Vergangenheit ins gegenwärtige Leben hineinwirkt; und das, was wir im jetzigen Erdenleben tun, wird seine entsprechenden Folgen in einem nächsten Leben nach sich ziehen. Ein jeder erntet selber, was er gesät hat. Nichts anderes behauptet das Karma-Gesetz. Dies deckt sich genau mit der biblischen Aussage: »Was der Mensch sät, das wird er ernten.« (Gal 6,7)

Es gibt keine automatisch wirkende Gnade, die jedem Gläubigen geschenkt wird. Im Gegenteil: Der göttliche Gnadenerweis setzt voraus, dass der Sünder seine Schuld erkennt und anerkennt, dass er sie bereut und gewillt ist, seine Gesinnung zum Guten zu wandeln. Deshalb kennt die Karma-Lehre auch keine ewige Höllenstrafe, sondern lässt die Türe zur Umkehr und zur Wiederkehr in ein neues, besseres Leben stets offen.

5. Die Auferweckung und Auferstehung der Toten oder die wiederholten Erdenleben.

Der Wiedergeburtsgedanke scheint sich schlecht zu vertragen mit dem christliche Glauben an die Auferweckung der Toten und an die Auferstehung des Fleisches am Jüngsten Tage. Hier treffen zwei gegensätzliche Menschenbilder aufeinander. Auf der einen Seite haben wir die theologische Lehre von der Leib-Seele-Einheit und von der Ganztod-Theorie, die sich auf mehr als zweitausendjährige biblische Aussagen stützt. Dieser steht auf der anderen Seite die Annahme entgegen, dass der Mensch unmittelbar nach seinem Tod im Jenseits weiterlebt, um von Zeit zu Zeit in ein erneutes Erdenleben zurückzukehren.

Beim christlichen Glauben an die Auferstehung kann es sich nicht um die Auferweckung eines im Grab schlafenden verstorbenen Menschen oder eines toten Körpers (Mt 27,53) handeln oder um dessen Wiederherstellung und Neubelebung am Jüngsten Tag (Jh 11,24). Vielmehr geht es darum, dass der feinstoffliche Energiekörper, der den physischen Tod überlebt, in seiner Eigenfrequenz herabgesetzt wird. Durch diesen natürlichen Vorgang wird die astrale Gestalt verdichtet und sichtbar gemacht. So können die Worte des Apostels *Paulus* richtig verstanden werden: »Es wird gesät verweslich und wird auferstehen unverweslich« und »Es wird gesät ein natürlicher Leib, und wird auferstehen ein geistlicher Leib« (1 Ko 15, 42 und 44). So ist es auch erklärbar, dass am Ostermorgen die drei Frauen den auferstandenen *Jesus* zunächst nicht erkannten und ihn für einen Gärtner hielten ((Lk 24,6-11; Jh 20,14-16). Auch die Jünger auf dem Weg nach Emmaus hielten den Herrn, dem sie begegneten, vorerst für einen Fremden, bis sie ihn am Brotbrechen erkannten (Lk 24, 13 ff). (28)

Dass *Jesu* Grab leer gewesen sein soll (Lk 24,3), ist keineswegs ein Beweis dafür, dass sein toter Körper wiederbelebt wurde und am dritten Tag nach seinem Tod am Kreuz auferstanden ist, sondern dass dieser durch Energieumwandlung in einen höheren Seinszustand übergeführt und dadurch zu einer unsichtbare Gestalt verwandelt wurde. Dass er seinen Jüngern bei verschlossenen Türen mehrere Tage danach leibhaftig und körperlich berührbar erschien, kann als Materialisation durch Verlangsamung seiner Eigenschwingung erklärt werden. Weniger überzeugend scheint die Annahme von *C. G. Jung* zu sein, der die österliche Auferstehung für zweifelhaft und eher für eine Vision gehalten hat. (29)

Bei paranormalen Erscheinungen von Verstorbenen, wie sie spontan immer wieder vorkommen, geht es um das Phänomen der Materialisation und Dematerialisation. Bei einer Materialisation kommt es zu einer Verdichtung von feinstofflicher Materie in grobstoffliche Materie. Umgekehrt handelt es sich bei der Dematerialisation um die Zurückführung grobstofflicher Materie in unsichtbare Schwingungsenergie durch Frequenzerhöhung. Dieser Vorgang ist nicht als »Wunder« zu verstehen, sondern als natürliche energetische Zustandsänderung. (30)

Bei der Wiedergeburt inkarniert die Geistseele erneut in die materielle Diesseitswelt und bekleidet sich dort mit einem neuen irdischen Körper. In diesem Sinne erlebt der Mensch nicht nur eine einmalige Auferstehung als Mensch, sondern bei jeder Wiedergeburt von neuem, und zwar nicht als »Auferstehung des Fleisches«, sondern als Auferstehung *im* Fleische. (31) Daher besteht zwischen dem christlichen Auferstehungsglauben und der Reinkarnationslehre kein wirklicher Widerspruch, sondern bloß ein Missverständnis.

6. Abbüßen im Fegefeuer oder Wiedergutmachung in einem nachfolgenden Leben

So manches, was in der kirchlichen Tradition unter Strafe und Buße für unsere Sünden geglaubt werden soll, könnte im Sinn der Wiedergeburtslehre als willkommene Gelegenheit zur Wiedergutmachung eigener Schuld in wiederholten Leben verstanden werden, statt dies als passives Abbüßen und Erleiden in einem jenseitigen reinigenden Feuerpfuhl zu bezeichnen, wo die »Armen Seelen«, ähnlich wie edles Metall in einem Glutofen, von den unreinen Schlacken zu säubern sind.

Die wenig überzeugende theologische Fegefeuer-Lehre, wie sie vom Mittelalter bis in die Neuzeit in symbolischen Bildern dargestellt wurde, stützt sich vermutlich auf die biblische Erzählung vom »reichen Mann und dem armen Lazarus (Lk 16, 19-25). In Wirklichkeit beruht sie eher auf unbewusster Projektion von Angst- und Drohvorstellungen, wie sie schon im Altertum verbreitet waren. Heute ist sie mehr denn je ein Stein des Anstoßes für viele, die sich Gedanken machen über das Weiterleben nach dem Tod. Ein berühmtes Beispiel für derartige Schreckensbilder ist die »Göttliche Komödie« des italienischen Dichters *Dante Alighieri* (1255-1321). Dieser beschreibt das »Purgatorio« als einen aus dem Ozean aufragenden »Berg der Läuterung«, wo die reumütigen Seelen nach dem Tod auf einem spiralförmigen Pfad an sieben Reinigungsstationen ihre Sünden abbüßen müssen, ehe sie zum himmlischen Paradies aufsteigen können. (32)

Sowohl die katholische Fegefeuer-Lehre als auch die Reinkarnationslehre gehen beide davon aus, dass der Mensch nach seinem Hinübergang in die Jenseitswelt viel Unerledigtes und Unverarbeitetes mit sich trägt, das der Bereinigung und der Läuterung bedarf. Die Frage ist, ob diese Aufarbeitung an einem jenseitigen Straf- und Bußort zu geschehen hat oder ob diese auch im Diesseits in einem neuen Erdenleben geleistet werden kann. Der katholischen Fegefeuer-Lehre liegt der Gedanke zugrunde, dass der Mensch nach einem einzigen Erdenleben noch viel Unreife besitzt, so dass dessen »saure Früchte« im jenseitigen Feuerofen des Fegefeuers zur Nachreifung gebracht werden können. Zudem ist manche Seele von irdischen Lasten und Lastern derart verschlackt, dass sie im »Fegefeuer« geläutert und gereinigt werden muss. Gleich wie man Edelmetall vom wertlosen Muttergestein durch das reinigende Feuer entfernen muss, so soll der Mensch diese schmerzliche Prozedur passiv und erleidend im Fegefeuer über sich ergehen lassen. (33)

Im Unterschied hierzu nimmt der Glaube an die Wiedergeburt an, dass die schuldig gewordene Geistseele in einem wiederholten Leben und zu wiederholten Malen die Gelegenheit bekommt, Sünden und Fehler durch ihr eigenes Bemühen um Wiedergutmachung auszumerzen. Die Wiedergutmachung übler Taten ist gewiss auch in weiteren Erdenleben denkbar. Interessant in diesem Zusammenhang ist die Ansicht von *Karl Rahner*, der in seinem »Grundkurs des Glaubens« einräumte, es müsse noch vieles getan werden, damit »manche Schwierigkeiten gegen die Lehre vom Zwischenzustand im Fegefeuer ausgeräumt werden«. (34) Und er fragt sich, ob nicht die altmodisch anmutende Vorstellung von einem Zwischenzustand der Seele im Fegefeuer durch einen neuen Gedanken aus der Wiedergeburtslehre ersetzt werden könne. So schreibt er: »Ich habe selber wahrhaftig nichts übrig für die östliche Seelenwanderungsidee, doch wenn man die ungeheure Verbreitung dieser Vorstellung in Raum und Zeit erwägt, dann könne man sich fragen, ob an dieser Lehre der Wiedergeburt nicht doch etwas Richtiges sein könnte.« Dann könnte man sich fragen, »ob für eine solche Lehre nicht doch auch innerhalb der christlichen Dogmatik von der Fegefeuer-Lehre her ein Platz frei wäre«. (35) Auch der katholische Theologe *Heinrich Beck* kann sich gut vorstellen, »dass die in einem früheren Leben vielleicht unter großen Anstrengungen und Opfern erworbene Bereitschaft und Fähigkeit zum Guten und zur Liebe nun in einem weiteren irdischen Leben wiederum leichtfertig verspielt wird« und im nächsten Leben erneut erworben werden muss. (36)

7. Die Erbsündenlehre oder die Lehre vom Geisterfall

Die christliche Theologie ist nicht in der Lage, das Theodizee-Problem (gr. *theos*: Gott; *dike*: Gerechtigkeit), nämlich die Frage nach dem Ursprung des Bösen in unserer Welt, glaubhaft zu beantworten, wenn sie die Reinkarnationslehre nicht annimmt. Sie findet keine Antwort auf die Frage: Warum lässt Gott in seiner Allmacht und Güte das Böse zu oder verhindert es nicht? Schon vor Jahrhunderten haben Theologen darüber gerätselt, ob er dies nicht will oder ob er dies nicht kann. Eine einleuchtende Antwort fanden sie bis heute nicht. Der katholische Theologe *Hans Küng* gesteht: »Seit Jahrzehnten habe ich mich mit all den Versuchen der Theodizee in Philosophie und Theologie immer wieder beschäftigt. Ich bin zu der klaren Überzeugung gekommen: Eine theoretische Antwort auf das Theodizee-Problem gibt es nicht!« Und er räumt ein: »Leid, übergroßes, unverschuldetes, sinnloses Leid – individuelles wie kollektives – lässt sich nicht theologisch verstehen, sondern bestenfalls praktisch bestehen.« (37) Auch der evangelische

Theologe *Alfred Buss* stimmt zu: »Ehrliche Theologie gesteht ein, dass es auf die Frage nach dem Sinn des Leidens keine Antwort gibt. Wer sie trotzdem versucht, setzt nur Irrlichter auf.« (38)

Um den Ursprung des Bösen, der Sünde und des Leidens in der Welt zu erklären, diente im Judentum und im frühen Christentum der biblische Bericht vom Sündenfall unserer Stammeltern im Paradies. (1 Mo 2,8-17) Heute wissen wir, dass es sich dabei nicht um ein historisches Ereignis handeln konnte, sondern um eine mythologische und symbolische Erzählung, um jene prähistorische Katastrophe zu veranschaulichen, die sich vor der Zeit als Geisterfall und Engelsturz im himmlischen Paradies ereignet hatte. Aus diesem Grund sprechen wir heute nicht mehr von einer Erbsünde, sondern von einer Ursünde, an der die als Menschen wiedergeborenen abtrünnigen Engel beteiligt waren. (39) Wer also den Ursprung des Bösen und die Ursache des Leidens in der Welt verstehen will, der findet in der *Wiedergeburtslehre* die entsprechende Antwort. Sie erklärt uns, dass es nicht Gott ist, der uns das Leiden zur Strafe schickt, sondern dass wir dieses als ursprüngliche Geistwesen selber verursacht haben durch falsches oder fehlerhaftes Verhalten in der geistigen Welt. (40)

8. Nur ein Leben oder viele Leben

In einem einzigen und einmaligen Leben auf Erden von durchschnittlich siebzig bis achtzig Jahren bringen die meisten von uns wenig zustande, und die erzielten geistigen Fortschritte bringen uns gewiss nicht an das Ende unserer geistigen Entwicklung. Bedenken wir, dass Millionen von Kindern über ihre erste Lebenszeit nicht hinauskommen. Vielen ist der Eintritt ins Leben verwehrt, andere haben nur geringe Lebensmöglichkeiten, für andere bieten die kargen Umweltverhältnisse wenig Chancen zu einem erfolgreichen Leben. Von unserer geistigen Herkunft her sind wir alle geistige Riesen, die durch eigene Schuld sich gezwungen sehen, auf der Erde als Zwerge herumzulaufen. Wir sollten uns auch nicht untätig auf unverdiente Gaben und Gnaden des Himmels verlassen, denn diese müssen von uns in mehreren Leben erst verdient werden.

Das Ziel unseres Menschseins ist uns vorgegeben. So heißt es im Alten Testament nach dem 5. Buch Moses: »Du sollst untadelig sein vor dem Herrn, deinem Gott.« (5. Mo 18,9-13) Und nach dem Neuen Testament hat *Jesus* uns die Weisung erteilt: »Ihr sollt vollkommen sein, gleich wie euer Vater im Himmel vollkommen ist.« (Mt 5,48) Dieses hoch gesteckte Ziel ist gewiss nicht in einem einzigen Erdenleben zu erreichen. Wenn wir uns den geistigen Entwicklungsstand der heutigen Menschheit insgesamt ansehen, stellen wir fest, dass wir von diesem Vollkommenheitsgrad wohl noch weit entfernt sind. Es gibt zur Zeit noch so viele Krisen und Kriege, so viele Konflikte und Katastrophen auf der ganzen Welt, dass man den Eindruck bekommt, wir seien in deren Bewältigung noch nicht weit gekommen. Zu vieles liegt noch im Argen. Den wenigen, denen es materiell und gesundheitlich gut geht, stehen Millionen von Erdenbürgern gegenüber, die an Not, Elend und Armut leiden, die wenig Möglichkeiten haben, ihr Leben sinnvoll zu gestalten und einen höheren Grad von Bewusstheit zu erlangen. Hierzu sind sicher mehrere wiederholte Erdenleben notwendig.

Gemeinsames und Verbindendes

Der christliche Glaube an die Einmaligkeit unseres irdischen Daseins steht auf den ersten Blick im Widerspruch zur Lehre von den wiederholten Erdenleben. Beide Denkmodelle können sich aber ergänzen, indem sie die eine Wahrheit von zwei verschiedenen Gesichtspunkten aus beleuchten und uns das ewige Heil auf unterschiedlichen Wegen suchen lassen. Gemeinsam ist ihnen die Deutung von Leben, Sterben und Weiterleben des Menschen, wie es *Giordano Bruno* beschrieben hat:

Nimmer vergeht die Seele,
Vielmehr die frühere Wohnung
Tauscht sie mit neuem Sitz
Und lebt und wirkt in diesem.
Alles wechselt, doch nichts geht unter

Vieles, was im westlichen Wiedergeburtsdenken der christlichen Glaubenslehre zu widersprechen scheint, könnte bei näherem Zusehen auf einen gemeinsamen Nenner gebracht werden. Dabei könnte viel Gemeinsames und Übereinstimmendes entdeckt werden, das nicht übersehen werden darf. Es ist durchaus zulässig und verständlich, wenn die traditionellen Vorstellungen von jenseitigen Straf- und Bußorten ersetzt würden durch die Gedanken von Karma und Wiedergeburt. Der Karma-Gedanke ist allerdings der christlichen Lehre weitgehend fremd, weil angeblich ein eindeutiger biblischer Schriftbeweis hierfür nicht erbracht werden kann. Demzufolge wäre kein weiteres Erdenleben mehr notwendig, und eine Wiedergeburt würde sich erübrigen.

So manches in der religiösen Glaubensvermittlung könnte durch die Annahme des Reinkarnationsgedankens ins rechte Licht gerückt werden, um glaubwürdiger zu werden. Durch diese neue Sicht würde nicht der »Wille Gottes« oder ein »ungerechtes Schicksal« für das vermeintlich unverschuldete Leiden von Millionen von Menschen verantwortlich gemacht werden, sondern jeder einzelne Mensch müsste die Einsicht gewinnen, dass er selbst dafür verantwortlich ist, was ihm schicksalshaft wie von außen zukommt.

Die christliche Erlösungs-Lehre braucht der Idee von den wiederholten Erdenleben nicht zu widersprechen. Die Reinkarnationslehre vertritt keineswegs den Gedanken der »Selbsterlösung«, als ob ein Gefangener sein eigener Befreier sein könnte, sondern meint vielmehr unsere Teilhabe und Teilnahme an der großen Befreiungsaktion, die *Christus* für uns durch seinen Sieg über die finsteren Dunkelkräfte errungen hat. Dadurch hat er die Tore jener Gefängnisse, in denen wir nach unserem Fall in die Gottferne geraten sind, weit aufgetan und uns den Weg zurück in die göttliche Welt geebnet. Doch der weite und mühsame Heimweg nach Hause bleibt uns dadurch nicht erspart. Gehen müssen wir ihn selber über viele Erdenleben, und zwar so lange, bis wir unsere Schulden bis »auf den letzten Heller zurückbezahlt haben« (Mt 5, 26). (41)

Hans Küng lässt deshalb die Frage offen, ob der christliche Erlösungsgedanke und der Reinkarnationsgedanke miteinander vereinbar sind. Er meint in seinem Buch »Christentum und Weltreligionen«, dass eine Interpretation neuer Lehren in der christlichen Tradition keinesfalls auszuschließen sei. (42) So hat der schottische Theologe *Geddes MacGregor* auch den Gedanken an Karma und Wiedergeburt für zufriedenstellender gehalten als den Glauben an das persönliche Gericht vor dem Thron Gottes unmittelbar nach dem Tod und danach die sofortige Überstellung in Himmel, Fegefeuer oder Hölle. (43)

Anerkennung der Wiedergeburtsidee

Sowohl das Alte wie das Neue Testament der Bibel enthalten eindeutige Hinweise dafür, dass die Lehre von der Reinkarnation im alten Judentum und im frühen Christentum bekannt war. (44) Auch im christlichen Mittelalter war der Wiedergeburtsglaube in westlichen Ländern bekannt. Allerdings wurde er durch die offizielle Kirchenbehörde, vor allem von der römischen Inquisition, blutig bekämpft. Schon im 19. und 20. Jahrhundert haben sich vereinzelt prominente Kirchenvertreter im positiven Sinne zur Wiedergeburtslehre geäußert. Der katholische Erzbischof *Louis Pasavali* bekannte sich ganz offen zu folgender Aussage: »Ich bin der Ansicht, dass es einen bedeutsamen Schritt vorwärts bedeuten würde, wenn man den Gedanken der Wiedergeburt öffentlich vertreten dürfte, und zwar der Wiedergeburt auf Erden und in anderen Welten, denn damit ließen sich viele Rätsel lösen, die heute den Geist und Verstand der Menschen als undeutliche Nebel bedrücken.« (45) Noch deutlicher wurde der Primas von Belgien Kardinal *Désiré-Joseph Mercier* (1851-1926), der in seinem Buch »Philosophische Psychologie« hervorhob, dass die menschliche Seele auch über den Tod hinaus das Bewusstsein ihrer Persönlichkeit bewahrt und es ein Endglied in der Reihe der Wiederverkörperungen gibt. Er betonte: »Was diese Annahme betrifft, so sehen wir nicht ein, dass die Vernunft, sich selbst überlassen, diese Lehre als unmöglich oder mit Sicherheit als falsch erklärte.« (46)

In den vergangenen Jahrzehnten hat die Wiedergeburtsidee in Europa und in Amerika viel an Zustimmung gewonnen. Der deutsche Theologe und Religionswissenschaftler *Helmut Obst* (geb. 1940) spricht von einem regelrechten »Siegeszug des Reinkarnationsglauben« unter den Mitgliedern der christlichen Kirchen, der heute nicht mehr als

Widerspruch zum christlichen Glauben angesehen wird. (47) Dies ist vor allem einer ganzen Reihe von wissenschaftlichen Untersuchungen und Erhebungen zu verdanken, die von naturwissenschaftlicher Seite, vorwiegend von Ärzten, Psychologen und medial tätigen Therapeuten, erarbeitet wurden. Auch spirituelle Erfahrungen zahlreicher Menschen, wie Erinnerungen an frühere Leben, Nahtod-Erlebnisse und Rückführungserfahrungen in frühere Existenzen, trugen dazu bei, dass heute in dieser Hinsicht ein Umdenken stattfindet. Hinzu kommt, dass alternative Glaubensvorstellungen zunehmend selbst von religiösen und kirchlichen Gruppierungen anerkannt werden. Hierzu gehört heute wie selbstverständlich auch der Glaube an die wiederholten Erdenleben. (48)

In unserer Zeit mehren sich die Bestrebungen, die Lehre der Wiederverkörperung mit dem christlichen Gedankengut in Einklang und Übereinstimmung zu bringen, denn dadurch ließen sich einige biblische Ungereimtheiten beheben und mehrere bisher offengelassene Fragen beantworten, darunter das Problem der Gerechtigkeit und der Rechtfertigung, die Chancenungleichheiten zwischen den Menschen, Nationen, Völkern und Konfessionen, die ungerechte Verteilung der irdischen Glücksgüter, die ungleiche Zuteilung von Anlagen und Entwicklungsmöglichkeiten und die unterschiedliche Lebensdauer der Menschen. Ein gerechter Ausgleich ist nur denkbar bei der Annahme mehrerer Erdenleben. So schreibt der Theologe *Geddes MacGregor*: »Ein Leben reicht ganz sicher nicht aus, um Erlösung zu erlangen; folglich passen die Reinkarnationslehre und das Karma-Gesetz sehr gut in das Erlösungskonzept des Christentums.« (49)

Wenn die Wiedergeburtslehre voll anerkannt würde, ließen sich eine ganze Reihe von bisher ungelösten religiösen Glaubensproblemen einleuchtend beantworten, nämlich

- Die Klärung unterschiedlicher Seelenbegriffe
- Das Woher und Wohin des Menschen
- Die Frage nach dem Sinn der Menschwerdung

- Die Unsterblichkeit der Geistseele
- Die Herkunft des Bösen in der Welt
- Das sogenannte unverschuldete Leiden
- Die Erklärung für Schuld, Sühne und Gerechtigkeit
- Die Lehre vom Karma und von der Wiedergutmachung
- Hinweis auf die Stellung des Menschen im Kosmos
- Die geistigen Aufstiegs- und Entwicklungsstufen
- Das Weiterleben nach dem Tod im Jenseits
- Die Läuterung der Seele durch Wiedergeburt
- Die Bedeutung unserer Erde als Lernschule
- Das Endziel und die Heimkehr der Menschheit

Der ehemalige Dominikanermönch und Religionswissenschaftler *Richard Friedli* räumt in seinem Buch »Zwischen Himmel und Hölle. Die Reinkarnation« ein, dass die Wiedergeburtstheorie das Schicksal des Menschen einsichtiger zu erklären vermag als die dogmatische Lehre von der Einmaligkeit des Lebens. (50)

Die zunehmende Aufgeschlossenheit vieler Christen gegenüber der Reinkarnationslehre hat mehrere Gründe, nämlich:

- Es besteht vonseiten der offiziellen Kirchenleitung bis heute keine offizielle Stellungnahme zur Frage der wiederholten Erdenleben und kein ausdrückliches Verbot, an die Wiedergeburt zu glauben, so dass sich viele Gläubige mit diesem Gedanken vertraut machen.

- Die christliche Glaubenslehre schließt eine fortschreitende Entwicklung der Geistseele nach dem Tod und in nachfolgenden Erdenleben nicht aus.

- Die Erlösungstheologie des Christentums steht nicht im Widerspruch zur Wiedergeburtstheorie, denn beide lehren, dass wir Menschen einen aktiven Beitrag zu leisten haben, um zum ewigen Heil zu gelangen. Dieser ist in einem einzigen Erdenleben kaum zu erbringen.

- Die Befreiungstat *Christi* für uns Menschen wäre sinnlos, gäbe es nach dem Tod keine Möglichkeit der geistigen Umkehr und der Wiedergutmachung in wiederholten Leben.

- Die göttliche Gnade der Barmherzigkeit müsste in vielen Fällen wirkungslos bleiben, wenn sie nicht durch Bewährung in einem neuen Menschenleben zuerst verdient werden könnte.

- Wenn *Jesus* versicherte: »Ich bin der Weg, die Wahrheit und das Leben« (Jh 14,6), bedeutet dies nicht, dass es nur einen gültigen Glaubensweg gibt, sondern es können mehrere Wege zum Ziele führen.

- Einer der möglichen Wege könnte über mehrere Leben zum gleichen Ziel führen. Die christliche Lehre spricht lediglich davon, dass es ein Weiterleben nach dem Tod gibt. Warum sollte dies nicht in einem neuen Erdenleben möglich sein?

- Nicht nur die Natur, sondern auch die Übernatur bedarf der Weiterentwicklung bis zur Reife in der spirituellen Vollendung. Diese lässt sich nur schrittweise erringen und nicht in einem einzigen Sprung nach oben.

Aus all diesen Gründen lässt sich mit dem Religionswissenschaftler *Helmut Obst* der Schluss ziehen: »Christentum und Wiederverkörperungsglaube müssen sich nicht unüberbrückbar gegenüberstehen.« (51)

Jede neue Geistesströmung muss auf ihre Anerkennung warten, bis die Zeit für sie reif geworden ist. So vermerkte *Christian Morgenstern* im Jahr 1911 in seinem Tagebuch »Stufen« über die jahrhundertelange Missachtung des Reinkarnationsgedankens in der europäischen Zivilisation: »Jetzt hat dieser Zyklus das Seine erfüllt, jetzt darf sie, als eine unermessliche Wohltat, in den Gang der westlichen Entwicklung wieder eintreten. Und zwar in einem Sinne, der erst jetzt möglich ist, zweitausend Jahre nach der Erscheinung des Christus, in einem ganz anderen Sinne als je vorher, wird sie jetzt von neuem die Menschheit befruchten, erleuchten, erlösen.« (52) Viele gläubige Christen nehmen heutzutage die Wiedergeburtslehre als denkbare Alternative ernst, weil diese ihrer Meinung nach ein religiöses Defizit oder Vakuum auszufüllen vermag. So bestätigt *Geddes MacGregor*: »Wo immer westliche Denker des Christentums sich vom toten Dogma zu befreien wussten, dort hat die Wiedergeburtslehre Eingang in das Kirchenleben gefunden.« Und er zieht daraus den Schluss, »dass es eine Form der Reinkarnationslehre gibt, die mit der zentralen christlichen Tradition in Einklang zu bringen ist und nicht im Gegensatz zur Bibel steht«. (53)

Wie sehr die Anerkennung der Wiedergeburt das Denken der Menschen verändern kann, beschreibt der holländische Radio- und Fernsehpfarrer und Spitalseelsorger *Hans Stolp* in seinem Buch »Zeitenwandel«. Er hat in den vergangenen Jahren regelmäßig öffentliche Vorträge über Karma und Reinkarnation gehalten. Dabei ist ihm aufgefallen, wie das Interesse an diesen Themen stark zugenommen hat und wie die Menschen in ihren Glaubensvorstellungen freier und aufgeschlossener wurden und weniger von Tod- und Höllenängsten bedrängt werden, was er als »unsichtbare Revolution« bezeichnet. (54). *Till A. Mohr* versichert: »Man befindet sich heute auch in der christlichen Kirche als Anhänger der Wiedergeburt in sehr guter, um nicht zu sagen bester Gesellschaft. Die Theologie aber scheint hier durch das freilich unterschiedlich starke Festhalten an längst überholten Lehren und eine verständnislose Abwehrhaltung gegen Reinkarnation den Anschluss an eine weite und wichtige Entwicklung geistiger Erkenntnis und geistlicher Erfahrung verloren zu haben.« (55)

So schließe ich mich der hoffnungsvollen Zukunftserwartung von *Peter Michel* an, der in seinem Buch »Die Botschafter des Lichtes« schreibt: »Könnten sich die großen christlichen Kirchen entschließen, diese Brücke zu überschreiten, um die Reinkarnations- und Karma-Lehre wieder in die christliche Dogmatik aufzunehmen, sie würden ein segensreiches Werk vollbringen.« (56) Was allen religiösen Glaubensbekenntnissen gemeinsam ist und alle miteinander verbinden sollte, sind nicht theologische Unterschiede, sondern ist die Liebe. Liebe ist wie ein Licht, das alles durchleuchtet und überstrahlt und keinen Schatten wirft. Halten wir uns an die Worte von *Mikhail Naimy:* »Wir leben, um zu lieben. Wir lieben, um zu leben. Eine andere Lektion muss der Mensch nicht lernen.« (57)

Vom Dichter *Manfred Kyber* stammen folgende zwei Strophen aus seinem Gedicht »Genius Astri«:

Durch die Kette deiner Leben,
erdennah und erdenfern -
immer segnend dir zu Häupten
hält dein Engel deinen Stern.

Und befreit die Todesstunde
deines Wesens wahrer Kern -
heimwärts in die ewige Heimat
trägt ein Engel deinen Stern.

Mensch und Welt der Zukunft

Wenn wir verstehen, auf welche Weise
wir mit allem im Kosmos verbunden sind,
haben wir Zugang zur größten Kraft
in unserem Universum.

Pierre Frankh

Im Februar 2020 erklärte der UNO-Generalsekretär *Antonio Guterres* vor der UN-Vollversammlung in New York: »Es weht ein Wind des

Wahnsinns über der Welt.« Dies sollte als Warnruf und Alarmruf an die Völker und Nationen gehört und verstanden werden, dass es so nicht mehr weitergehen kann. Bereits der englische Philosoph *Bertrand Russell* (1872-1970) ahnte es: »Wir haben jetzt in der menschlichen Geschichte das Stadium erreicht, in dem zum ersten Mal das Fortbestehen des Menschengeschlechts davon abhängt, wieweit Menschen lernen können, sich sittlichen Überlegungen zu beugen. Unser Zeitalter ist düster, aber vielleicht werden gerade die Ängste, die es uns einflößt, zu einem Quell der Weisheit. Wenn das Wirklichkeit werden soll, dann muss die Menschheit in den gefährlichen Jahren, die ihr bevorstehen, der Verzweiflung zu entrinnen versuchen und sich die Hoffnung auf eine Zukunft lebendig erhalten, die besser ist als alles, was je gewesen ist.« (58)

Diese mahnende Worte, schon vor mehr als fünfzig Jahren niedergeschrieben, haben in der heutigen Zeit besonders aktuelle Bedeutung gewonnen. Neue, vor Kurzem noch nicht geahnte und kaum ernst genommene Gefahren bedrohen die ganze Menschheit. Zahlreiche Zeichen unserer Zeit künden und verlangen eine notwendige Gesinnungsänderung an und deuten auf einen bevorstehenden Bewusstseinswandel hin. In vielen Bereichen der Natur erkennen wir Alarmzeichen, die unser Welt- und Menschenbild verändern werden. Es scheint, dass unser Erdplanet in regelmäßigen zyklischen Abständen eine Verschnaufpause braucht, um sich zu erholen und zu erfrischen. Aus dieser Sicht wirken eine Epidemie und eine Pandemie wie ein Frühlingssturm, der in unseren Wäldern das morsche Holz krachend zu Boden wirft, um Raum zu schaffen für junges Gewächs. Es handelt sich um das bewährte »Stirb-und-Werde-Gesetz«, ohne das es keinen Fortschritt und keine Weiterentwicklung geben kann. So erweitert sich fortwährend unser Erkenntnisraum vom Menschen und von der Welt, in der wir leben, ob zu unserem Vorteil oder Nachteil, das hängt von der Art unseres Denkens ab.

Eine hoffnungsvolle Zuversicht bleibt uns noch: Es scheint, dass unsere Gedankenbereiche sich heute immer mehr ins Außersinnliche, ins Übersinnliche, ins Außerirdische und ins Überirdische ausdehnen. Dadurch wird sich der Bewusstseinshorizont der Menschen aufhellen und erweitern. Dies erklärt sich durch die neu erschlossenen Wissenszugänge zu den höheren Dimensionen des Transzendenten. Einen wichtigen Beitrag hierzu erbringen die immer öfter bekannt gewordenen Nahtod-Erlebnisse, Nachtod-Kontakte und Rückführungen in frühere Leben, die heute nicht mehr zu leugnen sind. Diese werden immer mehr auch von Naturwissenschaftlern anerkannt und von Medizinern und Psychologen untersucht und bestätigt. Hinzu kommen die zahlreichen Buchveröffentlichungen, Radio- und Fernsehsendungen und Internet-Angebote über Erinnerungen an frühere Erdenleben, über mediale Kontakte mit Verstorbenen und über spirituelle Botschaften, Belehrungen und Erfahrungen aus der Jenseitswelt.

Es ist Zeit, dass starre und sture Strukturen aufbrechen und veraltete Lehrmeinungen neu überdacht werden. Traditionelle Glaubensvorstellungen müssen angezweifelt werden. Berufene Autoritäten, die sich während Jahrhunderten unangefochten für zuständig gehalten haben, zu sagen, was als Wahrheit zu gelten hat, hüllen sich zunehmend in vorsichtiges Schweigen. Die Zukunft von Mensch und Welt ist fragwürdig geworden.

Die gegenwärtige krisengeschüttelte Wendezeit ist nur eine Welle in der stürmischen Brandung des großen Weltgeschehens. Sie gleicht den Geburtswehen eines neuen Zeitalters. Vieles deutet darauf hin, dass der Menschheit ein neuer Entwicklungsschub bevorsteht. Dieser kann, wollen wir ihn schadlos überstehen, nur in die Richtung einer fortschreitenden Vergeistigung gehen, die auf einem erweiterten und erhöhten Bewusstsein aufbaut.

Der Mensch der Zukunft wird das gefühlsbetonte Herzdenken ebenso gewichten und anerkennen müssen wie das intellektuelle Kopfdenken. Die emotionale Intelligenz wird neben der rationalen Intelligenz eine wichtige Rolle spielen. Gegenwärtig liegt diese zwar an einem Tiefpunkt, während die exakten Naturwissenschaften großartige Erfolge erzielen und sich zu ungeahnten Höhen- und Weltraumflügen aufschwingen. Dagegen sind die modernen Künste, speziell die Musik und die Malerei, auf einen Tiefstand gesunken, indem sie wenig Erbauliches zustande bringen. Dadurch entsteht ein heilloses Ungleichgewicht im Denken und Empfinden der Menschen.

Immer häufiger hört man heute die Menschen klagen: »So kann es nicht mehr weitergehen!« Unheilpropheten und Schwarzseher verkünden das nahe Ende unserer Kultur und Zivilisation. Dabei hat die Menschheit erst vor ein paar wenigen Jahrmillionen angefangen, sich aus ihrem Zustand von geistiger Umnachtung zu erheben und dem Licht der höheren Erkenntnis entgegenzugehen. Was vor Kurzem mit den ersten Menschwerdungen in der Evolutionsgeschichte so verheißungsvoll begonnen hat, kann doch nicht vorzeitig in einem elenden Fiasko untergehen. Dies ist im großartigen kosmischen Schöpfungsplan gewiss nicht vorgesehen. Die heutigen Krisen im ganzen Weltgeschehen müssen als Katalysatoren einer Neuwerdung betrachtet werden, sozusagen als entwicklungsbedingte Kinderkrankheiten der jungen Menschheit, die durchgestanden werden müssen, um daran zu gesunden.

Beachten wir die Mahnung der hellsichtigen *Manuela Oetinger,* die in ihrem visionären Buch »Transformationen und Zeitenwandel« rät: »Lassen Sie sich nicht von negativen Vorgaben oder von »Angstmachern« einschüchtern. Es steht nicht das Ende der Welt bevor, sondern ein Wandlungsprozess, der es dem Menschen nach dem Übergang erlaubt, die göttliche Kraft intensiv wahrzunehmen, die geistigen Wesen bewusst zu erkennen und die Wahrheit durch einen offenen Geist zu erleben.« (59)

Es wird demnächst ein »neuer Mensch« auf unserem Planeten von sich reden machen. Von diesem sagen die Autoren *Katarina* und *Peter Michel*: »Dieser Mensch wird unabhängig, selbstständig und geistig vollkommen frei sein.« (60)

Er wird frei sein von überlebten Glaubensvorstellungen, Dogmen und Doktrinen. Er wird sich nicht mehr von äußeren Verhaltensregeln und Benimmvorschriften bestimmen lassen, sondern seinem inneren Gewissen folgen. Als oberstes Prinzip anerkennt er das Streben nach dem Wahren, Schönen und Guten, wie es stets edlen Geistern vorschwebte.

Dies alles zwingt uns nicht nur zu einem Umdenken und Neuentwurf in unserem Menschenbild, sondern auch in unserem bisherigen Weltbild, das bis dahin allzu sehr dem materiell-mechanistischen Denken verpflichtet war.

Neuerdings nähern wir uns einem kosmischen Bewusstsein, das bereits vom amerikanischen Astronomen *James Jeans* (1877-1946) angesprochen wurde, als er verkündete: »Das Weltall beginnt immer mehr einem großen Gedanken als einer großen Maschine zu gleichen.« (61)

Bereits in den 1940er Jahren hat der französische Jesuit und Paläontologe *Teilhard de Chardin* (1881-1955) auf Grund seiner naturwissenschaftlichen und philosophischen Erkenntnisse die Ansicht vertreten: »Wir nähern uns trotz aller Fehlschläge und Unwegsamkeiten einem neuen Zeitalter. Die geistige Temperatur unseres Planeten ist im Steigen begriffen. Die Menschheit muss auf eine höhere Schwingungsebene gebracht werden, wenn sie überleben will.« (62)

Dieser Entwicklungsprozess muss nicht schlagartig große Veränderungen herbeiführen, sondern kann sich über längere Zeitperioden kaum merklich dahinziehen und Veränderungen herbeiführen, ähnlich wie ein Wald wächst, schweigsam und still, unauffällig und nachhaltig, von innen heraus sich stetig erneuernd.

Um unseren Planeten zu retten, braucht es allerdings einschneidende Maßnahmen, die von uns Anpassungen und Verzicht verlangen. Natur- und Umweltschützer fordern sie mit Recht schon lange. Auf der ökologischen Ebene soll erwartet werden:

- Verzicht auf übertriebenen Fleischkonsum
- Reduktion der Futtermittelimporte
- Verminderung der tierischen Produkte
- Innovative Ersatzprodukte aus Pflanzen
- Einschränkung der Massentierhaltung
- Strengere Klimaschutz-Maßnahmen
- Verschärfte Grenzwerte für Umweltgifte
- Bessere Bedingungen für die Luft- und Wasserreinhaltung

Nur wenn in Zukunft die Landwirtschaft ökologischer wird, die Böden weniger vergiftet werden, Luft und Wasser sauberer gehalten werden, der Energieverbrauch eingegrenzt und die Abfallberge verkleinert werden und unsere Ernährungsweise biologischer wird, besteht die Hoffnung auf eine bessere Zukunft. Diese muss eindeutig zu einem höheren Verantwortungsbewusstsein und damit zu einem erweiterten Geistbewusstsein führen. Wir sollten uns vermehrt bewusst werden, dass wir in nicht allzu ferner Zukunft bei unserer nächsten Inkarnation in jene Welt zurückkehren werden, die wir vor Kurzem hinter uns gelassen haben.

Auf der mitmenschlichen Ebene muss angestrebt werden:

- mehr Gleichberechtigung unter den Geschlechtern
- mehr Chancengleichheit zwischen Jung und Alt
- mehr Solidarität zwischen Arm und Reich
- mehr Versöhnung zwischen den Konfliktparteien
- mehr Toleranz zwischen Konfessionen und Religionen
- mehr Verständnis zwischen Ländern und Nationen
- mehr Friede zwischen Klassen und Rassen

Dies wird zur Entwicklung eines menschenfreundlichen Bewusstseins unter den Erdenbürgern beitragen. So könnten neue Wege geebnet werden, die das Zusammenleben in Ehe und Familie, in Gemeinschaft und Gesellschaft, ja mit allen Lebewesen, die Bürger unserer Erde sind, erleichtern werden, damit alle in gegenseitigem Respekt, Würde und Liebe leben können.

Auch im kirchlich-religiösen Leben findet, zumindest in der westlichen Welt, ein Umdenken und eine Neuorientierung statt. Der gegenwärtige Reformstau in den Großkirchen kann nur behoben werden, wenn neue Glaubensformen zugelassen werden. Die großen Konfessionen haben ihre Überzeugungskraft bei den Gläubigen weitgehend eingebüßt und müssen sich durch Erneuerungsgedanken einen Weg in die Zukunft bahnen können. Den Reformbestrebungen standen die traditionsgebundenen kirchlichen Institutionen immer schon sehr kritisch bis ablehnend gegenüber. Während es in der Offenbarung des Johannes heißt: »Ich mache alles neu« (Off 21,5) gilt heute die Weisung immer noch allzu sehr: »Es bleibt alles beim Alten.«

Weil die alten Erklärungsmuster nicht mehr ausreichen, um die neu anstehenden Probleme zu verstehen und zu lösen, sind neue, mutige Glaubensmodelle erforderlich, die eine Neuorientierung ermöglichen. Die Krisen in der heutigen Kirchenhierarchie weisen deutlich auf diese kritische Situation hin. Diese wird sich nicht ändern, solange kirchliche Autoritäten behaupten, sie seien im Besitz der ganzen Wahrheit. Dagegen vertrat der evangelische Theologe *Helmut Thielicke* (1908-1986) schon vor Jahrzehnten die Ansicht: »Nur wer Häresien wagt, kann die Wahrheit gewinnen.« (63)

Desgleichen schrieb *C. G. Jung* im Jahr 1960 an den Pastor *Oscar Niessen*: »Genau gesagt halte ich mich für einen Christen, bin aber zugleich davon überzeugt, dass das heutige Christentum nicht die letzte Wahrheit darstellt. Der augenblickliche Zustand erscheint mir unerträglich, darum erachte ich eine grundlegende Weiterentwicklung des Christentums für absolut notwendig.« (64)

Die christlichen Kirchen werden sich den Anforderungen der neuen Zeit stellen und zukunftsoffener werden müssen. Hierzu gehören folgende Erneuerungen:

- Sie muss ihre Glaubensaussage ansprechender gestalten und ihre theologischen Grundlagen neu überdenken und für ihre Glaubensbotschaften neue Formen wagen.

- Sie sollte sich noch mehr als bisher um die Versöhnung der Menschen verschiedener Konfessionen und Glaubensüberzeugungen bemühen und das Gemeinsame betonen.

- Sie müsste zusehends aus ihrer Glaubensfestung heraustreten und sich noch mehr um Verarmte und Vereinsamte, um Ausgegrenzte und Rechtlose, um Arbeitslose und Heimatlose, um Kranke und Sterbende kümmern, nach dem Motto des Zürcher Straßen-Seelsorgers und Pfarrers *Ernst Sieber* (1927-2018): »Der Mensch soll nicht verkirchlicht, sondern die Kirche soll vermenschlicht werden.«

- Die Kirchen der Zukunft sind aufgerufen, sich neuen Gedanken, die sie bisher bekämpft haben, wie die von Karma und Wiedergeburt, zu öffnen und in ihre Glaubensvermittlung aufzunehmen.

- Die Glaubenserneuerung kann nicht erreicht werden durch neue Dekrete und Doktrinen der Kirchenobern, sondern dadurch, dass sie sich vom jahrhundertealten Wildwuchs veralteter Beschlüsse befreien und die Botschaft der Bergpredigt (Mt 5, 3-10) wieder ernst nehmen.

- Die ständig gleichartigen Riten und Rituale, die gleichlautenden Bitten und Gebete und die gleichförmigen Anrufungen und Lobpreisungen müssten mehr Raum lassen für persönliche Anliegen, die durch eigene Gedankeninhalte gefüllt werden können.

Die amerikanische Psychologin *Judy Cannato* (1949-2011) hat an einem Seminar mit ihren Kursteilnehmern folgende Vision vom »Menschen der Zukunft« erarbeitet:

»Der neue Mensch ist intuitiv, hat Sinn für das Ganze, lebt integer, verfügt über die Fähigkeit, zum Wohle des Ganzen Opfer zu bringen, ist scharfsichtig und geht Risiken ein. Beziehungen gründen auf Gegenseitigkeit, Achtung und aufrichtigem Interesse für das Wohl der Gemeinschaft und schließt außerdem alle und jeden ein, auch die Erde selbst. Der neue Mensch ist zugleich Prophet und Mystiker. Der Prophet steht aktiv in der materiellen Welt, er sieht sehr klar und ruft die Menschheit zum Handeln auf. Der Mystiker befasst sich mit der transzendenten Welt, fühlt sich zum unbegreiflichen heiligen Geheimnis hingezogen und hat keine Angst vor der Gnade. Doch die Rolle als Prophet und Mystiker ist beileibe keine getrennte Aufgabe, sondern sie ist miteinander verschränkt und hat etwas Unitäres.« (65)

Ob unsere Zukunft zunehmend heller sein wird, in der die erwachende Menschheit einem verheißungsvollen Morgen entgegengehen wird, oder ob diese uns in die Nacht eines hoffnungslosen Niedergangs führen wird, hängt weitgehend davon ab, was wir als Zukunft herbeidenken. Entscheidend ist, ob in den kommenden Jahren und Jahrzehnten im Denken möglichst vieler Menschen die lichten die finsteren Gedanken überwiegen; denn unsere Zukunft hängt von der Art unseres Denkens ab.

Statt über die drohende Finsternis zu klagen, ist es besser, ein Licht der Hoffnung anzuzünden, indem wir unsere Erde segnen, statt sie zu verwünschen, indem wir sie lieben, statt sie zu hassen, indem wir sie hegen und pflegen, statt sie zu plündern, indem wir sie bewahren, statt sie zu vernichten. Nicht blinder Fortschrittsglaube und egoistische Profitsucht kann unsere Zukunft retten, sondern das Besinnen auf ewig gültige Werte, die stets die gleichen sind. Zu den am häufigsten genannten Eigenschaften des zukünftigen Menschen gehören: Liebe, Anteilnahme, Mitgefühl, Freiheit, Mut, Einheit, Einfachheit, Gleichheit und Hoffnung.

Es mag sein, dass die Vorstellung von der Wiedergeburt jene, die daran glauben, geduldiger, nachsichtiger und großzügiger macht, sie von weiten Zeiträumen träumen lässt und sie veranlasst, die Widerwärtigkeiten des Lebens widerspruchslos hinzunehmen. Sie kann aber auch zu einer fatalistischen und pessimistischen Lebenseinstellung führen und zu einer Weltsicht, die wenig Raum lässt für Vergebung und Verzeihen sowie für das Wirken der Gnade. (66)

Die christliche Theologie stützt sich auf den Grundsatz: »*Gratia supponit naturam*. Die Gnade setzt die Natur voraus.« Dies soll bedeuten, dass Gott sich bei seinem Handeln und Nicht-Handeln an die Naturgesetze hält und diese nicht außer Kraft setzt. Wer dies übersieht und blind auf außerordentliche Wunder hofft, verhält sich nicht gläubig, sondern frönt einem naiven Aberglauben. Die ganze Natur ist schon Wunder genug; dass wir diese erforschen und ihre Regeln befolgen können und ihre angebotenen Hilfs- und Heilmittel in Anspruch nehmen dürfen, ist die Gnade, die uns zukommt. Halten wir uns deshalb an die Worte des *Augustinus*: »Wunder geschehen nicht im Widerspruch zur Natur, sondern nur im Widerspruch zu dem, was uns über die Natur bekannt ist.« Abschließend eine kleine Symbolgeschichte, die uns zum Nachdenken veranlassen sollte:

»Ein Weiser wurde gefragt, wie man den Zeitpunkt bestimmen könne, wann auf der Erde die Nacht aufhöre und der Tag beginne. »Ist es dann«, wollten die Fragenden wissen, »wenn man von Weitem ein Schaf von einem Hund unterscheiden kann?« »Nein, dann ist es nicht«, sagte der Meister. »Ist es dann, wenn man in der Morgendämmerung einen Apfelbaum von einem Birnbaum auseinanderhalten kann?« »Auch dann ist es nicht«, antwortete der Wissende. »Wann ist es denn?«, wollten die Fragenden endlich erfahren. »Es ist dann«, gab der Weise zur Antwort, »wenn ihr in das Gesicht irgendeines fremden Menschen schaut und darin eure Schwester oder euren Bruder erkennt, dann wird es Tag, und die Finsternis weicht dem Licht. Solange dies nicht geschieht, herrscht die Nacht der Unwissenheit auf unserer Erde.«« (67)

12.

Schlussgedanken

Entreiß dich, Seele, nun der Zeit,
Entreiß dich deinen Sorgen
Und mache dich zum Flug bereit
In den ersehnten Morgen.

Hermann Hesse

Unsere aufeinanderfolgenden Erdenleben bilden nicht einen endlosen Kreislauf, sondern sie gleichen einer sich aufwärts windenden Spirale, die einmal ein Ende finden wird. Statt einer ewigen Wiederkehr erwartet uns die Rückkehr und Heimkehr ins Himmelsreich, in unser geistiges Ursprungsland, aus dem wir vor Jahrmillionen als Geistwesen ausgegangen und herausgefallen sind.

Solange die Geistseele das Verlangen spürt, auf die Erde zurückzukehren, sei es, dass sie noch nicht alle irdischen Bedürfnisse gestillt oder ihnen entsagt hat, sei es, dass sie noch etwas aufarbeiten, vollenden oder wiedergutmachen muss, ist sie vom Rad der Wiedergeburten noch nicht befreit. Sie spürt die innere Notwendigkeit, wiederzukommen, welche *Hermann Hesse* angesprochen hat:

Solang du nach dem Glücke jagst,
Bist du nicht reif zum Glücklichsein,
Und wäre alles Liebste dein.

Solang du um Verlornes klagst
Und Ziele hast und rastlos bist,
Weißt du nicht, was Friede ist.

Erst wenn du jedem Wunsch entsagst,
Nicht Ziele mehr noch Begehren kennst,
Das Glück nicht mehr mit Namen nennst.

Dann reicht dir des Geschehens Flut
Nicht mehr ans Herz, und deine Seele ruht. (1)

Bis es so weit ist, werden wir noch länger unterwegs sein. Ich schließe mich den Erwartungen des jenseitskundigen Psychologen *Alfred Dalliard* an, der über den »Weg des Menschen« schreibt: »Der vor uns liegende Weg ist noch sehr weit – lang ist die Leiter des Aufstiegs: Sprosse um Sprosse muss ein Wesen nehmen, von einem Erdenleben zum nächsten muss es sich verbessern, muss von seiner Düsterheit, von seiner Last frei werden. Schicht um Schicht ist abzutragen, damit die ursprüngliche durch den Abfall verdeckte Kostbarkeit und Schönheit der Seele wieder zum Vorschein kommt.« (2)

Die Endstation aller Inkarnationen auf Erden ist die Einkehr ins himmlische Vaterland. Das Endziel aller Erdenleben ist demnach nicht ein Verlorengehen oder Auflösen in einem namenlosen Nicht-Sein, sondern es ist das beständige Dasein in der Einheit mit der göttlichen Schöpfungswelt. Dies wird das Ende all unserer gelebten Erdenwege und all der Umwege, Abwege und Irrwege sein, die wir einst gewagt und gewählt haben.

Erst wenn wir alle erdgebundenen Abhängigkeiten aufgegeben haben und alle irdischen Fesseln überwunden und alle diesseitigen Verflechtungen losgelassen haben, werden wir frei für den Übergang in eine spirituelle Sphäre, in der uns nichts mehr an Irdisches bindet. Nun sind wir erlöst vom Zwang und von der Notwendigkeit der Wiedergeburten. Nachdem wir alle Erdenschwere hinter uns gelassen und alles Belastende aus vergangenen Leben losgelassen haben, sind wir bereit für den Übertritt in jene lichten Sphären, in denen wir von unseren himmlischen Geschwistern begrüßt und empfangen werden.

Jetzt stimmt, was der österreichische Dichter *Stefan Zweig* (1881-1942) in der zweiten und dritten Strophe seiner Poesie »Stille Größe« schreibt:

Erst wenn die laute Welt dir fremd geworden,
Und du ein Fremder aller andern bist,
Lauschst du aus deines Lebenslieds Akkorden
Dem Klang, der nur aus eigner Seele fließt.

Tief tauchst du in den Wunderstrom der Zeiten,
Der segnend über dir zusammenschlägt,
Und selig spürst du, wie zu Ewigkeiten
Die starke Seele dich hinüberträgt. (3)

Rückschau auf vergangene Leben

Mein Weg war weit -
Durch Raum und Zeit
zieht meiner Schritte Spur.
Und Leben sich an Leben reiht
Wie Perlen auf der Schnur.

Ephides

In den hohen Himmelssphären werden wir uns wieder erinnern an unser Dasein, das Milliarden von Jahren zurückliegt. Wir werden uns wieder erinnern an die seligen Momente, da wir von Gott ins Dasein gerufen wurden, und an die glücklichen Zeiten, als wir mit unseren Geschwisterseelen in geistigen Familien im himmlischen Paradies zusammenwohnten. Die Erinnerung wird wieder wachgerufen an unsere frühesten Seelenpartner und an unsere Dualseele, die uns ursprünglich zugedacht war. Wir werden uns aber auch in Erinnerung rufen müssen, wie es zu den ersten Entfremdungen und Trennungen im Gottesreich kam und warum wir unser angestammtes himmlisches

Heimatrecht verloren haben. Wir werden uns an jene langen Aufenthalte in den gottfernen Dunkelwelten erinnern und an den Tag, da rettende Engelscharen die Tore der höllischen Gefängnisse aufgestoßen und uns zur Umkehr und Heimkehr in unser himmlisches Vaterhaus eingeladen haben. Wir können uns auch an all die ungezählten Erdenleben erinnern, die wir im Verlauf vieler Inkarnationen als Menschen auf unserem langen geistigen Entwicklungsweg verbracht haben.

Dies beschreibt der Dichter und Alchemist *Alexander von Bernus* (1880-1965), der auf Schloss Donaumünster in Bayern und zeitweise im Stift Neuburg bei Heidelberg lebte, mit folgenden Worten aus seinem Gedicht »Zusammenhänge«:

Ich weiß von einst gelebten Tagen
Und von den Tempeln an dem Nil
Geheimnisvolles viel zu sagen,
Und von der Vorzeit weiß ich viel.

Ich sah die schattenhaften Mysten
Gesangsweis um die Zella geh'n;
Ich weiß, wo die verborgnen frühsten
Noch unverlöschten Lampen steh'n.

Ich hob aus nie erreichten Schächten
Den Bergkristall mit meinem Ton,
Ich beschwor in den heil'gen Nächten
Die Wesenheiten, die uns bedrohn.

Ich spürte mit der Wünschelrute
Die Schätze auf aus dunklem Grund,
Und meine Stimme lag im Blute
Und wurde Brot in jedem Mund.

Ich schaute in den Stein der Weisen
Mich selbst von jeder Schwere frei,
Und ich verschwieg die Kunst wie Eisen
In lautres Gold zu wandeln sei.

Ich lebte viele tausend Leben jede
Noch so verfehmte Liebe nach;
Und wenn ich heute tönend rede,
So bin ich's nicht allein, der sprach.

Und jede Saite, die ich rühre,
Schlug ich schon einmal an vor lang,
Und in vergess'nen Sängen spüre
Ich meinen eigenen Gesang.

Und sind mir auch Gestalt und Namen
Entfallen derer, die ich war,
So weiß ich doch, woher sie kamen
Aus dem, was ich an mir erfahr.

In ungezählten Lebensläufen
Seit ich auf dieser Erde geh,
Die so viel Schicksal auf mich häuften,
Dass ich mich selber nicht versteh.

Was mir gehört, ist mein Vermächtnis
Und aus dem heut' noch halben Schein,
Wird dem nächsten Leibe Gedächtnis
An jedes vorgewesene Sein. (4)

Anmerkungen und Literaturangaben

Abkürzungen: gr.: griechisch; lat.: lateinisch

Vorwort

1. Rilke, Rainer Maria: Duineser Elegien. Manesse Verlag, Zürich 1951, S. 37.
2. Dostal, Werner: Wir Menschen sind gefallene Engel. Medium Nr. 97, Verlag Geistchristliche Gemeinschaft, Zürich, 2019, S. 2-27.
3. Schmidt, Karl Otto: Wir leben nicht nur einmal. Drei Eichen Verlag, München und Engelberg, 4. Aufl., 1973, S. 15-16.
4. Jung, Carl Gustav: Über die Entwicklung der Persönlichkeit. Walter Verlag, Olten, Freiburg i. B., Bd. 17, 4. Aufl., 1982. S. 191.
5. Hinz, Walther: Geborgenheit. Arthur Brunner Verlag, Zürich 1971, S. 297.
6. Leadbeater, Charles W.: Das Jenseits. Hellsichtige Beobachtungen. Aquamarin Verlag, Grafing 2012, S. 52.
7. Bühler, Walther: Schicksal und Wiederverkörperung. Verlag des Vereins für ein erweitertes Heilwesen. Bad Liebenzell-Unterlengenhartdt 1984, S. 18.
8. Schweitzer, Albert: Vom Sinn des Lebens. Paul Haupt Verlag. Bern, Stuttgart 1983, S. 10.
9. Zahrada, Hella: Ephides-Gedichte. Verlag Geistige Loge Zürich, Zürich 1979, S. 15.

Einleitung

1. Jung, Carl Gustav: Die verschiedenen Aspekte der Wiedergeburt. In: Eranos-Jahrbuch 1939. Rascher Verlag, Zürich 1940, S. 405.
2. Forsboom, Bernhard: Emanuel. Botschaften aus dem Urlicht. Neuherausgabe im Aquamarin Verlag, Grafing 2010, S. 117.
3. Flemming, Beatrice: Über die esoterische Bedeutung der Parabel vom »verlorenen Sohn«. In: Das theosophische Weltbild. Hirthammer Verlag, München, Bd. 3, 1976, S. 144-158.
4. Dalliard, Alfred: Lexikon der Geistchristlichen Lehre. PH. C. W. Schmidt Verlag, Neustadt an der Aisch, 2010, S. 546.

5. United Press: 230 000 Dollar für den Nachweis der Seele. In: »Die Tat« vom 23. 10. 1967, S. 18.
6. Leadbeater, Charles W.: Das Jenseits. Hellsichtige Beobachtungen. Aquamarin Verlag, Grafing 2012, S. 14.

Kapitel 1

1. Kälin, Bernard: Logik und Metaphysik. Lehrbuch der Philosophie. Verlag des Benediktinerkollegiums. Sarnen, 3. Aufl. 1940, S. 194-196.
2. Brunner, Beatrice: Von Kräften in der Natur und beim Aufbau der Materie. In: Geistige Welt, Nr. 2, 2020, S. 16-18.
3. Furger, Andres: Das Bild der Seele im Spiegel der Jahrtausende. Verlag der Neuen Zürcher Zeitung, Zürich 1997, S. 31, 71, 218, 222.
4. Beltz, Walter: Die Mythen der Ägypter. Claassen Verlag, Düsseldorf 1982, S. 72, 184, 204.
5. Fährmann, Johannes: Die Lehre von der Wiederverkörperung des Menschen. Dargestellt nach der indo-arischen Geheimlehre der Theosophie. Schatzkammer Verlag, Buenos Aires 1954, S. 9.
6. Rosenberg, Alfons: Die Seelenreise. Wiedergeburt, Seelenwanderung oder Aufstieg durch die Sphären. Turm Verlag, Bietigheim 1971, S. 13-14, 35ff.
7. Kropatsch, Anton: Wiedergeburt und Erlösung in der Lehre des Buddha. Heinrich Schwab Verlag, Gellenhausen 1963, S. 176f.
8. Rosenberg, Alfons: Die Seelenreise. Wiedergeburt, Seelenwanderung oder Aufstieg durch die Sphären. Turm Verlag, Bietigheim 1971, S. 13-24, 35ff.
9. Calvin, William H.: Die Geschichte des Lebens. Vom Urknall bis zum Großhirn des Homo sapiens. Weltbild Verlag, Augsburg 1997, S. 332f.
10. Lehmann, Johannes: Buddha. Leben und Lehren des Erleuchteten. W. Heyne Verlag.
11. Nestle, Wilhelm (Hrsg.): Platon. Hauptwerke. Timaios. Alfred Kröner Verlag, Stuttgart 1965, S. 32f.
12. Zander, Helmut: Geschichte der Seelenwanderung in Europa. Tradition von der Antike bis heute. Verlag der Wissenschaftlichen Buchgesellschaft, Darmstadt 1999, S. 14.
13. Sannwald, Gerhard: Die Lehre der Seelenwanderung in der Kulturgeschichte. In: Neue Wissenschaft. 10. Jg, 1961/62, S. 75-76.
14. Schmidt, Karl Otto: Wir leben nicht nur einmal. Drei Eichen Verlag, München, Engelberg 4. Aufl., 1973, S. 38.
15. Adler, Gerhard: Seelenwanderung und Wiedergeburt. Leben wir nur einmal? Herder Verlag, Freiburg i. Br. 1980, S. 25.
16. Ingensiep, Hans Werner: Geschichte der Pflanzenseele. Alfred Kröner Verlag, Stuttgart 2001, S. 35ff.
17. Altwegg, Kathrin: Das Leben kam mit den Kometen auf die Erde. In: Luzerner Zeitung vom 21. 1.2020, S. 11.
18. Apuzzo, Stefano und D'Ambrosio, Monica: Auch Tiere haben Seelen. Aquamarin Verlag, Grafing, 5. Aufl. 2011, S.119f.
19. Seiglie, Mario: Göttliche Planung oder blinde Evolution? In: Gute Nachricht, Nr. 1, 2018.

20. Tompkins, P. und Bird, Ch.: Das geheimnisvolle Leben der Pflanzen. Scherz Verlag, Bern, München, Wien 1974, S. 125.
21. Holzer, Hans: Das Seelenleben der Pflanzen. Verblüffende Experimente. W. Goldmann Verlag, München 1980, S. 57ff.
22. Dauncey, Elizabeth und Larsson, Sonny: Killerpflanzen. Kosmos Naturführer, Franckh'sche Verlagshandlung, Stuttgart 2018.
23. Rilke, Rainer Maria: Sämtliche Werke, Bd. 1, Gedichte. Erster Teil. Insel Verlag, Frankfurt a. M. 1955, S. 196.
24. Challoner, H. K.: Das Rad der Wiedergeburt. Ein Bericht über frühere Inkarnationen. Aquamarin Verlag, Grafing 2012.
25. von Weizsäcker, Carl Friedrich: Der Garten des Menschlichen. Carl Hanser Verlag, München, Wien, 1984, S. 145.
26. Lehmann, Johannes: Buddha. Leben und Lehre des Erleuchteten. Wilhelm Heyne Verlag, München 1994, S. 63 f, 108.
27. Ebd., S. 111-112.
28. Hesse, Hermann: Siddhartha. Suhrkamp Verlag, Frankfurt 2007, S. 14.
29. Zürrer, Ronald: Reinkarnation. Die umfassende Wissenschaft der Seelenwanderung. Govinda Verlag, 4. Aufl., Neuhausen, Altenburg 2000, S. 569 und 400f.
30. Kardec, Allan: Das Buch der Geister. Hermann Bauer Verlag. Freiburg i. Br. 1964, S. 202-204.

Kapitel 2

1. Bischofberger, Norbert: Werden wir wiederkommen? Matthias Grünewald-Verlag, 1996, S. 18ff.
2. Ewald, Günter: Die Physik und das Jenseits. Spurensuche zwischen Philosophie und Naturwissenschaft. Pattloch Verlag, Augsburg 1998, S. 199ff.
3. Crosher, Judith: Das alte Ägypten. Mondo Verlag, Vevey 1996, S. 38.
4. Passian, Rudolf: Licht und Schatten der Esoterik. Droemersche Verlagsanstalt, München.
5. Von Vay, Adelma: Geist, Kraft, Stoff. Bedellion Verlag, St. Goar, 7. Aufl., 1993, S. 14ff. 1991, S. 32.
6. Jung, Carl Gustav: Die Dynamik des Unbewussten. Walter Verlag, Olten, Freiburg i. .Br. Bd. 8, 1971, S. 364.
7. Ellis, Ryan: Anamon. Das Geheimnis der Seelenverbindungen. Aquamarin Verlag, Grafing 2019, S. 22, 28, 54.
8. Imhof, Beat: Woher wir kommen, wohin wir gehen. Aquamarin Verlag, Grafing, 2. Aufl. 2017, S. 310ff.
9. Kardec, Allan: Das Buch der Geister. Hermann Bauer Verlag, Freiburg i. Br. 2. Aufl. 1964, S. 59, 195.
10. Dalliard, Alfred: Lexikon der Geistchristlichen Lehre. Verlag PH. C. W. Schmidt, Neustadt an der Aisch 2010, S. 109, 112-113, 130-131.
11. Drewermann, Eugen: Atem des Lebens. Die moderne Neurologie und die Frage nach Gott. Patmos Verlag, Düsseldorf, 3. Aufl. 2006, S. 13.
12. Precht, Richard David: Tiere denken. Vom Recht der Tiere und die Grenzen des Menschen. W. Goldmann Verlag, München, 2. Aufl., 2016, S, 60 f, 78 f, 122, 381.

13. Wasmuth, Ewald (Hrsg.): Blaise Pascal. Gedanken. Verlag Ph. Reclam, 2. Aufl., Stuttgart 1980, S. 74.
14. Raudive, Konstatin: Der Fall Wellensittich. Untersuchungsbericht zur Frage der Medialität bei sprechenden Vögeln. Otto Reichl Verlag, Remagen 1976, S. 9-13, 25-26, 69-83.
15. Schäftlein, Marjana: Können Tiere denken? Eine Arbeit über Verstand, Vernunft und Rationalität bei Tieren. Grin Verlag, München 2009, S. 21f.
16. Pfungst, Oskar: Das Pferd des Herrn von Osten. Der kluge Hans. Ein Beitrag zur experimentellen Tier- und Menschen-Psychologie. Verlag Johann Ambrosius Barth, Leipzig 1909, Neuauflage: ›Der kluge Hans‹. Ein Beitrag zur nichtverbalen Kommunikation. S. Fischer Verlag, Frankfurt a. M. 1983.
17. Orthbandt, Eberhard: Geschichte der großen Philosophen. Verlag Werner Dausien, Hanau 1988, S. 377f.
18. Hardy, Alister: Das betende Tier. Religiosität als Faktor der Evolution. Verlag Klett-Cotta, Stuttgart 1979.
19. Drewermann, Eugen: Atem des Lebens. Die moderne Neurologie und die Frage nach Gott. Patmos Verlag, Düsseldorf, 3. Aufl., 2006, S. 13.
20. Groß, Julius: Entstehungsgeschichte des Erbsündendogmas. Ernst Reinhardt Verlag, Basel, München, Bd. 1, 1961, S. 342-345.
21. Rahner, Karl: »Immanente« und »transzendente« Vollendung. In: Teilhard de Chardin und das Problem des Weltbilddenkens. Verlag Karl Alber, Freiburg, München 1968, S. 174-202.
22. Küng, Hans: Der Anfang der Dinge. Naturwissenschaft und Religion. Piper Verlag, München, Zürich 2005, S. 28.
23. Moody, Raymond: Leben vor dem Leben. Rowohlt Verlag, Reinbek bei Hamburg 1999.
24. Nestle, Wilhelm (Hrsg.): Platon Hauptwerke. Alfred Kröner Verlag, Stuttgart 1965, S. 67 f, 143 f, 275f.
25. Beltz, Walter: Die Mythen der Ägypter. W. Claassen Verlag, Düsseldorf 1982, S. 35-38, 59, 146.
26. Wissensmagazin »Einstein«, TV-Sendung SRF 1 vom 17. 10. 2019.
27. Jerrentrup, Christa: Die Menschheit. Woher – wohin? Ansgar Verlag, Köln 1971, S. 28.
28. Jung, Carl Gustav: Psychologische Typen. Walter Verlag, Olten, Freiburg i. Br., Ges. W. Bd 6, 8. Aufl. 1949, § 801f.
29. Marx, Helga: Das Buch der Mythen aller Zeiten aller Völker. Styria Verlag. Graz, Wien, Köln 1999, S. 38 f, 89 f, 131f.
30. Barbanell, Maurice: Was ist Spiritualismus. Verlag »Die Silberschnur«, Melsbach/Neuwied 1987.
31. Sträuli, Robert: Origenes – der Diamantene. ABZ Verlag, Zürich 1987, S. 334.
32. Bauer, Hermann: Wiedergeburt. Verlag des Heimholungswerkes, Würzburg 1982, S. 92.
33. Welkisch, Carl: Der Mensch zwischen Geist und Mensch. Otto Reichl Verlag, Remagen 1976, S. 16-18.
34. Dalliard, Alfred: Lexikon der Geistchristlichen Lehre. Verlag PH. C. W. Schmidt, Neustadt an der Aisch 2010, S. 427.
35. Mohr, Till A: Kehret zurück, ihr Menschenkinder! Die Grundlegung der christlichen Reinkarnationslehre. Aquamarin Verlag, Grafing 2004, S. 28.

36. Rahner, Karl: Phänomen bis Seele. In: Herders Theologisches Taschenlexikon, 1972-1973, S. 396.
37. Bühlmann, Benno: Kinderwunsch schafft Probleme. Interview mit dem Sozialethiker Markus Zimmermann. In: Neue Luzerner Zeitung, Nr. 23, 2012, S. 8.
38. Schamoni, Wilhelm: Theologisches zum biologischen Weltbild. Verlag Ferdinand Schöningh, München, Paderborn, Wien 1964, S. 80 f, 126f.
39. Backes, Laura: »Baby, bleib bei mir«. Künstliche Befruchtung. In: Der Spiegel, Nr. 18, 2019, S. 26-30.
40. Rutz, Eveline: Medizin: Bund will Gentests für Embryos. In: Neue Luzerner Zeitung, Nr. 130, 2013, S. 4.
41. Kälin, Bernard: Logik und Metaphysik. Lehrbuch der Philosophie. Verlag des Benediktinerkollegiums, Sarnen, 3. Aufl. 1940, S. 274-275.
42. Lutz, Walter: Die Grundfragen des Lebens. Lorber Verlag, Bietigheim, 3. Aufl. 1979, S. 182.
43. Holthuizen, Anouk und Kramm, Reinhard: Sind Embryonen Menschen? In: »Reformiert«, Nr. 11, 2011, S. 3.
44. Koch, Kurt: Wann beginnt menschliches Leben? In: Vaterland, Nr. 126, 1978, S. 6-7.
45. Schiebeler, Werner: Die Entstehung menschlichen Lebens und frühkindlicher Tod. In: Wegbegleiter, Nr. 1, 2003, S. 15-41.
46. Wambach, Helen: Leben vor dem Leben. W. Heyne Verlag, München, 2. Aufl. 1980, S. 101-154
47. Steiner, Rudolf: Reinkarnation und Karma. Verlag Freies Geistesleben. Stuttgart, 2. Aufl., 1961, S. 203.
48. Schiebeler, Werner: Der Mensch und seine Bindung an Gott. Parapsychologie und Religion. Wersch Verlag, Ravensburg 1990, S. 132.

Kapitel 3

1. Adler, Gerhard: Wiedergeboren nach dem Tode? Verlag Josef Knecht. Frankfurt a. M.
2. Wiesendanger, Harald: Zurück in frühere Leben. Lea Verlag, München 2003, S. 209.
3. Kolpaktchy, Gregoire (Hrsg.): Das ägyptische Totenbuch. O. W. Barth Verlag, 3. Aufl., München, 1990, S. 115.
4. Giebel, Marion: Das Geheimnis der Mysterien. Antike Kulte in Griechenland und Rom.
5. Nestle, Wilhelm (Hrsg.): Platon. Hauptwerke. Phaidon. Alfred Kröner Verlag, Stuttgart 1965, S, 115ff.
6. Blümel, Karl (Hrsg.): Julius Caesar. Der gallische Krieg. Verlag Beleke, Essen, 3. Aufl., 1990, S. 166.
7. Schmidt, Karl Otto: Wir leben nicht nur einmal. Drei Eichen Verlag, München, Engelberg, 4. Aufl. 1969, S. 126-127.
8. Schmidt, Karl Otto: Kehret wieder, Menschenkinder! Frick Verlag, Bonn-Bad Godesberg 1970, S. 43.
9. Augustinus, Aurelius: Bekenntnisse. Reclam-Verlag, Stuttgart 1977, S. 35.

10. Stettler, Walter: Die Seelenwanderung bei Griechen und Römern. In: Tübinger Beiträge zur Altertumswissenschaft. Bd. 22, Stuttgart, Berlin 1934, S. 78f.
11. Friedli, Richard: Zwischen Himmel und Hölle. Die Reinkarnation. Universitätsverlag.
12. Lincoln, Henry, Baigent, Michael Leigh, Richard: Der Heilige Gral und seine Erben. Ursprung und Gegenwart eines geheimen Ordens. Gustav Lübbe Verlag, 5. Aufl.1986, S. 15 f, 90 f, 256 ff, 346f.
13. Sigdell, Jan Erik: Reinkarnation. Christentum und das christliche Dogma. Ibera Verlag, Wien 2001, S. 51.
14. Heindel, Max: Die Weltanschauung der Rosenkreuzer oder mystisches Christentum. Verlag der Rosenkreuzer-Gemeinschaft, Zürich o.J., S. 134, 147f.
15. Seiling, Max: Goethe als Esoteriker. Verlag »Die Silberschnur«, Neuwied 1988, S. 99 f, 113-114.
16. Benz, Ernst: Die Reinkarnationslehre in Dichtung und Philosophie der Deutschen Klassik. In: Fortleben nach dem Tode. Hrsg. von Andreas Resch, Imago Mundi–Kongress-Bericht 1979, Resch Verlag, Innsbruck, 7. Band, 1980, S. 317-356.
17. Bock, Emil: Wiederholte Erdenleben. Die Wiedergeburtsidee in der deutschen Geistesgeschichte. Verlag Urachhaus, Stuttgart, 7. Aufl., 1975, S. 26ff.
18. Lutz, Walter: Die Grundfragen des Lebens in der Schau des Offenbarungswerkes Jakob Lorbers. Lorber Verlag, Bietigheim, 3. Aufl., 1979, S. 520-522.
19. Fährmann, Johannes: Großer Theosophischer Katechismus. Schatzkammer Verlag, Calw / Würzburg 1954, S. 69.
20. Kardec, Allan: Das Buch der Geister. Hermann Bauer Verlag, Freiburg i. Br., 1964, S. 69, 78.
21. Michel, Peter und Röcker, Anna: Christus. Das Licht der Welt. Aquamarin Verlag, Grafing 2019, S. 87, 91.
22. Mohr, Till A.: Kehret zurück, ihr Menschenkinder Die Grundlagen der christlichen Reinkarnationslehre. Aquamarin Verlag, Grafing 2004, S. 262f, 269 f, 388ff.
23. Michel, Peter und Röker, Anna: Christus. Das Licht der Welt. Aquamarin Verlag.
24. Forsboom, Brenhard: Das Buch Emanuel. Drei Eichen Verlag, München 3. Aufl., 1957, S. 249-250.
25. Greber, Johannes: Der Verkehr mit der Geisterwelt Gottes. Verlag Johannes Greber Memorial Foundation Teaneck/ N.J. 10. Aufl. 1987, S. 268 f, 279 f, 349ff.
26. Hinz, Walther: Neue Erkenntnisse über die Schöpfung Gottes. ABZ Verlag, Zürich 991, S. 185 f, 215 f, 235f.
27. Obst, Helmut: Reinkarnation. Weltgeschichte einer Idee. C. H. Beck Verlag, München 2009, S. 209.
28. Capra, Fridjof: Wendzeit. Scherz Verlag Bern, München, Wien 1983, S. 51ff.
29. Ferguson, Marylin: Die sanfte Verschwörung. Persönliche und Gesellschaftliche Transformation. Droemersche Verlagsanstalt, München 1980, S. 95ff.

30. Resch, Andreas: Fortleben nach dem Tode. Imago Mundi, Bd. VII, Resch Verlag. Innsbruck 1980.
31. Mohr, Till: Kehret zurück, ihr Menschenkinder! Die Grundlagen der christlichen Reinakarnationslehre. Aquamarin Verlag, Grafing 2004.
32. Friedli, Richard: Zwischen Himmel und Hölle – Die Reinkarnation. Religionswissenschaftliches Handbuch. Universitätsverlag, Freiburg/ Schweiz 1986.
33. Stolp, Hans: Der Weg ins Jenseits. Aquamarin Verlag, Grafing 2014.
34. Bischofberger, Norbert: Werden wir wiederkommen? Matthias Grünewald Verlag, Mainz 1996.
35. Zürrer, Ronald: Reinkarnation. Govinda Verlag, Neuhausen, Altenburg, 4. Aufl., 2000, S. 42.
36. Humphreys, Christmas: Karma und Wiedergeburt. Die Schicksalsstufen des Menschen als Weg zu seiner Vollendung und Vollkommenheit. Scherz Verlag, Bern, München, Wien 1974, S. 97.

Kapitel 4

1. Kudnig, F.: Gedanken um Tod und Leben. Theosophische Zeitschrift »Die kosmische Wahrheit«, Nr. 11, 1998, S. 28.
2. Douval, H. E.: Beweise der Wiedergeburt. Grundlegende Einführung in die kosmischen Wahrheiten von Reinkarnation und Karma. Hermann Bauer Verlag, Freiburg i. Br, 2. Aufl. 1959, S. 24-26.
3. Witteck, Gabriele: Reinkarnation. Eine Gnadengabe des Lebens. Gabriele Verlag Vita Vera, Bremgarten 2018, S. 3.
4. Seiler, Ursula: Mehr als einmal in dieser Welt. In: ZeitenSchrift, Nr. 88, 2017, S. 63.
5. Jaffé, Aniela: Erinnerungen, Träume, Gedanken von C. G. Jung. Rascher Verlag, Zürich 1961, S. 320.
6. Steiner, Rudolf: Wie erlangt man Erkenntnisse der höheren Welten? Rudolf Steiner Verlag, Dornach 1982, S. 204ff.
7. Brian, Weiss L.: Die zahlreichen Leben der Seele. Die Chronik einer ungewöhnlichen Rückführungstherapie. Droemer Knaur Verlag, München 1995, S. 111.
8. Wambach, Helen: Leben vor dem Leben. Wilhelm Heyne Verlag, München 1980, S. 83-93.
9. Orr, Brigitte: Lass Wunder geschehen. Ansata Verlag. München, 2. Aufl. 2017, S. 70.
10. Wambach, Helen: Leben vor dem Leben. W. Heyne Verlag, München 2. Aufl. 1980, S. 101f.
11. von Jankovich, Stefan: Reinkarnation als Realität. Drei Eichen Verlag. Ergolding 1992, S. 77.
12. Schmidt, Karl Otto: Das abendländische Totenbuch. Bd. II: Wir leben nicht nur einmal. Drei Eichen Verlag, München, Engelberg 1973, S. 343.
13. Michel, Peter: Karma und Gnade. Aquamarin Verlag, Grafing 1988, S. 61.
14. Brunner, Beatrice: Jenseitsdurchgabe. In: Geistige Welt, Nr. 37/38, 1976, S. 296.
15. Jackson, Laura L.: Das Licht zwischen uns. Ansata Verlag, München 2016, S. 249.

16. Michel, Peter: Die Botschafter des Lichtes. Aquamarin Verlag, Forstinning/München, Bd. 1, 1983, S. 206.
17. Besant, Annie: Avatare. Die großen Lehrer der Menschheit. Aquamarin Verlag, Grafing 2018, S. 15f.
18. Stolp, Hans: Das Rätsel des Lebens und das Geheimnis des Todes. Aquamarin Verlag, Grafing, 3. Aufl. 2007, S. 92.
19. Newton, Michael: Die Reise der Seele. Karmische Fallstudien. Astrodata Verlag, Wattwil, 12. Aufl. 2013, S. 110f.
20. Korrodi, Eduard (Hrsg.); Goethe im Gespräch. Manesse Verlag, Zürich 1944, S. 851.
21. Muranyi, Monika: Die menschliche Akasha. KOHA Verlag, Burgrain 2015, S. 86.
22. Oetinger, Manuela: Transformation und Zeitenwende. Aquamarin Verlag, Grafing 2014, S. 146.
23. Von Jankowich, Stephan: Ich war klinisch tot. Drei Eichen Verlag, München, Engelberg, 2. Aufl., 1985, S. 91.
24. Cabobianco, Flavio M.: Ich komm' aus der Sonne. Ch. Falk-Verlag, Seon 1994, S. 9f.
25. Von Dreien, Bernadette: Christina. Bde. 1-3, Govinda Verlag, Rheinau und Jestetten 2017-2019.
26. Passian, Rudolf: Wiedergeburt. Ein Leben oder viele? Droemersche Verlagsanstalt, München 1985, S. 158.
27. Newton, Michael: Die Reise der Seele. Karmische Fallstudien. Astrodata Verlag, Wattwil, 12. Aufl. 2013, S. 110f.
28. Dalliard, Alfred: Die Vorzüge des Glaubens an die Wiedergeburt. Medium Nr. 14, 2001, S. 22-23.
29. Specht, Richard: Gustav Mahler. Verlag Schuster & Loeffler, Berlin 1925, S. 54.
30. Hesse, Hermann: Sämtliche Werke. Hrsg. Volker Michels. Bd. 10, Suhrkamp Verlag, Fankfurt a.M. 2002, S. 231.

Kapitl 5

1. Goethe, Johann Wolfgang: Faust, Verlag Birkhäuser, Ges.W. Bd. 3, Basel 1944 S. 157.
2. Campbell, Josef H.: Der Irrtum mit der Seele. Scherz Verlag, Bern, München, Wien 1973, S. 106.
3. Winkler, Wigbert: Der Seelenbeweis. Das Wissen über die Seele in Philosophie und Wissenschaft. Crotona Verlag, Amerang 2018, S. 188-192.
4. Long, Jeffrey und Perry, Paul: Beweise für ein Leben nach dem Tod. Die umfassende Dokumentation von Nahtod-Erfahrungen aus der ganzen Welt. Goldmann Verlag, München 2010, S. 357.
5. Nietzsche, Friedrich: Also sprach Zarathustra. Reclam Verlag, Stuttgart 1977, S. 27.
6. Hawking, Stephen und Mlodinow, Leonard: Der große Entwurf. Eine neue Erklärung des Universums. Rowohlt Verlag Reinbek bei Hamburg, 3. Aufl. 2010, S. 37.

7. Dürr, Hans-Peter: Es gibt keine Materie! Revolutionäre Gedanken über Physik und Mystik. Crotona Verlag, Amerang 2012, S. 51ff.
8. Dürr, Hans-Peter: Gott, der Mensch und die Wissenschaft. Weltbild Verlag, Augsburg 1997, S. 134.
9. Lessing, Gotthold Ephraim: Die Erziehung des Menschengeschlechts. Verlag Buchclub Ex Libris Zürich, Zürich 2017, S. 35.
10. Grimm, Herman: Goethes Briefe an Charlotte von Stein. Alfred Kröner Verlag, Stuttgart 1959, S. 232ff.
11. Sheldrake, Rupert: Der Wissenschaftswahn. Warum der Materialismus ausgedient hat. Verlag O. W. Barth, München 2012, S. 445.
12. Schmidt, Karl Otto: Wir leben nicht nur einmal. Rückerinnerungen an frühere Leben. Drei Eichen Verlag, München, Engelberg, 4. Aufl. 1973, S. 164.
13. Van Laak, Walter: Wer stirbt, ist nicht tot! Buchverlag van Laak, Aachen 2011, S. 173.
14. Lees, Robert, James: Reise in die Unsterblichkeit. 2. Band: Vor dem Himmelstor. Drei Eichen Verlag, München, 2. Aufl. 1968, S. 74f.
15. Landmann, Philipp: Wie die Toten leben. Heinrich Schabe Verlag, Gelnhausen 1954, S. 163.
16. Simma, Maria: Meine Erlebnisse mit Armen Seelen. Christiana-Verlag, Stein am Rhein 2004.
17. Schiebeler, Werner: Jenseitserlebnisse Verstorbener. Wersch Verlag, Ravensburg 1995. 16-18,
18. Holzer, Hans: Fenster zur Vergangenheit. W. Goldmann Verlag, München 1979, S. 56.
19. Wickland, Carl: Dreißig Jahre unter den Toten. Otto Reichl Verlag, Remagen 1952, S. 125.
20. Kälin, Bernard: Logik und Metaphysik. Lehrbuch der Philosophie. Verlag des Benediktinerkollegiums, Sarnen, 3. Aufl. 1940, S. 261.
21. Niemz, Markolf: Wer bin ich, wenn ich nicht mehr bin. Ein Physiker entschlüsselt die Ewigkeit. Kreuz Verlag, Freiburg i. Br. 2011, S. 159.
22. Arends, Michael: Elementare Fragen zur Reinkarnation. J. G. Bläschke Verlag, St. Michael 1981, S. 51.
23. Ulrich, Thomas: Dualseelen. Aquamarin Verlag, Grafing 1996, S. 9-10.
24. Greber, Johannes: Der Verkehr mit der Geisterwelt. Verlag der Johannes Greber Memorial Foundation, Teaneck, USA, 10. Aufl. 1987, S. 265.
25. Ellis, Ryan: Anamon. Das Geheimnis der Seelenverbindungen. Aquamarin Verlag, Grafing 2019, S. 112.
26. Koch, Kurt: Leben wir nur einmal auf Erden? Seelenwanderung und christlicher Glaube. Kanisius Verlag, Freiburg/Schweiz 1985, S. 15, 37.
27. Frei, Gebhard: Reinkarnation und katholischer Glaube. In: Schweizer Rundschau vom Juni 1947, S. 170.
28. Wassmann, Martin: Sphärenwanderungen. Reisen im Astralkörper. Aquamarin Verlag, Grafing 2019, S. 17 ff, 123ff.
29. Koch, Kurt: Leben wir nur einmal auf Erden? Seelenwanderung und christlicher Glaube. Kanisius Verlag. Freiburg/Schweiz 1985, S. 35.
30. Küng, Hans: Ewiges Leben? Piper Verlag, München, Zürich 1982, S. 89.
31. Dethlefsen, Thorwald: Schicksal als Chance. C. Bertelsmann Verlag, München, 3. Aufl. 1989, S. 249.

32. MacGregor, Geddes: Reinkarnation und Karma im Christentum. Aquamarin Verlag, Grafing, II. Bd. 1986, S. 96.
33. Andreas, Peter: Der Bannfluch des Justinianus. In: Esotera, Nr. 9, 1978, S. 832-853.
34. Hasselmann, Varda und Schmolke, Frank: Junge Seelen – alte Seelen. Die große Inkarnationsreise des Menschen. Arkana Verlag, München, 2. Aufl. 2016, S. 534f.
35. Finkenzeller, Josef: Was kommt nach dem Tod? Don Bosco Verlag, München, 2. Aufl. 1979, S. 56.
36. Cullmann, Oscar: Unsterblichkeit der Seele oder Auferstehung der Toten? Kreuz Verlag, Stuttgart 1962, S. 19.
37. Boros, Ladislaus: Mysterium mortis. Der Mensch in der letzten Entscheidung. Walter Verlag. Olten, Freiburg i. Br. 5. Aufl. 1966, S. 14-15, 89, 103.
38. Küng, Hans: Ewiges Leben? Piper Verlag, München, Zürich 1982, S. 87.
39. Dalliard, Alfred: Lexikon der Geistchristlichen Lehre. Verlag PH. C.W. Schmidt, Neustadt an der Aisch 2010, S. 479, 498.
40. Finkenzeller, Josef: Was kommt nach dem Tod? Don Bosco Verlag, München, 2. Aufl. 1979, S. 119-120.
41. Sigdell, Jan Erik: Reinkarnation. Christentum und das kirchliche Dogma. Iberta Verlag, Wien 2001, S. 13.

Kapitel 6

1. Omkarananda, Sivananda: Vierzehn wissenschaftliche Gründe, warum niemand stirbt. Verlag des DLZ-Forschungsinstituts, Winterthur 1973, S. 7.
2. Egloffstein, Paul: Reinkarnation ist ein Naturgesetz. In: Esotera Nr. 6, 1974, S. 522-524.
3. Truttmann, Werner: Naturwissenschaftler bestätigen die Reinkarnation. Walter Verlag, Olten, Freiburg i. Br. 1983, S. 31f.
4. Hempe, Bruno: Beweis für die Richtigkeit einer Reinkarnationserinnerung. In: Die andere Welt, Nr. 11, 1969, S. 987-991.
5. Vaughan, Frances: Intuitives Leben. Kösel Verlag, München 1988, S. 155.
6. Moser, Fanny: Das große Buch des Okkultismus. Walter Verlag, Olten, Freiburg i. Br. 1974, S. 511-516.
7. Zürrer, Ronald: Reinkarnation. Die umfassende Wissenschaft der Seelenwanderung. Govinda Verlag, Neuhausen /Altenburg, 4. Aufl. 2000, S, 185-186 und 349-350.
8. Caprez, Hans: Haben wir schon einmal gelebt? In: Der »Schweizer Beobachter« vom 1.4. 1994, S. 25.
9. Schmidt, Karl Otto: Wir leben nicht nur einmal. Drei Eichen Verlag, München, Engelberg, 4. Aufl., 1973, S. 198-200.
10. Lilly, John: Der diadische Zyklon. In: Das Neue Zeitalter. Nr. 7, Juli 1987, S. 5.
11. Ulrich, Thomas: Dualseelen. Aquamarin Verlag, Grafing 1996, S. 9-10.
12. Schmidt, Felix: Der Eremit. Erlebnisse in der Schule der Weißen Bruderschaft im Himalaya. Otto Reichl Verlag »Der Leuchter«, St. Goar 1993, S. 139ff.

13. Passian, Rudolf. Wiedergeburt. Ein Leben oder viele. Droemersche Verlagsanstalt München 1985, S. 138-139,140.
14. Stevenson, Ian: Reincarnation and Biology. 2 Bände, 1967; deutsche Ausgabe: Reinkarnationsbeweise, Geburtsnarben und Muttermale belegen die wiederholten Erdenleben des Menschen. Aquamarin Verlag, Grafing 2011.
15. Michel, Peter und Röcker, Anna: Christus. Das Licht der Welt. Die verborgenen Geheimnisse der christlichen Mystik. Aquamarin Verlag, Grafing 2019, S. 147.
16. Bayer, Resat: Wundmale aus früheren Leben. In: Esotera Nr. 7, 1977, S. 586.
17. Wiesendanger, Harald: Narben vom Tode vor dem Leben. In: Esotera Nr. 7, 1992, S. 50-55.
18. Hoffmann, Arne: Lexikon des Jenseits. Verlag »Die Silberschnur«, Güllesheim 2005, S. 209-210.
19. Hassler, Dieter: Indizienbeweise für ein Leben nach dem Tod und die Wiedergeburt. Shaker Media Verlag, Aachen 2011, S. 184.
20. Stevenson, Ian: Reinkarnation. Der Mensch im Wandel von Tod und Wiedergeburt. Aurum Verlag, Freiburg i. Br. 1976, S. 86 f, 102f.
21. Hoffmann, Arne: Lexikon des Jenseits. Verlag »Die Silberschnur«, Güllesheim 2005, S. 219.
22. Bonin, Werner F.: Xenoglossie. In: Lexikon der Parapsychologie. Scherz Verlag, Bern, München, Wien 1976, S. 538.
23. Winkler, Wigbert: Der Seelenbeweis. Crotona Verlag, Amerang 2018, S. 258.
24. Hassler, Dieter: Indizienbeweise für ein Leben nach dem Tod und die Wiedergeburt. Shaker Media Verlag, Aachen 2011, S. 295.
25. Brian, Weiss L.: Heilung durch Reinkarnationstherapie. Ullstein Verlag, Berlin, 3. Aufl.
26. Moser, Fanny: Das große Buch des Okkultismus. Walter Verlag, Olten, Freiburg i. Br. 1974, S. 384-385.
27. Hassler, Dieter: Indizienbeweise für ein Leben nach dem Tod und die Wiedergeburt. Shaker Media Verlag, Bd. 2b, Aachen 2015, S. 533.
28. Matauschek, Franz: Träume von früheren Leben. In: Esotera, Nr. 11, 1974, S. 987.
29. Gill, Derek: Elisabeth Kübler- Ross. Wie sie wurde, wer sie ist. Kreuz Verlag, Stuttgart 2006, S. 232.
30. Bowman, Carol: Ich werde wieder bei dir sein. Wiedergeburt in der Familie. Amra Verlag, Hanau 2001, S. 185, 250.
31. Vögele, Nicole: »Jenseitsretour«, Nachtoderlebnisse und ihre Konsequenzen. Dok-Film SFR_1 2010.
32. Hassler, Dieter: Indizienbeweise für ein Leben nach dem Tod und die Wiedergeburt. Shaker Media Verlag, Aachen 2011, S. 172-180.
33. Schmidt, Karl Otto: Wir leben nicht nur einmal. Drei Eichen Verlag, München 1973, S. 82.
34. Lange-Eichbaum, Wilhelm: Genie, Irrsinn und Ruhm. Eine Pathographie des Genies. Ernst Reinhardt Verlag, Basel und München 1961, S. 46 und 91.
35. Allgeier, Kurt: Du hast schon einmal gelebt. W. Goldmann Verlag, München 1979, 154.

36. Imhof, Beat: Sind Wunderkinder wiedergeborene Genies? In: Woher wir kommen , wohin wir gehen. Aquamarin Verlag, Grafing, 2. Aufl. 2017, S. 541-552.
37. Häfliger, Alois: Professor Eduard Huber. Sprachgelehrter, Archäologe, Sinologe, Indochinaforscher. Separatdruck aus der Heimatkunde des Wiggertals, Heft 36, 1978, S. 3-29.
38. Renggli, Arno: Die tragische Geschichte eines Wunderkindes. In: Luzerner Zeitung vom 20. 2. 2017, S. 8.
39. Nock, Yannick: Wunderknabe beginnt sein Masterstudium In: Luzerner Zeitung vom 22. 6. 2019, S. 6.
40. Hardo, Trutz: Wiedergeburt. Die Beweise und die Bedeutung für ein neues Bewusstsein. Verlag »Die Silberschnur«, Güllesheim 2012, S. 5.
41. Stapleton, Michael und Servan-Schreiber, Elizabeth: Lexikon der griechischen und römischen Mythologie. Xenos Verlagsanstalt, Hamburg 1978, S. 201.
42. Nestle, Wilhelm (Hrsg.): Platon. Hauptwerke. Alfred Kröner Verlag, Stuttgart 1965, S. 67 und 253-254.
43. Kübler-Ross, Elisabeth: Warum wir hier sind. Verlag »Die Silberschnur«, Güllesheim 2000, S. 25
44. Fährmann, Johannes: Großer Theosophischer Katechismus. Schatzkammer Verlag, Claw/ Württ. Band II, 1954, S. 21-26.
45. Tschenze, Vadim: Wer war ich in meinem früheren Leben? Goldmann Verlag, 4. Aufl., München 2016, S. 12f.
46. Muldoon, Sylvan: Die Außendung des Astralkörpers. Hermann Bauer Verlag. Freiburg i. Br. 1964, S. 29f.
47. Peake, Anthony: Tore zum kosmischen Bewusstsein. Wege zu einer neuen Erfahrung der Wirklichkeit. Crotona Verlag, Amerang 2017, S. 227f.
48. Weed, Joseph: Leben, Tod und Wiedergeburt. Verlag Peter Erd. Berg am Starnberger See, 1984, S. 55.
49. Von Jankovich, Stephan: Reinkarnation als Realität. Drei Eichen Verlag. Ergolding 1992, S. 39-40 und 48-56.
50. Stearn, Jess: Der Schlafende Prophet. Ariston Verlag, Genf, S. 9ff.
51. Cerminara, Cina: Erregende Zeugnisse von Karma und Wiedergeburt. Droemersche Verlagsanstalt, München 1984, S. 12f. .
52. Bonin, Werner: Edgar Cayce. Amerikanischer Seher. In: Lexikon der Parapsychologie, Scherz Verlag, Bern, München, Wien 1976, S. 101-102.
53. Cayce, Edgar: Die tausend Leben deiner Seele. Karma und Reinkarnation. Goldmann Verlag, München 1993, S. 21f.
54. Wambach, Helen: Leben vor dem Leben. Wilhelm Heyne Verlag, München, 2. Aufl., 1960, S. 94.
55. Klink, Joanne: Früher, als ich groß war. Reinkarnationserinnerungen von Kindern. Aquamarin Verlag, Grafing 1992.
56. Friedli, Richard: Zwischen Himmel und Hölle – Die Reinkarnation. Universitäts Verlag, Freiburg Schweiz 1986, S. 85-86.
57. Hassler, Dieter: Indizienbeweise für ein Leben nach dem Tod und die Wiedergeburt. Sharer Media Verlag, Bd. 1, Aachen 2011, S. 196ff.
58. Stevenson, Ian: Beweisen »Rückerinnerungen« frühere Inkarnationen? In: Neue Wissenschaft. Zeitschrift für Grenzgebiete des Seelenlebens. Nr. 2, 1961/1962, S. 49-66.

59. Hassler, Dieter: Früher, da war ich mal groß. Indizienbeweise für das Leben nach dem Tod und die Wiedergeburt. Shaker Media Verlag, Aachen 2011, S. 312.
60. Bowman, Carol: Mama, ich war schon einmal erwachsen! Kinder erinnern sich an frühere Leben, Amra Verlag, Hanau 1996, S. 14ff.
61. Van Laak, Walter: Wer stirbt ist nicht tot. Van Laak Buchverlag, Aachen 2011, S. 168.
62. Tucker, Jim B.: Kinder erinnern sich. Dem faszinierenden Phänomen der Wiedergeburt auf der Spur. Ullstein Verlag, Berlin, 2. Aufl. 2014, S. 9 f, 199f.
63. Hardo, Trutz: Entdecke deine früheren Leben. Verlag »Die Silberschnur«, Güllesheim, 5. Aufl. 2014, S. 159ff.
64. Newton, Michael: Leben zwischen den Leben. Die Hypnotherapie zur spirituellen Rückführung. Verlag Astrodata, Wattwil, 4. Aufl. 2015, S. 25.
65. Hoffmann, Arne: Albert de Rochas. In: Lexikon des Jenseits. Verlag »Die Silberschnur«, Güllesheim 2005, S. 160.
66. Björkhem, John: Die verborgene Kraft. Hermann Bauer Verlag, Freiburg i. Br. 1954.
67. Netherton, Morris und Shiffrin, Nancy: Bericht vom Leben vor dem Leben. Ein neuer Weg in die Tiefen der Seele. Wilhelm Heyne Verlag, München 1981, S. 27.
68. Wambach, Helen: Wiedergeburt durch Hypnose. W. Goldmann Verlag, München 1978, S. 38ff.
69. Dethlefsein, Thorwald: Das Erlebnis der Wiedergeburt. Heilung durch Reinkarnation. C. Bertelsmann Verlag, München 1976, S. 107.
70. Dethlefsen, Thorwald: Das Erlebnis der Wiedergeburt. Heilung durch Reinkarnation. C. Bertelsmann Verlag, 1976, S. 12, 63, 132, 140
71. Schultz, Johannes Heinrich: Das autogene Training. Versuch einer klinisch-praktischen Darstellung. Georg Thieme Verlag, Leipzig 1932.
72. Hardo, Trutz: Entdecke deine früheren Leben. Verlag »Die Silberschnur«, Güllesheim, 5. Aufl. 2014, S. 43, 84-95, 127-137.
73. Sigdell, Jan Erik: Rückführung in frühere Leben. Scherz Verlag, Bern, München, Wien 1998.
74. Newton, Michael: Leben zwischen den Leben. Hypnotherapie zur spirituellen Rückführung. Verlag Astrodata, Wattwil 2012.
75. Demarmels, Ursula: Wer war ich im Vorleben? Die positive Wirkung spiritueller Rückführungen, Heyne, München 2012.
76. Schmidt, Karl Otto: Kinder des Kosmos. Drei Eichen Verlag, München 1969.
77. Ebertin, Baldur R.: Reinkarnation und neues Bewusstsein. Hermann Bauer Verlag, Freiburg i. Br., 3. Aufl. 1995, S. 118f.
78. Wiesendanger, Harald: Zurück in frühere Leben. Möglichkeiten der Reinkarnationstherapie. Kösel Verlag, München 1991, S. 192.
79. Vinmann, Ulrike: Reinkarnationstherapie zur Heilung der Seele. Die Ursprünge psychischer Verletzungen erkennen und überwinden. Aquamarin Verlag, Grafing 2004.
80. Weiss, Brian L.: Die zahlreichen Leben der Seele. Die Chronik der Reinkarnationstherapie. Goldmann Verlag, München, 12. Aufl. 2005, S. 23.

81. Schmidt, Karl Otto: Alles Lebendige kehrt wieder. Baum-Verlag, Pfullingen / Württ. 1962, S. 7.
82. Bock, Emil: Wiederholte Erdenleben. Die Wiederverkörperungsidee in der deutschen Geistesgeschichte. Verlag Urachhaus, Stuttgart, 6. Aufl. 1975, S. 26ff.
83. Schmidt, Karl Otto: Alles Lebendige kehrt wieder. Baum Verlag, Pfulligen 1962, S.
84. Von Jankovich, Stefan: Reinkarnation als Realität. Drei Eichen Verlag, Ergoldingen 1993, S. 15-18.
85. Orthband, Eberhard: Geschichte der großen Philosophen. Verlag Werner Dausien, Hanau 1988, S. 230.
86. Rosenberg, Alfons: Die Seelenreise. Wiedergeburt, Seelenwanderung oder Aufstieg durch die Sphären. Turm Verlag, Bietigheim 1971, S. 80.
87. Dalliard, Alfred: Lexikon der Geistchristlichen Lehre. H. P. Schmidt-Verlag, Neustadt a. d. Aisch, 2. Aufl. 2016.
88. Nietzsche, Friedrich: Der Wanderer und sein Schatten. In: Menschliches, allzu Menschliches. Ges. Werke, Bd. II, Carl Hauser Verlag, München, Wien, 5. Aufl. 1980, S. 199.
89. Nestle, Wilhelm (Hrsg.): Platon. Hauptwerke. Alfred Kröner Verlag, Stuttgart 1965, S. 87.

Kapitel 7

1. Augustinus, Aurelius: Bekenntnisse. Reclam Verlag, Stuttgart 1977, S. 296.
2. Golowin, Sergius: Paracelsus. Mediziner – Heiler – Philosoph. Goldmann Verlag, München 1993, S. 132-133.
3. Carus, Carl Gustav: Psyche. Zur Entwicklung der Seele. Verlag Flammer und Offmann. Pforzheim 1846, S. 26.
4. Nietzsche, Friedrich: Menschliches, Allzumenschliches. 2. Abteilung; Der Wanderer und sein Schatten. Carl Hanser Verlag München, Wien, 5. Aufl. 1980, S. 871f.
5. Freud, Sigmund: Die Traumdeutung. Studienausgabe. Buchclub Ex Libris Zürich, Zürich 1976.
6. Jaffé, Aniela: Erinnerungen, Träume und Gedanken von C. G. Jung. Rascher Verlag, Zürich 1963, S. 163.
7. Fromm, Erich: Märchen, Mythen, Träume. Diana Verlag, Konstanz 1956, S. 33.
8. Meyrink, Gustav: Der weiße Dominikaner. Aus dem Tagebuch eines Unsichtbaren. Langen Müller Verlag, München 1995, S. 75.
9. Jung, Carl Gustav: Die Beziehung zwischen dem Ich und dem Unbewussten. Rascher Verlag, Zürich 1935, S. 187.
10. Serrano, Miguel: Meine Begegnungen mit C. G. Jung und Hermann Hesse. Daimon Verlag, Zürich 1968, S. 130-131.
11. Jaffé, Aniela: Erinnerungen, Träume und Gedanken von C. G. Jung. Rascher Verlag, Zürich 1963, S. 163.
12. Bennet, Edward: Einblicke in Leben und Werk von C. G. Jung. Rascher Verlag, Zürich 1963, S. 1O7.

13. Doucet, Friedrich: Psychoanalytische Begriffe. Wilhelm Heyne Verlag, München 1972, S. 21ff.
14. Oetinger, Manuela: Die Seele. Tiefe Einsichten in die Geheimnisse der Seelenwelt. Aquamarin Verlag, Grafing 2019, S. 89 ff, 92f.
15. Jung, Carl Gustav: Theoretische Überlegungen zum Wesen des Psychischen. Walter Verlag, Olten, Freiburg i. Br., Bd. 8, 1976, S. 215.
16. Lepp,: Klarheiten und Finsternisse der Seele. Arna Verlag, Würzburg 1961, S. 51.
17. Jung, Carl Gustav: Die Dynamik des Unbewussten. Walter Verlag, Olten, Freiburg i. Br. 1971. S. 152ff.
18. Groodeck, Georg: Das Buch vom Es. Psychoanalytische Briefe an eine Freundin. Internationaler Psychoanalytischer Verlag, Leipzig, Zürich 1923, S. 15.
19. Wehr, Gerhard: C. G. Jung. Arzt – Tiefenpsychologe – Visionär. Eine Bildbiographie. Schweizer Verlagshaus, Zürich 1989, S. 29.
20. Bieneck, Andreas (Hrsg.): Ich habe ins Jenseits geblickt. Nahtod-Erfahrungen Betroffener und Wege zu verstehen. Neukirchener Verlag, Neukirchen-Vluyn 2006, S. 85.
21. Freud, Sigmund: Fragen der Gesellschaft. Ursprünge der Religion. Ges. W., Studienausgabe Buchclub Ex Libris, Bd. 9, Zürich 1977, S. 546.
22. Zeisel, Johannes: Gibt es eine »genetische Wiedergeburt? In: Esotera, Nr. 2, 1978, S. 123-125.
23. Häsler, Alfred: Schicksal und Freiheit im Leben des Menschen. Interview mit Leopold Szondi. In: Ex Libris, Nr. 10, 1975, S. 13.
24. Szondi, Leopold: Freiheit und Zwang im Schicksal des Einzelnen. Verlag Hans Huber, Bern, Stuttgart, 1968, S, 13, 41f.
25. Szondi, Leopold: Schicksalsanalyse. Wahl in Liebe, Freundschaft, Beruf, Krankheit und Tod. Genetik des Schicksals. Schwabe Verlag, Basel, Stuttgart, 3. Aufl., 1965, S. 132, 247, 260 f, 345f.
26. Marx, Helma: Das Buch der Mythen aller Zeiten aller Völker. Styria Verlag Graz, Wien, Köln 1999.
27. Jung, Carl Gustav: Symbole der Wandlung. Walter Verlag, Olten, Freiburg i. Br., Bd. 5, 1973, S. 172.
28. Jung, Carl Gustav: Briefe. Walter Verlag, Olten, Freiburg i. Br., Bd. II, 1972, S. 14.
29. Imhof, Beat: Das karmische Unbewusste. In: Form und Geist. Zeitschrift für praktische Menschenkenntnis, Nr. 559, 1997, S. 103-106.
30. Taylor, Sandra: Der Karma-Code. Die verborgene Energie früherer Leben. Ansata Verlag, München 2012, S. 9f.
31. Hinz, Walther: Geborgenheit. Verlag Arthur Brunner, Zürich 1971, S. 203.
32. Willigis: Die Hüter des Karma. Aquamarin Verlag. Forstinning / München 1983.
33. Brunton, Paul: Karma – Kette von Ursache und Wirkung. Hermann Bauer Verlag, Freiburg i. Br. 1986, S. 57.
34. Korf, Georg: Die andere Seite der Welt. Aquamarin Verlag, Grafing 2011, S. 134.
35. Van Praagh, James: Abenteuer Seelenreise. Ansata Verlag, München 2015, S. 120.
36. Imhof, Beat: Zwölf kosmische Gesetze. Aquamarin Verlag, Grafing 2019, S. 334ff.

37. Schmidt, Karl Otto: Wiederverkörperung und Karma. Baum-Verlag, Pfulligen, 3. Aufl. 1962, S. 145.
38. Besant, Annie: Avatare. Die großen Meister der Menschheit. Aquamarin Verlag, Grafing 2018.
39. Fährmann, Johannes: Karma. Das Gesetz der absoluten Gerechtigkeit im Weltgeschehen. Bücher der Schatzkammer, Ulrich-Verlag, Calw / Wurtt. 1954, S. 84.

Kapitel 8

1. Koechlin, Florianne: Zellgeflüster. Steifzüge durch wissenschaftliches Neuland. Lenos Verlag
2. Holzer, Hans: Das Seelenleben der Pflanzen. Verblüffende Experimente. W. Goldmann Verlag, München 1980, S. 19 f, 57f.
3. Watson, Lyall: Das geheime Leben der Dinge. Crotona Verlag, Amerang 2015, S. 378.
4. Besant, Annie: Eine Studie über das Bewusstsein. Aquamarin Verlag, Grafing 2004, S. 101-107.
5. Dürr, Hans-Peter: Es gibt keine Materie. Crotona Verlag, Amerang, 2012, S. 118.
6. Precht, Richard David: Tiere denken. W. Goldmann Verlag, München 2. Aufl. 2016, S. 78 f, 110.
7. Apuzzo, Stefano und D'Ambrosio, Monica: Auch Tiere haben Seelen. Aquamarin Verlag, Grafing, 5. Aufl. 2011, S. 119f.
8. Jung, C. G.: Zur Psychologie westlicher und östlicher Religion. Walter Verlag, Olten, Freiburg i. Br., Bd. 11, 1963, S. 616.
9. Van Lommel, Pim: Endloses Bewusstsein. Neue medizinische Fakten zur Nahtod-Erfahrung. Patmos Verlag, Düsseldorf 2009, S 66, 283f.
10. Besant, Annie: Der Mensch und seine Körper. Aquamarin Verlag. Grafing 2011, S. 7ff.
11. Michel, Peter: Das illustrierte Aura-Buch. Aquamarin Verlag. Grafing 2009, S. 8-11.
12. Tadd, Ellen: Die Unendlichkeit ist jetzt. Aquamarin Verlag, Grafing 2018, S. 26.
13. Bonanomi, Renée und Michel, Katarina: Heilung geschieht im Bewusstsein. Aquamarin Verlag, Grafing 2015, S. 124.
14. Serrano, Miguel: Meine Begegnungen mit C. G. Jung und Hermann Hesse, Zürich 1968.
15. Remplein, Heinz: Die seelische Entwicklung des Menschen im Kindes- und Jugendalter. E. Reinhardt Verlag, Basel, München, 7. Aufl. 1958, S. 136f.
16. Enomiya-Lasalle, Hugo: Wohin geht der Mensch? Benziger Verlag, Einsiedeln, Zürich, Köln 1981, S. 34f.
17. Brunner, Cornelia: Mein Weg zur Individuation. C. G. Jung als Bahnbrecher einer neuen Zeit. Rotenhäusler Verlag, Stäfa 1996, S. 26.
18. Essner, Wolfgang, G.: Mystisches Bewusstsein erwacht in uns. Verlag Via Nova, Petersberg 2010, S. 68-69.
19. Doucet, Friedrich: Psychoanalytische Begriffe. Wilhelm Heyne Verlag. München 1972, S. 144.

20. Jung, Carl Gustav: Aion. Beiträge zur Symbolik des Selbst. Walter Verlag, Olten, Freiburg i. Br., Bd. 9/II, 1976, S. 32 ff,
21. Dürckheim. Karlfried: Erlebnis und Wandlung. Scherz Verlag, Bern, München, Wien 1978, S. 227ff.
22. Lama Anagarika Govinda: Der Weg der weißen Wolken. Aquamarin Verlag, Grafing 2004.
23. Weber, Renée: Alles Leben ist eins. Crotona Verlag, Amerang 2012, S. 81.
24. Freke, Gandy: Die Welt der Mystik. Arkana Verlag. München 2001, S. 172.
25. Jakoby, Bernard: Das Tor zum Himmel. Nymphenburger Verlag, Stuttgart, 3. Aufl. 2019, S. 133.
26. Leadbeater, Charles W.: Das höhere Selbst. Aquamarin Verlag, Forstinning / München 1982, S. 59, 62.
27. Wiesendanger, Harald: Wiedergeburt. Herausforderung für das westliche Denken. Fischer Taschenbuch Verlag, Frankfurt a. M. 1991, S. 196.
28. Huber, Heinrich: Das kontinuierliche Bewusstsein des Menschen. In: Resch, Andreas (Hrsg.): Fortleben nach dem Tode. Resch Verlag, Innsbruck 1980, S. 241 f, 286ff.
29. Barbanell, Maurice: Was ist Spiritualismus? Verlag »Die Silberschnur«, Melsbach/Neuwied 1987, S. 11 ff, 21 ff, 151ff.
30. Delfgaauw, Bernard: Teilhard de Chardin und das Evolutionsproblem. C. H. Beck Verlag, München 1964, S. 64f.
31. Imhof, Beat: Warum und wozu sind wir auf der Erde? Eine Antwort auf die Frage nach dem Lebenssinn. Aquamarin Verlag, Grafing 2015, S. 21 f, 57 f, 86f.
32. Haich, Elisabeth: Einweihung. Aquamarin Verlag, Grafing, 6. Aufl. 2017, S. 185 f, 204.
33. Wolff, Hellmut: Schicksal und Wiedergeburt. Verlag »Dem Wahren-Schönen-Guten«, Pforzheim 1974, S. 21.
34. Imhof, Beat: Zwölf kosmische Gesetze. Was unsere Welt im Innersten zusammenhält. Aquamarin Verlag, Grafing 2019, S. 25ff.
35. Dossey, Larry: One Mind. Alles ist mit allem verbunden. Crotona Verlag Amerang 2014, S. 47-49.
36. Kaiser, Annette: Eine Welt – Eine Menschheit – Ein Bewusstsein. Grundlagen einer universellen Spiritualität. Aquamarin Verlag, Grafing 2015, S. 39-44.
37. Laszlo, Ervin: Der Quantensprung im globalen Gedächtnis. Wie ein neues wissenschaftliches Weltbild uns und unsere Welt verändern wird. Verlag Via Nova, Petersberg 2012, S. 36f.
38. Schmidt, Karl Otto: Kinder des Kosmos. Drei Eichen Verlag, München 1969, S. 12.
39. Esser, Wolfgang: Mystisches Bewusstsein erwacht in uns. Verlag Via Nova, Petersberg 2010, S. 112.
40. Bucke, Richard: Die Erfahrung des kosmischen Bewusstseins. Eine Studie zur Evolution des menschlichen Geistes. Aurum Verlag, Freiburg i. Br., 1975, S. 19f.
41. Jeans, James: Der Weltraum und seine Rätsel. Deutsche Verlagsanstalt, München 1934, S. 290.
42. Laszlo, Ervin und Peake, Anthony: Unsterbliches Bewusstsein. Kontinuität des Selbst jenseits von Zeit und Raum. Mosquito Verlag, Potsdam 2016.

43. Roman, Sanaya: Zum höheren Selbst erwachen. Ansata Verlag, Interlaken 1990, S. 110.
44. van Lommel, Pim: Endloses Bewusstsein. Neue medizinische Fakten zur Nahtod-Erfahrung. Knaur Taschenbuch Verlag, München 2018, 336f.
45. Bonhoeffer, Dietrich: Widerstand und Ergebung. Taschenbuch. Gütersloher Verlag, Gütersloh 2010, S. 47.

Kapitel 9

1. Haas, Jana: Der Seelenplan. Was unser Schicksal bestimmt. Scorpio Verlag, Berlin, München, 2. Aufl. 2014, S. 35 f
2. Schwartz, Robert: Jede Seele plant ihren Weg. Ansata Verlag, München 2012, S. 12ff.
3. Bollschweiler, Robert: Was ist wirklich dran an der Astrologie? In: Luzerner Zeitung vom 24. 4. 2020, S. 22.
4. Stevens, Anthony: Das Phänomen C. G. Jung. Walter Verlag, Solothurn, Düsseldorf 1993, S. 86.
5. Steiner, Rudolf: Das Prinzip der spirituellen Ökonomie im Zusammenhang mit Wiederverkörperungsfragen. Rudolf Steiner Verlag, Dornach, 2. Aufl. 1979, S. 201.
6. Frieling, Rudolf: Christentum und Wiederverkörperung. Fischer Taschenbuch Verlag, Frankfurt a.M. 1982, S. 68.
7. Brunner, Beatrice: Dem schnelleren Aufstieg entgegen. In: Geistige Welt, Nr. 4, 2019, S. 125.
8. Imhof, Beat: Zwölf kosmische Gesetze. Aquamarin Verlag, Grafing 2019, S. 25 ff, 189ff.
9. Dalliard, Alfred: Der Lebensplan. Medium Nr. 68, 2011, S. 8f.
10. Coppes, Christopher: Der Himmel ist ganz anders. Aquamarin Verlag, Grafing 2012.
11. Imhof, Beat: Das programmierte Schicksal. In: Woher wir kommen, wohin wir gehen. Aquamarin Verlag, Grafing, 2. Aufl. 2017, S. 187-199.
12. Dahlke, Ruediger und Margit: Die Lebensprinzipien. Wege zur Selbsterkenntnis. Arkana Verlag, 3. Aufl., München 2011.
13. Wolff, Hellmut. Gib deine Hand. Die Sprache der Handausdrucksformen. Eser Verlag, Markt Rettenbach 1975.
14. Millman, Dan: Die Lebenszahl als Lebensweg. Ansata Verlag, München, 24. Aufl. 1999.
15. Hayek, Max: »Und deshalb klage ich nicht«. In: Zentralblatt für Okkultismus, April 1920, S. 378.
16. Dethlefsen, Thorwald: Das Erlebnis der Wiedergeburt. Heilung durch Reinkarnation. C. Bertelsmann Verlag, München 1976, S. 111.
17. Dethlefsen, Thorward: Schicksal und Chance. C. Bertelsmann Verlag, München, 3. Aufl. 1989, S. 206.
18. Brunner, Beatrice: Das Walten der Schutzgeister. In: Die geistige Welt, Nr. 2, 2016. S. 3-8.
19. Zahrada, Hella: Ephides. Ein Dichter des Transzendenten. Anthos Verlag, Weinheim 1984, S. 56.

20. Ruppert, Franz: Trauma, Bindungen und Familienstellen. Seelische Verletzungen verstehen und heilen. Pfeiffer Verlag, München 2005, S. 12ff.
21. Jaffé, Aniela: Erinnerungen, Träume, Gedanken von C. G. Jung. Rascher Verlag, Zürich 1962, S. 237.
22. Brunner, Cornelia: Mein Weg zur Individuation. Rothenhäusler Verlag, Stäfa 1996, S. 119.
23. Hasselmann, Varda und Schmolke, Frank: Die Seelenfamilie. Sinn und Struktur seelischer Beziehungen. W. Goldmann Verlag, München 2001, S. 37, 69.
24. Wambach, Helen: Leben vor dem Leben. Wilhelm Heyne Verlag, München, 2. Aufl. 1980, S. 94-99.
25. Hardo, Trutz: Erlebe dein Jenseits. Einblicke in die vergangenen Leben und jenseitigen Erfahrungen. Verlag »Die Silberschnur«, Güllesheim 2017, S. 11-12.
26. Bowman, Carol: Ich werde wieder bei dir sein! Wiedergeburt in der Familie. AMRA Verlag, Hanau 2016, S. 20.
27. Hardo, Trutz: Entdecke deine früheren Leben. Verlag »Die Silberschnur« Güllesheim, 5. Aufl. 2014, S. 61-62.
28. Gibran, Khalil: Der Prophet. Wilhelm Goldmann Verlag, 1923, Neuausgabe 2012, S. 26.
29. Müller, Karl H.: Informationen aus dem Jenseits. Turm Verlag, Bietigheim 1982, S. 103.
30. Dyer, Wayne: Erinnerungen an den Himmel. Was Kinder aus der Zeit vor ihrer Geburt berichten. W. Heyne Verlag, München, 3. Aufl. 2016, S. 77-106.
31. Newhouse, Flower: Fragen und Antworten. Aquamarin Verlag, Grafing, Bd. 1, 1991, S. 190.
32. Ulrich, Thomas: Dualseelen. Aquamarin Verlag, Grafing 1996, S. 9-10.
33. Brunner, Beatrice: Unter einem guten Stern geboren – die geistige Ordnung bei der Einverleibung. In: Geistige Welt, Nr. 5, 2017, S. 3-5.
34. Bharucha, Ruzbeh: Der Fakir. Mein Leben mit einem Meister. Aquamarin Verlag, Grafing, 3. Aufl. 2013, S.147.
35. Schmidt, Karl Otto: Wir leben nicht nur einmal. Rückerinnerungen an frühere Leben. Drei Eichen Verlag, München, Engelberg, 4. Aufl. 1973, S. 349f.
36. Wambach, Helen: Leben vor dem Leben. Wilhelm Heyne Verlag, München, 2. Aufl. 1980, S. 94-99.
37. Ellis, Ryan: Das Geheimnis der Seelenverbindungen. Aquamarin Verlag, Grafing 2019,
38. Szondi, Leopold: Freiheit und Zwang im Schicksal des Einzelnen. Verlag Hans Huber, Bern und Stuttgart 1968, S. 41f.
39. De Carvalho, Mario Jorge: Die Aristophanesrede in Platons Symposium. Verlag Königshausen & Neumann, Würzburg 2009, S. 296-302.
40. Jung, Carl Gustav: Aion. Beiträge zur Symbolik des Selbst. Walter Verlag, Olten, Freiburg i. Br. 1976, S. 20-31.
41. Steiner, Rudolf: Die Geheimwissenschaft im Umriss. Rudolf Steiner Verlag, Dornach, Aufl. 1976, S. 314.
42. Lawrence, Thomas: Fenster zur Vergangenheit. Ansata Verlag, Interlaken 1989, S. 122- 123.

43. Odermatt, Carina: »Ich wurde im falschen Körper geboren.« In: Luzerner Zeitung vom 14. 9. 2018, S. 31.
44. Hassler, Dieter: Indizienbeweise für ein Leben nach dem Tod und die Wiedergeburt. Shaker Media Verlag, Aachen, Bd. I, 2011, S. 211-212, 309.
45. Wambach, Helen: Leben vor dem Leben. Wilhelm Heyne Verlag, München, 2. Aufl. 1980, S. 77-81.
46. Engel, Herbert: Der Sphärenwanderer. Reisen, Begegnungen und Offenbarungen in anderen Dimensionen. Ansata Verlag, Interlaken 1981, S. 127.
47. Passian, Rudolf: Wiedergeburt. Droemersche Verlagsanstalt, München 1985, S. 123.
48. Bäzner, Erhard: Wo sind unsere Toten? Sehen wir sie wieder? Drei Eichen Verlag, München 1966, S. 165.
49. Challoner, H. K. Das Rad der Wiedergeburt. Ein Bericht über frühere Inkarnationen. Aquamarin Verlag, Grafing, 3. Aufl. 2010, S. 10.
50. Humphreys, Christmas: Karma und Wiedergeburt. Scherz Verlag. Bern, München, Wien 1974, S. 40.
51. Dalai Lama: Das Auge der Weisheit. Grundzüge der buddhistischen Lehre für den westlichen Leser. Scherz Verlag, Bern, München, Wien 1975, S. 29.
52. Newton, Michael: Die Reisen der Seele: Karmische Fallstudien. Verlag Astrodata, Wattwil, 1996, S. 210.
53. Hall, Judy: Seelenpartner. Das Geheimnis karmischer Verbindungen. Astroterra Verlag, Wattwil 2006, S. 37f.
54. Muranyi, Monika: Die menschliche Akasha. Die persönlichen Lebenslektionen entschlüsselt. KOHA Verlag, Burgrain 2015, S. 266.
55. Mohr, Till A.: Kehret zurück, ihr Menschenkinder! Aquamarin Verlag, Grafing 2004, S. 413.
56. Brunner, Beatrice: Auf den Wolken des Himmels. Mediationswoche 1979, Verlag: Geistige Loge, Zürich 1980, S. 18, 73.
57. Michel, Peter: Das Geistchristentum. Aquamarin Verlag, Forstinning 1981, S. 102.
58. White Eagle: Der Weg zum höheren Selbst. Aquamarin Verlag, Grafing 1989, S. 60-61.
59. Michel, Peter: Karma und Gnade. Aquamarin Verlag, Grafing 1988, S. 79.

Kapitel 10

1. Leadbeater, Charles W.: Die Astralwelt. In: Das höhere Selbst. Aquamarin Verlag, Forstinning/ München 1982, S. 31, 67.
2. Newhouse, Flower: Lichtwesen. Aquamarin Verlag. Forstinning / München 1984, S. 14f.
3. Newhouse, Flower: Die Hüter der Schwelle. In: Der Weg der göttlichen Liebe. Aquamarin Verlag, Grafing 1986, S. 69-75.
4. Engel, Herbert A.: Der Sphärenwanderer. Ansata Verlag, Interlaken, 4. Aufl. 1995, S. 7,
5. Zurfluh, Werner: Quellen der Nacht. Ansata Verlag, Interlaken 1983, S. 71ff.
6. Waelti, Ernst R.: Der dritte Kreis des Wissens: Außerkörperliche Erfahrungen – eine Mystik der Naturwissenschaft. Ansata Verlag, Interlaken 1983, S. 120 f, 131-133.

7. Atkinson, William Walker: Die Astralwelt: Reisen durch die feinstofflichen Welten. Aurinia Verlag, Hamburg 2015, S. 18 f, 42f.
8. Leadbeater, Charles, W.: Die Meister und der Pfad. Die geistige Hierarchie und ihr Wirken auf Erden. Aquamarin Verlag, Grafing 2014, S. 11 f, 19, 27f.
9. Michel, Peter: Charles W. Leadbeater. Mit den Augen des Geistes. Biographie eines großen Eingeweihten. Aquamarin Verlag. Grafing 1998, S. 154.
10. Besant, Annie: Avatare. Die großen Lehrer der Menschheit. Aquamarin Verlag, Grafing 1995, S. 13 f, 26 f, 32, 54.
11. Imhof, Beat: Zwölf kosmische Gesetze. Aquamarin Verlag, Grafing 2019, S. 628.
12. Hasselmann, Varda und Schmolke, Frank: Junge Seelen – Alte Seelen. Die große Inkarnationsreise des Menschen. Arkana Verlag, München, 2. Aufl., 2016, S. 57 f, 161 f, 241 f , 364f.
13. Lüscher, Marianne: Gefangen in den Zwischenwelten. Reichl Verlag, Regensburg 2018, S. 15.
14. Kunz, Dora: Im Reich der Naturgeister. Aquamarin Verlag, Grafing 2002.
15. Newhouse, Flower A.: Naturgeister der Erde. In: Lichtwesen. Aquamarin Verlag, Forstinning / München 1984, S. 48-52.
16. Kunz, Dora: Im Reich der Naturgeister. Aquamarin Verlag. Grafing 2002, S. 14ff.
17. Pfaff, Jürgen: Das Buch der Naturwesen: Der Schlüssel zum Reich der Elfen, Einhörner, Gnome und Nixen. Hans-Nietsch-Verlag, Rossdorf 2015, S. 10ff.
18. Puhle, Anne, Kathrin und Tulloch, Mary: Naturgeister. Wahre Begegnungen mit Elfen und Zwergen. Aquamarin Verlag, Grafing 2015.
19. Crombie, Robert O.: Der Mann, der mit den Elfen sprach. Aquamarin Verlag, Grafing 2020.
20. Lüscher, Marianne: Gefangen in den Zwischenwelten. Berührende Protokolle einer Seherin. Reichl Verlag, Regensburg 2018, S. 15, 18, 24, 47.
21. Cabobianco, Flavio M.: Ich komm' aus der Sonne. Ch. Falk-Verlag, Seon 1994, S. 6, 9, 40, 46.
22. Dyer, Wayne W.: Erinnerungen an den Himmel. W. Heyne Verlag, München, 3. Aufl. 2016, S. 21-48.
23. Carroll, Lee und Tober, Jan: Die Indigo Kinder. Eltern aufgepasst. Die Kinder von morgen sind da! KOHA-Verlag, Burgrain 1999, S. 25, 47ff.
24. Virtue, Doreen: Die Kristallkinder. KOHA-Verlag, Burgrain 2008.
25. Rilke, Rainer Maria: Das Buch von Armut und Tod. In: Das Stunden-Buch. Insel Verlag, Frankfurt a. M. 1955, S. 350.
26. Giger, Lena: Wir Kristallkinder. Liebe, Vertrauen & Wahrheit. Verlag »Die Silberschnur«, Güllesheim 2019.
27. Bergner, Ingeborg: Das Diamantkind. Verlag »Die Silberschnur«, Güllesheim 2011.
28. Blavatsky, Helena, Petrovna: Isis entschleiert. Aquamarin Verlag, 2. Aufl., 2018 Grafing.
29. Steiner, Rudolf: Wie erlangt man Erkenntnisse der höheren Welten? Rudolf Steiner Verlag, Dornach, Bd. 10 der Gesamtausgabe. 23. Aufl. 1982, S, 194f.
30. Muranyi, Monika: Die menschliche Akasha. KOHA-Verlag, Burgrain 2015, S. 257.

31. Imhof, Beat: Zwölf kosmische Gesetze. Aquamarin Verlag. Grafing 2019, S. 98-116.
32. Kant, Immanuel: Kritik der praktischen Vernunft. Hrsg. Wilhelm Weischedel, Suhrkamp Verlag, Berlin 2000, Kap. 34.
33. Weber, Renée: Alles Leben ist eins. Crotona Verlag, Amerang 2014, S. 324-325.
34. Gabrielle: Akasha-Chronik. Der praktische Leitfaden, um das Buch deines Lebens zu lesen. Ansata Verlag, München, 8. Aufl., 2013, S. 39 f, 69f.
35. Laszlo, Ervin: Der Akasha-Code. Wie das kosmische Bewusstseinsfeld uns beeinflusst. Verlag Via Nova, Petersberg 2010, S. 36f.
36. Taschner, Uta: Das Jenseits ist anders. Durchgaben aus der geistigen Welt. Verlag Bruno Runzheimer, Lindau, 2. Aufl., 1994, S. 41-42.
37. Von Dreien, Bernadette: Christina. Die Vision des Guten. Govinda Verlag, Rheinau, Jestetten, 3. Aufl., 2018, S. 64-65.
38. Newhouse, Flower A.: Fragen und Antworten I. Aquamarin Verlag, Grafing 1991, S. 115.
39. Steiner, Rudolf: Aus der Akasha-Chronik. Rudolf Steiner Verlag, Dornach 1975, S. 16, 20, 44.
40. Meurois, Daniel: Das große Buch der Akasha-Chronik. Der Zugang zum universellen Weltengedächtnis. Verlag »Die Silberschnur«, Güllesheim 2018, S, 59, 61f.
41. Dossey, Larry: One Mind. Alles ist mit allem verbunden. Crotona Verlag, Amerang 2014, S. 58, 333.
42. Weber, Renée: Alles Leben ist eins. Crotona Verlag, Amerang 2014, S. 324-325.
43. Precht, Richard, David: Tiere denken. W. Goldmann Verlag, München, 2. Aufl., 2016, S. 199.
44. Mircea, Eliade: Kosmos und Geschichte. Der Mythos der ewigen Wiederkehr. Insel Verlag, Frankfurt a. M. 2007.
45. Atkinson, William W.: Die 7 kosmischen Gesetze. Das Vermächtnis des Meisters. Aurinia Verlag, Hamburg 2014, S. 77.
46. Linde, Andrei, D.: Das selbstreproduzierende inflationäre Universum. In: Spektrum der Wissenschaft, Nr. 1, 1995, S. 32f.
47. Rees, Martin: Vor dem Anfang: Eine Geschichte des Universums. Fischer Taschenbuch Verlag, Frankfurt a. M., 2. Aufl., 2001, S. 212 f, 310f.
48. Riedweg, Christoph: Pythagoras. Leben, Lehre, Nachwirkung. C. H. Beck Verlag, München, 2. Aufl., 2007, S. 87.
49. Precht, Richard, David: Erkenne die Welt. Eine Geschichte der Philosophie. Goldmann Verlag, München, Bd. 1, 3. Aufl., 2015, S. 324.
50 Schmidt, Karl Otto: Wir leben nicht nur einmal. Drei Eichen Verlag, München, 4. Aufl. 1972, S, 99-100.
51. Nietzsche, Friedrich: Die fröhliche Wissenschaft. Aphorismus 341. Carl Hauser Verlag. Ges. W. Bd. III, München, Wien 1980, S. 202-203.
52. Nietzsche, Friedrich: Also sprach Zarathustra. Carl Hauser Verlag, Ges. W. Bd. III, München, Wien 1980, S. 463.
53. Camus, Albert: Der Mythos des Sisyphos. Ein Versuch über das Absurde. Rowohlt Verlag, Hamburg, Berlin 2013.
54. Dürr, Hans-Peter: Es gibt keine Materie! Revolutionäre Gedanken über Physik und Mystik. Crotona Verlag, Amerang 2012, S. 51f.

55. Sterneder, Hans: Das kosmische Weltbild. Verlag Hermann Bauer, Freiburg i. Br., 1969, S. 55-56.
56. Korrodi, Eduard: Goethe im Gespräch. Manesse Verlag, Zürich 1944, S. 573.
57. Friedmann, Richard E.: Der Unsichtbare. Wo war Gott, als er nicht da war? Crotona Verlag, Amerang 2016, S, 94.
58. Stolp, Hans: Der kosmische Lebensplan. Aquamarin Verlag, Grafing 2017, S. 122f.
59. Dürr, Hans-Peter: »Wir kehren zurück zu dem, von dem wir ausgegangen sind«. In: Neu: Erwin: Wir Kinder des Urknalls. Die Evolution lehrt ein neues Welt- und Gottesbild. Verlag Via Nova, Petersberg 2011, S. 89.
60. Risi, Armin: »Ihr seid Lichtwsesen.« Ursprung und Geschichte des Menschen. Govinda Verlag, Rheinau, Jestetten 2013, S. 231ff.
61. Schmidt, Karl Otto: Alles Lebendige kehrt wieder. Baum Verlag, Pfullingen/ Würtemberg 1962, S. 5.
62. Neu, Erwin: Wir Kinder des Urknalls. Die Evolution lehrt ein neues Welt- und Gottesbild. Verlag Via Nova, Petersberg 2011, S. 95.
63. Fisher, Joe: Die ewige Wiederkehr. Vom Sinn der Reinkarnation. W. Goldmann Verlag, München 1990.

Kapitel 11

1. Mohr, Till A.: Kehret zurück, ihr Menschenkinder! Die Grundlegung der christlichen Reinkarnationslehre. Aquamarin Verlag, Grafing, 2004, S. 18.
2. Bischofberger, Norbert: Werden wir wiederkommen? Dissertation, eingereicht an der katholischen Universität Fribourg/ Schweiz. 1996, S. 282, 250.
3. Deschner, Karlheinz: Der gefälschte Glaube. Eine kritische Betrachtung kirchlicher Lehren und ihre historischen Hintergründe. Verlag Knesebeck & Schuler, München 1988, S. 32, 45, 96, 192f.
4. Pryse, James, Morgan: Reinkarnation im Neuen Testament. Ansata Verlag, Schwarzenburg 1980, S. 21-45.
5. Mohr, Till A.: Kehret zurück, ihr Menschenkinder! Die Grundlegung der christlichen Reinkarnationslehre. Aquamarin Verlag, Grafing 2004, S. 413.
6. MacGregor, Geddes: Reinkarnation und Karma im Christentum. Aquamarin Verlag, Grafing, 1. Bd. 1985, S. 27.
7. Rahner, Karl: Phänomen bis Seele. In: Herders Theologisches Taschenlexikon. Herder Verlag, Freiburg i. Br., Bd. 6, 1972-1973, S. 396f.
8. Tadd, Ellen: Die Unendlichkeit ist Jetzt. Wie dich die Geistige Welt jeden Tag begleitet. Aquamarin Verlag, Grafing 2018, S. 26.
9. Sträuli, Robert: Origenes – der Diamantene. ABZ Verlag, Zürich 1987, S. 335f.
10. Dalliard, Alfred: Wiedergeburt und christliche Lehre. In: Medium Nr. 13, 2001, S. 10.
11. Kälin, Bernard: Logik und Metaphysik. Lehrbuch der Philosophie. Verlag des Benediktinerkollegiums, Sarnen 1940, S. 274
12. Frei, Gebhard: Reinkarnation und katholischer Glaube. In: Schweizer Rundschau, Jg. 47, 1947/48, S. 169-178.

13. Pannenberg, Wolfhart: Was ist der Mensch? Die Anthropologie der Gegenwart im Lichte der Theologie. Verlag Vandenhoeck & Ruprecht, Göttingen, 8. Aufl. 1995, S. 35.
14. Luyten, Norbert A.: Todesverständnis und Menschenverständnis. Tod – Ende oder Vollendung? In: Grenzerfahrungen. Verlag Karl Alber, München, Bd. 10, 1980, S. 191.
15. Boogert, Arie: Der Weg der Seele nach dem Tod. Verlag Urachhaus, Stuttgart, 2. Aufl., 2012, S. 27.
16. Sartori, Penny; Nahtod-Erfahrungen als Neuanfang. Was wirklich wichtig ist im Leben. Aquamarin Verlag, Grafing 2015, S. 218f.
17. Wassmann, Martin: Sphärenwanderungen. Reisen im Astralkörper. Aquamarin Verlag, Grafing 2019, S. 9f.
18. Mohr, Till A.: Kehret zurück, ihr Menschenkinder! Die Grundlegung der christlichen Reinkarnationslehre. Aquamarin Verlag, Grafing 2004, S. 466.
19. Cullmann, Oscar: Unsterblichkeit der Seele oder Auferstehung der Toten. Kreuz Verlag, Stuttgart 1962, S. 19, 55, 57.
20. Bier, Robert: Zauber und Magie im alten Ägypten. Scherz Verlag, Bern, München, Wien 1981, S. 199.
21. Elsaesser, Evelyn: Nachtod-Kontakte. Spontane Begegnungen mit Verstorbenen. Crotona Verlag, Amerang 2019, S. 20, 24, 44ff.
22. Boros, Ladislaus: Leib, Seele und Tod. In: Orientierung, Nr. 8, 1965, S. 94f.
23. Bühler, Walther: Schicksal und Widerverkörperung. Verlag des Vereins für ein erweitertes Heilwesen. Bad Liebenzell 1984, S. 31.
24. Dalliard, Alfred: Wiedergeburt und Christliche Lehre. In: Medium Nr. 13, Februar 2001, S. 6-7.
25. Sigdell, Jan Erik: Reinkarnation und das kirchliche Dogma. Ibera Verlag, Wien 2001, S. 13.
26. MacGregor, Geddes: Reinkarnation und Karma im Christentum. Aquamarin Verlag, Grafing, Bd. I, 1985, S. 10 und Bd. II, 1986, S. 49. 82, 201.
27. Lessing, Gotthold Ephraim: Erziehung des Menschengeschlechts. Deutscher Taschenbuch Verlag, München 1982, Bd. III, S. 658.
28. Nocke, Franz-Josef: Ist die Idee der Reinkarnation mit der christlichen Hoffnung auf Auferstehung vereinbar? In: Reinkarnation oder Auferstehung, hrsg. von Hermann Kochaneck, Heidelberg, Freiburg i. Br. 1992, S. 263-284.
29. Jung, Carl Gustav: Über die Auferstehung. In: Das symbolische Leben. Walter Verlag, Olten, Freiburg i. Br., Bd. 18/II, 1981, S. 743.
30. Gerloff, Hans: Die Phantome von Kopenhagen. Verlag Welt und Wissen. Berlin-Schöneberg 1958, S. 27ff.
31. Beck, Heinrich: Reinkarnation und Auferstehung – Ein Widerspruch? Resch Verlag, Innsbruck 1988, S. 40f.
32. Altomonte, Antonio: Dante. Eine Biographie. Rowohlt Verlag, Reinbeck bei Hamburg, 1987, S. 378f.
33. Koch, Kurt: Leben wir nur einmal auf Erden? Seelenwanderung und christlicher Glaube. Kanisius Verlag, Freiburg/ Schweiz, 1985, S. 40.
34. Rahner, Karl: Fegefeuer. In: Sorge um die Kirche. Schriften zur Theologie. Benziger Verlag, Einsiedeln, Zürich 1980, S. 447- 449.
35. Bichofberger, Norbert: Werden wir wiederkommen? Der Reinkarnationsgedanke im Westen und die Sicht der christlichen

Eschatologie. Theologische Dissertation, eingereicht an der kath. Universität Fribourg / Schweiz, Matthias Grünewald Verlag, Osterfildern 1996, S. 115.
36. Beck, Heinrich: Fegefeuer und Reinkarnation als alternative Läuterungswege zur Vollendung und Auferstehung«. Resch-Verlag, Innsbruck 1988, S. 40f.
37. Küng, Hans: »Das unlösbare Rätsel der Theodizee in: Küng, Hans., Was ich glaube. Piper Verlag, München, Zürich, 3. Aufl. 2009, S. 246-247.
38. Jaeger, Hartmut und Pletsch, Joachim: Leid – Tod – Trauer. Ein Wegweiser zu Hoffnung. Verlag der Evangelischen Allianz, Dillenburg 2005, S. 46.
39. Imhof, Beat: Woher wir kommen, wohin wir gehen. Der Himmel ist unsere Heimat. Aquamarin Verlag, Grafing, 2. Aufl. 2017, S. 450ff.
40. Imhof, Beat: Zwölf kosmische Gesetze. Was unsere Welt im Innersten zusammenhält. Aquamarin Verlag, Grafing 2019, S. 46 f, 54f.
41. Dostal, Werner: Zwischen Abfall und Erlösung. In: Medium Nr. 99, 2019, S. 23.
42. Küng, Hans: Christentum und Weltreligionen. Piper Verlag, München, Zürich 1984, S. 336, 343f.
43. MacGregor, Geddes John: Reinkarnation und Karma im Christentum. Aquamarin Verlag, Grafing, Bd. I, 1985, S. 8-24.
44. Resch, Andreas: Katholischer Glaube und Reinkarnation. In: Wiesendanger, Harald: Wiedergeburt. Herausforderung für das westliche Denken. Fischer Taschenbuch Verlag, Frankfurt a. M., 1991, S. 201.
45. Dethlefsen, Thorwald: Schicksal als Chance. C. Bertelsmann Verlag, 3. Aufl. 1989, S. 249.
46. Eggestein, Kurt: Der Prophet Jakob Lorber verkündet bevorstehende Katastrophen und das wahre Christentum. Lorber Verlag, Bietigheim 1975, S. 170.
47. Obst, Helmut. Reinkarnation: Weltgeschichte einer Idee. C. H. Beck Verlag, München 2009, S. 247.
48. Looser, Gabriel: Welches Leben nach dem Tod? Reinkarnation und christlicher Glaube. Patmos Verlag, Ostfildern 2013, S. 10-17.
49. MacGregor, Geddes: Reinkarnation und Karma im Christentum. Aquamarin Verlag, Grafing, Bd. 1, 1985, S. 150.
50. Friedli, Richard: »Zwischen Himmel und Hölle – Die Reinkarnation.« Universitätsverlag, Freiburg / Schweiz 1986, S. 9.
51. Obst, Helmut: Reinkarnation: Weltgeschichte einer Idee. C. H. Beck Verlag, München 2009, S. 262.
52. Morgenstern, Christian: Gesammelte Werke, hrsg. von Margarete Morgenstern. Piper Verlag, München 1965, S. 482.
53. MacGregor, Geddes: Reinkarnation und Karma im Christentum. Aquamarin Verlag, Bd. I, Grafing 1985, S. 9, 173.
54. Stolp, Hans und van den Brink, Margarete: Zeitenwandel. Der große Umbruch. Die Zeichen der Veränderung. Aquamarin Verlag, Grafing 2011, S. 19-20.
55. Mohr, Till A.: Kehret zurück, ihr Menschenkinder! Aquamarin Verlag, Grafing 2004, S. 182.
56. Michel, Peter: Die Botschafter des Lichtes. Aquamarin Verlag, Forstinnig / München, Bd. 1, 1983, 219.

57. Van Praag, James: Jenseitswelten. W. Goldmann Verlag, München 2002, S. 195.
58. Weischedel, Wilhelm: Über Philosophen. Deutscher Taschenbuch Verlag, München 1975, S. 290.
59. Oetinger, Manuela: Transformationen und Zeitenwandel. Die Verfeinerung der Wahrnehmung und neue Wege des Zusammenlebens. Aquamarin Verlag, Grafing 2010, S. 10.
60. Michel, Peter und Michel, Katarina: Das universelle Heilungsfeld. Aquamarin Verlag, Grafing 2016, S. 51.
61. Haisch, Bernard: Die verborgene Intelligenz im Universum. Crotona Verlag, Amerang 2015, S. 197.
62. Jordan, Gabriel: Forscher rufen neues Erdzeitalter aus. In: Luzerner Zeitung vom 26. 1. 2019.
63. Thielicke, Helmut: Auf der Suche nach dem verlorenen Wort. Verlag Hoffmann und Campe, Hamburg 1986, S. 62.
64. Jung, Carl Gustav: Briefe. Bd. III, Walter Verlag, Olten, Freiburg i. Br. 1973, S. 322.
65. Cannato, Judy: Im Anfang war das Feld. Über die schöpferischen Kräfte des Lebens. Crotona Verlag, Amerang 2015, S. 193.
66. Michel, Peter: Karma und Gnade. Aquamarin Verlag. Grafing 1988, 113 f, 159.
67. Imhof, Beat: Wege nach Innen. In: Wahrheit und Weisheit, Bd. 1. Symbolgeschichten. Rothus Verlag, Solothurn, 3. Aufl. 2006, S. 47.

Kapitel 12 · Schlussgedanken

1. Hesse, Hermann: Sämtliche Gedichte in einem Band. Suhrkamp Verlag, Frankfurt a. M. 1995.
2. Dalliard, Alfred: Der Weg des Menschen. In: Medium Nr. 10, 2000, S. 18.
3. Zweig, Stephan: Silberne Saiten. Gedichte. Hrsg. von Knut Beck, S. Fischer Verlag, Frankfurt a. M., 2. Aufl. 1996.
4. Von Bernus, Alexander. Unsterblichkeit und Wiederkehr. Verlag Hans Carl, Nürnberg 1975, S. 23-24.

Danksagung

Meinem Verleger *Dr. Peter Michel* vom Aquamarin Verlag danke ich für die Herausgabe meines sechsten Buches in der mehrbändigen Reihe »Die Welt des Jenseits«. *Annette Wagner* gilt mein Dank für die künstlerische Umschlaggestaltung und für die stets angenehme Zusammenarbeit. Ganz besonders danke ich meiner Frau *Nelly*, die das Entstehen dieses Buches mit ihrem Mittdenken und mit ihrem regen Interesse begleitetet hat und mir bei der Niederschrift des Manuskripts stets eine wertvolle Hilfe und kluge Beraterin war.

Beat Imhof
Warum und wozu sind wir auf der Erde?
Eine Antwort auf die Frage nach dem Lebenssinn

Alle vergänglichen Werte können die existenzielle Herausforderung, eine Antwort auf die Grundfrage des Daseins zu finden, nicht meistern. Wer nicht in einem transzendenten Ur-Grund verwurzelt ist und sich dort gehalten fühlt, wird in den Stürmen des Lebens scheitern. Dieses Buch liefert keine billigen „Ratschläge zum Glücklichsein", sondern es deckt die Rolle des Menschseins im kosmischen Zusammenhang auf. Erst wenn der Mensch versteht, dass er aus dem LICHT kommt und in dieses LICHT zurückkehren will – vermag er die Frage zu beantworten, warum er auf dieser Erde lebt. Ein Meisterschlüssel, um ein sinnerfülltes Leben zu führen!

978-3-89427-752-9, HC

Beat Imhof
Wie auf Erden so im Himmel
Wie das Leben als Mensch das Leben im Jenseits bestimmt

Dr. Beat Imhof hat in jahrzehntelangem Studium alle greifbaren Quellen der Mystik, der Weltreligionen und der spirituellen Forschung ausgewertet, um zu einer umfassenden Beschreibung der jenseitigen Welten zu kommen. Er schildert die Ankunftssphären, die eine rückkehrende Seele unmittelbar nach dem Ableben ihrer physischen Hülle erwarten, und skizziert ihren Weg durch die Geistigen Welten. Dabei wird deutlich, wie unbestechlich das „Gesetz der Anziehung" auch in den jenseitigen Reichen gilt. Der Verstorbene wird zu jenen Sphären gezogen, die seiner geistigen Reife entsprechen. Imhof beschreibt in seinem Meisterwerk auch die jenseitigen Tierreiche, die Kinderparadiese und die dunklen Sphären, die eine schmerzhafte Läuterung bewirken können. Er behandelt ausführlich die Frage des Fortbestandes von Beziehungen über den Tod hinaus und auch die Schulung in den „Tempeln der Weisheit".

978-3-89427-600-3, HC

DAS JENSEITS

Beat Imhof

Wohin unsere letzte Reise geht

Mit diesem Buch lässt er dem Einzelnen jene Erkenntnisse zuteil werden, die es ihm ermöglichen, den letzten Abschnitt seiner Erdenreise wach und bewusst zu gehen und sich innerlich bestmöglich auf den Übergang in eine höhere Wirklichkeit vorzubereiten.

978-3-89427-806-9, HC

Beat Imhof

Woher wir kommen, wohin wir gehen

Der Himmel ist unsere Heimat

Es ist die Tragik der abendländischen Kultur, dass sie vergessen hat, woher das Leben auf Erden wirklich kommt! Diese Leere hat dazu geführt, dass für viele Menschen ein umfassender Lebenssinn verloren gegangen ist, weil mit der Frage nach dem „Woher" auch jene nach dem „Warum" unbeantwortet bleibt. Mit diesem Buch liefert Dr. Imhof Antworten auf die großen Lebensfragen und zeigt den spirituellen Weg auf, den jeder Mensch auf seine je eigene Weise zu beschreiten hat. Es wird, vor allem anhand von Quellen aus der Tradition des Geistchristentums, deutlich, dass jede menschliche Seele einst in einer geistigen Heimat zu Hause war, die sie durch eigenes Verschulden verlassen musste, um nun auf oft mühsamen Pfaden wieder den Weg zurück in die himmlischen Welten zu finden. Wenn der Mensch seine ganze Geschichte kennt, beginnt er zu verstehen, warum er sich in dieser Welt, bei diesen Eltern und in diesem Umfeld erneut inkarniert hat. Er versteht die Gesetze von Sympathie und Antipathie, von Gesundheit und Krankheit und von Glück und Unglück. Es zeigt sich ihm, welcher unendlich weise Sinn in den langen Entwicklungsprozessen des Lebens liegt. Am Ende dieses Weges wird jede Seele wieder in ihrer einstigen geistigen Ursprungswelt angekommen sein. Denn: „Der Himmel ist unsere wahre Heimat!"

978-3-89427-655-3, HC

Beat Imhof

Zwölf kosmische Gesetze

Was die Welt im Innersten zusammenhält

Beat Imhof hat sich zum Ziel gesetzt, in seinen Werken nicht nur die äußeren Weltgesetze zu erforschen, sondern er richtet sein Augenmerk vor allem auf die inneren, geistigen Gesetzmäßigkeiten. Ähnlich wie Einstein möchte er der Frage nachgehen: „WIE hat Gott die Welt erschaffen?"

Im Rahmen seiner Forschungen stößt der Schweizer Psychologe und Geisteswissenschaftler immer wieder auf bestimmte große Weltgesetze, die unverrückbar alles Geschehen bestimmen. Er unterteilt sie letztlich in „Sechs Ordnungsgesetze" und in „Sechs Entwicklungsgesetze".

Um das kosmische Leben zu verstehen, aber auch um sein individuelles Erdenleben zu meistern, ist die Kenntnis und die Anwendung der „Zwölf Gesetze" unumgänglich.

Ein tiefsinniges Buch, das nicht nur die Geheimnisse des Erdendaseins entschlüsselt, sondern zugleich den Blick weit hinein in die unendlichen Welten des GEISTES richtet!

978-3-89427-849-6, HC